Baedeker

Allianz

Chicago
Große Seen

www.baedeker.com

Verlag Karl Baedeker

TOP-REISEZIELE ★★

Zahlreiche für Touristen interessante Reiseziele auf einer Fläche, die etwa drei Mal so groß ist wie Deutschland: Man muss sich schon Zeit nehmen, um alle Glanzpunkte der Region um die Großen Seen erleben zu können. Die wichtigsten sind auf diesen Seiten zusammengestellt. Weitere findet man unter den einzelnen Hauptstichworten.

Robie House
in Chicago ist ein Musterbeispiel der Architektur von Frank Lloyd Wright.

9 ★★ Voyageurs National Park
Diese Wasserwildnis für Outdoor-Fans zeigt sich noch wie zu Zeiten der Pelztierjäger. ► **Seite 301**

10 ★★ Mackinac Island
Die kleine autofreie Insel ist ein Ferienziel »par excellence«. ► **Seite 309**

11 ★★ Wisconsin Dells
Aussichtsreiche Sandsteinklippen, bizarre Kalksteingrotten, wildromantische Taleinschnitte und Schluchten ► **Seite 313**

12 ★★ Taliesin
Hier hat der große Architekt Frank Lloyd Wright ein imposantes Baudenkmal geschaffen. ► **Seite 314**

13 ★★ Pictured Rocks N. L. S.
Zauberhaft zeigt sich das von kuriosen und bunten Felsbildungen geprägte Südostufer des Lake Superior. ► **Seite 320**

14 ★★ Niagara Falls
Am Ausfluss des Lake Erie in den Lake Ontario befindet sich eines der größten Weltwunder der Natur. ► **Seite 340**

15 ★★ Soo Locks
Die Schleusen sind ein wahres Meisterwerk der Ingenieurskunst. ► **Seite 363**

16 ★★ Thousand Islands
Malerische Inselwelt mitten im St.-Lorenz-Strom ► **Seite 374**

17 ★★ Sleeping Bear Dunes N. L. S.
Sagenumwoben ist dieser landschaftliche Höhepunkt mit seinen bis zu 145 Meter hohen Sanddünen. ► **Seite 382**

18 ★★ Minneapolis/St. Paul
Die »Twin Cities« am oberen Mississippi haben hochkarätige Kunst und auch die größte Shopping Mall der Welt zu bieten. ► **Seite 333**

DIE BESTEN BAEDEKER-TIPPS

Von allen Baedeker-Tipps in diesem Buch haben wir hier die interessantesten für Sie zusammengestellt. Erleben und genießen Sie Chicago und die Großen Seen von ihren schönsten Seiten!

! Fish Boil
Auf der Door-Halbinsel an der Westseite des Lake Michigan gibt's im Sommer lecker zubereiten Fischeintopf aus effektvoll beheizten Kesseln. ► **Seite 84**

! Go Chicago Card, Chicago City Pass
Mit diesen Pässen kann man viele Sehenswürdigkeiten der Stadt bei freien oder reduzierten Eintrittsgebühren besichtigen. ► **Seite 102**

! Abenteuer pur
erlebt man per Kanu oder Kajak im Bereich der Bayfield Peninsula und der vorgelagerten Apostle Islands. ► **Seite 147**

! Buffalo Wings
heißt eine heute sehr beliebte kulinarische Spezialität, die 1964 in der Stadt am Eriesee kreiert worden ist. ► **Seite 150**

! Jakobsmuscheln, Rehrücken etc.
bekommt man im »Everest Room« – nomen est omen – 40 Stockwerke über Chicagos einst umtriebigstem Börsenparkett serviert. ► **Seite 172**

Auch Chicagos »Marina City«
bekommt man bei einer Bootsfahrt gezeigt

! Sightseeing per Boot
ist in Chicago wirklich zu empfehlen, denn die Leute von »Cruise Chicago« kennen sich aus und wissen auch über die Architekturgeschichte der Stadt bestens Bescheid. ► Seite 173

! Mit der Kutsche durch Chicago
Nicht nur in Wien und München, auch in Chicago kann man sich vom »Fiaker« an noblen Geschäften vorbei kutschieren lassen. ► Seite 184

! Besten Chicago Blues
gibt es in 2519 North Halsted Street zu hören, denn dort treten wirklich Musiker von Rang und Namen auf. ► Seite 200

! Tour durch Alt-Cleveland
Wer sich für die Wirtschaftsgeschichte der Hafen- und Industriestadt am Eriesee interessiert, dem sei diese Tour ans Herz gelegt. ► Seite 226

! Henry Ford bis zum Abwinken
können Inhaber eines preisgünstigen Tickets in Detroits Vorstadt Dearborn erleben, denn hier gibt es nicht nur ein riesiges Technik-Museum, sondern auch ein interessantes Freilichtmuseum zu besichtigen. ► Seite 249

! Schmusewolle und mehr
werden in Frankenmuth nördlich von Detroit feilgeboten. ► Seite 253

! Gute Tropfen
probiert man in einer Weinkellerei auf der Door-Halbinsel. Außer »normalem« Wein gibt es hier auch Beeren- und Pflaumenwein zu kosten. ► Seite 261

! Kürbisfest
Im September feiert man in Egg Harbour ein buntes Fest, bei dem sich alles um die hier massenhaft gedeihenden gelben Früchte vom Acker dreht. ► Seite 264

! Weinpfad
In der Nähe der Stadt Erie ist ein »Wine Trail« ausgewiesen, der über ein Dutzend Weingüter miteinander verbindet. Natürlich gibt's dort auch etwas Gutes zu kosten. ► Seite 274

! Zocken ist angesagt
im Spielkasino der Oneida Indian Reservation in der Nähe der Stadt Green Bay. ► Seite 290

! Einen süßen Traum
erfüllt man sich auf Mackinac Island, denn nirgendwo sonst auf der Welt gibt es so köstlichen Fudge! ► Seite 309

! Fast wie in Venedig
feiert man im Juli in Charlevoix bei Petoskey – mit Bootsparade, Miss-Wahl und Feuerwerk! ► Seite 353

! Das US-Wappentier
namens Weißkopf-Seeadler und viele, viele andere Vögel kann man im Marschland am Eriesee in der Nähe von Port Clinton beobachten. ► Seite 361

Gute Weine
probiert man auf der Door-Halbinsel.

Stararchitekt Frank Lloyd Wright hat im Raum Chicago großartige Baudenkmäler hinterlassen.
▸ **Seite 51**

HINTERGRUND

Musik – besonders Jazz und Blues – spielt eine große Rolle in Chicago.
▸ **Seite 57**

PRAKTISCHE INFORMATIONEN

Ein »Moose« stapft durch einen Fluss.
► Seite 19

TOUREN

REISEZIELE VON A bis Z

Die Boundary Waters im Hinterland des Lake Superior werden von immer mehr Kanuten entdeckt.
► Seite 33

Autokorso von Ford -T-Modellen bei Detroit
► **Seite 250**

Hoch her geht es an der Navy Pier in Chicago.
► **Seite 33**

Strandleben an Chicagos Oak Street Beach
▶ **Seite 194**

Preiskategorien

Hotels
Luxus: über 200 $ DZ
Komfortabel: 120 – 200 $ DZ
Günstig: unter 120 $ DZ

Restaurants
Fein & teuer: über 20 $
Erschwinglich: 12 – 20 $
Preiswert: unter 12 $
(jeweils für ein Hauptgericht)

Hintergrund

INTERESSANTES ÜBER LAND UND LEUTE, PFLANZEN UND TIERE, KUNST UND KULTUR , WISSENSWERTES AUS GESCHICHTE SOWIE ÜBER WIRTSCHAFT UND GESELLSCHAFT. AUCH BERÜHMTE PERSONEN WERDEN VORGESTELLT.

AMERIKAS VIERTE KÜSTE

Natur und Kultur um die Großen Seen ergänzen sich zu einem großartigen Gesamtbild. In Chicago, Cleveland, Detroit, Milwaukee und Minneapolis/St. Paul leben und arbeiten Millionen Menschen. Doch in der einsamen Weite und den endlosen Wäldern abseits der urbanen Zentren spielt die Natur die Hauptrolle. Gewaltige Gletscher der letzten Eiszeit haben eine wunderschöne Landschaft mit zahllosen kleinen und großen Seen modelliert.

Mit einer Wasseroberfläche von zusammen 245 000 km² bilden die Großen Seen wahrlich ein Binnenmeer. Die miteinander durch Flüsse, Wasserfälle und Kanäle verbundenen Seen, der Obere, der Michigan-, der Huron-, der Erie- und der Ontariosee, bilden zudem die Grenze zum nördlichen Nachbarstaat Kanada. Neben der Atlantikküste im Osten, der Südküste am Golf von Mexiko und der Pazifikküste im Westen bildet die Uferlinie der Großen Seen im Norden der räumlich miteinander verbundenen Vereinigten Staaten so etwas wie die Vierte Küste der USA.

Die Inselwelt der Thousand Islands *bildet den Eingang zur Ferienlandschaft an den Großen Seen.*

Wichtigste Stadt, wirtschaftliches und kulturelles Zentrum der Region ist Chicago, ein urbanes Kunstwerk, das zum Himmel strebt. Chicago boomte schon zu Beginn des 20. Jahrhunderts. Neue Bautechniken und kühne Architekten machen die Stadt am Michigansee zur »Skyscraper City«, deren spektakuläre Wolkenkratzer bis heute ihresgleichen suchen. In und um Detroit schlug zu Beginn des 20. Jh.s die Geburtsstunde der Fließband-Automobilproduktion. Auch heute noch läuft hier ein Drittel aller in den USA produzierten Fahrzeuge vom Band.

Eine Region stellt sich vor

Der Eriesee und sein wirtschaftliches Zentrum Cleveland galten früher als langweilig. Nach dem Erlöschen der letzten Hochöfen hat die Stadt ihren Himmel blank geputzt und präsentiert sich heute als innovatives Wirtschaftszentrum mit trendigen Quartieren und der einmaligen »Rock' n' Roll Hall of Fame«. Aber nur wenige Meilen weiter südlich leben Amish People ähnlich wie zur Zeit der Auswanderung

Holland in der Neuen Welt
gibt es wirklich – und zwar am Südostufer des Lake Michigan.

»Progress of State«
heißt die vergoldete Figurengruppe am Kapitol des US-Bundesstaates Minnesota in St. Paul.

»The Flats« in Cleveland
sind heute kein rußiges Industriequartier mehr, sondern ein attraktives Vergnügungsviertel.

Blues und Chicago
gehören einfach zusammen.

»The Cloud«
ist ein neues eindrucksvolles Kunstwerk in Chicago.

Natur pur
kann man vor allem im Hinterland des Lake Superior erleben.

in die Neue Welt vor zwei Jahrhunderten. Im 19. Jh. siedelten Tausende Skandinavier und Deutsche in der hügeligen Landschaft am Westufer des Lake Michigan. Sie kultivierten den Boden, schufen fruchtbares Ackerland und machten den Bundesstaat Wisconsin zur »Molkerei Amerikas«. An die alte Heimat erinnern noch viele Bierbrauereien und Wurstfabriken. Deutsche Traditionen finden Touristen auch in Chicago, im südlichen Illinois und in Michigan.

Urlaubsziel für alle Jahreszeiten

Am Lake Superior hat sich eine besondere Naturlandschaft erhalten, mit bewaldeten felsigen Küsten und vorgelagerten Inselchen. Entlang der Nordgrenze Minnesotas breitet sich eine riesige Seenplatte aus – Himmel auf Erden für Kanufahrer und Liebhaber einsamer Natur. Einst wurde die Region von frankokanadischen Voyageurs erkundet, die auf der Jagd nach Pelztieren mit ihren Kanus immer weiter nach Westen vordrangen.

Wichtigstes Zentrum westlich des Lake Superior ist die am Oberlauf des Mississippi gelegene Doppelstadt Minneapolis/St. Paul.

Eine Top-Attraktion im Bereich der Großen Seen sind die Niagarafälle, über die das Wasser des Eriesees zum Ontariosee hinunterstürzt. Rund 12 Mio. Menschen besuchen jährlich die weltberühmten Fälle, die sich die USA und Kanada teilen. Schon den Indianern galt die Urgewalt der tosenden und schäumenden Wasser als besonderer Ort. Nördlich und südlich der Wasserfälle, im Hinterland von Erie- und Ontariosee, gedeihen ausgezeichnete Weine, vor allem bei Niagara-on-the Lake im kanadischen Ontario und in der Region um die Finger Lakes im Norden des Bundesstaates New York.

»SS Badger« sticht in See ...
... und zwar quer über den Lake Michigan

Während des Sommers herrscht an den Großen Seen Urlaubsstimmung. Viele Besucher schätzen die Sanddünen und Strände am Michigan- und am Eriesee oder die etwas kühleren Schönheiten der zerklüfteten Küste am Oberen See. Im Spätherbst können Orkane über das Wasser toben, das Laub der Bäume an den Ufern verfärbt sich zu leuchtenden Gelb-, Braun- und Rottönen. Im Winter erstarrt das Leben im eisigen Atem der Polarwinde. An den Ufern schieben sich Eisschollen zu abenteuerlichen Kristallgärten zusammen. So sind die »Powerstadt« Chicago mit den anderen Metropolen und die Landschaften an den Großen Seen ein Ziel für alle Jahreszeiten.

Zahlen und Fakten

Das von den Gletschern der letzten Eiszeit modellierte Land rund um die Großen Seen ist seit Jahrtausenden Siedlungsraum der Indianer. Und bereits im 16. Jh. tauchten hier die ersten Weißen auf. Was sich heute in der Great Lakes Region abspielt, erfährt man auf den folgenden Seiten.

Natur und Umwelt

Geografische Lage

Die in diesem Buch beschriebene Region umfasst die touristisch interessanten Uferstreifen und Teile des Hinterlandes der an den Großen Seen gelegenen US-Bundesstaaten Illinois, Indiana, Michigan, Minnesota, New York, Ohio, Pennsylvania und Wisconsin.
Das Gebiet erstreckt sich rund 1400 Kilometer weit vom Einzugsgebiet des Stromes Mississippi im Westen bis zu den Niagarafällen bzw. zu den Gestaden des Lake Ontario im Osten.
Die Nord-Süd-Ausdehnung beträgt ca. 1200 Kilometer Die sechs genannten Bundesstaaten, die den **Kernraum des Mittleren Westens** bilden, nehmen eine Fläche von etwas mehr als eine Million Quad ratkilometer ein. Dies ist etwa ein Achtel der räumlich zusammenhängenden USA. In dem Gebiet leben heute rd. 50 Millionen Menschen, d. h. fast ein Fünftel der US-Amerikaner.
Den Bevölkerungsschwerpunkt, in dem etwa die Hälfte aller Einwohner der sechs Bundesstaaten leben, bildet die **Strip City** (Streifenstadt) **»Chipitts«**, jener dicht besiedelte Korridor im Mittleren Westen, der von Chicago im Westen über Detroit und Cleveland bis Pittsburgh im Osten reicht.

Weitgehend flach

Das Land an den Großen Seen ist in unterschiedlichen Zeiträumen der Erdgeschichte entstanden. Sein heutiges Aussehen hat es erst in den letzten 20 000 Jahren erhalten, also während und nach der letzten Eiszeit. Das zentrale Flachland der Vereinigten Staaten von Amerika, das sich von den Appalachen im Osten westwärts bis zu den Rocky Mountains erstreckt, ist eine **weit gespannte Schichtstufenlandschaft**, die aus flach lagernden Gesteinen des Erdmittelalters aufgebaut ist.

Erbe der Eiszeit

Klimaveränderungen während der vergangenen 2 Mio. Jahre haben das Landschaftsbild nachhaltig geprägt. Während der letzten Kaltzeiten waren weite Gebiete Nordamerikas von Eismassen bedeckt. Der jüngste Eisvorstoß, in Nordamerika als **Wisconsin-Eiszeit** bekannt, ging erst vor rund 12 000 bis 10 000 Jahren allmählich zu Ende. Auch während der einzelnen Kaltzeiten waren Klimaschwankungen zu verzeichnen, die entweder ein Vorrücken oder einen Rückzug der Eismassen bewirkten. Die vorrückenden Gletscher schoben Schuttberge vor sich her, die nach dem Abschmelzen des Eises als **Moränenhügel** liegen blieben. Außerdem hobelten die Eisströme Wannen und Trogtäler aus. Bei zunehmender Erwärmung blieben an vielen Stellen Toteismassen zurück, die keine Verbindung mehr zu den rückweichenden Gletscherzungen hatten. Es bildeten sich an vielen Stellen **Seen und Moore**. Wenn solche Seen größere Flächen einnahmen und auch

← *Ausgesprochen fotogen: »Indian Summer« in der Großstadt Chicago*

Reliefkarte der Great Lakes Region (© MAIRDUMONT/Berann)

längere Zeit bestanden, konnten sich mineralstoffreiche Seeböden bilden, die heute an vielen Stellen eine ertragreiche Landwirtschaft ermöglichen.

Ebenfalls Produkte der Kaltzeiten sind die fruchtbaren **Lössböden**, die man an verschiedenen Stellen antrifft. Das feinkörnige Material wurde einstmals von den allerlei Gesteinsschutt mit sich führenden Eismassen heruntergeweht und an markanten Barrieren, z. B. am **Niagara Escarpment**, abgelagert.

Große Seen

Die Großen Seen (Great Lakes) bilden das **größte zusammenhängende Süßwasser-Binnensystem der Erde**, das etwa ein Siebtel des Welt-Süßwasservorrates enthält. Von West nach Ost sind dies: **Oberer See** (Lake Superior), **Michigansee** (Lake Michigan), der **Huronsee** (Lake Huron), der **Eriesee** (Lake Erie) und schließlich der **Ontariosee** (Lake Ontario). Die Großen Seen sind während der letzten Eiszeiten in tektonisch vorgezeichneten Niederungen entstanden, die von eiszeitlichen Gletschern ausgehobelt wurden.

? WUSSTEN SIE SCHON ...?

- Die großen Seen und die Gewässer in ihrem Einzugsgebiet enthalten rund ein Fünftel der Welt-Süßwasser-Reserven.

Die großen Wasserflächen am Südwestrand des Kanadischen Schildes haben einen entscheidenden **Einfluss auf das Klima** im US-amerikanischen Mittleren Westen. Der ausgleichende Effekt der im Herbst nur ganz allmählich abkühlenden Seen ermöglicht u. a. den Weinbau an einigen besonders geschützten Stellen (z. B. Niagara Escarpment). Trotz ihrer Funktion als Wärmespeicher frieren die Seen im Winter großenteils zu. Der Obere See ist durchschnittlich vier bis fünf Monate zugefroren, der Ontariosee jedoch nur drei Monate.

Seenschifffahrt ▶

Seit eh und je haben die Großen Seen Bedeutung als Schifffahrtswege. Sie haben gleich mehrere Verbindungen mit dem schiffbaren Flusssystem Mississippi-Ohio.

Die Reliefunterschiede zwischen den Seen bereiteten bis in die 1950er-Jahre große Probleme, um das am Oberen See geförderte Eisenerz zur Verhüttung nach Detroit, Toledo, Cleveland oder Hamilton zu bringen. Riesige Schleusen mussten gebaut, natürliche Hindernisse wie etwa die Niagarafälle umgangen werden. Seit dem Ausbau und der feierlichen Eröffnung der St.-Lorenz-Wasserstraße im Jahre 1959 können nicht nur sog. Lakers, sondern auch richtige Ozeanschiffe vom Atlantik bis nach Chicago und Duluth fahren.

◄ St.-Lorenz-Seeweg

Heutiges Landschaftsbild

Ein besonderes Charakteristikum der Landschaft an den Großen Seen sind bewaldete Berge. Im »Indian Summer« leuchtet das Laub der Bäume in allen Farben. Je weiter man nach Norden kommt, desto mehr erinnert die Landschaft mit ihren **Jungmoränenhügeln** und zahllosen Seen an die Mecklenburgische Seenplatte, um schließlich in die fast schon nordisch anmutenden, von Seen durchsetzten Wälder des nördlichen Wisconsin bzw. Minnesota überzugehen. In den südlicheren Regionen, wo es fruchtbare Böden gibt, wogen im Sommer **Getreide- und Maisfelder** im Wind. Im Westen von Illinois, Minnesota und Wisconsin treten bereits die von wenigen Bäumen durchsetzten Grasfluren der **Prärie** (Great Plains) in Erscheinung.
Mächtige **Flüsse** wie **Mississippi** und **Ohio** mäandrieren gemächlich durch das Flachland des Mittleren Westens. Vereinzelt gibt es romantische Talabschnitte, die heute durch »Scenic Drives« erschlossen sind. Auf den durch Staustufen gezähmten Flüssen selbst sieht man nur noch selten Frachtkähne. Dafür sind die Güterzüge umso länger.
Die größten und bedeutendsten Städte des Mittleren Westens liegen an den Ufern von Seen und Flüssen. Wer an diesen entlang fährt, merkt bald, dass er sich im ehemaligen »Manufacturing Belt« befindet, also einem Gebiet, in dem die Industrie eine besonders lange Tradition hat. Doch die industrielle Entwicklung hat schwere Zeiten durchgemacht. Man sprach nicht mehr vom »Manufacturing Belt«, sondern nur noch ziemlich abschätzig vom »Rust Belt«. Inzwischen hat sich das Bild wieder gewandelt. Nicht nur die großen und reichen, sondern auch kleinere Orte halten heute ihr wirtschafts- und kulturhistorisches Erbe in Ehren.

◄ Vom »Manufacturing Belt« zum »Rust Belt«

Pflanzen und Tiere

Borealer Nadelwald

Rund um die Großen Seen kann man nicht weniger als vier Vegetationszonen unterscheiden. Im Nordwesten sowie in den Berggebieten der Michigan-Halbinsel sowie der Bundesstaaten Wisconsin und Minnesota tritt borealer Nadelwald in Erscheinung. Die nach Boreas, dem griechischen Gott des Nordwinds benannte Waldzone besteht hauptsächlich aus Nadelholzarten wie **Fichten, Tannen, Kiefern und Lärchen**. Im Bereich der Großen Seen dominiert die Fichte. Größere

Boundary Waters: unberührte Landschaft an der Grenze zu Kanada

Gebiete sind auch von sommergrünen Laubgehölzen durchsetzt. Dazu gehören vor allem Ahorn, Ulme, Birke, Pappel, Erle und Weide. An einigermaßen günstigen Standorten werden Mais, Weizen, Roggen, Zuckerrüben und Kartoffeln angebaut.

Sommergrüner Mischwald

Dank des gemäßigten und relativ feuchten Klimas ist das Land zwischen dem Oberen See und dem Michigansee, auf der nördlichen Michigan-Halbinsel sowie zwischen Huronsee, Eriesee und Ontariosee großenteils von sommergrünem, jedoch auch von mit Nadelhölzern durchsetztem Laubwald bedeckt. **Ahorn, Ulme, Buche, Eiche, Birke und Espe** sind hier weit verbreitet. Es gedeihen noch Baumarten, die hier an ihre nördliche Verbreitungsgrenze stoßen. Dazu gehören **Linde, Walnussbaum, Hickorynussbaum, Kastanie und Magnolie**. Besonders schön ist es in den Mischwäldern im Frühling, wenn ganze Teppiche von weißblütigen, unseren Anemonen ähnlichen Trillium blühen. Die schönste Zeit ist aber der **Indian Summer**, d.h. die Zeit von Mitte September bis Mitte Oktober, wenn die herbstlichen Laub- und Mischwälder ihr geradezu orgiastisches Farbenspiel bieten.
Auf der südlichen Michigan-Halbinsel und südwärts bis zum Ohio River breitet sich ein artenreicher sommergrüner Laubwald aus, dessen dominierende Gewächse Ulme, Buche, Eiche und Esche sind. Inselhaft treten aber auch größere Hickory-Bestände in Erscheinung. Im Frühling erblühen Kastanien, Magnolien, Tulpenbäume sowie diverse Obstgehölze, darunter natürlich Kirsche, Birne und Apfel. Erstaunlich vielgestaltig ist auch die Agrarlandschaft dieser Vegetations-

zone. Neben Mais, Weizen, Sojabohnen und vielerlei Gemüse- und Obstsorten werden auch kälteempfindliche Pflanzen wie Weintrauben und Tabak angebaut.

Steppen- und Grasland

Westlich und südlich von Chicago breitet sich örtlich fruchtbares und baumarmes Steppen- und Grasland aus, das landwirtschaftlich stark in Anspruch genommen wird. Nicht von ungefähr ist Illinois auch als »Prairie State« bekannt. Die wichtigsten Ackerfrüchte sind **Mais**, **Weizen**, **Soja** und **Sorghum**. Natürlich wachsen hier auch einige Bäume, vor allem Pappel, Ahorn, Eiche und Hickorynussbaum. Diese Vegetationszone wird im Westen und Süden von den Laubwäldern des Mississippi- und Ohiotales begrenzt.

Bedrohter Lebensraum

Rund um die Großen Seen ist eine sehr artenreiche Tierwelt beheimatet, die in den vergangenen drei Jahrhunderten allerdings stark dezimiert worden ist. Durch die dichtere Besiedlung südlich der Großen Seen sind zudem viele Wildtiere in nördlichere, weniger erschlossene Gebiete abgedrängt worden.

Säugetiere

Das Land an den Großen Seen war früher für seinen Reichtum an Pelztieren bekannt. Rücksichtslos gejagt wurden in der Vergangenheit Füchse, Dachse, diverse Marderarten, **Biber, Otter** und **Bisamratten**. Sie sind heute selbst in dichter besiedelten Gebieten wieder zu sehen. Ähnliches gilt für Hirsch- und Rehwild sowie für **Waschbären, Opossums** und **Backenhörnchen**. In den menschenarmen nördlichen Regionen von Minnesota und Wisconsin bzw. an der kanadischen Grenze heulen wieder **Wölfe** (vor allem im Voyageurs National Park), auch Luchse sind hier heimisch. Dort, wo Biber ihre Burgen und Dämme haben, gibt es auch sog. Biberwiesen mit üppigem Grasbewuchs, auf denen **Elche, Weißwedelhirsche** und **Rehe** äsen.

Ein Schwarzbär auf Futtersuche

In den nördlichen Wäldern sieht man immer öfter **Schwarzbären**. Diese halten sich nicht selten auch in der Nähe von Camping- und Picknickplätzen auf, wo sie Abfallkörbe nach Genießbarem durchwühlen. Wer sich im »Bear Country« bewegt, sollte entsprechende Vorsicht walten lassen. »Bärenland« ist meist durch entsprechende Straßenschilder angezeigt. Auch mit komplizierten Verschlussmechanismen ausgerüstete und robuste Abfall-Container auf den Park- und Campingplätzen sind Hinweise, dass mit Bärenbesuch gerechnet wird.
Das größte an den Großen Seen heimische Säugetier ist der in freier Wildbahn nur noch in einigen Schutzgebieten anzutreffende **Bison**. In jüngerer Zeit sind aber Ranches entstanden, auf deren Areal Bisonherden gehalten werden. Eine der bekanntesten ist die Bison Ridge Ranch bei Milwaukee.

Fische An den Großen Seen, aber auch an den kleineren Hinterlandseen sowie an vielen Bach- und Flussläufen finden Angler paradiesische Verhältnisse vor. Es sind in erster Linie **Seesaiblinge, Barsche, Forellen, Zander, Lachse** und **Hechte**, die sich in den Gewässern tummeln.

? WUSSTEN SIE SCHON ...?

- Jedes Jahr gehen über zwei Millionen Angler ihrem Freizeitvergnügen an den Großen Seen nach.

Die USA sind für ihren Reichtum an **Reptilienarten** bekannt. Je weiter man aber nach Norden kommt, desto spärlicher treten sie in Erscheinung.
In den wärmeren Gebieten südlich und südwestlich der Großen Seen hat man sich vor giftigen **Klapperschlangen** in Acht zu nehmen. In den feuchteren Gebieten schlängeln sich zahlreiche Natternarten, darunter vor allem die **Strumpfbandnattern**. Rund um die Großen Seen sind auch einige **Schildkrötenarten** heimisch, so Schlammschildkröten, Waldschildkröten, Schnappschildkröten und auch einige Schmuckschildkröten.

Vögel Das ganze Jahr über kann man rund um die Großen Seen hunderte verschiedene Vogelarten beobachten. Besonders im Frühling und Herbst, wenn riesige Zugvogelschwärme die Region überfliegen bzw. hier rasten, kommen Ornithologen voll auf ihre Kosten. An den Seen im Waldgürtel leben vielerlei Wasservögel, darunter **Kanadagänse, Schwäne, Reiher, Kraniche** und sogar **Weiße Pelikane**. Saubere und fischreiche Gewässer schätzt auch der **Loon** (Haubentaucher), der im Frühling sein Nest in Ufernähe baut und mit seinen eigenartigen Rufen die warme Jahreszeit ankündigt.
Die »Könige der Lüfte« sind **Fischadler** und **Weißkopf-Seeadler**, majestätische Greifvögel, die sich an den Gestaden der Großen Seen wohl fühlen. Der Weißkopf-Seeadler, das Wappentier der USA, hat im seenreichen Chippewa National Forest in Minnesota sein größtes Brutgebiet außerhalb Alaskas.

Schon im späten Frühling, vor allem aber im Juni und Juli, schwirren Myriaden von **Stechmücken** über den feuchten Flussniederungen, an Seeufern, über Teichen und Sümpfen. Auch Bremsen und Fliegen können in dieser Zeit zur Plage werden. Freiluft-Aktivisten wie Camper, Wanderer, Radler und Kanuten sind also gut beraten, wenn sie sich durch entsprechende Kleidung und mit Hilfe von Insektenbekämpfungsmitteln gegen die überaus lästigen Blutsauger schützen.

Insekten

Bevölkerung · Politik · Wirtschaft

Bevölkerungsverteilung

In den acht US-Anrainerstaaten der Großen Seen leben derzeit rund 83 Mio. Menschen, also etwa genau so viele wie in Deutschland bzw. knapp ein Drittel der Gesamtbevölkerung der USA. Dies erscheint auf den ersten Blick recht viel, doch sollte man nicht außer Acht lassen, dass wichtige Teile zum krisengeschüttelten »**Rust Belt**« (dt. = Rostgürtel) gehören, der in den letzten Jahrzehnten unter spürbarem Bevölkerungsschwund zu leiden hatte. Erst in jüngerer Zeit setzte eine Phase der Konsolidierung ein.

◄ Nord-Süd-Gefälle

Relativ dicht besiedelt sind die südlichen Anrainerstaaten der Großen Seen. In Illinois – hier liegt auch die Metropole Chicago – zählt man 85 Einw./km². Im städtereichen Ohio kommt man gar auf 100 Einw./km². Je weiter man allerdings nach Norden kommt, desto dünner wird die Besiedlung. So hat Michigan lediglich eine Dichte von 40 Einw./km² aufzuweisen, obwohl in diesem Staat die Agglomeration Detroit liegt. In Wisconsin kommt man auf 40 Einw./km², und in Minnesota liegt der Dichtewert bei 22 Einw./km². Maßgeblich für dieses Nord-Süd-Gefälle sind hauptsächlich die klimatischen und naturräumlichen Gegebenheiten.

Ballungsräume

Absoluter Brennpunkt dieser Region ist bis heute **Chicago**, die frühere US-amerikanische **»Second City«**, die in mehrfacher Hinsicht mit der »First City« des Ostens, mit New York, konkurriert. Chicago ist heute Zentrum der nach Groß-New York und Groß-Los Angeles drittgrößten Agglomeration der USA, in der über 9 Mio. Menschen leben. Infolge wirtschaftlicher und sozialer Veränderungen hat Chicago in der jüngeren Vergangenheit einen signifikanten Bevölkerungsverlust hinnehmen müssen. Noch zu Beginn der 1950er-Jahre wohnten hier fast 4 Mio. Menschen, von denen viele in der damals florierenden Schwerindustrie beschäftigt waren. Heute zählt die Stadt zwar nur noch 2,8 Mio. Einwohner, aber dank diverser wirtschaftlicher Impulse (High-Tech) ist die Bevölkerung der Agglomeration Chicago – Gary – Lake County weiter angewachsen.

Ein zweiter Bevölkerungsschwerpunkt an den Großen Seen ist die **Agglomeration Detroit** mit rund 5,5 Mio. Einwohnern. Auch diese war in den vergangenen drei Jahrzehnten von einer starken Abwan-

In Chicago trifft man auf viele ethnische Gruppen.

derung betroffen. Die Ursache dafür waren hauptsächlich krisenhafte Erscheinungen in der alles beherrschenden Automobilindustrie. Positiv entwickelt hat sich der **Verdichtungsraum Cleveland**, zu dem auch die weiter südlich gelegenen Industriestädte Akron und Canton gehören, und in dem heute rund 3 Mio. Menschen leben. Vor allem Cleveland hat die wirtschaftliche Umstrukturierung der letzten beiden Jahrzehnte recht gut verkraftet.

Bevölkerungsgruppen

Die Verteilung einzelner ethnischer Gruppen auf die Great-Lakes-Anrainerstaaten ist nicht einheitlich. Überall dominieren **Weiße** europäischer Abstammung. Ihr Anteil liegt zwischen 79% (Illinois) und 89% (Minnesota). Angehörige der sog. **First Nations** bzw. **Indianer** sind meist in Reservate abgedrängt oder fristen ihr Dasein oftmals als Randgruppen in den größeren Städten. Den höchsten Anteil von Afroamerikanern verzeichnet der Staat Illinois mit knapp 15%. Menschen dunkler Hautfarbe und **Hispanics** (zumeist Mexikaner) sind besonders zahlreich in Großstädten wie Chicago anzutreffen. Im Großraum Chicago trifft man auf ein ausgesprochen buntes Bevölkerungsmosaik. Nachkommen irischer, polnischer, deutscher und italienischer Einwanderer leben in enger Nachbarschaft mit Afroamerikanern, Hispanics, Indern, Pakistanis, Koreanern, Vietnamesen und Kambodschanern – und dies oft als sog. Parallelgesellschaften. Die schnellst wachsende Bevölkerungsgruppe bilden die Hispanics, die bereits ein Fünftel der Einwohnerschaft ausmachen. Die meisten von ihnen sind Einwanderer aus Mexiko sowie aus dem mittelamerikanischen und karibischen Raum. Auch die Zahl süd- und ostasiatischer Einwanderer wächst sprunghaft.

Einkommen und Bildung

Das durchschnittliche **Pro-Kopf-Einkommen** war 2009 im Staat New York am höchsten mit 46 957 US$ und am niedrigsten in Indiana mit 33 725 US$. Besonders viele **Menschen, die unter der Armutsgrenze leben,** gibt es in den Großstädten meist an den Rändern der Zentren, wo sich Wohngebiete minderer Qualität und verfallene Industriebauten ausbreiten. Überbevölkerung, ein Mangel an Bildungs- und Erholungseinrichtungen, hohe Mieten, hohe Verschuldung und hohe Kriminalitätsraten sind für diese Quartiere typisch.
Das **Bildungsniveau** ist in den hier behandelten Staaten recht hoch. Der größte Teil der über 25-Jährigen hat zumindest einen High-School-Abschluss in der Tasche. Bedenklich sieht es jedoch in bestimmten Vierteln der Großstädte aus, wo fast die Hälfte der 25-Jährigen keinen Schulabschluss vorweisen kann. Meist handelt es sich hier um Angehörige der »nichtweißen« Bevölkerungsgruppen.

Politische und Verwaltungsstruktur

Verfolgt man auf einer Landkarte Grenzverläufe einzelner Bundesstaaten an den Großen Seen, so wird deutlich, dass die Grenzziehung in den USA oft am Reißbrett erfolgt ist. Nicht selten verläuft die Grenze zweier Bundesstaaten (z.B. Illinois und Indiana) ungeachtet natürlicher Gegebenheiten entlang von Breiten- bzw. Längengraden.
Die **föderale Struktur** der USA lässt es nicht zu, die Verhältnisse in den einzelnen Bundesstaaten zu verallgemeinern. Vergleicht man die Kompetenzen deutscher Bundesländer mit jenen von US-Bundesstaaten, so reichen diese jenseits des »Großen Teiches« erheblich weiter. So gibt es von Staat zu Staat unterschiedliche Verkehrsvorschriften, Regelungen für Behinderte, Steuergesetzgebungen und Vorschriften zum Alkoholgenuss.
An der Spitze eines jeden US-Bundesstaates steht ein **Gouverneur**. Ähnlich wie auf Bundesebene gibt es einen aus **Senat** und **Abgeordnetenhaus** bestehenden **Kongress**, der Gesetze verabschiedet. Der Gouverneur ist den Beschlüssen seines Kongresses verpflichtet.
Untere Verwaltungsebene der Bundesstaaten sind die **Counties**, die man etwa mit den deutschen Landkreisen vergleichen kann.

Wirtschaftliche Entwicklung

Das weithin fruchtbare Land an den Großen Seen bringt hohe landwirtschaftliche Überschüsse hervor. Dies gilt vor allem für den **Ackerbau** (bes. Mais, Soja), aber auch für die **Viehzucht**. Nicht ohne Grund wurde Chicago zum Hauptumschlagsplatz der US-amerikanischen **Nahrungsmittel- bzw. Fleischwarenindustrie**.
Bereits Mitte des 19. Jh.s erlebten Handwerk und Industrie einen enormen Aufschwung. In besonderem Maße entwickeln konnte sich der **Fahrzeugbau**. Die Schlote der Eisenhütten rauchten, die Autostadt Detroit und Chicago, schon damals Metropole des Mittleren Westens, platzten aus allen Nähten. Starke Rückschläge erlebte die Industrie während der Weltwirtschaftskrise der 1920er- und 1930er-Jahre. Verheerend wirkte sich auch die sog. **Ölkrise** der 1970er-Jahre aus. Sie setzte vor allem der bis dahin florierenden Automobil- und Stahlindustrie zu. Das Ergebnis waren hohe Arbeitslosenziffern und

Zahlen und Fakten Chicago · Große Seen

Flächen

- USA gesamt: 9 629 891 km²
  (Deutschland: 357 093 km²)
- Illinois: 149 998 km²
- Indiana: 94 231 km²
- Michigan: 250 941 km²
- Minnesota: 225 365 km²
- New York: 141 205 km²
- Ohio: 116 096 km²
- Pennsylvania: 119 283 km²
- Wisconsin: 140 662 km²

Einwohnerzahl

- USA gesamt: 308 Mio.
  (Deutschland: 82 Mio.)
- Illinois: 13,0 Mio.
- Indiana: 6,4 Mio.
- Michigan: 10,0 Mio.
- Minnesota: 5,3 Mio.
- New York: 19,6 Mio.
- Ohio: 11,5 Mio.
- Pennsylvania: 12,5 Mio.
- Wisconsin: 5,7 Mio.

Bevölkerungsdichte

- USA gesamt: 32 Einw./km²
  (Deutschland: 229 Einw./km²)
- Illinois: 85 Einw./km²
- Indiana: 67 Einw./km²
- Michigan: 40 Einw./km²
- Minnesota: 22 Einw./km²
- New York: 135 Einw./km²
- Ohio: 100 Einw./km²
- Pennsylvania: 106 Einw./km²
- Wisconsin: 41 Einw./km²

Pro-Kopf-Einkommen (2009)

- USA gesamt: 39 138 $
  (Deutschland: 40 875 $)
- Illinois: 41 411 $
- Indiana: 33 725 $
- Michigan: 34 025 $
- Minnesota: 41 552 $
- New York: 46 957 $
- Ohio: 35 381 $
- Pennsylvania: 39 578 $
- Wisconsin: 36 822 $

wirtschaftliche Stagnation, begleitet von einem starken Anstieg der Kriminalität. In jüngerer Zeit haben sich die Verhältnisse aber wieder zum Besseren gekehrt. Aus dem einstigen »Manufacturing Belt« und späteren »Rust Belt« ist inzwischen ein **High Tech & Service Belt** geworden, in dem florierende Unternehmen der Computerbranche, Banken und Versicherungen, Hersteller hochwertiger Produkte, pharmazeutische und medizintechnische Industrie sowie andere kapitalintensive Wirtschaftszweige den Ton angeben.

Entwicklung des Verkehrswesens

Die wirtschaftliche Entwicklung der Great Lakes Region ist verbunden mit der Entwicklung des Verkehrswesens. Bis in die Mitte des 19. Jh.s spielte die **Binnenschifffahrt** eine herausragende Rolle. Wichtige Verkehrswege waren die Großen Seen selbst sowie die damals schiffbaren Strecken des Mississippi-Ohio-Flusssystems und die vielen neuen Kanäle.
Bereits Mitte des 19. Jh.s entwickelte sich ein heftiger Konkurrenzkampf zwischen Binnenschiffern und Eisenbahn-Magnaten, der bald zugunsten der **Eisenbahn** entschieden war. Der Personen- und Güterverkehr wurde in immer größerem Umfang von dem neuen und schnelleren Verkehrsmittel übernommen. Chicago wurde wichtigster Eisenbahnknoten des Kontinents. Lediglich Massengüter wie Kohle und Erze wurden weiterhin per Schiff transportiert.
Heute ist der Mississippi bis St. Paul und der Ohio bis oberhalb von Pittsburgh schiffbar. Auf dem 523 km langen Illinois Waterway, der den Mississippi mit dem Michigansee verbindet, entwickelte sich ein reger Verkehr, der in seinen besten Zeiten so stark war wie auf dem deutschen Rhein.

◄ Sonderfall Große Seen

Über die Großen Seen wird heute etwa ein Drittel aller Leistungen der amerikanischen Binnenschifffahrt erbracht. Das Zufrieren der Seen beschränkt jedoch die Schifffahrt auf lediglich acht Monate. Der größte Teil der Fracht – hauptsächlich Eisenerz, Kohle, Getreide, Sande und Steine – wird zwischen US-amerikanischen Seehäfen verfrachtet. Duluth-Superior ist einer der wichtigsten Umschlagplätze für Eisenerz. In Toledo wird hauptsächlich Kohle verschifft, Chicago ist führend im Umschlag von Getreide und metallurgischen Erzeugnissen. Weitere wichtige Häfen an den Großen Seen sind Detroit, Cleveland und Buffalo.

◄ St.-Lorenz-Seeweg

Auf dem St.-Lorenz-Strom können Seeschiffe bis zu 20 000 Bruttoregistertonnen vom Atlantik bis Chicago am Südende des Michigansees und bis Duluth am Westende des Oberen Sees hinauffahren.

Landwirtschaft

Die Vereinigten Staaten von Amerika sind bis heute der weltgrößte Agrarproduzent. Besonders südlich und westlich der Großen Seen erstrecken sich riesige Felder, auf denen vor allem Futtergetreide, Weizen, Mais und Soja angebaut werden. Weiter nördlich, im sog. **Dairy Belt**, treten die Milch- und Fleischwirtschaft sowie die Geflügelzucht in den Vordergrund. Auch der Anbau von Obst und Gemüse ist lukrativ.

Auf Platz 1 aller Anbaufrüchte zwischen Missouri und Ohio steht der **Mais**, besonders in den Bundesstaaten Minnesota, Illinois und Ohio. In manchen Gebieten sind bis zu 50% der Anbaufläche von ertragreichem und maschinell leicht erntbarem Hybridmais bestanden, der größtenteils als Futtermittel verwendet wird, aber auch von der Nahrungsmittelindustrie zu **Corn Flakes** weiter verarbeitet wird. Eine erhebliche Menge Mais gelangt in den Export.
Zweitwichtigste Feldfrucht ist die **Sojabohne**, nicht nur als Futterpflanze, sondern vor allem auch als wertvolles Öl lieferndes Gewächs. Heute ist der Mittlere Westen der USA das Hauptanbaugebiet für Soja, wobei sich ein Großteil der Anbaufläche in den Bundesstaaten Illinois, Indiana und Ohio ausbreitet.
Der bedeutendste Landwirtschaftszweig ist auch in der Great Lakes Region die Viehhaltung. Während im Norden der Region hauptsächlich Grünlandwirtschaft bzw. **Milchwirtschaft** betrieben wird, ist es weiter südlich die **Rinder- und Schweinemast**.

Bergbau

Wichtigstes Bergbauprodukt in den beiden Bundesstaaten Michigan und Minnesota ist bis heute das **Eisenerz**, auch wenn etliche Vorkommen bereits erschöpft sind. Bereits Mitte des 19. Jh.s sind die Vorkommen der Vermillon- und der Marquette-Kette entdeckt worden. Einen wahren Eisen- und Stahl-Boom ermöglichte der Erzabbau

Im Hinterland der Großen Seen wird das Eisenerz mit großem Gerät abgebaut.

Im Raum Detroit hat die Automobilfertigung bis heute eine große Bedeutung.

in der westlich des Oberen Sees gelegenen Mesabi-Kette, der zwei Jahre vor Ausbruch des Ersten Weltkrieges in großem Stil aufgenommen wurde. Der metallische Rohstoff konnte im Tagebau gefördert werden. Bis heute ist die Region westlich des Oberen Sees eines der wichtigsten Eisenerz-Fördergebiete Nordamerikas. Sog. Laker bringen den eisenreichen Rohstoff zu den an den Großen Seen gelegenen Schwerindustrie-Standorten. Wichtige Zentren sind der Raum Chicago (Gary, South Chicago, Indiana Harbour), Buffalo-Lackawanna, Erie, Cleveland, Sandusky, Toledo und nicht zuletzt Detroit. Auch die anderen für die Erzverhüttung notwendigen Rohstoffe wie Kohle und Kalk kommen auf dem Seeweg zu den Produktionsstätten.

Industrie

An mehreren Standorten in der Great Lakes Region produziert die Schwerindustrie Eisen und Stahl für die ebenfalls hier angesiedelten Automobil- und Maschinenfabriken. Bis heute ist der **Automobilbau** ein überragender Wirtschaftsfaktor. Brennpunkt ist die Autostadt Detroit. Das erste Auto ist hier bereits 1895 gebaut worden. 1908 führte **Henry Ford** in seinem Unternehmen die Fließbandfertigung ein. Im selben Jahr wurde die **General Motors** Corporation (GM) ins Leben gerufen, die alsbald namhafte Autobauer wie »Buick«, »Cadillac«, »Chevrolet«, »Oldsmobile« und »Pontiac« (und in Deutschland »Opel«) aufkaufte und rasch zum größten Automobilkonzern der Welt heranwuchs. Neben GM und Ford konnte sich auch **Chrysler** als dritter im Bunde entwickeln. Auch einer der bedeutendsten

Zweirad-Produzenten der Welt ist an den Großen Seen beheimatet: **Harley-Davidson** in Milwaukee. Im sog. Manufacturing Belt südlich der Großen Seen ist eine facettenreiche **Zulieferindustrie** herangewachsen, die nicht selten aus kleinen Handwerksbetrieben hervorgegangen ist und sich auf die Herstellung bestimmter Autoteile spezialisiert hat.

Wie keine andere Industriesparte entwickelte sich der **Flugzeugbau** bereits in den 1930er-Jahren stürmisch. Inzwischen ist daraus eine leistungsfähige **Luft- und Raumfahrtindustrie** geworden mit Schwerpunkten in Cleveland, Akron, Buffalo und Detroit. Ähnlich wie im Automobilbau gibt es auch in diesem Wirtschaftszweig eine weit verzweigte Zulieferindustrie.

Außerordentlich stürmisch gewachsen sind in den vergangenen drei Jahrzehnten die **elektrotechnische und die elektronische Industrie**. Auch sie wird von wenigen Großkonzernen wie IBM, General Electric, Motorola usw. beherrscht. Aber auch etliche kleinere Unternehmen haben mit hervorragenden Erzeugnissen auf sich aufmerksam gemacht. Drei Zentren, in denen dieser Industriezweig eine wichtige Rolle spielt, sind Chicago, Milwaukee und Indianapolis.

Dieser Industriezweig hat in der Große-Seen-Region eine besonders lange Tradition. Chicago, früher einmal als »Stadt der Schlachthöfe« bekannt, ist die Heimat der **Fleischwarenindustrie**, deren Zentren heute jedoch weiter westlich in den Prärien liegen. Ein beträchtlicher Teil der **Molkereiprodukte** für den US-amerikanischen Markt – bes. Cheddar-Käse, Butter und Speiseeis – wird in Großbetrieben in Wisconsin hergestellt. Die Produktion von Säften, Konfitüren und Fruchtkonserven spielt in den Obstanbaugebieten rund um den Michigansee eine wichtige Rolle. Schließlich sei auch noch auf die industrielle Verarbeitung von Mais, Reis und verschiedenen Getreidesorten zu Corn Flakes, Crispies etc. hingewiesen. Zwei der größten Lebensmittelhersteller der Welt, die **Kellogg Company** und **Kraft Foods**, haben ihre Zentralen in Battle Creek, Michigan.

Handel, Verkehr, Dienstleistungen

In den städtischen Zentren der Great Lakes Region haben der Handel, das Verkehrs- und das Dienstleistungsgewerbe traditionell einen hohen Stellenwert. In besonderem Maße gilt dies für die Metropole Chicago, die nicht nur Standort der größten Warenterminbörsen der Welt ist, sondern auch des wichtigsten Binnenhafens der USA und des nach Atlanta verkehrsreichsten Großflughafens der USA (über 70 Mio. Passagiere). Viele weltweit operierende Banken und Versicherungen haben in der »Windy City« und in den anderen Großstädten der Region Hauptniederlassungen, namhafte Industrieunternehmen haben in Chicago, Detroit, Cleveland usw. ihre Konzernzentralen.

? WUSSTEN SIE SCHON ...?

- Allein von den US-Häfen an den Großen Seen werden jährlich mehr als 300 Mio. Tonnen Massengüter (besonders Kohle, Eisenerz, Getreide) verschifft.

Eines der meistbesuchten Reiseziele in der Region der Großen Seen sind die weltberühmten Niagarafälle.

Tourismus

Verglichen mit anderen Regionen hat sich der Tourismus rund um die Großen Seen bislang nur punktuell sehr gut entwickelt. Die Metropole Chicago gehört mit ihren vielen Sehenswürdigkeiten aber seit langem zu den beliebtesten Städtereisezielen der Welt. Sie wird jährlich von mehr als 28 Millionen Touristen aus Amerika und Übersee besucht. Auch Städte wie Milwaukee, Cleveland und Detroit ziehen mit mancherlei Attraktionen Touristen an. Eines der Top-Reiseziele der Welt, das jährlich von mehr als 12 Millionen in- und ausländischen Besuchern angesteuert wird, sind die Niagarafälle zwischen Eriesee und Ontariosee. Gute Ansätze für eine weitere Entwicklung des Fremdenverkehrs findet man in den landschaftlich reizvollen, wald- und seenreichen Gebieten der nördlichen Great Lakes Region. Hervorzuheben sind die Sleeping Bear Dunes National Lakeshore, die Mackinac-Insel und die Pictured Rocks National Lakeshore.

Geschichte

Zwar kamen schon vor rund 30 000 Jahren die ersten Menschen nach Nordamerika, doch ins Rampenlicht der Weltgeschichte geriet das Land um die Großen Seen erst im 16. Jh., als französische Kundschafter den St.-Lorenz-Strom aufwärts fuhren und vom überwältigenden Pelzreichtum des Landes berichteten.

Indianer

ca. 30 000 v. Chr.	Nomaden sickern von Nordostasien nach Nordamerika ein.
ca. 6000 v. Chr.	Altindianische Gruppen beginnen Pflanzen zu kultivieren.
ca. 1000 v. Chr.	Indianische Kulturen treiben Handel; einzelne Gruppen werden sesshaft und wenden sich dem Ackerbau zu.

Eiszeitliche Jäger wandern von Sibirien nach Nordamerika

Im Vergleich zu anderen Teilen der Erde ist der amerikanische Kontinent erst relativ spät besiedelt worden. Nach fast einhelliger Auffassung der Ur- und Frühgeschichtsforschung kamen die ersten Menschen vor ca. 30 000 bis 10 000 Jahren in mehreren Einwanderungswellen von Nordostasien aus auf den amerikanischen Kontinent. Damals, am Ende der letzten Eiszeit, bestand zwischen Sibirien und Alaska die **Bering-Landbrücke**. Gewaltige Wassermassen waren noch als Eis gebunden, weshalb der Meeresspiegel in sehr kühlen Perioden 60 – 130 m unter seinem heutigen Stand lag. Somit konnten eiszeitliche Jäger und Sammler den Mammuts, Karibus und Antilopen folgen, die auf der Suche nach saftigen Weiden nach Nordamerika hinüberwechselten. Damals gab es auch einen eisfreien Korridor südlich von Alaska, der das Weiterziehen in südlichere Gefilde ermöglichte.

Der Rückzug des Eises und die Folgen

Das Abschmelzen des Eises ermöglichte den Paläoindianern ein weiteres Vordringen auf die nordamerikanische Landmasse. Die **Jägerkulturen**, die bislang am Südrand der Wisconsin-Vereisung, d. h. im Gebiet der heutigen Großen Seen und in den Prärien lebten, teilten sich in zwei Gruppen. Die einen stellten nach dem Aussterben der Mammuts, Steppenelefanten und Mastodonten weiter im Norden den Karibus nach, die anderen verlegten sich weiter im Süden auf die **Büffeljagd**. In den zuletzt genannten südlicheren Jägerkulturen entwickelten sich Traditionen, aus denen im Laufe der Zeit frühindianische Kulturen erwuchsen, so beispielsweise die **Jäger- und Sammlerkulturen der Waldländer** im Bereich der Großen Seen.

Kultivierung von Pflanzen und Tieren

Etwa vor 8000 Jahren begannen altindianische Kulturen damit, systematisch verwendbare und nachhaltig kultivierbare Pflanzen zu sammeln bzw. anzubauen, darunter auch **Mais**, **Kürbisse** und **Bohnen**. Auch jagten sie immer mehr Wildtiere, besonders Wachteln, Truthähne, Hasen, Rehe und Hirsche. Allmählich ging man zur Kultivierung von Nahrungs- und Faserpflanzen über und begann mit der Aufzucht von Haustieren.

← Vergoldete Figurengruppe am Kapitol des US-Bundesstaates Minnesota, das erst im Jahre 1905 in St. Paul erbaut wurde.

Kulturwandel in der späten Steinzeit

Vor etwa 6000 bis 1000 Jahren vollzog sich ein Kulturwandel. Neben Jäger-, Fischer- und Sammlerkulturen breiteten sich spezialisierte Feldbauern, Tierzüchter und Handwerker aus. In den großen Waldgebieten hielten sich jedoch archaische Jäger- und Sammlerkulturen, an den Großen Seen konnten Fischerkulturen gut existieren. An den Großen Seen behielten nomadische archaische Jäger-, Fischer- und Sammlerkulturen die Oberhand. Als Behausungen dienten ihnen einfache Schutzdächer oder Zelte (Tipis), die man schnell auf- und abbauen konnte. Einzig die **Irokesen** und die mit ihnen verwandten Huronen kannten den Ackerbau. Die **Huronen** bewohnten Langhäuser in geschützten Dörfern. Die ebenfalls sesshaften Irokesen lebten in Palisadendörfern in großen mit Baumrinde bedeckten Hütten. Bei ihren weit verzweigten Handelsgeschäften verwendeten sie sogar eine Art Geld in Gestalt von Perlschnüren. Andere Stämme, so die **Algonquin**, ernährten sich von Jagd und Fischfang.

Die in den Wäldern und Steppen der Große-Seen-Region lebenden Jäger, Sammler, Fischer und Bauern kannten keine größeren sozialen Verbände. Sie waren in Stämmen und Familienverbänden mit oftmals komplizierten rechtlichen Strukturen organisiert. Die Führung oblag gleichberechtigten Häuptlingen, die einzelnen Gruppen vorstanden oder für einzelne Bereiche wie Jagd, Krieg, Kult usw. zuständig waren.

Europäische Kolonisation

1523	Verazzano erkundet Nordamerikas Ostküste.
1534	Jacques Cartier segelt den St.-Lorenz-Strom aufwärts.
1605	Samuel de Champlain gründet die Stadt Québec.
1713	England obsiegt in der Schlacht von Québec gegen Frankreich.
1763	Frankreich muss auf seine Niederlassungen im Nordosten Amerikas verzichten.

Frankreich und England in Konkurrenz um die Macht

1523 erkundete der Seefahrer **Verazzano** Teile Nordostamerikas für den König von Frankreich. Elf Jahre später, 1534, betrat der Bretone **Jacques Cartier** nach mehrwöchiger Seereise nordamerikanischen Boden. Er segelte den St.-Lorenz-Strom aufwärts bis zur Indianersiedlung Hochelaga, aus der die ostkanadische Metropole Montréal erwachsen sollte. Ihm folgten französische Kolonisten und Pelztierjäger, von denen einige weiter ins Landesinnere vorstießen. 1603 erforschte **Samuel de Champlain** die Ostküste Nordamerikas. Zwei Jahre später fuhr er den St.-Lorenz-Strom aufwärts und gründete Québec, die erste erfolgreiche Siedlung von Weißen im Landesinnern, die alsbald Hauptstadt von **»Nouvelle France«** (Neufrankreich) wurde. Champlain, erster Gouverneur von Neufrankreich, baute ein umfangreiches Pelzhandelsnetz auf. 1673 erhob der französische »Sonnenkönig« Ludwig XIV. das Territorium Nouvelle France in den Rang einer königlichen Provinz. Zum Schutz der Kolonie schickte er Truppen und weitere Siedlungswillige. Bereits drei Jahre zuvor war die englisch geführte **Hudson's Bay Company** gegründet worden, die mit französischen Pelzhändlern rivalisierte und sich sehr um Einfluss bei den Indianern bemühte. Die Franzosen konnten jedoch ihre Interessensphäre entlang des St.-Lorenz-Stromes westwärts bis zu den Großen Seen ausdehnen und stießen von dort noch weiter nach Westen vor.

Jacques Marquette (1637 – 1675)

Der Jesuitenpater **Jacques Marquette** und der Kartograf **Louis Joliet** gelangten bis zum Mississippi und beanspruchten den Flusslauf für Frankreich. 1682 erreichte René Robert Cavelier, **Sieur de La Salle**, das Mündungsdelta des **Mississippi** und nahm die Flusslandschaft für seinen König Ludwig XIV. als **»La Louisiane«**« in Besitz. Damit beanspruchte Frankreich das gesamte bis dahin bekannte Nordamerika. An strategisch bedeutsamen Punkten entstanden französische Niederlassungen, so auch **Detroit, Sault Ste-Marie, St-Ignace** und **Marquette**. Aber schon gegen Ende des 17. Jh.s kam es zu kriegerischen Auseinandersetzungen zwischen Frankreich und Großbritannien. Auch der **Spanische Erbfolgekrieg** fand 1704 seine Entsprechung in Nordamerika, im Queen Anne's War. Im **Frieden von Utrecht** (1713) erhielt England einen Großteil des heutigen Ostkanada. Nach dem King George's War (1744 – 1748) und dem French & Indian War (1754 – 1763) im Gefolge des **Siebenjährigen Krieges** gingen Kanada und die Gebiete östlich des Mississippi verloren.

Aufeinanderprall der Kulturen

Als im 17. Jh. die ersten Europäer an die Großen Seen kamen, lebten dort einige Zehntausend Indianer. Der Kontakt zwischen ihnen und den Europäern erwies sich oft als sehr konfliktreich. Nicht selten kam es zu schlimmen Gemetzeln und Massakern, vor allem dann, wenn die Europäer Land nehmen wollten. Friedlicher war der Kontakt zwischen weißen Pelzhändlern und den Indianern. Die Handelsreisenden sahen in den indianischen Ureinwohnern willkommene Jäger, Pfadfinder und Transporteure, ohne deren Kooperation auch die ersten Kolonien nicht hätten überleben können. Die Weißen übernahmen von den Indianern Mais, Tabak, Naturheilmittel sowie das Kanu und den Schneeschuh. Die Indianer andererseits waren an Hacken, Töpfen, Nadeln und Gewehren interessiert. Da die Indianer keine Abwehrkräfte gegen bis dahin in Nordamerika unbekannte Krankheiten wie Typhus, Pocken, Masern usw. hatten, fielen sie den von Europäern eingeschleppten Seuchen massenhaft zum Opfer.

American Revolution

1776	Unabhängigkeitserklärung der Vereinigten Staaten von Amerika
1783	Internationale Anerkennung der USA im Frieden von Versailles

Britische Kolonisten werden immer selbstbewusster

In der ersten Hälfte des 17. Jh.s waren an der nordamerikanischen Ostküste neben niederländischen auch britische Kolonien entstanden. Die britischen Kolonisten, die ohne politisches Gewicht in London waren und von dort durch immer neue Steuern mehr reglementiert als regiert wurden, strebten in der zweiten Hälfte des 18. Jh.s die Eigenständigkeit an.

Nach dem **»Boston Massacre«** (1770) und den Vorgängen um die **»Boston Tea Party«** (1773/1774) trafen sich Abgesandte aller britischen Kolonien in Philadelphia zum ersten Kontinentalkongress und beschlossen den Abbruch des gesamten Handelsverkehrs mit dem Mutterland. Bei Boston kam es 1775 zu Feuergefechten zwischen britischen **»Red Coats«**« und amerikanischen **»Minutemen«** (Patrioten, die sich zum sofortigen Einsatz bereit hielten). Der amerikanische Unabhängigkeitskrieg begann.

Amerikanische Unabhängigkeitserklärung

Am 4. Juli 1776 verkündete der Kongress in Philadelphia die Unabhängigkeit der Kolonien von Großbritannien. Dieser Tag gilt als das Gründungsdatum der USA. Am 3. September 1783 wurde im **Frieden von Versailles** die Unabhängigkeit der dreizehn amerikanischen Freistaaten anerkannt.

Kanada, der amerikanische Nordwesten und Neuschottland blieben bei den Briten. Die Westgrenze der USA wurde mit den 1763 von Frankreich abgetretenen Gebieten bis an den Mississippi vorgeschoben. Im Rahmen dieser Vereinbarung kam auch das Gebiet der heutigen Bundesstaaten Illinois, Indiana, Michigan, New York, Ohio und Wisconsin sowie große Teile Minnesotas an die USA. Etwa 100 000 britische Loyalisten flohen nach Kanada bzw. liefen zur britischen Armee über.

Begründung, Festigung und Ausdehnung der Union

6. 2. 1789	George Washington wird erster Präsident der USA.
4. 3. 1789	Die Verfassung der USA tritt in Kraft.
1803	Louisiana Purchase: Die USA erwerben von Frankreich riesige Landflächen westlich des Mississippi.
1825	Der Erie-Kanal wird fertiggestellt.

Northwest Ordinance und Bill of Rights

Mit der Northwest Ordinance vom 13. Juli 1787 räumte der Kontinentalkongress den Gebieten westlich von New York und nördlich des Flusses Ohio Staatsrecht ein. Zwei Monate später wurde die Verfassung der Union beschlossen. Der erste Kongress der USA trat am 6. Februar 1789 zusammen und wählte George Washington zum ersten US-Präsidenten. Am 4. März 1789 trat die Verfassung in Kraft, und am 30. April 1789 wurde der Oberste Gerichtshof geschaffen. Die Bill of Rights vom 15. Dezember 1791 gewährleistete Grundrechte wie die Unverletzbarkeit von Person und Eigentum, Versammlungs- und Religionsfreiheit sowie die Freiheit der Presse. Die Vereinigten Staaten erwarben 1803 im »Louisisana Purchase« das in großen Teilen noch unerforschte französische Territorium Louisiane und verdoppelten damit ihr Staatsgebiet.

Erschließung des Mittleren Westens

Der Zustrom von Neusiedlern aus Europa schwoll im 19. Jh. stark an. Immer mehr Weiße drängten nach Westen, wo sie jedoch auf den teilweise erbitterten Widerstand der Indianer stießen. Dennoch

Territoriale Entfaltung der USA

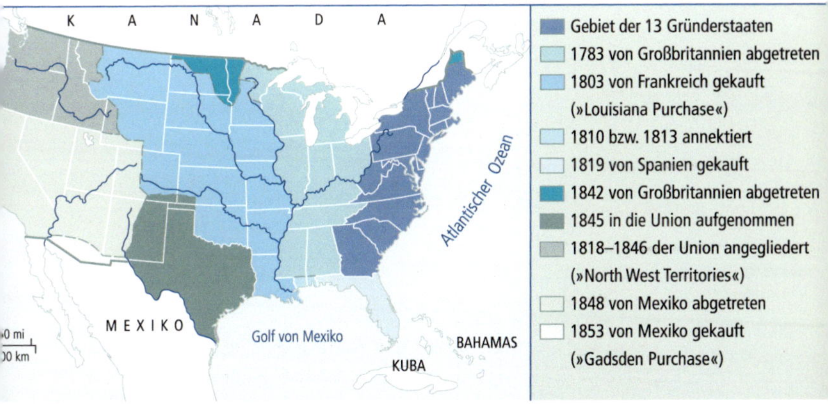

gelang es den europäischen Einwanderern, immer mehr Land an sich zu reißen. Das **Voranschieben der Frontier** (Siedlungsgrenze der Weißen) regte auch zur Entwicklung technischer Innovationen wie dem Dampfschiff an, das einen wichtigen Beitrag zur Erschließung des Mittleren Westens leisten sollte.

Erneut Krieg mit Großbritannien

Die **Kontinentalsperre** in Europa, die den amerikanischen Handel beeinträchtigenden britischen Gegenmaßnahmen sowie britische Unterstützung für aufständische Indianer führten erneut zu kriegerischen Auseinandersetzungen mit Großbritannien (1812–1814). Die US-Amerikaner versuchten gar, Kanada zu erobern, was jedoch trotz heftiger Scharmützel im Bereich der Großen Seen misslang. Stattdessen besetzten britische Truppen die US-Hauptstadt Washington und brannten das Kapitol sowie das Weiße Haus nieder. Im **Frieden von Gent** (1814) wurde jedoch wieder der »status quo ante« hergestellt.

Eröffnung des Erie-Kanals

Als segensreich für die Entwicklung des Landes an den Großen Seen erwies sich der 1825 fertig gestellte Erie-Kanal. Jetzt konnte sich ein reger Warenaustausch zwischen den Großen Seen und den aufstrebenden Städten der Ostküste entwickeln.

Sklavenfrage und aufständische Indianer

Während der Präsidentschaft von Andrew Jackson (ab 1829) wurde die Frage nach der Rechtmäßigkeit der Sklavenhaltung gestellt. 1833 wurde die **Antislavery Society** ins Leben gerufen. 1840 entkamen etwa 75 000 Sklaven auf der geheimen »Underground Railway« via Eriesee und Detroit nach Kanada. 1852 veröffentlichte **Harriet Beecher Stowe** ihren Roman **»Uncle Tom's Cabin«**, dessen Erfolg den Gegensatz zwischen den Staaten des Nordens und des Südens verschärfte. Auch die **Indianer** an den Großen Seen forderten Rechte. 1832 führten Unionstruppen Kriege in den heutigen Bundesstaaten Illinois und Wisconsin gegen dort ansässige Stämme. 1841 garantierte die US-Regierung verschiedenen Stämmen das Gebiet westlich des Mississippi vertraglich als deren Besitz.

American Civil War

1860	Abraham Lincoln wird Präsident der USA.
1861–1864	Bürgerkrieg zwischen den Unionsstaaten und den konföderierten Südstaaten

Abraham Lincoln und die Folgen

Im Jahr 1860 wurde der eloquente Anwalt und Republikaner Abraham Lincoln zum US-Präsidenten gewählt. Dieses Ereignis trieb den Gegensatz zwischen den Staaten des Nordens und des Südens auf die Spitze. Bis Juni 1861 verließen South Carolina, Mississippi, Florida, Alabama, Georgia, Louisiana, Texas, Virginia, Arkansas, North Caro-

lina und Tennessee die Union und konstituierten sich als **Confederate States of America**. Während die Unionstruppen im Westen Erfolge verbuchen konnten, fiel im Osten keine Entscheidung.
Am 1. Januar 1863 erklärte Präsident Lincoln in der **Emancipation Proclamation** alle Sklaven in den Südstaaten für frei. Damit wurde der Sezessionskrieg auch zum Krieg um die Sklavenbefreiung. Am selben Tag trat auch der **Homestead Act** in Kraft, gemäß dem jeder volljährige Bürger Land erwerben konnte gegen die Verpflichtung, darauf eine Heimstatt zu errichten und den Boden zu bebauen.

Ende des Bürgerkriegs

Der Amerikanische Bürgerkrieg ging am 9. April 1865 zu Ende, als der Südstaaten-General Lee kapitulierte. Am Ende des Krieges, der 385 000 Gefallene und 282 000 Verwundete gefordert hatte, waren die Einheit der Union wieder hergestellt, die Sklaven wenigstens pro forma befreit und der Süden in weiten Teilen verwüstet. Die Spannungen zwischen dem Süden und dem »fortschrittlichen« Norden blieben bestehen. Nur wenige Tage nach Lees Kapitulation erlag Präsident Lincoln in Washington einem Attentat.

»Reconstruction« und Aufstieg zur Weltmacht

1886	Bei den Haymarket Riots in Chicago gibt es Tote und Verletzte.
1893	Weltausstellung in Chicago
1903	Henry Ford gründet eine Autofabrik und die Gebrüder Wright starten zu ihrem ersten Motorflug.
1917	Die USA treten in den Ersten Weltkrieg ein.

Kriegsgewinnler, Spekulanten und Industriemagnaten

In den beiden Dekaden nach dem Bürgerkrieg bestimmten vor allem Kriegsgewinnler und Spekulanten das Geschehen. Dennoch war die zweite Hälfte des 19. Jh.s von einem rasanten **Bevölkerungswachstum** und von einer geradezu Atem beraubenden **Technisierung** geprägt. Das Land an den Großen Seen wurde zur Boom-Region. Einwanderer aus vieler Herren Länder, darunter Iren, Deutsche, Polen, Italiener, Russen und Ukrainer, strömten in den Mittleren Westen. Vor allem in den Großstädten Chicago, Cleveland und Detroit boomte die Wirtschaft. Einen überragenden Beitrag hierzu leistete der **Eisenbahnbau**. Magnaten der Eisen- und Stahlindustrie, Maschinenfabrikanten, Fahrzeughersteller legten den Grundstein für ihren Reichtum. Parallel dazu verschärften sich die sozialen Gegensätze. Streiks und gewalttätige Auseinandersetzungen standen in den Industriestädten auf der Tagesordnung. In Chicago kam es im Mai 1886 zu den **»Haymarket Riots«**. Bei tagelangen Kämpfen zwischen

Mai 1886: In Chicago kommt es zu schweren Kämpfen, den Haymarket Riots.

Anarchisten, Arbeitern und der Polizei fanden elf Menschen den Tod. Am 8. Dezember 1886 wurde die **American Federation of Labour** (AFL; Gewerkschaft) ins Leben gerufen. 1893 fand in Chicago eine **Weltausstellung** zur Erinnerung an die Entdeckung Amerikas durch Kolumbus statt, die von mehr als 27 Mio. Besuchern begeistert aufgenommen wurde. Sie spiegelte den hohen Stand der US-amerikanischen Technik und Wirtschaft wider.

Das Zeitalter von Auto und Flugzeug beginnt

Kurz nach der Chicagoer Weltausstellung sollte an den Großen Seen ein neues Zeitalter beginnen. 1893 bis 1895 probierten die aus Illinois stammenden **Brüder Duryea** ihre **ersten Automobile** aus. Im März 1896 stellte Charles Bradley King in Detroit sein erstes Auto vor, im Juni 1896 präsentierte **Henry Ford** ebenfalls in Detroit sein Quadricycle und im Herbst zeigte Ransom E. Olds in Lansing sein erstes Auto. Danach ging es Schlag auf Schlag. 1903 gründete Henry Ford in Detroit seine große Automobilfabrik. Im selben Jahr gelang den **Gebrüdern Wright** aus Dayton, Ohio, der **erste Motorflug**. Damit begann die rasante Entwicklung der Automobilindustrie und des Flugzeugbaus im Land an den Großen Seen.

Erster Weltkrieg

1917 traten die USA offiziell an der Seite Frankreichs und Großbritanniens in den Ersten Weltkrieg gegen Deutschland ein. Der Krieg brachte den USA und vor allem der Großindustrie an den Großen Seen beträchtliche Gewinne ein. Mit einem Schlag waren die USA zur weltweit führenden Wirtschafts- und Kapitalmacht geworden.

Prosperität und Neoisolationismus

1919–1933	Prohibition und Aufstieg der Mafia
1929	Schwarzer Freitag: Börsenkrach und Wirtschaftskrise
1938	Nach dem Münchener Abkommen rüsten die USA massiv auf.

Fabulous Twenties

Nach einer kurzen Periode der Konsolidierung nach dem Ersten Weltkrieg waren die **»Goldenen« Zwanzigerjahre** (Fabulous Twenties) in den USA von einer ungeahnten Belebung der Wirtschaft geprägt. Technischer Fortschritt, neue Fertigungsmethoden sowie ein unverwüstlicher Optimismus brachten den Städten an den Großen Seen Wohlstand. Chicago wurde der Brennpunkt des zwar in New Orleans entstandenen, aber hier zu neuer Blüte gelangten **Jazz**.

◄ Gangster und Prohibition

Die Schattenseiten dieses Wohlstandes fanden jedoch in einem beängstigenden Gangsterunwesen ihren spektakulärsten Ausdruck. Während der Prohibition (1919–1933) florierte der **Alkoholschmuggel**, der ebenso von Banden (gangs) kontrolliert wurde wie das Glücksspiel und die Prostitution. Vor allem in Chicago tyrannisierten Gangs nicht selten in enger Zusammenarbeit mit bestochenen Polizisten und Verwaltungsangestellten die Stadt. Besonders berüchtigt war der Obergangster **Al Capone**, der ungeheure Reichtümer zusammenraffte und vor aller Augen auf großem Fuß lebte.

Al Capone (2. v. li., mit weißem Hut) verlässt 1931 den Gerichtssaal.

Börsenkrach von 1929 ▸ Ungezügelte Selbstsucht im Namen einer zweifelhaften Prosperität, Überproduktion, der eine verhältnismäßig geringe Kaufkraft breiter Bevölkerungsschichten gegenüberstand, und haltlose Spekulationen gefährdeten zunehmend das liberale Wirtschaftsgefüge. Der Börsenkrach vom 29. Oktober 1929 brachte nicht nur den Zusammenbruch des amerikanischen Kapitalmarktes, sondern leitete auch die **bislang schwerste Krise der Weltwirtschaft** ein.

1930er-Jahre Eine Folge des Börsenkrachs von 1929 war ein rapides Anwachsen des Heeres der **Arbeitslosen**. In den USA zählte man 1930 rund 8 Millionen Arbeitslose. Nur zwei Jahre später waren es bereits 15 Millionen! Stark getroffen von der Wirtschaftskrise wurden auch die Industriestädte an den Großen Seen. Die US-Präsidenten Hoover und Franklin D. Roosevelt versuchten, die nationale Volkswirtschaft mit Großbauvorhaben, Zollerhöhungen, Subventionen usw. zu sanieren.
1933/1934 war **Chicago erneut Schauplatz einer Weltausstellung**, diesmal aus Anlass des 100-jährigen Stadtjubiläums. Die »Century of Progress Exhibition«, eine gigantische Leistungsschau vor allem der US-amerikanischen Industrie, zog fast 29 Mio. Besucher an. 1935 gab ein neues **Sozialprogramm** Arbeitnehmern weitgehende Rechte und schaffte Grundlagen für ein Rentenversicherungssystem.

Vorabend des Zweiten Weltkrieges ▸ Eine forcierte Neutralitäts-Gesetzgebung sollte die USA davor bewahren, erneut in einen europäischen Krieg verwickelt zu werden. Gegen Krieg führende Staaten wurde ein Waffenembargo sowie ein Wirtschaftsboykott verhängt. Am 5. Oktober 1937 hielt Präsident Roosevelt in Chicago seine berühmte **»Quarantäne-Rede«**, in der er allen jenen Staaten auf dem Globus »politische Quarantäne« androhte, die zur »internationalen Anarchie« beitrügen. Das Münchner Abkommen von 1938 löste in den USA heftige Reaktionen aus und setzte eine umfassende **Aufrüstung** in Gang, von der auch die Industrie an den Großen Seen profitieren sollte.

Zweiter Weltkrieg

1939–1945	Zweiter Weltkrieg
1942	Enrico Fermi gelingt in Chicago die erste nukleare Kettenreaktion.

Aufrüstung und Kriegseintritt Die weltpolitischen Ereignisse zwangen die USA, die ihre Vormachtstellung nun nicht mehr allein durch die Ausübung wirtschaftlichen Drucks behaupten konnten, von ihren Neutralitätsprinzipien abzurücken. Als in Europa der Zweite Weltkrieg ausbrach, erklärten die USA zwar wiederum zunächst ihre Neutralität und verhängten eine Ausfuhrsperre für Kriegsmaterial. Großbritannien wurde jedoch vom Waffenembargo ausgenommen und erhielt Kriegsmaterial nach dem

Cash-&-Carry-Prinzip. Obgleich Präsident Roosevelt versprach, die USA aus dem Krieg herauszuhalten, wurde der Aufbau der Rüstungsindustrie vor allem in der Große-Seen-Region vorangetrieben. Ab 1941 wurden gemäß dem **Lend-Lease Act** alle Staaten mit kriegswichtigen Gütern unterstützt, deren Verteidigung für den Schutz der Interessen der USA wichtig erschien. So hat man Kriegsmaterial an Großbritannien und später auch an die Sowjetunion »verpachtet«. Der japanische Luftüberfall auf Pearl Harbor am 7. Dezember 1941 löste den Krieg im Pazifik aus. Am 11. Dezember 1941 erklärten Deutschland und Italien den USA den Krieg.

In kürzester Zeit kam eine gigantische Kriegsmaschinerie in Gang, mit deren Hilfe der Sieg der Alliierten erfochten wurde. Ein Jahr nach Kriegseintritt löste Enrico Fermi an der Universität von Chicago die **erste nukleare Kettenreaktion** aus, was für die Entwicklung der Atombombe von entscheidender Bedeutung war. Am sog. **D-Day** (6. Juni 1944) begann die Landung der Alliierten in der Normandie. Die Invasionstruppen verfügten über rund 2,8 Mio. Soldaten sowie ein Riesenaufgebot an Flugzeugen, Panzern, Geschützen, Fahrzeugen usw., von denen der größte Teil in den Fabriken rund um die Großen Seen hergestellt worden ist.

Nuclear Energy Sculpture

Kriegsende

Am 7. Mai 1945 kapitulierte die deutsche Wehrmacht bedingungslos. Damit war der Zweite Weltkrieg zumindest in Europa beendet. Am 16. Juli 1945 wurde auf dem Versuchsgelände in Los Alamos, New Mexico, die erste von Wissenschaftlern der Universität Chicago mit entwickelte Atombombe zur Explosion gebracht. Um den Widerstand Japans zu brechen, ließen die USA am 6. und 9. August 1945 **Atombomben auf Hiroshima und Nagasaki** abwerfen. Am 2. September 1945 unterzeichneten die Japaner ihre Kapitulation.

Nachkriegszeit

1950–1953	Koreakrieg
1959	Eröffnung des St.-Lorenz-Seeweges
1960	John F. Kennedy wird US-Präsident.
1963	Kennedy fällt einem Attentat zum Opfer.
1963	Nach der Ermordung von Martin Luther King kommt es in vielen Städten zu Rassenunruhen.
1973	Ende des Vietnam-Krieges
1981	Ronald Reagan wird US-Präsident.
1991	Golfkrieg gegen den Irak

Abkehr von der Isolation, 1950er-Jahre

Nach 1945 fiel den USA die bestimmende Rolle in der Weltpolitik zu, auf die weder die Staatsführung noch die Allgemeinheit vorbereitet waren. Nach einer Übergangsphase der Ungewissheit verhärteten sich die Positionen der **Machtblöcke in Ost und West**. Die USA lösten sich aus ihrer Isolation und traten als Verfechter einer kapitalistischen Ordnung dem aufstrebenden Weltkommunismus entgegen.

Neue Arbeit für die Kriegsindustrie an den Großen Seen brachte der **Koreakrieg**, in den die USA im Juni 1950 im Auftrag der UNO eingriffen und der bis 1953 dauerte.

Am 4. Oktober 1957 versetzte der Start des sowjetischen Satelliten »Sputnik I« den an ihre technisch-wissenschaftliche Überlegenheit glaubenden Amerikanern einen Schock. Wenig später, am 31. Januar 1958, brachten diese ihren Satelliten »Explorer 1« in eine Erdumlaufbahn. Vom **Wettlauf ins All** profitierten auch die Forschungsinstitute und Industrieunternehmen in der Great Lakes Region.

Die Wirtschaft sollte ein gutes Jahr später einen weiteren wichtigen Impuls erhalten: 1959 wurde der **St.-Lorenz-Seeweg** eröffnet, der die Häfen an den Großen Seen mit dem Atlantik verbindet.

1960er-Jahre

Turbulent verliefen auch die 1960er Jahre. Mit Sit-ins demonstrierten Studenten an vielen Hochschulen gegen die Rassendiskriminierung. Als Lichtgestalt einer neuen Ära erschien der katholische Demokrat **John F. Kennedy** am Polit-Himmel der Amerikaner und propagierte eine bessere Welt unter dem Schlagwort »New Frontier«. Er wurde 1960 zum US-Präsidenten gewählt. Sichtbaren Ausdruck fand seine Politik jedoch in einem Wachstum des Verteidigungshaushalts, der auch das ambitionierte Raumfahrtprogramm umfasste. Der **Rüstungswettlauf zwischen den USA und der Sowjetunion** war entbrannt, wovon die Industrie der Great Lakes Region profitierte. Der Bau der **Berliner Mauer** (1961), die **Kuba-Krise** (1962) und das Engagement im Vietnamkrieg sorgten für Spannungen in den US-amerikanisch-sowjetischen Beziehungen. Die **Ermordung Kennedys** im Herbst 1963 ließ der Welt zwar kurz den Atem stocken, doch bald herrschte wieder »business as usual«. Unter Präsident Johnson steigerten die USA ihr Engagement im Vietnamkrieg.

Inzwischen gab es die ersten meist von Studenten getragenen **Proteste gegen den Vietnamkrieg**. Außerdem erreichten die **Rassenkonflikte** auch in Großstädten der Great Lakes Region einen neuen Höhepunkt. Im Sommer 1967 schlugen Nationalgardisten in Detroit ausgebrochene Unruhen rücksichtslos und blutig nieder. Nach der Ermordung des afroamerikanischen Bürgerrechtlers **Martin Luther King** im April des Jahres 1968 flammten in zahlreichen Städten **Stu-**

? WUSSTEN SIE SCHON ...?

- Roy Arthur Kroc (1902–1984) aus Chicagos Vorstadt Oak Park kaufte im Jahre 1961 den McDonalds-Konzern für 2,7 Mio. $ und schuf danach die weltumspannende Restaurantkette. Er selbst häufte ein Vermögen von rund 500 Mio. US-Dollar an.

dentenunruhen auf. Zigtausende von Hochschülern demonstrierten gegen Krieg und Rassismus, viele verbrannten öffentlich ihre Einberufungsbescheide.

1970er-Jahre

Anfang der 1970er-Jahre wurde deutlich, dass der Vietnamkrieg nicht schnell zu beenden war. Viele frustrierte Jugendliche wandten sich der Gegenkultur der **Hippies** zu, die mit ihrem Leben jenseits bürgerlicher Moralvorstellungen Aufsehen erregten. Andererseits drifteten viele Angehörige der Mittelschicht und auch der Arbeiterschicht ins rechte politische Spektrum ab. Mit Ausschlag gebend dafür war der Anstieg der Arbeitslosigkeit und der Anstieg der Verbraucherpreise. Dazu gesellte sich eine **Strukturkrise** der einstmals florierenden Industrielandschaft an den Großen Seen. Man sprach immer weniger vom »Manufacturing Belt« und immer häufiger vom **»Rust Belt«**.

Watergate und Ölkrise

Im Januar 1973 ging der Vietnam-Krieg zu Ende. Präsident Nixon geriet wegen der **Watergate-Affäre** in Bedrängnis, er musste im August 1974 zurücktreten. Die folgenden Jahre unter den beiden Präsidenten Ford und Carter waren geprägt von einer hohen Staatsverschuldung, einer hohen Inflationsrate und einer hohen Arbeitslosigkeit, die in den Industriezentren an den Großen Seen zu großen Problemen führte. Am schlimmsten wirkte sich die sog. **Ölkrise** aus, die der Automobilindustrie zusetzte.

Reaganomics

Vor diesem Hintergrund gelang es dem ehemaligen Filmschauspieler **Ronald Reagan**, die Mehrheit seiner Mitbürger für einen Neuanfang zu gewinnen und sich zum Präsidenten wählen zu lassen. Sein Wirtschaftsprogramm, das unter dem Schlagwort »Reaganomics« Bekanntheit erlangte, sah die Senkung von Steuern und Staatsausgaben und die Erhöhung des Rüstungshaushaltes vor. Hiervon profitierten hauptsächlich die konservativ ausgerichteten Staaten des Sun Belt (u. a. Arizona, Colorado, Kalifornien). Leidtragende waren die »alten« Industriereviere des Nordens und die landwirtschaftlich geprägten Regionen.
An den Großen Seen ging die Produktion stark zurück, die Zahl der Arbeitslosen wuchs. Von extremer Armut und Hoffnungslosigkeit sind bis heute Wohnquartiere von Afroamerikanern in Großstädten wie Chicago, Cleveland und Detroit betroffen, in denen sich **Drogenkonsum** und **Kriminalität** festgesetzt haben.

Die Wende

1987 handelte Reagan mit dem sowjetischen Präsidenten Gorbatschow weit reichende Abrüstungsverträge aus. Seinem Nachfolger **George Bush Senior** war es vorbehalten, den Fall des Eisernen Vorhangs und damit das **Ende des Kalten Krieges** zu feiern. Die Lösung drängender innenpolitischer Probleme wurde allenfalls rhetorisch in Angriff genommen. Im **Zweiten Golfkrieg** (1991) konnten die USA ihre militärische Stärke zur Schau stellen.

Am Beginn des 21. Jahrhunderts

Ära Clinton

In dieser Situation gewann der Demokrat **Bill Clinton** 1992 die Präsidentschaftswahlen. Mit Jahresbeginn 1994 trat das **NAFTA**-Abkommen in Kraft, das die USA, Kanada und Mexiko zu einer **Freihandelszone** zusammenschloss. Davon sollte die Wirtschaft an den Großen Seen profitieren. Nach Jahrzehnten des Dahindümpelns machte sich in Chicago, Cleveland usw. Aufbruchstimmung bemerkbar. Der **wirtschaftliche Aufschwung** wurde nun auch für breitere Bevölkerungsschichten erlebbar, viele Arbeitslose erhielten wieder einen Job. An der Schwelle zum 21. Jh. setzte sich Chicago ins rechte Licht. Die »Windy City« ist noch immer eine der führenden Wirtschaftsmetropolen und Sitz einiger der marktstärksten Handels- und Industriekonzerne der Welt (u.a. Sears Holding Corp., Kraft Foods, Amoco Corp., Motorola Inc., Ameritech Corp., United Airlines Corp., McDonald's Corp.) sowie die zweitwichtigste Medienstadt der USA.

Nach »9/11«

Die furchtbaren Terroranschläge vom 11. September 2001 (»9/11« ist die amerikanische Schreibweise für dieses Datum) haben das politische, wirtschaftliche und kulturelle Leben auch an den Großen Seen nachhaltig verändert. Besonders hart getroffen wurde die Tourismusbranche, die zunächst einen **starken Rückgang des Besucheraufkommens** verkraften musste. Doch der 2004 in Chicago eröffnete **Millenium Park** mit seinen spektakulären Bauten und Kunstwerken setzte ein neues stark beachetetes Highlight in der Stadt.

Dunkle Wolken über der Wirtschaft

2006 wurde die latente **Krise der US-Automobilindustrie** erneut spürbar. Allein die Ford Motor Company, einer der größten Arbeitgeber im Raum Detroit, musste die höchsten Verluste ihrer Geschichte bekanntgeben. Rationalisierungsmaßnahmen und ein damit verbundener Arbeitsplatzabbau verschärfen erneut die sozialen Probleme in der gesamten Region. Auch die Auswirkungen der seit 2007 schwelenden **Immobilien- und Finanzkrise** stürzte die Wirtschaft rund um die Große Seen in heftige Turbulenzen.

Obama wird US-Präsident

Bei US-Präsidentschaftswahlen im November 2008 gab Chicago mal wieder den Ton an. Denn im Lager der Demokraten bewarben sich **Hillary Rodham Clinton**, die aus Chicago gebürtige Ehefrau des früheren US-Präsidenten Bill Clinton und jetzige Senatorin von New York, sowie **Barack Hussein Obama, Jr.**, Senator des Bundesstaates Illinois und an der Universität Chicago lehrender Rechtswissenschaftler, um die Präsidentschaftskandidatur. Es obsiegte Obama, der auch die Präsidentschaftswahlen gegen den Republikaner McCain gewann, und damit das erste farbige Staatsoberhaupt der USA wurde.

Besonders dynamisch hat sich in den jüngeren Vergangenheit die → Wirtschaftsmetropole Chicago entwickelt.

Tower Place

Kunst und Kultur

An den Gestaden der Großen Seen kommen in erster Linie Freunde moderner Architektur sowie Liebhaber von Jazz und Blues voll auf ihre Kosten. Doch auch wer sich für bildende Kunst und Literatur interessiert, hat hier sehr viel zu entdecken.

Architektur

Rindenhütten und Wolkenkratzer

Im Land an den Großen Seen kann man die Entwicklungsgeschichte der amerikanischen Architektur besonders gut verfolgen. Hier gibt es noch traditionelle aus Baumrinden und hölzernen Stangen gefertigte Hütten der Indianer zu sehen, ebenso massive Wehrbauten der in die Neue Welt vordringenden Franzosen und Briten und wunderschöne im **viktorianischen Baustil** errichtete Villen. Und Ende des 19. Jh.s entstanden in der stürmisch wachsenden Metropole Chicago die ersten **Wolkenkratzer**, die bis heute als Markenzeichen der amerikanischen Architektur und Symbole wirtschaftlicher Macht angesehen werden. Seit 1885 gibt Chicago weltweit den Ton an, was neue Trends in der Baukunst betrifft. Fast jedes Jahr entsteht hier ein neues spektakuläres Bauwerk, getreu dem Motto des altberühmten Chicagoer Baumeisters Sullivan »form follows function«.

Ein Stadtbrand und seine Folgen

Wie oft in der Geschichte dicht besiedelter Städte, so gab auch in Chicago eine Katastrophe den Ausschlag für umwälzende Neuerungen. Die Stadt am Michigansee, deren Einwohnerzahl von 1850 bis 1870 von rund 30 000 auf weit über 300 000 empor schnellte, war damals die bei weitem größte Stadt der USA. Doch 1871 geschah das Unfassbare: Ein verheerender Brand ließ fast das gesamte Zentrum Chicagos in Schutt und Asche versinken. Aber es dauerte nicht lange, bis die Stadt in einer enormen Kraftanstrengung wieder aufgebaut wurde. Angesichts des knappen Baugrundes war jedoch Pragmatismus angesagt. Die steigende Nachfrage nach Büro- und Geschäftsräumen ließ die ersten, damals noch konventionell gebauten Hochhäuser heranwachsen. Bald setzte sich die bereits in den 1840er-Jahren in England ersonnene **Stahlskelett-Bauweise** durch, mit der man wesentlich höher bauen konnte: Die »Chicago Architecture« war geboren, Chicago wurde zum Musterbeispiel für die anderen amerikanischen Großstädte und später auch für viele Metropolen auf anderen Kontinenten.

First Chicago School

Ersatz der traditionellen Holzbauweise

Ein Hauptgrund für den verheerenden Chicagoer Brand von 1871 war, dass die erst wenige Jahrzehnte zuvor gegründete Siedlung größtenteils aus Holzbauten bestand. Durch den Einsatz der zu jener Zeit in Chicago entwickelten Technik des **Balloon Framing**, bei der mit schlanken Holzprofilen das Ständerwerk eines Gebäudes zusammengefügt wird, war es möglich gewesen, binnen kurzem eine Großstadt aufzubauen. Die fatalen Folgen des Stadtbrandes machten jedoch klar, dass der Wiederaufbau auch in bautechnischer Hinsicht neu durchdacht werden musste. Die Holzständerbauweise war fortan in

← Spektakulär: der Pritzker Pavilion von Frank Gehry in Chicago

Chicago verboten. Die vielen in die Stadt gekommenen Architekten und Ingenieure waren gefordert, neue und sichere Bautechniken zu entwickeln.

William Le Baron Jenney

Unter ihnen war auch der in Paris ausgebildete William Le Baron Jenney (1832 – 1907). Er zeigte in seiner Arbeit eine für jene Zeit moderne Einfachheit, die sich bewusst vom europäisch beeinflussten Formenreichtum der Architektur der Ostküste distanzierte. Unter seinem Einfluss bildete sich die sog. Chicago School, die von Architekten wie **Louis Sullivan**, **William Holabird, Daniel Burnham** und **Martin Roche** weiter entwickelt wurde.
Es war jedoch Jenney, der mit seiner Stahlskelettbauweise eine »architektonische Revolution« heraufbeschwor. Waren für die ersten nur aus Stein erbauten Hochhäuser noch besonders dicke tragende Wände erforderlich, so wurde beim Stahlskelettbau die Fassade nur als »Vorhang« vor das tragende Stahlgerüst gehängt. Durch diese leichte und stabile Bauweise ließen sich zuvor unerreichte Gebäudehöhen erzielen. Gleichzeitig war es möglich, die äußere Hülle des Gebäudes in bis dahin unbekanntem Maße aufzubrechen und durch große Fensterflächen das Tageslicht in die Tiefe der Geschosse zu holen. Bei Jenneys 1884 errichtetem Home Insurance Building (1929 abgerissen), dem ersten Wolkenkratzer Chicagos, wurde das Stahlskelett des Gebäudes mit Backstein-Mauerwerk verkleidet, um dieses besser gegen Brandeinwirkung zu schützen. Eine weitere Neuerung war die verbesserte Sicherheitstechnik für Personenaufzüge, die der Ingenieur **Elisha Otis** 1854 in New York durch einen spektakulären Selbstversuch der Öffentlichkeit vorgestellt hatte. Die bis dahin als unsicher betrachteten Aufzüge wurden jetzt akzeptiert und in Chicagos neuen Hochhäusern zum Standard.

Konkurrenz mit New York

Die neue Architektur der 1880er-Jahre in Chicago war jedoch mehr als nur das Ergebnis technischer Errungenschaften. Eine Rolle spielte auch das neu erwachsene Selbstbewusstsein gegenüber den »alten« Städten der Ostküste, insbesondere New York. Man wollte sich durch einen neuen architektonischen Ausdruck als Stadt des Fortschritts und des Wachstums darstellen und schuf damit den ersten rein amerikanischen Gebäudetypus der Geschichte: den Wolkenkratzer.
Das vielleicht deutlichste Beispiel für den Übergang in ein neues Zeitalter ist das 16-geschossige Monadnock-Building, das zwischen 1891 und 1893 nach Plänen der Architekten Burnham & Root in zwei Abschnitten realisiert wurde. Während die nördliche Hälfte des massiven Blocks noch in traditionellem Mauerwerk ausgeführt wurde, was zu der beeindruckenden Wandstärke von ca. 1,50 m im Erdgeschoss führte, kam es im südlichen und späteren Bauabschnitt bereits zur Stahlskelettbauweise.

Form follows function

Louis Sullivan hat mit seinem Leitspruch »form follows function« (die Form richtet sich nach der Funktion) den radikal modernen Ansatz jener Gebäude zum Ausdruck gebracht und damit gleichzeitig einen der Leitsätze der später in Deutschland entstandenen **Bauhaus-Bewegung** um fast 40 Jahre vorweggenommen. Da die Dekoration der Fassaden zurück genommen wurde, wirkten die Bauten der Chicago School allein durch die klare Gliederung in Sockel, Mittelteil und Dachgesims sowie die Ablesbarkeit der inneren Struktur an der Fassade in Form von vertikalen und horizontalen Fassadenelementen, die meist aus Terracotta oder Naturstein fabriziert wurden. Ein weiteres typisches Element ist das sog. Chicago Window, ein dreigeteiltes Fenstermodul, bei dem die mittlere Scheibe fest eingebaut ist, während die beiden Seitenflügel sich öffnen lassen. Häufig treten diese Fenster in Form eines Erkers nach vorn und verbessern so die Beleuchtung der Geschosse. Gleichzeitig beleben sie die Fassade durch ihr Licht- und Schattenspiel.

Von der Weltausstellung bis zu Mies van der Rohe

Konservative Gegenbewegung

Mit der Weltausstellung von 1893, die unter der architektonischen Leitung von **Daniel Burnham** auf einem Gelände direkt am Lake Michigan veranstaltet wurde, setzte eine konservative Gegenbewegung in der Architektur ein. Bis auf das Transportation Building von Louis Sullivan waren alle Ausstellungsbauten im europäischen neoklassizistischen Stil angelegt. Nach diesem Vorbild wurden in der Folgezeit in Amerika viele öffentliche Gebäude errichtet. Die Ausbreitung der Architektur der Chicago School fand ein vorläufiges Ende.

Ein »Prairie House« von Frank Lloyd Wright im Vorort Oak Park

Frank Lloyd Wright Trotz ihrer konservativen Architektur hat die Weltausstellung aber auch neue Impulse gegeben: Der junge Frank Lloyd Wright (1867 – 1959) wurde von dem dort ausgestellten traditionellen japanischen Haus zur Entwicklung seines **Prairie Style** inspiriert. Dieser Baustil – schöne Beispiele sind das Robie-Haus (1910) und der Unity Temple (1904) sowie einige Villen im Chicagoer Vorort Oak Park (Bild s. S. 51) – ist gekennzeichnet durch horizontal lagernde Baukörper mit weit auskragenden Dachüberständen und umlaufenden Terrassen, die eine enge Verbindung zwischen Gebäude und Natur herstellen. In ihrer radikalen Abkehr von den erstarrten Formen der Wohngebäude des 19. Jh.s gelten die »Prairie Houses« als die Vorläufer jener Wohnkultur, die 20 Jahre später von Baumeistern wie Le Corbusier und den Bauhaus-Architekten weiterentwickelt wurde.

Giralda und neugotischer Turm Zu den eher konservativen Hochhäusern des frühen 20. Jh.s gehört auch eines der Wahrzeichen der Stadt, das strahlend weiße **Wrigley Building** (1919 – 1925), dessen Turm nach dem Vorbild der Giralda (Turm der Kathedrale in Sevilla) gestaltet wurde. 1921 veranstaltete die Tageszeitung »Chicago Tribune« einen Architekturwettbewerb für den Neubau ihres Verlagssitzes in Chicagos Innenstadt. Unter den 264 aus aller Welt eingegangenen Arbeiten befanden sich u. a. Beiträge von Walter Gropius, Adolf Loos und Eliel Saarinen, allesamt Vertreter der modernen Architektur des frühen 20. Jh.s. Der letztendlich verwirklichte neugotische Turm von Hood & Howells aus New York war jedoch ein weiteres Zeichen dafür, dass die Zeit für einen Wechsel in Chicago noch nicht reif war. Das Gebäude ist ein für jene Periode typisches Beispiel eines modernen Stahlskelettbaus, der sich hinter einer historisierenden Fassade versteckt.

Mies van der Rohe und die Second Chicago School

Das Bauhaus in Chicago Die Ankunft von Ludwig Mies van der Rohe in Chicago, der 1938 in die USA emigrierte, markiert den Beginn eines neuen Zeitalters in der Architektur. Als Lehrer am **Illinois Institute of Technology** und als Architekt übte Mies Einfluss auf die amerikanische Architektur der Nachkriegszeit aus. Seine 1951 errichteten Apartment-Hochhäuser 860 und 880 N. Lake Shore Drive vereinen den Rationalismus der europäischen Moderne mit dem Bautypus des amerikanischen Wolkenkratzers und prägen eine ganze Generation neuer Architekten. Die Reduktion der Materialien auf Stahl, Glas und Beton sowie die einfache kubische Form lassen diese Bauten einzig durch ihre ausgewogenen Proportionen und die Struktur der Fassaden wirken. Ein typisches Detail an Mies van der Rohes Hochhäusern sind die vertikal an der Fassade angebrachten Stahlträger.

Second Chicago School Dieser häufig als »Second Chicago School« bezeichnete Stil wurde u. a. vom Chicagoer Büro Skidmore, Owings & Merril (S.O.M.) aufgegriffen und in aller Welt verbreitet. Das elegante **Inland Steel Building** von 1958 hat neben seiner aus Edelstahl gefertigten Fassade und der ersten zentralen Klimaanlage noch eine weitere revolutionäre Neuerung aufzubieten: Durch die Bündelung der Aufzüge und aller technischen Einrichtungen in einem eigenen Baukörper an der Seite des Turmes ließen sich die Büroetagen ohne Stützen verwirklichen. S.O.M. zeichnet übrigens auch verantwortlich für die beiden höchsten Bauten der Stadt, das **John Hancock Center** (1969) mit seinen charakteristischen außen liegenden Querverstrebungen und den **Willis Tower** (früher Sears Tower; 1974). Die schlichte Sachlichkeit der Schule sollte für mehr als drei Jahrzehnte die internationale Architekturszene beherrschen. Bis heute sind viele Stadtzentren auf dem Globus von ihr geprägt.

Mit 344 Metern Höhe (ohne Antenne) eines der höchsten Gebäude der Welt: das John Hancock Center

Von der Postmoderne bis heute

Helmut Jahn

Eine herausragende Figur der Architektur in Chicago ist seit den 1980er-Jahren der deutschstämmige Architekt Helmut Jahn (geb. 1940; auch Erbauer des Messeturmes in Frankfurt und des Sony-Centers in Berlin). Sein **James R. Thompson Center** von 1986 (damals State of Illinois Center) erregte Aufsehen vor allem durch das grandiose siebzehngeschossige Atrium sowie die Farbigkeit der Fassaden. Es war die Zeit der Postmoderne, die der dunklen Eleganz der Mies'schen Ära eine verspielte und ironische Formensprache entgegensetzte.
Ein weiteres Gebäude jener Jahre ist das 1991 fertig gestellte Harold Washington Library Center, ein gewaltiger Block aus rotem Backstein (Architekten: Hammond, Beeby & Babka), dessen ungewöhnlicher Fassadenschmuck fast schon in Kitsch umschlägt.

Josef Paul Kleihues

Das 1996 nach Plänen des deutschen Architekten Josef Paul Kleihues (geb. 1933) errichtete Museum of Contemporary Art macht deutlich, dass sich Chicago Ende des 20. Jh.s wieder auf seine Ursprünge besann. Die Fassaden des streng symmetrischen Baues erinnern durch die Gliederung in Sockel, Mittelteil und Gesims sowie die Ablesbarkeit der inneren Struktur an die Bauten der First Chicago School.

Frank Gehry Im gerade begonnenen architektonischen neuen Jahrtausend spricht man in Chicago von neuen Großprojekten. Im neuen Millenium Park an Chicagos Lakefront hat der weltberühmte Architekt Frank Gehry (geb. 1929; er baute u. a. das Guggenheim-Museum in Bilbao und die DG-Bank in Berlin) den spektakulären **Jay Pritzker Pavilion** gestaltet.

Literatur

Chicago als literarisches Zentrum Wie keine andere Stadt an den Großen Seen ist Chicago das Zentrum des literarischen Schaffens. Nirgendwo sonst in den USA haben sich so viele Literaten einen Namen gemacht. Das rasche Wachstum der Stadt, aber auch die immer tiefere Zerklüftung der Gesellschaft – auf der einen Seite der ins Unermessliche wachsende Reichtum einzelner Familien und Clans, auf der anderen Seite die Verelendung breiter Bevölkerungsschichten – haben einige Literaten bewogen, die Wunden der Stadt offen zu legen.

Theodore Dreiser Zu den ersten Literaten, die sich mit Chicago auseinandersetzten, gehörte Theodore Dreiser (1871 – 1945). Der deutschstämmige Autor legte im Jahre 1900 sein Werk **»Schwester Carrie«** vor, in dem er sich mit der Gewinnsucht und dem ungestümen Wachstum der Stadt beschäftigt.

Upton Sinclair Schärfer konturiert Upton Sinclair (1878 – 1968), der in seinem 1906 erschienenen Werk **»Der Dschungel«** die trostlosen Verhältnisse auf Chicagos Schlachthöfen darlegt. Nach Lektüre dieses aufwühlenden Romans schuf Bertolt Brecht (1898 – 1956) eines seiner bekanntesten Werke: »Die heilige Johanna der Schlachthöfe« (1930).

Carl Sandburg Chicagos bekannteste Schriftsteller-Persönlichkeit ist Carl Sandburg (1878 – 1967). Der Sohn schwedischer Einwanderer wuchs in Galesburg (Illinois) auf. Er kam 1913 nach Chicago, wo er als Journalist arbeitete. 1914 veröffentlichte er sein Poem »Chicago«, für das er noch im selben Jahr den Literaturpreis der Zeitschrift »Poetry« erhielt. Seine zwei Jahre später erschienenen **»Chicago Poems«** machten ihn als intimen Kenner der Stadt bekannt. Berühmt geworden sind seine Zeilen: Hog Butcher for the World,/Tool Maker, Stacker of Wheat,/Player with Railroads and the Nation's Freight Handler;/Stormy, husky, brawling,/City of the Big Shoulders ...
Der »Barde des Mittleren Westens« legte von 1926 bis 1939 eine mehrbändige Abraham-Lincoln-Biografie vor, für die er 1940 den Pulitzer-Preis erhielt. Dazwischen erreichte er mit »Good Morning America« (1928), »Streichen the Photographer« und mehreren Kinderbüchern (u.a. »Rootabaga Country«, 1929; »Potato Face«, 1930) eine größere Öffentlichkeit. Berühmt wurde er auch als Sammler

und Vortragender von Folk Songs, die 1927 als »American Songbag« und 1950 als »Sandburg's New Songbag« veröffentlicht worden sind. Für seine ebenfalls 1950 erschienenen **»Complete Poems«** erhielt er einen zweiten Pulitzer-Preis verliehen.

Ernest Hemingway

Ernest Miller Hemingway (1899–1961) wurde in Chicagos Vorort Oak Park geboren. Er gilt als Hauptvertreter der »Lost Generation« nach dem Ersten Weltkrieg, mit der sich sein erster, 1926 veröffentlichter Roman **»The Sun also Rises«** (»Fiesta«) auseinandersetzt (zugleich auch eine Hommage an die Welt des spanischen »Machismo«). 1929 erschien sein Liebes- und Kriegsroman »A Farewell to Arms« (»In einem anderen Land«). In »For Whom the Bell Tolls« (»Wem die Stunde schlägt«; 1940) thematisiert er den Spanischen Bürgerkrieg aus der Sicht eines Amerikaners, der auf den Seiten der Republikaner steht. Mit der 1952 erschienenen Kurzprosa **»The Old Man and the Sea«** (»Der alte Mann und das Meer«) erzielte »Papa Hemingway« einen neuerlichen Welterfolg und erhielt 1954 den Nobelpreis für Literatur. Hemingways Werk ist durch einen lakonisch-nüchternen und »männlichen« Stil charakterisiert. Wie in seinen Romanen einzelne willensstarke Männer Herausforderungen entgegentreten, versuchte auch er im Leben zu agieren: Stierkämpfe, Großwildjagd und Hochseefischerei waren seine liebsten Beschäftigungen. Seine größte Herausforderung – die Auseinandersetzung mit sich selbst und dem Alkohol – meisterte er nicht. Hemingway erschoss sich 1961 in Ketchum, Idaho. Übrigens: Das Fischen hat er als junger Mann bei Charlevoix am nordöstlichen Michigansee gelernt.

James T. Farrell

Der aus Detroit gebürtige Schriftsteller James T. Farrell (1904–1979) ist in der Metropole am Michigansee aufgewachsen. In seiner in den 1930er Jahren erschienenen Trilogie **»Studs Lonigan«** beschreibt er sehr eindrücklich die Situation eines irischstämmigen Arbeiters, der sich in der »Windy City« behaupten muss.

Nelson Algren

Der ebenfalls aus Detroit stammende Nelson Algren (1909–1981) schildert sehr eindrücklich das Leben in Elendsquartieren amerikanischer Städte. 1942 erschien sein **»Never Come Morning«**, in dem er sich mit einem polnischen Boxer befasst, der in Chicagos Armenvierteln dahinvegetiert. In »Somebody in Boots« beschreibt er das Leben in Chicago während der Wirtschaftskrise der 1930er-Jahre. Sein bekanntestes Werk ist der 1949 erschienene »Mann mit dem Goldenen Arm«, in dem er einen Drogenabhängigen portraitiert.

Saul Bellow

Zu den Großen gehört Saul Bellow (1915–2005), der 1976 mit dem Pulitzer-Preis und dem Literatur-Nobelpreis ausgezeichnet worden ist. In seinem **»Dangling Man«** (1944; dt. »Mann in der Schwebe«) beschreibt er einen Rekruten, der während des Zweiten Weltkrieges in Chicago auf seine Einberufung zum Militär wartet. In seinen 1953 erschienenen »The Adventures of Augie March« (»Die Abenteuer des

Augie March«) malt er ein humorvolles Bild vom jüdischen Leben in Chicago und zeichnet die Identitätssuche eines jungen Mannes nach.

Richard Wright In seinem literarischen Werk hat auch der Afroamerikaner Richard Wright (1908–1961) Chicago verewigt. In seinem **»Native Son«** (1940) beschreibt er einen Zeitgenossen, der mit den Verhältnissen in den Schwarzen-Ghettos nicht klar kommt und zum Mörder wird.

Gwendolyn Brooks Gwendolyn Brooks (1917–2000) ist die erste Afroamerikanerin, die mit einem Pulitzer-Preis (1950) ausgezeichnet wurde. In ihrem 1945 erschienenen **»A Street of Bronzeville«** gibt sie Erfahrungen wieder, die sie in ihrer Jugend in einer »urban black neighborhood« gesammelt hat. In den 1960er-Jahren wandte sie sich als Poeta Laureata des Bundesstaates Illinois vehement gegen die Rassendiskriminierung.

Toni Morrison Die 1931 in Lorain bei Cleveland geborene Schriftstellerin, die während der Wirtschaftskrise der 1930er-Jahre in ärmlichen Verhältnissen aufgewachsen ist, gehört zu den berühmtesten amerikanischen Schriftstellerinnen der Gegenwart. Im Zentrum ihres Werkes steht die afroamerikanische Frau, die sich in einer problembeladenen und männlich beherrschten Gesellschaft durchzusetzen hat. Ihr erster Roman, **»The Bluest Eye«** (»Sehr blaue Augen«, 1979), wurde 1970 veröffentlicht und machte sie auf Anhieb bekannt. 1973 erschien ihr Roman »Sula« (dt. »Sula«, 1980), der sich mit einem Frauenschicksal beschäftigt. Ihr 1977 erschienenes Werk **»Solomon«** wurde als literarisches Großereignis gefeiert. 1987 kam **»Beloved«** in die Buchhandlungen, ihr bis dato erfolgreichster Roman, für den sie ein Jahr später den Pulitzer-Preis erhielt. Dieser berührt komplexe und in der amerikanischen Öffentlichkeit kontrovers diskutierte Themen, darunter auch die kaum bewältigte Sklaven-Vergangenheit der Afroamerikaner. 1992 erschien ihr Roman **»Jazz«** (dt. »Jazz«, 1993). Ein Jahr später wurde sie mit dem Literatur-Nobelpreis geehrt. Ihr letztes von einer breiten Öffentlichkeit stark beachtetes Werk ist der 2003 erschienene Roman **»Love«** (dt. »Liebe«, 2006).

Kriminalliteratur

Außer London und Paris hat keine andere Stadt auf der Welt so viele Autoren von Kriminalgeschichten zum Schreiben angeregt wie Chicago. 1929 hat **William R. Burnett** seinen »Little Caesar« verfasst, der schon ein Jahr später von Mervyn LeRoy verfilmt worden ist. **Howard Hawks** hat 1932 den Stoff verfilmt, den Armitage Trail zwei Jahre zuvor in seinem »Scarface« veröffentlicht hat. Titelheld ist – wie kann es anders sein – Al Capone.
Derzeit ziemlich »en vogue« sind die Kriminalromane von **Sara Paretsky**. Ihre Titelheldin, die Kommissarin Victoria Iphigenia (V. I. bzw. Vic) Warshawski, kämpft sich seit Jahren durch Chicagos schmutzige Unterwelt und bis hinauf zu den in glitzernden Palästen

aus Beton, Chrom, Glas und Stahl residierenden Bossen der Wirtschaft und der Politik. Ihren ersten großen Erfolg hatte Sara Paretsky 1982 mit »Indemnity Only«. Einige ihrer Kriminalromane liegen auch auf deutsch vor, so etwa »Eine für alle« (1993), »Windy City Blues« (1995), »Engel im Schacht« (1997) und »Blacklist« (2004).

Musik

Rock & Pop

Als Ziele von Einwanderern aus aller Herren Länder können die Städte an den Großen Seen mit einer musikalischen Vielfalt aufwarten, die ihresgleichen sucht. So verwundert es nicht, dass sich hier Blues, Jazz, Swing und auch die Rock-Musik entwickeln konnten. Die Interpreten konnten auf die Traditionen von Gospel, Blues sowie Country & Western zurückgreifen. Schon bald entstand der Rhythm & Blues, der hauptsächlich von afroamerikanischen Musikern gepflegt wurde. Neben E-Gitarre, Piano und Keyboard wurde jetzt von den Musikern das Schlagzeug eingeführt. Auch die neue Rock-Musik hörte man jetzt immer öfter. Chuck Berry, Jimi Hendrix, Eric Clapton, die Beatles, die Stones und der in Chicago aufgewachsene **Nat »King« Cole** beeinflussten diese Musikrichtung nachhaltig.
In den 1960er-Jahren war Detroit (Stichwort »Motown«) der »Nabel« der Rock-Musik-Welt. **Diana Ross** und die **Supremes** sowie der aus Duluth am Lake Superior gebürtige **Bob Dylan** prägten die Musikszene recht nachhaltig. Ende der 1960er-Jahre wuchs der Hard Rock heran. In den 1970er-Jahren feierten nicht nur die Superstars »Rolling Stones« und »Eagles« Riesenerfolge an den Großen Seen, sondern auch die »heimische« Gruppe **»Chicago«** sowie **»Earth, Wind & Fire«.** Letztere machte sich vor allem mit Blues einen Namen. Die wichtigsten Solo-Interpreten waren **Stevie Wonder** aus Saginaw (Michigan), **Alice Cooper** aus Detroit, **Iggy Pop** aus Ypsilanti (Michigan) und die Sängerin **Patti Smith** aus Chicago.
In den 1980er-Jahren nahm der Kabel-Fernsehsender MTV seinen Betrieb auf, der Musik-Videos bekannter Interpreten ausstrahlte. Durch ihn wurden die Sänger **Michael Jackson** aus der Industriestadt Gary (Indiana) und **Prince** aus Minneapolis (Minnesota) sowie die Sängerin **Madonna** aus Bay City (Michigan) zu Superstars »gemacht«. In den späten 1980er-Jahren feierte man die Sängerin **Tracy Chapman** aus Cleveland (Ohio) als »Living Legend«.

Blues

◂ siehe auch beiliegender Baedeker Special Guide

Einen besonders fruchtbaren Nährboden für Musiker bot die schnell wachsende Industriemetropole Chicago, in der sich noch vor Ausbruch des Ersten Weltkrieges zahlreiche afroamerikanische Zuwanderer aus dem stark ländlich geprägten Süden der USA niedergelassen haben. Sie brachten ihre Lieder bzw. ihre Musik mit, die sie auf den Feldern, bei Gottesdiensten usw. gesungen haben. Aus diesem

THE SOUND OF YOUNG AMERICA

Zwar sind New York und Los Angeles die Zentren der US-Musikindustrie, doch viele ihrer größten Stars stammen aus dem Land um die Großen Seen, so auch Bob Dylan, Madonna und Prince.

Detroit wurde in den 1960er-Jahren Hard-Rock-Metropole und brachte Leute hervor wie **Iggy Pop**, der mit seinen Stooges den Punk vorwegnahm, und **MC5** (Motor City Five), die mit Parolen wie »Motor City 's Burning« den Straßenkampf propagierten. Detroiter Hard-Rock-Stars sind auch **Bob Seger, Mitch Ryder, Alice Cooper, Ted Nugent, Grand Funk Railroad** und **Suzie Quatro**, die 1967 mit der Hymne »What a Way to Die« debütierte. Den ultimativen Sound of Motor Town prägte jedoch ein gewiefter Kaufmann mit eher bescheidenen musikalischen Fähigkeiten.

Berry Gordy Jr.

Berry Gordy Jr. (geb. 28. 11. 1929), Afro-Amerikaner aus Detroit, gehörte in den 1950er-Jahren zur Clique der Detroit Hipsters, die sich für Bebop und Cool Jazz von Charlie Parker, Gil Evans und Miles Davis begeisterten. Angesichts solcher Vorbilder schien eine musikalische Karriere kaum möglich. Er erkannte aber, dass mit schnelllebigen Pop-Hits viel Geld gemacht wurde und die Autoren dabei meist besser verdienten als die Interpreten. Gordy entwickelte ein Gespür für kommerziell verwertbare Songs und schrieb Klassiker wie »Money« (das er bei der Blueslegende John Lee Hooker abgekupfert hatte) und »Reet Petite«, mit dem Jackie Wilson, Detroits größter Soul Brother, 1957 und noch einmal 1987 die Dancefloors zum Beben brachte. Der Anstoß zur Gründung einer eigenen Plattenfirma kam von seinem jungen Adlatus Smokey Robinson, der nicht nur als Chef der Miracles, sondern auch als Produzent und Hit-Schreiber vieler Stars des Motown-Imperiums eine tragende Rolle spielen sollte.

Motown Corporation

Mit geliehenem Geld richtete sich Gordy ein Studio ein, sicherte sich die Rechte an mehreren Labels und gründete einen Musikverlag, der ihm die Tantiemen sicherte. Bald kam die Agentur ITM dazu, die dafür sorgte, dass den Künstlern außer Tanzschritten auch gutes Benehmen beigebracht wurde. Die hierarchisch strukturierte Motown Corporation, in der fast nur Freunde und Mitglieder der Gordy-Familie beschäftigt wurden, war die

Kaum zu glauben: The Supremes früher ...

erste Plattenfirma, die kommerziell die Rassenschranken durchbrach und der weißen US-Jugend »schwarze« Scheiben millionenfach verkaufte. Auch wenn Gordy dafür seinen Künstlern einiges abverlangte: Sein »Sound of Young America« war zu Zeiten der Beatles die einzige US-Initiative im Musikgeschäft gegen die Invasion der Briten. Der Erfolg stellte sich aber nicht über Nacht ein. Sein Label »Tamla« schrieb zwei Jahre lang rote Zahlen, bevor **Smokey Robinsons Miracles** mit »Shop Around« einen Smash Hit landeten. Robinson war einer der Kreativsten, der nicht nur tolle Hits schrieb wie »You Really Got A Hold On Me« und »Tears Of A Clown«, sondern auch als Entdecker, Autor und Produzent neuer Talente ein überragender Akteur der frühen Motown-Jahre.

The Supremes

Die erste Nr. 1 in den Pop Charts gelang 1961 den **Marvelettes** mit »Please Mr. Postman«. Mit ihnen versuchte Gordy seine Vision einer Girl Group umzusetzen. Doch trotz intensiven Trainings wollten aus den sympathischen Girls keine Damen von Welt werden. In seiner Verzweiflung gab er **Florence Ballard, Mary Wilson** und **Diana Ross** eine Chance. Sie nannten sich **The Primettes** und taten (fast) alles, um mit Gordy ins Geschäft zu kommen. Sie lagen ihm so lange in den Ohren, bis er ihnen »Let Me Go The Right Way« überließ. Obwohl der Song 1962 floppte, wurden die mittlerweile in Supremes umgetauften Mädels ins Trainingsprogramm von ITM übernommen und kamen unter die Fittiche des Songschreiber-Trios **Eddie Holland, Lamont Dozier** und **Brian Holland** (H-D-H). Dieses Autorenteam stellte zwischen 1964 und 1968 einen bis heute unerreichten Rekord mit den Supremes auf. Angefangen mit »Where Did Our Love Go« schafften sie 16 Top-Ten-Titel in Folge, darunter 11 mal Platz 1. »Baby Love« und »Stop! In The Name Of Love« sind die bekanntesten Klassiker der umsatzstärksten US-Popgruppe der 1960er-Jahre. Obwohl ihre flache Stimme denen der beiden anderen kaum gewachsen war, strebte die ehrgeizige Diana Ross die Führungsrolle an. Für Gordy verkörperte sie den Typus der kultivierten Afro-Amerikanerin. Sie wagte 1969 eine Solo-Karriere.

Marvin Gaye

Den Motown Sound mit dem unnachahmlichen Zusammenspiel von Bass & Drums brachte eine fest angestellte Band zustande. Motown Records sollten aus mickrigen Transistorradios so wuchtig klingen wie aus der Jukebox. Gordy sicherte sich

... und später

die Dienste guter Leute aus der Detroiter Bebop-Szene, darunter **Earl van Dyke** (Piano), **Benny Benjamin** (Schlagzeug) und **James Jamerson** (Bass). Der Schlagzeuger Marvin Gaye wurde wegen seines Sexappeals zum Sänger umfunktioniert. Nach seiner Verheiratung mit Gordys Schwester Anna gehörte er zur Familie und und wurde zum verlässlichen Hit-Lieferanten. Der dunkelhäutige Gentleman passte in Gordys Imagestrategie. Als Sänger mit enormer stilistischer Bandbreite schaffte er alles – vom elegant-rockigen »Hitch Hike« über süßliche Balladen wie »How Sweet It Is« bis hin zu schmachtenden Duetten wie »You're All I Need To Get By« mit **Tammi Terrell**. 1968 schaffte er mit seiner Version von »I Heard It Through The Grapevine«, dem Vorjahreshit von **Gladys Knight & The Pips**, die bis dato bestverkaufte Motown-Single, die bis heute gern gesampelt wird. Als viele große Namen in den frühen Siebzigern die Segel strichen, experimentierte Gaye mit einer Fusion aus Jazz, Funk und Latino-Rhythmen. Das Ergebnis war die LP »What's Going On«, die neben dem Titelsong mit »Mercy Mercy Me« und »Inner City Blues« zwei weitere Hits abwarf. 1982 wurde Gaye, der zum Drogen-Problemfall zu werden drohte, für 2 Mio. $ an CBS verkauft, wo er mit »Sexual Healing« bewies, was immer noch in ihm steckte. Seine Karriere endete jäh am 1. April 1984, als ihn sein Vater, ein Baptistenprediger, im Streit erschoss.

Boy Groups

Wie bei den Girl Groups achtete Gordy auch bei deren männlichen Pendants auf Choreografie und Manieren. Anzug und Krawatte waren obligatorisch bei den **Four Tops** und den **Temptations**, doch ihre Wurzeln in Blues und Gospel ließen sich die Ensembles nicht glattblügeln. The Four Tops, Meister der getragenen Ballade, lebten vom Heldenbariton ihres Leadsängers **Levi Stubbs**. Sie erwiesen sich von 1964 bis 1968 als die den Supremes überlegenen kongenialen Interpreten von dramatischen Mini-Opern wie »Reach Out« oder »I Can't Help Myself«. Das Zerwürfnis zwischen Gordy und H-D-H traf die Four Tops hart. Vom Nachschub an Originalmaterial abgeschnitten, vergingen sie sich an Folksongs wie **Tim Hardins** »If I Were A Carpenter«. Die Gruppe hatte Ende der 1960er-Jahre den Anschluss verpasst. Flexibler und länger in den Charts waren die Temptations, denen 1972 mit »Papa Was A Rolling Stone« ein letzter Detroit-Klassiker gelang. Im Gegensatz zu den Four Tops nutzten die Temptations ihre stimmlichen Qualitäten und interpretierten Liedchen wie »My Girl« ebenso überzeugend wie den hämmernden Rock-Titel »Ain't Too Proud To Beg«. Norman Whitfield wusste, dass der aseptische Soul Pop von Motown das Lebensgefühl der aufbegehrenden dunkelhäutigen Jugend ebensowenig reflektierte wie das der jungen Weißen, die gegen den Vietnam-Krieg auf die Straße gingen. Er konzipierte nach dem Vorbild von **Sly & The Family Stone** und **George Clintons Funkadelic** eine abgemilderte, aber für Motown neue Variante des Funk Rock. Die biederen Temptations gaben in ihren neuen quietschbunten Phantasiekostümen mit übergroßer Bommelmütze optisch zwar nur das Abziehbild einer dunkelhäutigen Gang ab, landeten aber mit »Cloud Nine« (Schilderung eines LSD-Trips) einen Welthit. Als sie sich 1970 zierten, Whitfields »War« aufzunehmen, verpasste er den Song seinem Schützling Edwin Starr, der damit eine Nummer 1 holte. Nach »Papa Was A Rolling Stone« konnten aber auch die Temptations mit den aktuellen Tends nicht mehr mithalten.

Stevie Wonder

Wohl zu Recht gilt Stevie Wonder als der eigentliche Superstar des Labels. **Steveland Judkin Morris**, bereits als Baby erblindet, war ein 11-jähriges Wunderkind aus Saginaw, MI, das Piano, Schlagzeug und Mundharmonika beherrschte, dessen Talent 1961 von Gordy entdeckt wurde. Behutsam aufgebaut und bemuttert, schoss er 1963 als **Little Stevie Wonder** mit dem Instrumentalstück »Fingertips Part 2« an die Spitze der Charts. Gordy verheizte seinen Kinderstar nicht. 1966 hatte Stevie mit seiner ersten Eigenkomposition »Uptight« den zweiten Hit, dem noch viele folgten. Als Volljähriger erstritt sich Wonder absolute künstlerische Freiheit und Kontrolle über seine Projekte. Er ließ sich in New York nieder, feilte im eigenen Studio an Konzeptalben und wurde zum Megastar der Siebziger.

Where did our love go?

Multimillionär Gordy zog sich Ende der 1970e-Jahre aus dem Tagesgeschäft zurück. Das Label Motown wurde in Los Angeles eines von vielen und verlor mit dem unerreichten **Detroit Sound** nicht nur sein Markenzeichen, sondern auch seine einzigartige Corporate Identity.

Der wahrlich kometenhafte Aufstieg des Mannes, der im Jahre 1959 noch »Money, that 's what I want« textete, lässt sich an historischer Stätte nachvollziehen: Hitsville, 2648 West Grand Boulevard, Detroit, heute **Motown Museum**, das kein Soul-Fan versäumen darf, auch wenn sich dort die wehmütige Frage stellt: »Where did our love go?«

Liedgut entstand allmählich der **Chicago Blues**, dessen wichtigstes Begleitinstrument bis heute die E-Gitarre ist. Große Interpreten der ersten Stunde waren **Big Bill Broonzy** und **Papa Charlie Jackson**. Die beiden waren es auch, die in ihren Liedern brennende Themen aus den von sozialen Konflikten gebeutelten Schwarzen-Ghettos ansprachen und mit rhythmischen Gitarrenläufen untermalten. Zwischen den beiden Weltkriegen wurde in Sachen Blues viel herumexperimentiert. Nach dem Zweiten Weltkrieg aber wurde Chicago zur Hauptstadt eines mit besonderer Härte gespielten **»Electric Blues«**, dessen bedeutendster Protagonist **Muddy Waters** war. Auch andere Blues-Interpreten, darunter **Buddy Guy** und **Koko Taylor** machten sich einen Namen. Wer über die aktuellen Stilrichtungen des Blues informiert sein will, der besuche das **Chicago Blues Festival**, das alljährlich Anfang Juni im Grant Park stattfindet.

Jazz

Auch die Jazz-Musik brachten die afroamerikanischen Zuwanderer aus dem Süden mit. Nach dem Niedergang des Jazz in New Orleans wurde Chicago dessen neue Heimstatt. In den Zwanzigerjahren, als **Louis Armstrong** und **King Oliver** in den Clubs der Afroamerikaner Riesenerfolge feierten, taten sich auch weiße Interpreten dieser Musikrichtung wie Bud Freeman, Gene Krupa und Jimmy McPartland hervor und kreierten ihre eigenen Stilrichtungen. Ganz typisch für den Chicago Jazz sind nicht nur rasche Tempi und mitreißende Rhythmen, sondern vor allem auch bis in kleinste Finessen ausgearbeitete Zwischenspiele der einzelnen Instrumente. Guten Jazz kann man heute jeden Tag und in zahlreichen Clubs bzw. Lokalen hören.

Ein Ereignis besonderer Art ist das **Chicago Jazz Festival**, das alljährlich im Sommer im Grant Park stattfindet.

? WUSSTEN SIE SCHON ...?

- Der Begriff »Jazz« wurde um 1914 in Chicago geprägt und bedeutet soviel wie Tatkraft.

Klassische Musik

Chicago ist die Stadt an den Großen Seen, in der die klassische Musik einen besonders hohen Stellenwert einnimmt. Bereits Mitte des 19. Jh.s wurde hier ein erstes Orchester gegründet, das sich der »hohen Kultur« verschrieben hatte. Und schon 1865 öffnete die Chicagoer Oper ihre Pforten. Glänzende Erfolge von Gast-Ensembles brachten Chicagoer Geschäftsleute dazu, 1891 mit dem **Chicago Symphony Orchestra** einen eigenen Klangkörper aus der Taufe zu heben. Namhafte Dirigenten, unter ihnen **Fritz Reiner**, **Sir Georg Solti, Daniel Barenboim** und **Pierre Boulez**, machten das Chicago Symphony Orchestra zu einem der besten Klangkörper der Welt.

Weltberühmt ist auch das **Cleveland Orchestra**, dessen Heimstatt die Severance Hall in der Stadt am Eriesee ist. Es wurde 1918 gegründet und ebenfalls von großen Dirigenten wie **Nikolai Sokoloff**, **Artur Rodzinski, George Szell, Pierre Boulez, Lorin Maazel, Christoph von Dohnányi** und **Franz Welser-Möst** an die Spitze geführt.

Auch das 1914 gegründete **Detroit Symphony Orchestra** gehört zu den herausragenden Klangkörpern an den Großen Seen. Eine Blütezeit hat es zwischen den beiden Weltkriegen erlebt, als der russische Pianist **Ossip Gabrilowitsch**, ein enger Freund der Komponisten Mahler und Rachmaninoff, in Detroit wirkte.
In aller Stille ist die **Grand Rapids Symphony** zu einem Klangkörper herangewachsen. Sie gehört inzwischen zu den besten Sinfonieorchestern in den USA. Einem breiteren Publikum ist die Grand Rapids Symphony durch ihre »Piano Pops« mit Rich Ridenour bekannt.

Oper

In Chicago gibt es ein sehr zahlreiches und auch dankbares Opern-Publikum. Carol Fox eröffnete die Saison der **Lyric Opera of Chicago** 1954 mit der Oper »Norma« des italienischen Komponisten Vincenzo Bellini. Operndiva **Maria Callas** sang die Titelrolle und feierte gleichzeitig ihr Debüt in Amerika. Unter der Leitung von William Mason ist die Chicago Lyric Opera weiter auf dem Weg nach oben. Das zweite Opernhaus der Stadt, das 1974 gegründete **Chicago Opera Theater**, residiert seit 2004 im **Harris Theater for Music and Dance** im Millenium Park und wird geleitet von Brian Dickie.

Malerei

Wer Chicago bzw. die Großen Seen als Reiseziel auserkoren hat, kommt bestimmt nicht nur wegen der großartigen Hochhaus-Architektur oder wegen der interessanten Landschaft hierher, sondern möchte bestimmt auch etwas sehen von den reichen Kunstschätzen, die vor allem in Chicagos Museen und Galerien, aber auch in anderen Städten der Region anzutreffen sind.

Kunstmetropole Chicago

Einen ersten starken Impuls, der das Werden der Kunstmetropole Chicago beschleunigte, gab zweifellos die Weltausstellung 1893. Man wollte nicht nur Stadt der Fleischer, Eisenbahnkönige und Industriellen sein, sondern man entwickelte auch Geschmack für Schönes. So verwundert es nicht, dass die Ausstellungshallen in schönstem Beaux-Arts-Stil entstanden. Im riesigen Palace of Fine Arts stellte man darüber hinaus hervorragende Kunstwerke aus aller Welt aus, von denen aber die meisten Leihgaben aus der Alten Welt waren.

Chicago Art Institute

Schon wenige Jahre zuvor war das Chicago Art Institute ins Leben gerufen worden, das heute zu den wichtigsten Kunstmuseen der Welt gehört. Reiche Mäzene verhalfen ihm zu wertvollen Sammlungen, zu denen auch herausragende Werke französischer Impressionisten gehören. In den ersten beiden Jahrzehnten des 20. Jh.s erhielt das Art Institute auch bedeutende Arbeiten der Moderne. Und die **School of the Art Institute** gehört zu den weltweit führenden Kunstakademien.

Archibald Motley, Jr.: »Nightlife« (1943)

Siegeszug der Moderne

Eine viel beachtete Kunstausstellung im Jahre 1913, die **Armory Show**, machte mit wichtigen Vertretern der Moderne bekannt. Man sah u. a. Arbeiten von Duchamp, Gauguin und Picasso. Alsbald scharten sich junge Vertreter der Moderne um den Maler Rudolph Weisenborn. Ihren Durchbruch schaffte die Moderne spätestens anlässlich der Weltausstellung von 1933, als das Chicago Art Institute die Arbeiten von mehr als zwei Dutzend aufstrebenden Künstlern präsentierte. Vor allem die von sozialen Problemen beladene Urbanität Chicagos hatte es den jungen Künstlern angetan. Stark beachtet wurden die Bilder von Emil Armin und Ramon Shiva. Ein Maler, der die junge Kunstszene Chicagos nachdrücklich geprägt hat, ist der Afroamerikaner **Archibald Motley Jr.**, Jr. (1891 – 1981), der höchst eindrucksvolle Darstellungen der Lebenswirklichkeit in den Schwarzen-Siedlungen geschaffen hat.

Imagisten

In den 1960er-Jahren trat in Chicago eine Schule hervor, deren Vertreter als Imagisten bezeichnet wurden. Zu ihnen zählt man u. a. Leon Golub, June Leaf und H. C. Westermann, deren Arbeiten nicht selten und geringschätzig mit den Begriffen **»Monster Art«** oder **»Art Brut«** belegt wurden. Einer ihrer Vorläufer war Ivan Albright, der sich schon in den 1930er-Jahren einen Namen gemacht hatte. Die tonangebenden Imagisten fanden sich in der Künstlergruppe **»Hairy Who«** zusammen, die eher dem Surrealismus, als dem abstrakten Expressionismus eines Jackson Pollock verschrieben war. Ihre führenden Köpfe waren James Falconer, Art Green, Gladys Nisson und Karl Wirsum. Von den Imagisten nachhaltig beeinflusst wurden in den 1970er-Jahren die beiden Maler **Ed Paeschke** und **Jim Nutt**.

Zeitgenössische Kunst

Sehr geschätzt wird inzwischen die Arbeit zeitgenössischer Künstler. Viel dazu beigetragen haben die Aktivitäten des Chicagoer **Museum of Contemporary Art** und vor allem auch die zahlreichen imposanten Kunstwerke u.a. von Calder, Chagall, Dubuffet und Picasso, die heute öffentliche Plätze (u.a. im Loop) zieren. Zu den ersten gehörte das riesige Picasso-Kunstwerk auf der Daley Plaza. 1978 wurde das »Percent for Art Program« initiiert. Dieses besagt, dass 1% der Bausumme, die ein Neubauprojekt mit öffentlichem Zugang kostet, für Kunst am oder im Bau reserviert werden muss. Das größte der in diesem Sinne realisierten Projekte ist das Harold Washington Library Center im Loop.
Seit den 1980er Jahren ist Chicago von einem wahren Kunst-Boom ergriffen. In der ganzen Stadt schossen Galerien aus dem Boden. Der **Wicker Park** entwickelte sich zum Zentrum einer besonders aktiven Szene junger Künstler. **»Art Chicago«** heißt eine Kunstausstellung, die jeden Frühling im Bereich der Navy Pier abgehalten wird. Sie gehört heute zu den meistbeachteten Events ihrer Art auf der Welt.

Design, Fotografie

Hinsichtlich Design und Fotokunst nimmt Chicago seit Jahrzehnten einen Spitzenplatz ein. Der vom Bauhaus inspirierte ungarische Designer **Laszlo Moholy-Nagy** legte 1937 den Grundstein für eine Kunstschule, die zur Entstehung des Institute of Design führte. Dieses wurde 1949 in das Illinois Institute of Technology eingegliedert. Am Institute of Design wurden seither nicht nur namhafte Industrie-Designer, Grafiker und Architekten ausgebildet, sondern auch eine große Zahl hervorragender Fotografen. Einem breiteren Publikum bekannt sind beispielsweise **Arthur Siegel** und **Harry Callahan**.

Weitere Kunstzentren in der Region

Praktisch jede Stadt, die etwas auf sich hält, verfügt über sehenswerte Kunstsammlungen und einen beachtlichen Fundus an moderner Kunst im öffentlichen und privaten Raum. Dies gilt insbesondere für die Großstädte Cleveland, Detroit und Milwaukee, aber auch für etliche kleinere Städte. Besonders hervorzuheben ist Grand Rapids (Michigan), wo man nicht nur eine großartige Calder-Plastik in Downtown sehen kann, sondern auch bemerkenswerte Ausstellungen moderner Skulpturen in den Meijer Gardens. Ferner zu erwähe ist Toledo (Ohio) an den Gestaden des Lake Erie mit seinem großartigen Museum of Art und dem benachbarten Center for the Visual Arts.

Berühmte Persönlichkeiten

Nicht nur in Chicago, sondern auch in vielen anderen Orten an den Großen Seen blüht seit langem das wirtschaftliche und kulturelle Leben. So verwundert es nicht, dass diese Region auch zahlreiche namhafte Persönlichkeiten hervorgebracht hat.

Jane Addams (1860 – 1935)

Sozialreformerin

In Cedarville im Bundesstaat Illinois erblickte Jane Addams das Licht der Welt. Sie besuchte das Women's Medical College in Philadelphia und gründete 1889 die Sozialsiedlung Hull House in Chicagos West Side. Als sehr engagierte und höchst **couragierte Sozialarbeiterin** arbeitete sie mit den Gewerkschaften und verschiedenen Reformgruppen zusammen. Sie setzte sich vor allem für die Rechte der Frauen und Kinder, aber auch für Farbige und Einwanderer ein. 1910 wurde sie als erste Frau Vorsitzende der National Conference of Social Work. Als Präsidentin der von ihr mit initiierten Internationalen Frauenliga für Frieden und Freiheit erhielt sie 1931 den Friedensnobelpreis. Sie starb 1935 in Chicago.

Al(fonso) Capone – genannt »Scarface« (»Narbengesicht«; 1899 – 1947)

Gangster

Der aus Neapel stammende Alfonso Capone wuchs in ärmlichen Verhältnissen in Brooklyn, NY auf. 1920 kam er nach Chicago und machte als Gangsterboss Karriere. Als **Oberhaupt des Mafia-Syndikats** kontrollierte er Glücksspiel, Prostitution und Alkoholschmuggel. Auch hatte er Einfluss auf die Arbeit der Polizei. Obwohl Al Capone als Initiator zahlreicher Mordüberfälle verdächtigt wurde, wagte man aus Furcht vor Repressalien der Gangster nicht, ihn vor Gericht zu zerren. Der Gangsterboss konnte derweil ein riesiges Vermögen ergaunern. Schließlich hat man ihn 1931 wegen Steuervergehen zu elf Jahren Freiheitsentzug verurteilt. Er verbüßte seine Strafe unter anderem auf der berüchtigten Gefangeneninsel Alcatraz bei San Francisco. Wegen seines angegriffenen Gesundheitszustandes wurde er 1939 vorzeitig entlassen. Er zog sich nach Florida zurück und starb 1947 in Miami.

? WUSSTEN SIE SCHON ...?

- Hillary Diane Rodham Clinton, die Frau von Ex-Präsident Bill Clinton und derzeitige US-Außenministerin, wurde am 26. Oktober 1947 im Edgewater Hospital in Chicago geboren.

Walt Disney (1901 – 1966)

Zeichentrickfilmer

Fast alle Kinder dieser Erde kennen Micky Maus. Sie und ihre Kumpane sind »Kinder« von Walt Disney aus Chicago, der sie 1925 erdacht und ihnen zusammen mit seinem Bruder Roy das Laufen beigebracht hatte. Mit ihrem Auftritt in »Steamboat Willie« verhalf die schlaue Maus 1928 dem Zeichentrickfilm zum Durchbruch. Es folgten der erste abendfüllende Zeichentrickfilm »Schneewittchen« (1937), dann »Fantasia« (1940) und »Bambi« (1942), allesamt Klassiker des Zeichentricks. Danach kamen Abenteuerfilme (»20 000 Mei-

←1905: Henry Ford mit seinem Sohn Edsel in einem »Ford Model F«

len unter dem Meer«, 1955) und preisgekrönte dokumentarische Naturfilme (»Die Wüste lebt«, 1953; »Die Wunder der Prärie«, 1954) sowie Filme fürs Fernsehen (»Mickey Mouse Club«, »Davy Crockett«, »Walt Disneys wundervolle Farbwelt«). Aus Disneys Garagenstudio von 1925 war eine Filmproduktionsgesellschaft geworden, die mit dem 1955 im kalifornischen Anaheim errichteten Disneyland, der 1971 eröffneten Disneyworld bei Orlando und dem 1992 bei Paris eröffneten Euro Disney zum global agierenden Vergnügungskonzern geworden ist, der anthropomorphe Tiere und knollennasige Zwerge die Botschaft von der heilen Welt verkünden lässt.

Bob Dylan (geb. 1941)

Musiker

Einer der größten **Musiker und Liedermacher** der Gegenwart erblickte als Robert Zimmermann in Duluth das Licht der Welt. Er wuchs in Hibbing auf und studierte an der University of Minnesota, machte aber keinen Abschluss. Stattdessen reiste er kreuz und quer durch Nordamerika und schrieb Lieder in der Tradition eines Woody Guthrie. Mitte der 1960er-Jahre profilierte sich Bob Dylan als E-Gitarrist. Es gelang ihm, einen eigenen Stil zu finden mit Wurzeln in der Folk-Musik und im Blues. Nach einem Intermezzo, das seine Nähe zur Country-Musik offenbarte, wandte er sich in den späten 1970er-Jahren religiösen Themen zu. Dylan erhielt im Lauf der Jahre Auszeichnungen und Preise wie mehrere Grammys, den Golden Globe und 2001 den Oscar für den besten Film-Song.

Thomas Alva Edison (1847 – 1931)

Erfinder

Als einer der produktivsten Erfinder überhaupt gilt der aus Milan, Ohio, gebürtige Thomas Alva Edison – und das, obwohl er nur drei Monate lang einen regulären Schulunterricht genoss. Dafür war er aber sein Leben lang als **Forscher und Tüftler** tätig. Innerhalb von fünf Jahrzehnten meldete er rund 1100 Erfindungen zum Patent an, darunter vor allem die **Kohlenfaden-Glühlampe**, den **Phonographen**, ein Diktiergerät, eine Filmkamera und einen Filmprojektor sowie eine Schallplatte. Selbst ein besonderes Betonguss-Verfahren hat er entwickelt. Edison pflegte eine enge Freundschaft mit dem Autobauer Henry Ford (s. unten) und dem Reifenfabrikanten Harvey Firestone (1868 – 1938), mit denen er in seinem Winterdomizil in Fort Myers, Florida, oft zusammenkam.

Henry Ford (1863 – 1947)

Automobilfabrikant

Der weltberühmte Automobilfabrikant kam in Dearborn, Michigan, zur Welt. Er arbeitete zunächst als **Elektroingenieur**, bevor er 1896 – also zehn Jahre nach Gottlieb Daimler – sein erstes Automobil, das »Quadricycle« konstruierte. 1903 gründete er in Detroit die »Ford Motor Company«. Dort führte er als erster Unternehmer die **Fließ-**

band-Fertigung ein und revolutionierte damit die industrielle Produktion. Die Ford-Werke stiegen binnen kurzem zum Industriegiganten auf, der 1925 auch in Deutschland Fuß fasste. Das legendärste Produkt war das 15 Millionen Mal gebaute und besonders preiswerte »Modell T«, das in den 1920er-Jahren das Straßenbild der USA bestimmte. Bis in die Dreissigerjahre führte Henry Ford das Unternehmen als Familienbetrieb. Die 1936 ins Leben gerufene Ford Foundation, heute eine der kapitalkräftigsten amerikanischen Stiftungen, fördert vor allem das amerikanische Bildungswesen sowie technische Hilfsprogramme in Entwicklungsländern.

Benny Goodman (1909 – 1986)

Jazz-Musiker

Amerikas berühmtester Jazz-Klarinettist und Orchester-Chef kam als Benjamin David Goodman in Chicago auf die Welt. Schon als 14-Jähriger war er der Star verschiedener Orchester, die in Chicago zum Tanz aufspielten. 1934 stellte er sein eigenes Orchester zusammen und bereits zwei Jahre später bekam er seine eigene Radiosendung. Sein Musikstil war sehr eingängig, so dass Goodman und sein Orchester binnen kurzem zur populärsten Jazz-Formation ihrer Zeit wurden. Goodman schuf mit dem Swing eine ganz eigene Stilrichtung und wurde als **»King of Swing«** weltberühmt. Goodman, der auch noch ein Trio, ein Quartett und ein Sextett zusammenstellte, hatte keine Mühe damit, auch farbige Musiker in seine Gruppierungen zu integrieren, was für die damalige Zeit schon revolutionär war. Er war auch einer der Ersten, der Jazz-Versionen klassischer Musik darbot, so etwa das bekannte Klarinetten-Konzert von Wolfgang Amadeus Mozart.

? WUSSTEN SIE SCHON ...?

- ... dass der aus Chicago gebürtige Hugh Hefner, Gründer und Chefredakteur des Herrenmagazins »Playboy«, an der University of Illinois Philosophie studiert hat?

Earvin »Magic« Johnson (geb. 1959)

Basketball-Star

Einer der berühmtesten Basketball-Spieler aller Zeiten, der dunkelhäutige Earvin Johnson, wurde 1959 in Michigans Hauptstadt Lansing geboren, wo er schon in jungen Jahren als besonders erfolgreiches – weil besonders großes – Mitglied seiner High-School-Mannschaft den Ehrennamen »Magic« erhielt. Der 2,10 Meter große Sportler war mit dafür verantwortlich, dass die Mannschaft der Michigan State University 1979 das Finale der National Collegiate Athletic Association erreichen konnte. Noch im selben Jahr verließ Johnson das College und ging nach Los Angeles, wo er dafür sorgte, dass die Lakers in den 1980er Jahren insgesamt fünfmal die NBA-Meisterschaft erringen konnten. Im Herbst 1991 machte Johnson seine AIDS-Infektion öffentlich und zog sich aus dem aktiven Sport zurück und trat als **engagierter Fürsprecher einer AIDS-Prävention** auf. 1992 kehrte er zur Überraschung vieler vorübergehend in den aktiven Sport zurück und war auch Spieler der erfolgreichen US-Basketball-Mannschaft, die in Barcelona olympisches Gold gewann.

Michael »Air« Jordan (geb. 1963)

Basketball-Star

Der zweite große Basketball-Spieler, der an den Großen Seen groß geworden ist, heißt Michael Jordan. Der 1,98 m große dunkelhäutige Sportler wurde während seiner Glanzzeit in den 1990er-Jahren **»König der Lüfte«**, »His Airness« oder »Air« Jordan genannt, weil kaum ein anderer Spieler wie er aus unmöglichsten Situationen Körbe werfen konnte. Er führte die Chicago Bulls zu insgesamt sechs NBA-Meisterschaften. Seine Kunst der Selbstdarstellung, seine Aura und sein Flair haben besonders in der »Windy City« mit dazu beigetragen, dass Basketball zur beliebtesten Sportart wurde.

Charles Lindbergh (1902 – 1974)

Flugpionier

Vom 20. bis 21. Mai 1927 überquerte Charles Lindbergh aus Detroit als **erster Mensch allein im Nonstop-Flug den Atlantik** von West nach Ost. Für die Strecke von Long Island (New Jersey) bis Le Bourget bei Paris benötigte er mit seinem Flugzeug »Spirit of St. Louis« 33 Stunden und 30 Minuten. Fünf Jahre nach diesem die Welt bewegenden Unternehmen geriet der Name Lindbergh erneut in die Schlagzeilen: Der eineinhalbjährige Sohn des berühmten Fliegers wurde entführt und ermordet. Lindbergh hegte Sympathien für die deutschen Nationalsozialisten und wandte sich 1941 gegen den Kriegseintritt der USA. Präsident Roosevelt nannte ihn einen Defaitisten. Lindbergh trat als Brigadegeneral zurück und wurde erst 1954 rehabilitiert. Er verstarb 1974 auf der Hawaii-Insel Maui.

Madonna (geb. 1958)

Pop-Sängerin, Entertainerin

Amerikas bekannteste Pop-Ikone der 1980er- und 1990er-Jahre kam als Madonna Louise Veronica Ciccone in Bay City (Michigan) zur Welt. Schon als Kind zog es sie auf die Bühne. Sie studierte das Fach Tanz an der University of Michigan und wechselte dann nach New York, wo sie eine eigene Band gründete und Songs schrieb. Ihr erstes Album mit dem Titel »Madonna« erschien 1983. Drei Singles aus diesem Werk erreichten 1984 Spitzenplätze in den Musik-Charts. Zu weltweiten Erfolgen kam sie jedoch mit ihren Musik-Videos, die im Kabelfernsehen ausgestrahlt wurden. Nacheinander brachte sie auch weitere Musik-Alben heraus, so etwa »Like a Virgin« (1984), »Like a Prayer« (1989),

»Bedtime Stories« (1994), »Ray of Light« (1998) und »Confessions on a Dance Floor« (2005). Erfolge feierte Madonna auch auf ihren Konzert-Tourneen. Auch als Filmstar machte Madonna Karriere. So spielte sie Hauptrollen in den Streifen »Desperately Seeking Susan« (1985), »Who's That Girl« (1987) und »Dick Tracy« (1990). Ihren Durchbruch im Filmgeschäft schaffte sie mit »Body of Evidence« (1993) und vor allem mit »Evita« (1996), der ihr einen Golden Globe einbrachte. Im Sommer 2006 sorgte die Pop-Diva während einer Europa-Tournee mit einer Kreuzigungs-Show für große Aufregung.

Jacques Marquette (1637 – 1675)

Missionar und Entdecker

Der aus dem französischen Laon gebürtige Missionar Jacques Marquette kam 1666 nach Amerika und studierte in Québec die Sprachen der indianischen Ureinwohner des Landes. **1668 gründete er die Missionsstation Sault Ste-Marie** an den Stromschnellen, die den Oberen See mit dem Huronsee verbinden. Von 1669 bis 1671 baute er die im heutigen Wisconsin gelegene Missionsstation La Pointe auf. Feindlich gesonnene Sioux vertrieben ihn auf die Insel Mackinac. An der nahen Einfahrt zum Michigansee gründete er anschließend die Mission St-Ignace, wo ihn der französische Landvermesser Louis Joliet besuchte. Joliet lud den Geistlichen ein, an einer Expedition zum Mississippi teilzunehmen. Die beiden brachen im Mai 1673 mit einer kleinen Begleitmannschaft auf und erreichten schon wenige Wochen später den längsten Fluss Nordamerikas, den sie als erste Europäer befuhren. Marquette kehrte zurück an die Großen Seen und setzte seine Indianermission fort. Er verstarb in Ludington.

Barack Hussein Obama (geb. 1961)

US-Präsident

Der auf Honolulu geborene Sohn einer Amerikanerin und eines Kenianers wuchs in Hawaii und Indonesien auf. Seine Schulausbildung schloss er 1979 mit Auszeichnung ab und studierte dann in Los Angeles, Chicago und Harvard Rechtswissenschaften. Seine Frau Michelle, mit der er zwei Töchter hat, lernte er in einer Anwaltskanzlei kennen. Nach dem Examen arbeitete er bei gemeinnützigen Organisationen sowie in einer auf Bürgerrechte spezialisierten Kanzlei und lehrte an der Universität von Chicago. 1992 organisierte er eine Kampagne zur Wahlunterstützung von Bill Clinton, 1996 und 1998 wurde er in den Senat von Illinois gewählt. Im Jahre 2000 unterlag er bei den Vorwahlen zum Repräsentantenhaus der USA. 2004 wurde er als Vertreter von Illinois in den US-Senat gewählt und erregte als Hauptredner beim Präsidentschafts-Wahlkongress der Demokraten in Boston erstmals Beachtung. 2008 errang er gegen Hillary Clinton die Kandidatur der Demokraten und gewann gegen den Republikaner John McCain die Präsidentschaftswahl. Seit Januar 2009 ist er **der erste farbige Präsident** in der Geschichte der USA. Noch im selben Jahr wurde ihm in Oslo der Friedensnobelpreis verliehen.

Frank Lloyd Wright (1867 – 1959)

Architekt

Einer der größten Baumeister aller Zeiten erblickte 1867 in Richland, Wisconsin das Licht der Welt. Frank Lloyd Wright ist schon als junger Mensch mit den schönen Künsten in Kontakt gekommen. Seine Inspirationen als Architekt schöpfte er aus seiner Liebe zur Natur, die ihm in seiner Heimat Wisconsin angediehen ist. Bereits als 19-Jähriger machte er sich auf den Weg nach Chicago, der seinerzeit größten Stadt der USA. Er arbeitete zunächst für Joseph Lyman Silsbee, einem für seine Holzschindel-Architektur bekannten Baumeister. Binnen eines Jahres wechselte er in das fortschrittliche Architekturbüro von Adler und Sullivan. Louis Sullivan. Dieser führende Kopf der ersten Chicagoer Architektenschule, dessen Leitsatz »form follows function« war, wurde Frank Lloyd Wrights väterlicher Lehrmeister und Kollege.

Im Jahre 1893 eröffnete Frank Lloyd Wright ein eigenes Architekturbüro. Er baute sich im Vorort Oak Park eine viel beachtete Villa und fügte dieser 1898 ein Studio-Gebäude zu, wo er viele Jahre arbeitete und seinen **»Prairie Style«** entwickelte. Dieser Baustil zeichnete sich durch lange, horizontal ausgerichtete und der natürlichen Umgebung angepasste Formen aus. In den folgenden sechs Jahrzehnten probierte Wright mit vielerlei Formen und Materialien, was man vor allem bei einem Spaziergang durch das heutige Oak Park sehr schön sehen kann. Immer war er bemüht, **Baukunst und Natur in Einklang** zu bringen. Frank Lloyd Wright hat während seiner langen Schaffensperiode nicht weniger als 638 Bauten entworfen. Nur wenige seiner Architektenkollegen haben soviel Kreativität, Inspiration und Tiefgang entwickelt wie der **Schöpfer zahlreicher großartiger Bauten**, die man nicht nur in Oak Park und Chicago (u.a. Robie House auf dem Campus der University of Chicago), sondern auch in etlichen anderen Städten der Great Lakes Region bewundern kann, so beispielsweise auch in Buffalo und in Grand Rapids.Seine wichtigsten und bekanntesten Bauten sind neben den bereits erwähnten das 1911 entstandene Wohnhaus Taliesin bei Spring Green, Wisconsin, das 1935 bis 1938 errichtete Haus Fallingwater in Bear Run, Pennsylvania und vor allem das 1959 fertiggestellte Guggenheim-Museum in New York. Er hinterließ zahlreiche (noch) nicht realisierte Entwürfe, darunter auch den den Plan eines mehr als 500 Stockwerke hohen Wohnturms. Frank Lloyd Wright verstarb 1959 in Phoenix, Arizona. Wer noch mehr über den großen Architekten wissen will, werfe einen Blick ins Internet:www.geocities.com/soho (All-Wright Site).

Wilbur Wright (1867 – 1912), Orville Wright (1871 – 1948)

Flugpioniere

Angeregt von den Gleitflugversuchen des Deutschen Otto Lilienthal begannen auch die Gebrüder Wright aus Dayton (Ohio) mit Flugapparaten zu experimentieren. Sie betrieben in ihrer Heimatstadt eine

Mechanikerwerkstatt. 1901 und 1902 führten sie in Kitty Hawk auf den Outer Banks von North Carolina die ersten Flugversuche durch. Sie besaßen den Ehrgeiz, den ersten von einem Motor angetriebenen Flugapparat zu konstruieren und damit zu fliegen. Am 17. Dezember 1903 war es so weit: **Ihnen gelang der erste Motorflug der Geschichte**. Ihr Fluggefährt legte in zwölf Sekunden eine Strecke von 36 Metern zurück. Das war zwar vergleichsweise wenig, aber rückblickend betrachtet eine umwälzende technische Neuerung. Erst 1906 erhielten die Brüder Wright ein Patent für ihre Flugmaschine. Wilbur Wright machte sich auf den Weg nach Europa, wo er 1908 für den Motorflug warb. Sein Bruder Orville bestand ein Jahr später den ersten offiziellen Flugtest. Noch im selben Jahr wurde im Auftrag des US-Kriegsministeriums das erste Flugzeug fürs Militär gebaut.

William Wrigley Junior (1861 – 1932)

Kaugummi-Fabrikant

Der aus Philadelphia gebürtige Unternehmersohn versuchte sich schon im zarten Alter von 13 Jahren als Handlungsreisender und verkaufte Seife, die in der Firma seines Vaters hergestellt worden ist. 1891 wurde er Waschmittel-Großverteiler in Chicago. Seine neue Geschäftsidee war, der Kundschaft für jede gekaufte Schachtel Waschmittel ein Tütchen Backpulver gratis als Dankeschön dazuzugeben. Das Geschäft lief so gut, dass er schon ein Jahr später Backpulver als zweite Produktlinie aufbaute. Jetzt bekam, wer ein Paket Backpulver kaufte, einen Kaugummi als Prämie. Sein Kaugummi war binnen kurzem dermaßen begehrt, dass er sich entschloss, Backpulver und Waschmittel aus dem Sortiment zu nehmen und nur noch Kaugummis zu verkaufen. Der Kaugummi wurde aus Chicle hergestellt, dem süßen, klebrigen Saft einer mittelamerikanischen Gummibaumart, den schon die Maya gekaut haben. Wrigley war einer der ersten, der den Verkauf seines **»Wrigley's Spearmint Chewing Gum«** mit massiven Werbemaßnahmen unterstützte. Sein »Spearmint«- und sein »Juicy Fruit«-Kaugummi wurden alsbald zu Markenartikeln. Ab 1908 konnte er jährlich Kaugummis im Wert von mehr als einer Million US-Dollar an den Mann bringen. 1911 übernahm Wrigley die Herstellung der von ihm vertriebenen Kaugummis und gründete die Wm. Wrigley Jr. Company. Das neue Unternehmen organisierte die mit Abstand größten Werbekampagnen jener Zeit. 1925, als Wrigley die Unternehmensführung in die Hände seines Sohnes Philip gab, besaß die Wrigley Company mehrere Produktionsstätten in den USA, Kanada, Großbritannien und Australien. Von 1921 bis 1981 (außer während des Zweiten Weltkrieges) unterstützten die Wrigleys massiv »ihre« **Chicago Cubs**, die damals noch in der National Baseball League gespielt haben. 1924 hat die Fabrikantenfamilie das **Wrigley Building** errichten lassen, das heute eines der bekanntesten Wahrzeichen Chicagos ist.

TTOM

Praktische Informationen

WELCHE DOKUMENTE BENÖTIGT MAN FÜR DIE EINREISE IN DIE USA? WAS GIBT ES ZU ESSEN UND ZU TRINKEN? WO FINDEN DIE TOLLSTEN EVENTS STATT? UND WELCHE AKTIVITÄTEN SIND ANGESAGT? INFORMIEREN SIE SICH SCHON VOR DER REISE!

Anreise · Reiseplanung

Mit dem Flugzeug Von Flughäfen im deutschsprachigen Raum werden im Direktflug die US-Ziele **Chicago, Detroit** und **Minneapolis/St. Paul** sowie die ostkanadischen Metropolen **Toronto** und **Montréal** angeflogen. Von den genannten Zielflughäfen bestehen gute Anschlüsse nach Cleveland, Cincinnati, Milwaukee, Grand Rapids, Duluth etc.

Mit dem Schiff Seit dem Ausbau des St.-Lorenz-Stromes können auch mittelgroße **Kreuzfahrtschiffe** zumindest in der warmen Jahreszeit vom Atlantik bis nach Chicago fahren.

Mit der Eisenbahn Innerhalb der USA besteht die Möglichkeit, per Bahn an die Großen Seen zu reisen. Täglich fahren Züge von New York und Washington, DC sowie von Los Angeles, Oakland (San Francisco) und Denver nach **Chicago, Cleveland** und **Detroit**.

Ein- und Ausreisebestimmungen

Vorab-Information Wer eine Reise in die Vereinigten Staaten von Amerika plant, sollte vorab unbedingt die aktuellen Informationen der US-Regierung von der US-Botschaft im jeweiligen Heimatland (► Auskunft, Botschaften) einholen.

Bereits rechtzeitig **vor Reisebeginn** muss die **erste Adresse des USA-Aufenthaltes** am Abfertigungsschalter der Fluggesellschaft bereitgehalten werden mit folgenden Informationen: Straße, Hausnummer, Stadt, Bundesstaat, ZIP Code (Postleitzahl). Ferner erhält das US-Ministeriums für Heimatschutz bestimmte Reise- und Buchungsdaten übermittelt.

Reisedokumente

VWP ► Deutschland, Österreich und die Schweiz nehmen am visumfreien Reisen teil (**Visa Waiver Program, VWP**): Reisende aus diesen Ländern benötigen für die Einreise in die USA (bei einem Aufenthalt bis zu 90 Tagen) kein Visum, sondern einen maschinenlesbaren Reisepass, der noch mindestens ein halbes Jahr gültig sein muss, und ein Rückflugticket. Kinder brauchen einen eigenen maschinenlesbaren Ausweis. Eine Visumpflicht besteht nur, wenn man länger als 90 Tage im Land bleiben, arbeiten oder studieren will.

ESTA ► Die gebührenpflichtige Genehmigung (derzeit 14 US-$) zur visumfreien Einreise muss **zwingend via Internet** im Reisegenehmigungssystem ESTA (Electronic System for Travel Authorization) beantragt werden. Die Beantragung über Dritte (z. B. Reisebüro) ist in vielen Fällen möglich.

Die erteilte Einreiseerlaubnis gilt für beliebig viele Einreisen innerhalb eines Zeitraums von 2 Jahren.. Die erteilte Reisegenehmigung stellt jedoch keine Garantie für die Einreiseberechtigung dar! Die Internet-Adresse von ESTA lautet: **https://esta.cbp.dhs.gov/esta/**

WICHTIGE ADRESSEN ANREISE

EUROPÄISCHE FLUGGESELLSCHAFTEN

▶ **Deutsche Lufthansa**
Tel. (018 05) 805 805
(D = in Deutschland)
Tel. (08 10) 10 25 80 80
(A = in Österreich)
Tel. (0900) 900 922
(CH = in der Schweiz)
Tel. 1-800-645-3880
(in den USA)
www.lufthansa.com

▶ **Air Berlin**
Tel. (018 05) 737 800 (D)
Tel. (08 20) 737 800 (A)
Tel. (08 48) 737 800 (CH)
Tel. 1-866-266-5588 (USA)
www.airberlin.de

▶ **Air France**
Tel. (018 05) 830 830 (D)
Tel. (01) 502 22 24 00 (A)
Tel. (08 48) 747 100 (CH)
Tel. 1-800-237-27 47 (USA)
www.airfrance.com

▶ **British Airways**
Tel. (018 05) 26 65 22 (D)
Tel. (01) 79 567 567 (A)
Tel. (08 48) 845 845 (CH)
Tel. 1-800-AIRWAYS (USA)
www.britishairways.com

▶ **KLM**
Tel. (018 05) 21 42 01 (D)
Tel. (08 00) 42 04 14 (A)
Tel. (09 00) 359 556 (CH)
Tel. 1-800-221-1212 (USA)
www.klm.com

US-AMERIKANISCHE FLUGGESELLSCHAFTEN

▶ **American Airlines**
Tel. (01805) 11 37 09 (D)
Tel. (01) 654 5256 (CH)
Tel. 1-800-733-2654 (USA)
www.aa.com

▶ **Continental Airlines**
Tel. (01803) 212 610 (D)
Tel. (01) 535 3778 (A)
Tel. (044) 800 9212 (CH)
Tel. 1-800-231-0856 (USA)
www.continental.com

▶ **Delta Air Lines**
Tel. (01803) 337 880 (D)
Tel. (01) 795 67 023 (A)
Tel. (08 44) 000 074 (CH)
Tel. 1-800-241-4141 (USA)
www.delta.com

▶ **United Airlines**
Tel. (069) 500 703 387 (D)
Tel. (044) 212 4717 (CH)
Tel. 1-800-538-2929 (USA)
www.united.com

▶ **US Airways**
Tel. (018 03) 000 609 (D)
Tel. (08 10) 001 172 (A)
Tel. 1-800-428-4322 (USA)
www.usairways.com

BAHNREISEN

▶ **Amtrak**
Tel. 1-800-USA-RAIL (USA)
Tel. 1-800-872-7245 (USA)
www.amtrak.com

▶ **North America Travelhouse CRD International**
Stadthausbrücke 1 – 3
20355 Hamburg
Tel. (040) 300616-70 (D)
www.crd.de

SCHIFFSREISEN

▶ **Hapag-Lloyd Kreuzfahrten**
Ballindamm 25

20095 Hamburg
Tel. (040) 3001 4600 (D)
www.hlkf.de

▶ **Hamburg-Süd Reiseagentur**
Tel. (040) 3705 2491 (D)
www.hamburg-sued-reiseagentur.de

▶ **Frachtschiff-Touristik Kapitän Zylmann GmbH**
24404 Maasholm
Tel. (0 46 42) 96 55-0 (D)
www.zylmann.de

▶ **Kuoni Reisen AG**
CH-8010 Zürich
Tel. (044) 277 4444 (CH)
www.kuoni.ch

Einreise ▶ Bei der Einreise werden von jedem Reisenden außerdem digitale Abdrücke aller Finger sowie ein digitales Porträtfoto angefertigt. Auch bei der Ausreise werden Fingerabdrücke genommen. Der Tag, an dem man spätestens die USA wieder verlassen muss, wird bei der Einreise in den Pass eingestempelt.

Visumpflicht ▶ In folgenden Fällen ist ein **Visum** erforderlich: Personen, die nicht mit einem regelmäßig verkehrenden Verkehrsmittel einreisen (z. B. per Auto via Kanada oder Mexiko); Personen, die eine Ausbildung machen wollen; Teilnehmer an Austauschprogrammen; Personen, die eine (auch nur vorübergehende) Tätigkeit ausüben wollen (auch Journalisten und Au-Pair-Mädchen); Personen, die eine Forschungsarbeit durchführen; Personen, die in den USA heiraten und anschließend dort wohnen wollen.

Ausreichende Finanzmittel Bei der Grenzkontrolle müssen genügend finanzielle Mittel nachgewiesen werden können, um den Aufenthalt bestreiten bzw. ein Weiter- oder Rückreiseticket besorgen zu können.

Impfbestimmungen Ein Impfzeugnis wird nur dann verlangt, wenn man aus gefährdeten Gebieten einreist. Es ist ratsam, sich vor Reiseantritt beim zuständigen Konsulat über die neuesten Vorschriften zu erkundigen.

Haustiere Wer seinen Hund mitnehmen will, hat ein tierärztliches Gesundheits- und Tollwutimpfzeugnis vorzulegen, das mindestens einen Monat bzw. maximal 12 Monate vor der Abreise ausgestellt sein muss und nicht länger als ein Jahr gilt. Für alle anderen Haustiere wird ein tierärztliches Gesundheitszeugnis verlangt.

Nationaler Führerschein Wer selbst ein Auto steuern will, muss einen gültigen nationalen Führerschein vorweisen können. Der internationale Führerschein wird nur zusammen mit dem nationalen Führerschein anerkannt.

Sicherheitskontrollen Im Luft- und Seeverkehr werden penible Sicherheitskontrollen durchgeführt. Deshalb sollte man genügend Zeit einplanen, um die Kontrollen rechtzeitig vor der Abreise passieren zu können.

Zollbestimmungen

Einreise in die USA

Bei der Einreise sind eine Immigration Card (Einreiseerlaubnis) sowie eine Customs Declaration (Zollerklärung) auszufüllen. Zollfrei eingeführt werden dürfen Gegenstände des persönlichen Bedarfs (u. a. Kleidungsstücke, Toilettenartikel), Foto- und Videokameras, Filme, Fernglas, Sportausrüstung; für über 21-Jährige 1 Quart (ca. 1 l) alkoholische Getränke, 200 Zigaretten oder 50 Zigarren oder 3 US-Pfund (lbs; ca. 1350 g) Tabak. Zusätzlich können pro Person Geschenke bis zum Gegenwert von 100 US-Dollar (Alkohol und Zigaretten sind davon ausgenommen) eingeführt werden. Strengstens verboten ist die Einfuhr von Lebensmitteln, Pflanzen, Süßigkeiten und Obst.

Aktuelle Bestimmungen

Vor der Abreise sollte man sich unbedingt über neue Bestimmungen informieren, so z. B. über die Begrenzung der Mitnahme von Flüssigkeiten an Bord.

Wiedereinreise in EU-Staaten

Zollfrei sind alle bereits in die USA mitgenommenen persönlichen Gebrauchsgegenstände (siehe oben), ferner Reiseandenken bis zu einem Gesamtwert von 430 Euro. Darüber hinaus sind zollfrei: für Personen über 15 Jahre 500 g Kaffee oder 200 g Pulverkaffee und 100 g Tee oder 40 g Teeauszüge, 50 g Parfüm und 0,25 l Toilettenwasser sowie für Personen über 17 Jahre 1 l Spirituosen mit mehr als 22 Vol.-% Alkohol oder 2 l Spirituosen mit weniger als 22 Vol.-% Alkohol oder 2 l Schaumwein und 2 l Wein sowie 200 Zigaretten oder 100 Zigarillos oder 50 Zigarren oder 250 g Rauchtabak.

◄ Wiedereinreise in die Schweiz

Für die Schweiz gelten folgende Freimengengrenzen: 250 g Kaffee, 100 g Tee, 200 Zigaretten oder 50 Zigarren oder 250 g Rauchtabak, 2 l alkoholische Getränke bis 15 Vol.-% und 1 l alkoholische Getränke über 15 Vol.-%. Souvenirs dürfen bis zu einem Wert von 300 CHF zollfrei eingeführt werden.

Reiseversicherungen

Kranken- und Unfallversicherung

Problematisch für Touristen aus Europa können die Kosten für eine medizinische Behandlung werden. Vor allem ein Krankenhausaufenthalt kann extrem teuer werden. Behandlungen erfolgen gegen Vorkasse oder direkte Bezahlung. Eine Krankenversicherung unter Einschluss der USA wird ebenso dringend empfohlen wie eine belastbare Kreditkarte. In vielen Fällen ist es günstiger, nach Hause zurückzufliegen und sich dort behandeln zu lassen. Vor einer USA-Reise sollte man also unbedingt mit seiner Kranken- und Unfallversicherung Rücksprache halten, wie weit sich deren Schutz erstreckt. In den allermeisten Fällen empfiehlt sich der Abschluss einer privaten Reisekranken- und einer Reiseunfallversicherung.

◄ Kfz-Haftpflichtversicherung

In den USA besteht Versicherungspflicht. Allerdings wird die heimische Haftpflichtversicherung nicht anerkannt. Man sollte sich also noch vor der Abreise in die USA um eine Risikodeckung durch eine in den USA anerkannte Versicherung kümmern.

Auskunft

Keine Zentrale Die USA betreiben kein zentrales Fremdenverkehrsbüro in Deutschland, doch gibt es einige Marketingbüros, die über die in diesem Band beschriebenen Bundesstaaten informieren.

AUSKUNFT

IN DEUTSCHLAND

▶ **Visit USA Committee Germany e.V.**
www.vusa-germany.de

▶ **Great Lakes of North America**
c/o Travel Marketing Romberg
Schwarzbachstr. 32
40822 Mettmann bei Düsseldorf
Tel. (0 21 04) 79 74 51
www.greatlakes.de

▶ **Chicago / Illinois Fremdenverkehrsamt**
c/o Wiechmann Tourism Service GmbH
Scheidswaldstr. 73
60385 Frankfurt am Main
Tel. (0 69) 2 55 38-280
www.gochicago.de

IN DEN USA

▶ **Chicago / Illinois**
The Illinois Department of Commerce, Bureaus of Tourism
James R. Thompson Center
100 W. Randolph Street
Suite 3-400
Chicago, IL 60601
620 E. Adams Street
4th Floor
Springfield, IL 62701
Tel. 1-800-226-6328
www.enjoyillinois.com

▶ **Indiana**
Indiana Office of Tourism Development
1 North Capitol
Suite 100
Indianapolis, IN 462042
Tel. 1-800-677-9800
www.enjoyindiana.com

▶ **Michigan**
Travel Michigan
300 N. Washington Square
Lansing, MI 48913
Tel. 1-888-784-7328
www.michigan.org/travel

▶ **Minnesota**
Explore Minnesota Tourism
121 7th Place E
Metro Square, Suite 100
St. Paul, MN 55101
Tel. (651) 296-5029
www.exploreminnesota.com

▶ **Ohio**
Ohio Division of Travel & Tourism
77 S. High Street
Columbus, OH 43215
Tel. 1-800-BUCKEYE
www.discoverohio.com

▶ **New York (State)**
New York State Tourism
P.O. Box 2603

Albany, NY 12220-0603
Tel. (518) 474-4116
www.iloveny.com

► **Pennsylvania**
Pennsylvania Tourism Office
4th Floor, Commonwealth
Keystone Building
400 North Street
Harrisburg, PA 17120-0225
Tel. (717) 787-5453
www.visitpa.com

► **Wisconsin**
Department of Tourism
201 W. Washington Avenue
Madison, WI 53708-8690
Tel. 1-800-432-8747
www.travelwisconsin.com

DIPLOMATISCHE VERTRETUNGEN

► **US-Botschaft in Deutschland**
Pariser Platz 2
D-14191 Berlin
Tel. (0 30) 8 30 50
german.germany.usembassy.gov
Visa-Abteilung
Clayallee 170
14191 Berlin
Tel. (09 00) 1 85 00 55
www.usvisa-germany.com

► **US-Botschaft in Österreich**
Boltzmanngasse 16
A-1090 Wien
Tel. (01) 3 13 39-0
Visa-Abteilung
Parkring 12 a
A-1010 Wien
Tel. (09 00) 51 03 00
austria.usembassy.gov

► **US-Botschaft in der Schweiz**
Sulgeneckstrasse 19
CH-3007 Bern
Tel. (0 31) 3 57 70 11
http://bern.usembassy.gov

► **Deutsche Vertretungen in den USA**
Botschaft der Bundesrepublik Deutschland
(Embassy of the Federal Republic of Germany)
4645 Reservoir Rd. N.W.
Washington, DC 20007-1998
Tel. (202) 298-40 00
www.germany.info/vertretung/usa

Generalkonsulat
676 N. Michigan Avenue
Suite 3200
Chicago, IL 60611
Tel. (312) 202-04 80

► **Österreichische Vertretungen in den USA**
Botschaft der Republik Österreich
(Embassy of Austria)
3524 International Court N.W.
Washington, DC 20008
Tel. (202) 895-6700
www.austria.org

Generalkonsulat
Generalkonsulat
Wrigley Building, Suite 707
400 N. Michigan Avenue
Chicago, IL 60611
Tel. (312) 222-15 15

► **Vertretungen der Schweiz in den USA**
Botschaft der Schweizerischen Eidgenossenschaft
(Embassy of Switzerland)
2900 Cathedral Ave. N.W.
Washington, DC 20008-3499
Tel. (202) 745-79 00
www.eda.admin.ch/eda/wasemb

Generalkonsulat
Olympia Center, Suite 2301
737 N. Michigan Avenue
Chicago, IL 60611
Tel. (312) 915 - 45 00

Mit Behinderung in den USA

In den USA sind die **Bauvorschriften sehr behindertenfreundlich**. Öffentliche Gebäude, Verkehrsanlagen wie z. B. Flughäfen, Kreuzfahrthäfen, Bahnhöfe sowie viele Beherbergungsbetriebe und Lokale sind behindertengerecht ausgestattet. Überall gibt es besonders ausgewiesene Behindertenparkplätze. Auch zahlreiche Attraktionen bieten besondere Dienste für Behinderte (handicapped persons) an. In den großen Vergnügungsparks kann man Rollstühle ausleihen. Ferner gibt es an einigen Stränden sogar »surf chairs«, mit denen Gehbehinderte am Strandleben teilnehmen können.

HILFE FÜR BEHINDERTE

REISEAGENTUREN IN DEN USA

▶ **Flying Wheels Travel**
Tel. (507) 451-5005
www.flyingwheelstravel.com
Diese Agentur bietet begleitete Reisen und Ausflüge in behindertengerechten Minivans an.

▶ **Accessible Journeys**
Tel. 1-800-846-4537
www.disabilitytravel.com
Gehbehinderte und Rollstuhlfahrer werden von dieser Agentur hauptsächlich betreut.

BEHINDERTEN-ORGANISATIONEN

▶ **Society for Accessible Travel and Hospitality (SATH)**
Tel. (212) 447-7284
www.sath.org
Informationen und Empfehlungen für Menschen mit Behinderungen aller Art sind bei dieser Organisation erhältlich. Sie gibt auch das »Open World Magazine« heraus. Ihre Website enthält neben allgemeinen Informationen eine Liste mit Web-Adressen zu einzelnen Reisezielen und -veranstaltern.

▶ **American Foundation for the Blind**
Tel. 1-800-232-5463
www.afb.org
Sehbehinderten Reisenden kann von Mitarbeitern dieser Stiftung geholfen werden.

MIETWAGEN

▶ **Wheelchair Getaways**
Tel. 1-800-642-2042
www.wheelchair-getaways.com
Die Firma verleiht behindertengerecht ausgestattete Fahrzeuge. Stationen gibt es in einer ganzen Reihe von größeren Städten. Die Fahrzeuge können auch an einigen Flughäfen übernommen werden.

REISEHELFERBÖRSE

▶ **Bundesverband Selbsthilfe Körperbehinderter e.V.**
Altkrautheimer Str. 17
D-74238 Altkrautheim/Jagst
Tel. (0 62 94) 42 81 50
Fax (0 62 94) 42 81 59
www.bsk-ev.de
Dieser Verband vermittelt nicht nur Helfer, sondern organisiert auch »Reisen ohne Barrieren«.

Elektrizität

110 Volt

In den USA werden 110 Volt Wechselstrom in die Leitungen eingespeist. Mitgebrachte Geräte nach europäischer Norm (220 Volt Wechselstrom) müssen auf 110 Volt umschaltbar sein. Man braucht für die Steckdosen einen Adapter, den man am besten schon zu Hause kauft. In den USA sind diese Zwischenstecker in einschlägigen Geschäften (Abteilung »Appliances«) erhältlich. Die Frequenz liegt in den USA – anders als in Deutschland (50 Hz) – bei 60 Hertz.

Essen und Trinken

Herzhaft bis exotisch

Die US-amerikanische Küche ist für Mitteleuropäer etwas gewöhnungsbedürftig. Dies fängt an beim deftigen amerikanischen Frühstück mit gebratenem Speck, Eiern, Bratkartoffeln und Pfannkuchen, zu dem weiches Toastbrot und schwach gebrühter Kaffee gereicht werden. Auch muss man sich von der Vorstellung lösen, dass Hamburger, Ketchup, Hot Dogs und Chips das einzig Originelle der amerikanischen Küche sind – im Gegenteil: In Restaurants mit »amerikanischer« Küche speist man nicht selten hervorragend, vor allem Fleisch und Fisch. Regionale Spezialitäten gibt es durchaus, und in guten Bars ist selbst der Hamburger eine schmackhafte, frisch zubereitete Angelegenheit. In größeren Städten gibt es zudem zahlreiche Restaurants, die Spezialitäten der deutschen, französischen, italienischen, chinesischen, japanischen, usw. Küche anbieten.

Mahlzeiten

Breakfast

Das Frühstück nimmt man am besten in einem »coffee shop« oder in einem Schnellrestaurant zu sich. Zum normalen amerikanischen Frühstück gehören ein Glas Grapefruit- oder Orangensaft, Kaffee, Ei (gekocht, gebraten als Spiegel-/»sunny side up« bzw. Rührei/ »scrambled« oder Omelette), gebratene Speckscheiben (»bacon«) oder Bratwürstchen (»sausages«), Bratkartoffeln (»hashbrowns«), Pfannkuchen mit Ahornsirup (»pancakes«) und natürlich Toastbrot mit Butter und diversen Konfitüren (»jam«). Auf vielen Frühstücksbuffets findet man Corn Flakes und Milch, auch frisch zubereitetes Müsli, frisches Obst und diverse Joghurtsorten.

Brunch

An Sonn- und Feiertagen ist der Brunch (Verbindung von Frühstück und Mittagessen) sehr beliebt, bei dem meist ab 11.00 Uhr große und vielfältig bestückte Buffets auf die Hungrigen warten.

Lunch

Zur Mittagszeit wird gewöhnlich ein leichtes Essen (»lunch«) eingenommen, z. B. Salate, Kurzgebratenes und Gemüse.

Dinner Die tägliche Hauptmahlzeit ist das Abendessen (»dinner«). Es kann recht opulent ausfallen: Diverse Fleisch- und Fischgerichte mit allerlei Beilagen und Garnituren stehen auf dem Speiseplan.

Speisen und Getränke

Fleischgerichte Sieht man die ausgedehnten Rinderweiden, so wundert es nicht, dass im Mittleren Westen T-Bone Steak, Porterhouse Steak und Sirloin Steak neben dem allgegenwärtigen Hamburger die wichtigsten Fleischgerichte sind. Geradezu ein Zeremoniell ist das Barbecue (BBQ), bei dem allerlei Fleisch auf dem Holzkohlengrill gegart wird. Beliebt sind aber auch Hühnchenfleisch (u. a. die beliebten »chicken fingers« = gebackene Hühnerbruststücke) und Schweinefleisch (»pork«, z. B. als »prime rib«). Dazu gibt es fast immer wahlweise eine »baked potato« (Pellkartoffel mit Crème fraîche) oder Pommes frites (»french fries«). Ein traditionelles Festtagsessen – vor allem am Thanksgiving Day – ist Truthahn (»turkey«).

! *Baedeker* TIPP

Fish Boil

In den Sommermonaten sieht man auf der Door-Halbinsel von Wisconsin abends viele Restaurantgäste um mächtige Kochkessel stehen, die nicht selten recht effektvoll beheizt werden. Hier wird eine so genannte Fish Boil zubereitet aus Whitefish (verwandt mit unseren Felchen bzw. Renken) aus den Großen Seen, Zwiebeln und schmackhaften rotschaligen Kartoffeln. Eine herrliche Delikatesse!

Fischgerichte Recht abwechslungsreich ist die amerikanische Fischküche. Es gibt nicht nur Meeresfrüchte aus dem Atlantik und aus dem Golf von Mexiko, sondern auch Süßwasserfische aus Flüssen und Seen. Besonders begehrt sind Weißfische aus den Großen Seen sowie Forellen.

Gerichte der Einwanderer Neben Steaks, Chicken und Chef's Salad kann man auch Köstlichkeiten verschiedener im Mittleren Westen stärker vertretener Volksgruppen probieren. Die Palette reicht von der deftigen deutschen, polnischen, ukrainischen und russischen Küche über die mediterrane italienische und griechische Küche bis zur würzigen afrikanischen, indischen und fernöstlichen Küche mit ihren diversen Spezialitäten. Selbstverständlich ist auch die koschere Küche bestens vertreten.

Süßspeisen Beliebte Süßspeisen sind **Pancakes** (Pfannkuchen) mit Ahorn-Sirup, Kuchen wie beispielsweise der **Cheese Cake** (eine Art Käsekuchen) und **Muffins** (u.a. Blueberry Muffins). In Gegenden, wo es viel Milch gibt (so etwa auf Mackinac Island) versteht man sich auf die Zubereitung von **Fudge** (►Mackinac Island, S. 309).

Obst, Gemüse

In den USA gibt es das ganze Jahr über frisches Obst und Gemüse. Dies gilt in besonderem Maße für Zitrusfrüchte und leicht zu verarbeitende Gemüsesorten (z. B. Gurken, Tomaten, Avocados).

Kaffee

US-amerikanischer Kaffee ist in der Regel schwach geröstet und oft dünn gebrüht. Doch – »Starbuck« sei Dank – kann man inzwischen an immer mehr Orten einen Espresso oder gar einen Cappuccino genießen. Und neuerdings findet man auch Straßencafés nach europäischem Muster.

Säfte, Soft Drinks

Überall erhält man Fruchtsäfte aus heimischen Orangen, Grapefruit oder Ananas. Sog. Soft Drinks (Cola-Getränke sowie aromatisierte und mit Kohlensäure versehene Getränke) und Root Beer, ein aus Wasser, Zucker, Farbstoff und verschiedenen Gewürzen zubereitetes Getränk, sind beliebte Durstlöscher. Außerdem werden Unmengen von kaltem Tee (»iced tea«) konsumiert.

Wasser

Zu jeder Mahlzeit erhält man ein Glas Leitungswasser mit gestoßenem Eis. Wer ein richtiges Tafelwasser möchte, bestelle »sparkling water« (mit Kohlensäure versetztes Tafel- oder Mineralwasser) oder »mineral water« (stilles Mineralwasser).

Alkoholische Getränke

Die Gesetze und Bestimmungen zum Alkoholkonsum sind in den USA Sache der einzelnen Bundesstaaten, in manchen von ihnen sogar der einzelnen Counties, und variieren daher entsprechend. An Personen unter 21 Jahren wird in vielen US-Bundesstaaten und Counties kein Alkohol verkauft. Wein, Bier und Spirituosen sind in der Regel nur in Spezialgeschäften (Liquor Stores) erhältlich. Sonntags ist der Verkauf von Alkoholika erst nach 13.00 Uhr erlaubt. In öffentlich zugänglichen Erholungsanlagen (z. B. Badestrände, State Parks) darf kein Alkohol konsumiert werden. Auto fahren unter Alkoholeinfluss wird sehr streng geahndet. Es gilt die 0,0-Promillegrenze. Darüber hinaus ist es verboten, angebrochene oder leere Flaschen und Dosen mit alkoholischen Getränken im Auto (auch im Kofferraum!) mitzuführen.

Spirituosen (Liquor)

Bevorzugte Spirituosen, die jedoch nur in bestimmten Geschäften (»liquor store«) erhältlich sind und in Bars nur zu bestimmten Zeiten genossen werden dürfen, sind Whisky (»whiskey«; Bourbon, Scotch, Canadian, Rye, Irish, Blended), Gin, Wodka, Brandy (Branntwein), Rum, Wermut (»vermouth«) und Likör (»cordial«).

Wein

In einigen geschützten Gegenden, so beispielsweise rund um den Eriesee, am Michigansee und am Ontariosee, wird erstaunlich viel

Wein angebaut. In vielen Restaurants werden jedoch zumeist kalifornische und ausländische Weine serviert. Hinweis: Wein (selbst Rotwein!) wird in den USA oftmals gekühlt serviert.

Bier Das stets eisgekühlte Bier (beer) wird in den USA nicht nach dem deutschen Reinheitsgebot gebraut, obwohl es häufig aus ursprünglich von Deutschen gegründeten Brauereien stammt. Es enthält deutlich weniger Alkohol als vergleichbare deutsche Biere (3 – 3,5 Vol.%). Immer beliebter werden »Light«-Biere mit 1 – 1,5 Vol.% Alkohol. Bars halten in der Regel mehrere Flaschen- und Fassbiere (»draft«) bereit. Die »Biermetropole« des Mittleren Westens ist Milwaukee, wo es nicht nur »Budweiser«, »Busch«, »Miller« und »Michelob« zu trinken gibt, sondern auch Bierspezialitäten etlicher hier ansässiger kleinerer Brauereien (»local oder micro breweries«). Importiertes europäische Biere sind ungleich teurer als US-Marken. In St. Louis gibt es Großbrauereien des Bierkonzerns Anheuser-Busch, die praktisch den gesamten Mittleren Westen mit dem begehrten Nass versorgen.

Restaurants

Preise Eine leckere Mahlzeit kostet keine Unsummen. In vielen Bars werden sehr schmackhafte Snacks serviert wie Chili con Carne, Chicken Fingers, Sandwiches und manchmal auch recht gute Hamburger. Um seinen Geldbeutel zu schonen, muss man nicht unbedingt in eine der Restaurantketten (z. B. Taco Bell, Pizza Hut, McDonald's, Burger King, Kentucky Fried Chicken) einkehren, wo man sich zwar relativ billig, aber nicht unbedingt gut ernährt – zu den annehmbaren Ausnahmen zählen Denny's, Friday's oder Appleby's. Gute und mitunter teure Restaurants findet man überall dort, wo viele Touristen auftreten: in den herausgeputzten historischen Stadtzentren, an den Marinas sowie in oder in der Nähe größerer Ferienanlagen bzw. Großhotels.

i Preiskategorien

- Fein & teuer: über 20 $
- Erschwinglich: 12 – 20 $
- Preiswert: unter 12 $

Für ein Hauptgericht

Wait to be seated! In den meisten Restaurants wartet man auf eine Platzzuweisung durch das Personal.

Feiertage · Feste · Events

Auch an offiziellen Feiertagen (public / legal holidays) sind mit Ausnahme von Thanksgiving Day, Ostersonntag, Weihnachten und Neujahr viele Geschäfte geöffnet. Dies gilt jedoch nicht für Banken, Behörden und Schulen. Zu den großen christlichen Festen Ostern, Pfingsten, Weihnachten gibt es keinen zweiten Feiertag. Fällt ein staatlicher Feiertag auf einen Sonntag, so ist der darauf folgende Montag frei. Die meisten offiziellen Feiertage werden alljährlich neu datiert und zur Verlängerung der Wochenenden auf einen entsprechenden Montag verlegt.

VERANSTALTUNGSKALENDER

FEIERTAGE IN DEN GESAMTEN USA

▸ **New Year**
Neujahr, 1. Januar

▸ **Martin Luther King Jr. Day**
3. Montag im Januar

▸ **President's Day**
3. Montag im Februar

▸ **Good Friday**
Karfreitag
(nur regional)

▸ **Memorial Day**
Heldengedenktag,
letzter Montag im Mai

▸ **Independence Day**
Unabhängigkeitstag, 4. Juli

▸ **Labor Day**
Tag der Arbeit,
1. Montag im September

▸ **Columbus Day**
Kolumbus-Gedenktag,
2. Montag im Oktober

▸ **Veteran's Day**
Tag der Kriegsveteranen,
11. November

▸ **Thanksgiving**
Friedens- und Erntedankfest,
4. Donnerstag im November

▸ **Christmas Day**
Weihnachten, 25. Dezember

VERANSTALTUNGEN IM JANUAR

▸ **Plymouth, MI**
Ice Festival
mit Eisskulpturen-Ausstellung

FEBRUAR

▸ **Cable, WI**
American Birkebeiner
Ski-Marathon mit einigen Tausend Teilnehmern

▸ **Cedarburg, WI**
Winter Festival
Winterliche Vergnügungen und sportliche Wettbewerbe, u. a. Pferdeschlittenrennen

▸ **Chicago, IL**
Chinesisches Neujahrsfest
mit Parade in der Chinatown

MÄRZ

▸ **Chicago, IL**
St. Patrick's Day Parade
Fest der Irischen Gemeinde am Wochenende um den 17. März

MAI

▸ **Chicago, IL**
Mayor Daley's Kids & Festival
Farbenfrohes Frühlings-, Kinder- und Drachenfest im Lincoln Park

Die tollsten Events

- Mayor Daley's Kids & Kites Festival in Chicago
- Tulip Festival in Holland, MI
- Indy 500 in Indianapolis
- Chicago Blues Festival
- Festival of the Arts in Grand Rapids
- SummerFest in Milwaukee
- Taste of Chicago
- Race to Mackinac
- Chicago Jazz Festival
- Amish Acres Arts & Crafts Festival
- German-American Festival in Chicago
- Oktoberfest in Frankenmuth
- Christkindlmarket in Chicago

▶ **Door County, WI**
Festival of Blossoms
Fest aus Anlass der Narzissen-, Kirschen- und Apfelblüte

▶ **Holland, MI**
Tulip Time Festival
Tulpenfest mit folkloristischen Darbietungen

▶ **Indianapolis, IN**
Indy 500
Amerikas Autorennen-Klassiker findet alljährlich am Memorial Day Weekend statt

JUNI

▶ **Buffalo, NY**
Allentown Art Festival
Kunstfestival

▶ **Chicago, IL**
Chicago Blues Festival
2. Juni-Wochenende, im Grant Park

▶ **Detroit, MI**
International Freedom Festival
Friedensfest in Zusammenarbeit mit der kanadischen Schwesterstadt Windsor

▶ **Grand Rapids, MI**
Festival of the Arts
Mehrtgiges musikalisch-kulinarisches Stadtfest

▶ **Geneva, OH**
Midsummer Festival
Folklorefest der schwedischen Einwanderer

▶ **Milwaukee, WI**
SummerFest
Musikalisch-kulinarisches Stadtfest (Ede Juni/Anfang Juli)

JUNI – SEPTEMBER

▶ **Chicago, IL**
Grant Park Music Festival
Größtes »Umsonst & Draussen«-Festival für klassische Musik in Chicagos Millenium-Park

Ravinia Festival
Festival für leichte klassische Musik im Ravinia Park, getragen vom Ravinia Festival Orchestra

JULI

▶ **Chicago, IL**
Independence Day Concert & Fireworks
Die Chicago Symphony spielt die »1812 Ouverture« im Grant Park; danach gibt es in der Stadt mehrere riesige Feuerwerke zu sehen.

Taste of Chicago
Kulinarisches Festival im Grant Park mit Ständen von über 60 Top-Restaurants

Race to Mackinac
Die größte Binnenwasser-Segelregatta der Welt beginnt im Monroe Harbor von Chicago.

▶ **Fort Wayne, IN**
Three Rivers Festival

Drei-Flüsse-Fest mit Parade und viel Musik

► **Stillwater, MN**
Lumberjack Days
Fest der Holzfäller mit diversen ziemlich rauen sportlichen Wettbewerben

AUGUST

► **Cleveland, OH**
Vintage Ohio Wine Festival
Kulturprogramm und Weinproben von mehr als zwei Dutzend Weingütern

► **Indianapolis, IN**
NASCAR Sprint Cup
Autorennen auf dem weltberühmten Speedway

► **Nappanee, IN**
Amish Acres Arts & Crafts Festival
Vielerlei musikalische und sonstige Darbietungen sowie kunsthandwerklicher Markt im Lande der Amish

► **Oshkosh, WI**
Air Venture
Flugschau der Extraklasse

SEPTEMBER

► **Chicago, IL**
Chicago Jazz Festival
Musikfest im Grant Park

► **Frankenmuth, MI**
Oktoberfest
Bierfest nach Münchner Vorbild, mit Bierfässer-Wettrollen, Bratwurst und Blasmusik

► **Chicago, IL**
Steuben Parade, German-American Festival
Parade im Loop zu Ehren des preussischen, im Amerikanischen Befreiungskrieg erfolgreichen Generals; Deutsch-Amerikanisches Volksfest »German Day« an der Lincoln Plaza

► **Mackinaw City / St. Ignace, MI**
Mackinac Bridge Walk

Das Chicago Jazz Festival im August lockt Zigtausende in den Grand Park.

Volkslauf über die längste Brücke an den Großen Seen

OKTOBER

▸ **Chicago, IL**
Chicago Marathon
Eine der größten Sportveranstaltungen ihrer Art in den den Vereinigten Staaten von Amerika

Chicago Film Festival
Internationales Filmfest

Columbus Day Parade
Farbenfroher Umzug aus Anlass der Entdeckung Amerikas durch Kolumbus (2. Mo. im Okt.)

▸ **Vielerorts**
Halloween
Spektakel in der Nacht vom 31. Okt. auf den 1. Nov.

NOVEMBER

▸ **Chicago, IL**
Thanksgiving Parade
Parade aus Anlass des Erntedankfestes mit mehr als 350 000 Teilnehmern

DEZEMBER

▸ **Chicago, IL**
Christkindlmarket
Weihnachtsmarkt nach deutscher Art auf der Daley Plaza

Geld

Währung Währung der USA ist der US-Dollar (US-$). Außer Geldscheinen im Nennwert von 1, 5, 10, 20, 50, 100 US-Dollar sind Münzen im Wert zu 1 (»Penny«), 5 (»Nickel«), 10 (»Dime«), 25 (»Quarter«), 50 Cents (half-dollar) und 1 Dollar im Umlauf. Es empfiehlt sich, schon vor dem Abflug Geld zu tauschen und sich mit ausreichend Kleingeld einzudecken, denn der Wechselkurs ist in Europa günstiger als in den USA. Im Übrigen ist in den USA ausländisches Bargeld wenig willkommen, so dass man seine **Reisekasse möglichst aus Kreditkarte, Dollar-Reiseschecks und einigen Dollars in bar** für den Anfang zusammenstellen sollte.

i Wechselkurse

- 1 USD (US-$) = 0,76 EUR
- 1 EUR = 1,33 USD (US-$)
- 1 USD (US-$) = 0,98 CHF (sfr)
- 1 CHF (sfr) = 1,03 USD (US-$)

Aktuelle Wechselkurse: www.oanda.com

Devisenbestimmungen Die Ein- und Ausfuhr ausländischer und amerikanischer Zahlungsmittel unterliegt keinen Beschränkungen. Die Einfuhr von mehr als 10 000 US-$ muss deklariert werden.

Geldwechsel Auf den internationalen Flughäfen kann man in Bankfilialen Devisen gegen US-Dollar eintauschen. Auch in Touristenzentren akzeptieren manche Banken ausländisches Bargeld. In Hotels ist der Wechselkurs schlechter.

Reiseschecks

Es empfiehlt sich, vor dem Abflug Dollar-Reiseschecks (Traveller Checks) zu kaufen, die wie Bargeld gehandhabt werden und von vielen Hotels, Restaurants und Geschäften gegen Vorlage des Reisepasses oder des Führerscheins wie Bargeld akzeptiert werden. Bei Diebstahl oder Verlust kann man bei den Filialen der ausstellenden Firmen unter Vorlage des Kontrollblatts sofort Ersatz für die verloren gegangenen Schecks erhalten.

Kreditkarten (Credit cards)

Sehr häufig benutzt werden Kreditkarten; beim Mieten von Autos sind sie zur Kautionsleistung sogar unerlässlich. Man sollte sich auf jeden Fall eine der gängigen Karten anschaffen (Mastercard / Eurocard, Visa, American Express). Wer eine Kreditkarte mit PIN besitzt, kann an **Geldautomaten (ATM = Automated Teller Machine)** problemlos Geld abheben. Inhaber einer **Bank-Card mit dem blau-roten Maestro-Signet** können diese an Maestro-Kassen bzw. Maestro-Geldautomaten einsetzen.

i Karten-Notfall-Service

- American Express: Tel. 1-800-297-7672
- MasterCard: Tel. 1-800-MC-ASSIST TDD/TYY
- Visa: Tel. 1-800-847-2911
- Viele in Deutschland ausgegebene Bank- und Kreditkarten: Tel. 011-49-69-740987
  Tel. 011-49-1805-021021
  Tel. 011-49-116-116

Bankfilialen Geldautomaten

Fast in jedem großen Einkaufszentrum und an Flughäfen findet man zumindest eine Bankfiliale bzw. Geldautomaten. Banken sind im Allgemeinen Mo. – Fr. 10.00 – 15.00, Do. oder Fr. bis 18.00 Uhr geöffnet. An Wochenenden und Feiertagen sind nur die Bankschalter in den internationalen Flughäfen geöffnet.

Gesundheit

Apotheken (Drugstore, Pharmacy)

Amerikanische Drugstores und Pharmacies ähneln eher deutschen Drogeriemärkten oder sind gar kleine Kaufhäuser. Frei zugänglich in Regalen findet man oft ein großes Sortiment an Medikamenten, die in Deutschland verschreibungspflichtig sind.

◂ Öffnungszeiten

Drugstores bzw. Pharmacies sind zumeist von 9.00 bis 18.00 Uhr geöffnet, einige bis 21.00 Uhr oder länger. Rund um die Uhr sind Apotheken in den durchgehend geöffneten Supermärkten zugänglich.

◂ Notdienst

Außerhalb der normalen Ladenöffnungszeiten gibt es keine speziellen Not- oder Nachtdienste. Notfalls muss man sich an die nächste Notaufnahme (Emergency Room, ER) wenden. Auch Krankenhäuser sind durchgehend geöffnet.

Ärztliche Hilfe ist teuer

Ein Krankenhausaufenthalt oder der Besuch in der Notaufnahme kann das Reisebudget kippen. Man sollte **vor Antritt einer USA-Reise eine private Auslandsreisekrankenversicherung abschließen.**

Ärztlicher Notdienst ▶ Niedergelassene Ärzte und Krankenhäuser findet man auf den »Yellow Pages« (Gelbe Seiten) der örtlichen Telefonbücher. In akuten Notfällen wählt man die **Notrufnummer 911 oder die Nummer 0 des Operators,** der einen mit dem nächsten Emergency Room (Notaufnahme) verbindet.

Mit Kindern unterwegs

Kinderfreundliche Infrastruktur So gut wie überall – sei es bei touristischen Attraktionen oder in Hotels und Restaurants – gibt es Kinder- und Familienermäßigungen bzw. entsprechende Arrangements: Die USA sind kinderfreundlich.

Im Flugzeug ▶ Kinder unter 2 Jahren fliegen meist umsonst, wenn sie keinen eigenen Sitz beanspruchen. Man erkundige sich nach **Preisermäßigungen für Kinder.**

Im Mietwagen ▶ Alle Autoverleihfirmen halten **Kindersitze** bereit. Man sollte sie jedoch rechtzeitig reservieren.

Unterkunft ▶ In Hotels und Motels können **Kinder meist kostenlos im Zimmer der Eltern** übernachten. Extrabetten werden gerne aufgestellt. Man er-

Super gut sandeln können die lieben Kleinen am Strand von Petoskey.

kundige sich nach der Altersgrenze (oft auch 17 oder 18 Jahre!) und sonstigen Bedingungen. In kleineren B & B's und Inns allerdings sind Kinder hin und wieder nicht so gern gesehen.

◄ Restaurants

Essen gehen mit Kindern ist in den USA kein Problem und es müssen auch nicht immer die einschlägig bekannten Fast-Food-Ketten sein. Alternativen dazu sind Diners und die Ketten der Family Restaurants wie Denny's, Wendy's oder Friday's, die Kindermenüs, Kindersitze und familienfreundliche Preise bieten. Auch in den Steakhouse-Ketten und in China-Restaurants kommt man mitsamt Nachwuchs meist günstig weg. Restaurants der gehobenen Klasse sind dagegen eher weniger auf Kinder eingerichtet.

Wer im Restaurant nicht alles aufisst, bekommt den Rest oft in einem **»doggie bag«** mit auf den Weg. Abgesehen von Hamburgern und Pommes (= french fries) sind Pfannkuchen (pancakes) und der Sundae-Eisbecher (mit Schokoladensoße) die Favoriten vieler Jugendlicher und Kinder.

i Highlights für Kinder

- Vergnügungspark Six Flags Great America, Gurnee, IL
- Vergnügungspark Cedar Point bei Sandusky, OH
- Geauga Lake's Wildwater Kingdom bei Cleveland, OH.
- The Detroit Science Center mit IMAX-Kino
- »The Henry Ford« mit Technikmuseum, Freilichtmuseum Greenfield Village und Factory Tour
- Lincoln Park Zoo in Chicago
- Shedd Aquarium in Chicago
- Field Museum of Natural History in Chicago
- Sleeping Bear Dunes am Nordostufer des Lake Michigan

Mit Kindern kann man rund um die Großen Seen sehr viel unternehmen. Im Sommer bevölkern Badelustige vor allem die **Strände** am südlichen und östlichen Michigansee, am Eriesee und am Ontariosee. Nördlich von Chicago, in Gurnee, lädt mit Six Flags Great America einer der größten **Vergnügungsparks** der Welt zum Besuch ein, weitere gibt es bei Cleveland, Toledo und anderswo. Kleinere »Lunaparks« gibt es an vielen anderen Orten. Jede größere Stadt, die etwas auf sich hält, kann mit einem Tierpark samt Streichelzoo aufwarten. Die schönsten und größten Anlagen findet man in Chicago.

Viele technisch-naturwissenschaftliche Ausstellungen und **Museen** sind bestens auf junge Besucher vorbereitet. In vielen Museen sind »Hands on«- oder **»Please touch«-Abteilungen** eingerichtet, in denen Groß und Klein vielerlei Experimente und Tricks aus allen möglichen Wissensbereichen selbst ausprobieren können. In einigen Städten sind Museen speziell für Kinder eingerichtet, die Naturwissenschaft und Technik nachwuchsgerecht aufbereitet haben.

Natürlich kommen die »Youngster« auch in den **National Parks** und **State Parks** auf ihre Kosten, vor allem in solchen, in denen das Wasser eine wichtige Rolle spielt. Denn hier kann man vielerlei Tiere in freier Wildbahn beobachten und außerdem noch abenteuerliche Kanufahrten unternehmen.

Knigge

Alkohol Die Gesetze und Bestimmungen zum Alkoholkonsum sind Sache der Bundesstaaten, in manchen von ihnen gar der Counties, und variieren daher entsprechend. Generell wird **kein Alkohol an Personen unter 21 Jahren** verkauft. Wein, Bier und sonstige Getränke mit niedrigem Alkoholgehalt sind in vielen Supermärkten und Lebensmittelgeschäften erhältlich, hochprozentige Spirituosen dagegen bekommt man in der Regel nur in Spezialgeschäften (Liquor Stores). Sonntags ist der Verkauf von alkoholischen Getränken je nach Staat stark eingeschränkt bzw. verboten. In öffentlichen Erholungsanlagen (z. B. Badestrände, State Parks) darf kein Alkohol konsumiert werden; offener Alkoholkonsum auf der Straße ist ebenfalls verboten.
Autofahren unter Alkoholeinfluss wird streng bestraft: Die Grenze liegt je nach Staat und County zwischen 0,0 und 1 Promille! Es ist auch untersagt, angebrochene oder leere Flaschen bzw. Dosen mit Alkohol im Innenraum des Autos mitzuführen – sie müssen im Kofferraum verstaut werden.

Rauchen verpönt Raucher haben es nicht leicht. Alle Fluggesellschaften haben Rauchverbote verfügt, in öffentlichen Gebäuden darf ebenfalls nicht mehr geraucht werden. Inzwischen riskiert sogar eine Konfrontation, wer in Gegenwart von Kindern qualmt.

Begrüßung In den USA ist die Begrüßung weniger förmlich als in Mitteleuropa. Man pflegt sich mit dem Vornamen anzureden, wobei jedoch Ältere durchaus registrieren, wenn man das höfliche »Mister« bzw. »Mistress« benutzt. Im Übrigen bedeutet die Nennung des Vornamens keinesfalls den sofortigen vertraulichen Umgang.

Smalltalk »It's a fine day, isn't it?« Egal, ob im Aufzug oder in einer Warteschlange: Wo man unversehens längere Zeit mit Amerikanern zusammen ist, äußern diese sich bald zu belanglosen Themen. Damit soll aber niemand in ein Gespräch verwickelt werden, sondern man empfindet dies einfach als höflich. Gar nichts zu sagen oder gar sich abzuwenden gilt als rüde und unhöflich.

Einladungen »Come and see us some time!« Man trifft nette Amerikaner und verbringt eine nette Zeit in angeregter Unterhaltung. Zum Schluss wird man mit eingangs erwähnter Aufforderung zu einem neuen Treffen verabschiedet. Eine solche Einladung sollte man jedoch nicht wörtlich nehmen, denn sie ist meist nur eine Höflichkeitsfloskel.

Diskussionen Dass Amerikaner naive, unbelesene Zeitgenossen sind, ist ein Gerücht, das sich dank immer wieder öffentlich auftretender Klischee-Amerikaner hält. Die meisten US-Bürger kennen den Unterschied zwischen »Austria« und »Australia« und wissen auch, dass sie nicht im Paradies leben. Die Kritik von Besuchern aus dem »Alten Europa« an amerikanischen Dauerproblemen wie Rassenfragen, Einwanderungspolitik, Schulsystem, Waffenbesitz und Außenpolitik kann als Unhöflichkeit aufgefasst werden. Man wartet besser, bis man nach seiner Meinung gefragt wird. Dann merkt man, dass viele Amerikaner auch neugierige und diskutierfreudige Gesprächspartner sind.

Literaturempfehlungen

Romane

Algren, Nelson: Der Mann mit dem goldenen Arm. Reinbek bei Hamburg, Rowohlt, 1996. In diesem Buch geht es um polnische Einwanderer, die sich im Raum Chicago niedergelassen haben. Der Roman diente als Vorlage für einen Hollywood-Film mit Frank Sinatra.

Bellow, Saul: Humboldts Vermächtnis. Deutscher Taschenbuch-Verlag, München, 1995. Ein in seinem Facettenreichtum unerreichtes Porträt Chicagos, der »amerikanischsten aller Städte«.

Cooper, James Fenimore: Lederstrumpf. Verlag Neues Leben, Berlin 2005. Nach der Lektüre dieses und anderer Romane von J.F. Cooper hat man eine ungefähre Vorstellung davon, wie es im 18. Jh. rund um die Großen Seen ausgesehen hat, als europäische Einwanderer immer weiter in den US-amerikanischen Westen vorstießen.

Dreiser, Theodore: Sister Carrie. Bantam, New York, 1982. Der Roman des berühmten amerikanischen Schriftstellers spielt im Chicago der Jahrhundertwende.

Hailey, Arthur: Räder. Ullstein, Berlin, 1995. Im umfangreichen Gesamtwerk von Arthur Hailey findet sich auch ein Roman, dessen Schauplatz die Autostadt Detroit ist.

Hemingway, Ernest: Die Stories. Rowohlt, Reinbek bei Hamburg, 1999. In seinen »Stories« berichtet der aus Oak Park, Illinois gebürtige Literatur-Nobelpreisträger über Ferienaufenthalte, Angel- und Jagderlebnisse auf der Upper Michigan Peninsula.

Moberg, Vilhelm: Der Roman von den Auswanderern. Claassen, Berlin 2002. Vierbändiges Werk über das Schicksal einer schwedischen Auswandererfamilie in Minnesota.

Paretsky, Sara: Windy City Blues. Piper, München, 1997. Schauplatz dieser neun Kriminalgeschichten ist Chicago, Hauptakteurin die Detektivin Vic Warshawski. Empfohlen sei auch der Öko-Thriller »Blood Shot«, der im Süden der Windy City spielt.

Sinclair, Upton: Der Dschungel. Rowohlt, Reinbek bei Hamburg, Rowohlt, 1985. Ein litauischer Einwanderer hat Probleme mit der Brutalität, die in der Stadt der Schlachthöfe an der Schwelle vom 19. zum 20. Jh. herrschte.

i Die Großen Seen im Film

- Niagara (1953). Krimi-Klassiker um Mord, Selbstmord, Liebe und Verrat an den Niagarafällen, mit Marilyn Monroe und Joseph Cotten.
- Die Unbestechlichen (1987). Eine Sondereinheit der Polizei (Kevin Costner, Sean Connery, Andy Garcia) bringt Gangsterboss Al Capone (Robert De Niro) zur Strecke.
- Major League (1989). Komödie um die Baseball-Verlierermannschaft der Cleveland Indians. Mit Charlie Sheen, Tom Berenger und Wesley Snipes.
- Der letzte Mohikaner (1992). Drama im Französisch-Britischen Kolonialkrieg nach James Fenimore Coopers »Lederstrumpf«, mit Daniel Day-Lewis und Madeleine Stowe.
- Chicago (2002). Tanz- und Musikfilm aus dem Chicago der 1920er-Jahre. Mit Catherine Zeta-Jones und Richard Gere.
- Public Enemies (2009). Packender Thriller um den Gangster John Dillinger (Johnny Depp), der in Indiana geboren wurde, überwiegend in Illinois und Wisconsin sein Unwesen trieb und 31-jährig in Chicago erschossen wurde.

Theroux, Paul: Chicago Loop. Hoffmann & Campe, Hamburg, 1994. Das Werk beschäftigt sich mit dem Doppelleben eines Architekten und den Menschen in Chicago.

Sandburg, Carl: Chicago Poems. University of Illinois Press, 1992. Carl Sandburg ist geradezu fasziniert von der kraftstrotzenden Metropole am Lake Michigan.

D'Eramo, Marco: Das Schwein und der Wolkenkratzer. Chicago, eine Geschichte unserer Zukunft. Antje Kunstmann, München, 1996. Der Autor sieht Chicago als Emblem der Moderne. Wie in einem Brennglas spiegelt sich in dieser Stadt Geschichte, Gegenwart und Zukunft des westlichen Wirtschafts- und Gesellschaftssystems.

Hausmann, Friederike: Die deutschen Anarchisten von Chicago. Oder: Warum Amerika den 1. Mai nicht kennt. Wagenbach, Köln, 1998. Engagiert geschriebenes Taschenbuch, das sich mit einer wichtigen Episode der amerikanischen Arbeiterbewegung beschäftigt.

Magnusson, Kristof: Das war ich nicht, Kunstmann, München 2010. Die witzige und klug komponierte Geschichte um einen Banker beim Karrieresprung in der Finanzkrise, eine Literaturübersetzerin und einen Autor mit Schreibblockade spielt zu großen Teilen in Illinois und Indiana.

Bildbände

Heeb, Christian; Mielke, Friederich; Braunger, Manfred: Chicago. Metropole am Michigansee. Bucher, München, 1996.

Heeb, Christian, Brinke, Margit; Kränzle, Peter: USA – Der Osten. Bruckmann, München 2009. In diesem Werk findet auch das Land um die Großen Seen starke Beachtung.

Schulze, Franz; Harrington, Kevin: Chicago's Famous Buildings: A Photographic Guide to the City's Architectural Landmarks and Other Notable Buildings. University of Chicago Press, 1993. Fotografischer Führer zu den bedeutendsten Bauwerken der Metropole am Michigansee. Architektur

Zukowsky, John: Chicago Architecture and Design 1923 – 1993: Reconfiguration of an American Metropolis. Prestel, München, 1993. »Bibel« all jener, die sich mit der modernen Architektur und der neuzeitlichen Formengebung »made in Chicago« beschäftigen.

Strutin, Michael et al.: The Smithsonian Guides to Natural America. The Great Lakes, Ohio, Indiana, Michigan, Wisconsin. Smithsonian Books, Washington, D. C., 1997. Beschreibung der wichtigsten Nationalparks, State Parks, Naturschutzgebiete und Naturwunder rund um die Großen Seen. Natur

Maße und Gewichte

MASSEINHEITEN

► **Temperaturen**
Umrechnung:
Fahrenheit = 1,8 x Celsius + 32
Celsius $= \frac{5\,(\text{Fahrenheit - 32})}{9}$

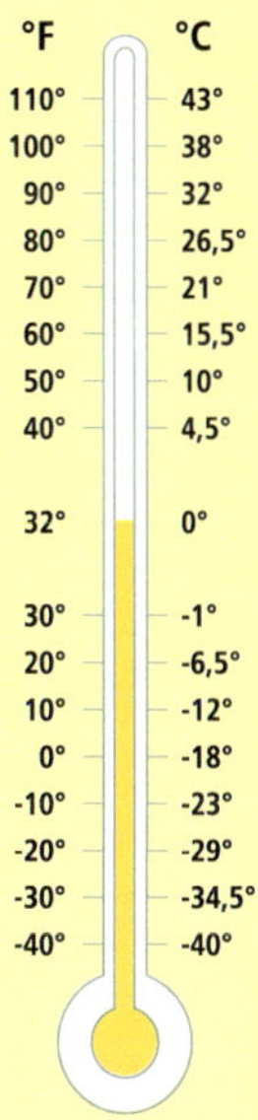

► **Längenmaße**
1 inch (in; Zoll) = 2,54 cm
1 cm = 0,39 in
1 foot (ft; Fuß) = 30,48 cm
10 cm = 0,33 ft
1 yard (yd; Elle) = 91,44 cm
1 m = 1,09 yd
1 mile (mi; Meile) = 1,61 km
1 km = 0,62 mi

► **Flächenmaße**
1 square inch (in^2) = 6,45 cm^2
1 cm^2 = 0,155 in^2
1 square foot (ft^2) = 9,288 dm^2
1 dm^2 = 0,108 ft^2
1 square yard (yd^2) = 0,836 m^2
1 m^2 = 1,196 yd^2

1 square mile (mi^2) = 2,589 km^2
1 km^2 = 0,386 mi^2
1 acre = 0,405 ha
1 ha = 2,471 acres

▶ Raummaße
1 cubic inch (in^3) = 16,386 cm^3
1 cm^3 = 0,061 in^3
1 cubic foot (ft^3) = 28,32 dm^3
1 dm^3 = 0,035 ft^3
1 cubic yard (yd^3) = 0,765 m^3
1 m^3 = 1,308 yd^3

▶ Flüssigkeitsmaße
1 gill = 0,118 l
1 l = 8,474 gills
1 pint (pt) = 0,473 l
1 l = 2,114 pt
1 quart (qt) = 0,946 l
1 l = 1,057 qt
1 gallon (gal) = 3,787 l
1 l = 0,264 gal

▶ Gewichte
1 ounce (oz; Unze) = 28,35 g
100 g = 3,527 oz
1 pound (lb; Pfund) = 453,59 g
1 kg = 2,205 lb
1 stone = 6,35 kg
10 kg = 1,57 stone

Medien

Fernsehen und Radio

In jedem Hotelzimmer steht ein Fernsehapparat zum Empfang der großen Fernsehanstalten NBC, ABC, CBS, FoxNews oder CNN und vieler kleinerer und regionaler Sender.
Die amerikanischen Radiosender sind über Mittelwelle (AM) zu empfangen. Sie sind die aktuellsten Informationsquellen über Wetter, Verkehr, Veranstaltungen etc. Auf UKW (FM) hört man Sender, die über die Region, einzelne Städte, Nationalparks etc. berichten.

Zeitungen und Zeitschriften

In den einschlägigen Verkaufsstellen liegt eine sehr breite Palette von Tageszeitungen und sonstigen Periodika aus. Die führende Tageszeitungen sind die »Chicago Tribune« und die »Chicago Sun - Times«.

Deutschsprachige Blätter ▶

Deutschsprachige Tageszeitungen und Illustrierte sind in einigen gut sortierten Kiosken auf den internationalen Flughäfen erhältlich. Sie kommen jedoch meist mit erheblicher Verspätung an.

National Parks · State Parks

Geschützte Gebiete

Rund um die Großen Seen stehen zahlreiche Flächen unter besonderem Schutz. Dabei wird unterschieden zwischen Naturparks bzw. Naturschutzgebieten (National bzw. State Park, National bzw. State Forest, National bzw. State Wildlife Refuge oder Preserve, National Seashore usw.), geschichtlichen und Naturdenkmälern (National bzw. State Monument, Historic Site, Archaeological Site) und Erholungsparks (National bzw. State Recreational Area). Die Schutzgebie-

SERVICEADRESSEN

NATIONALPARKS

▶ **Department of Interior National Park Service**
Office of Public Inquiries
1849 C Street NW
Washington, D.C. 20240
www.nps.gov

▶ **National Park Service Midwest Region**
601 Riverfront Drive
Omaha, NE 68102-4226
Tel. (402) 661-1736
www.nps.gov

STATE PARKS

▶ **Illinois**
Dep. of Natural Resources
1 Natural Resources Way
Springfield, IL 62702
http://dnr.state.il.us

▶ **Indiana**
Dep. Natural Resources
402 W. Washington Street
Indianapolis, IN 46204
Tel. (317) 232-4200
www.in.gov./dnr/parklake

▶ **Michigan**
Dep. of Natural Resources
PO Box 30257
Lansing, MI 48909
Tel. (517) 373-9900
www.michigan.gov/dnr

▶ **Minnesota**
Dep. of Natural Resources
500 Lafayette Rd.
St. Paul, MN 55155-4040
Tel. (612) 296-6157
www.dnr.state.mn.us

▶ **New York**
State Office of Parks
Empire State Plaza
Agency Building 1
Albany, NY 12238
Tel. (518) 474-0456
http://nysparks.state.ny.us/parks/

▶ **Ohio**
Dep. of Natural Resources
2045 Morse Road, C-3
Columbus, OH 43229-6693
Tel. (614) 265-6561
www.dnr.state.oh.us

▶ **Wisconsin**
Dep. of Natural Resources
PO Box 7921
Madison, WI 53707
Tel. (608) 266-2181
www.dnr.state.wi.gov

te werden von speziell ausgebildeten Parkaufsehern (Park Ranger) betreut. Die geschützten Areale sind gut markiert. Häufig müssen hohe Eintrittsgebühren (5–25 $ pro Person bzw. Fahrzeug) entrichtet werden.

Nationalpark-Pass

Beabsichtigt man den Besuch mehrerer Nationalparks, so empfiehlt sich der Kauf desNationalpark-Passes »America The Beautiful«. Dieser kostet derzeit 80 $ und gewährt freien Eintritt in alle Nationalparks während eines Kalenderjahres. Dieser Pass ist an den Parkeingängen bzw. in den Besucherzentren (Visitor Centers) erhältlich.

Übernachtung In den meisten Parks gibt es Übernachtungsmöglichkeiten in Motels, Lodges und Cabins (»Hütten«). Eine rechtzeitige Reservierung bei der in Frage kommenden Parkverwaltung wird empfohlen.

Verhalten in geschützten Gebieten In den geschützten Gebieten ist es nicht erlaubt, die vorgeschriebenen Wege und Straßen zu verlassen. Campen und Feuer machen ist nur an den dafür ausgewiesenen Plätzen gestattet; Abfälle dürfen nicht liegen gelassen und Wildtiere nicht gefüttert werden. Jagen ist verboten, Angeln nur mit Erlaubnis möglich.

Notrufe

WICHTIGE TELEFONNUMMERN

IN DEN USA

- **Polizei, Ambulanz, Feuerwehr**
  Tel. 911 (alternativ: »0« für den Operator der Telefonzentrale)
- **US-Automobilklub AAA**
  Tel. 1-800-AAA-HELP
  Tel. 1-800-222-4357
- **Notrufsäulen**
  Entlang viel befahrener Fernverkehrsstraßen (Interstates) sind Notrufsäulen aufgestellt.

NACH DEUTSCHLAND

- **ADAC-Notruf USA**
  Tel. 1-888-222-13 73
- **ACE-Notrufzentrale Stuttgart**
  Tel. 0 11 49-18 02-34 35 36
- **Deutsche Rettungsflugwacht Stuttgart**
  Tel. 0 11 49-711-70 10 70
- **DRK-Flugdienst Bonn**
  Tel. 0 11 49-228-23 00 23

Post · Telekommunikation

U. S. Mail Die U.S. Mail ist nur für die Brief- und Paketbeförderung (auch Geldüberweisungen) zuständig. Der Telefon- und Telegrammdienst ist privaten Gesellschaften übertragen. **Briefmarken** erhält man in Postämtern sowie an Automaten in Flughäfen, Bahnhöfen, Busstationen, Hotel-Lobbys und Drogerien. **Postämter** sind zu folgenden Zeiten geöffnet: Mo. – Fr. 9.00 – 17.00 bzw. 18.00, Sa. 8.00 – 12.00 Uhr. Kleinere Postämter halten eine Mittagspause ein. **Briefkästen** sind an ihrer blauen Farbe mit der weißen Aufschrift »U. S. Mail« und einem stilisierten Adler zu erkennen.

POST UND TELEFON

PORTO

▶ **innerhalb USA**
Postkarte normal: 28 Cents
Brief normal: 44 Cents

▶ **nach Europa**
Postkarte: 98 Cents
Brief (einfach): 98 Cents
(max. 1 Unze / 28 g)

VORWAHLEN

▶ **von Deutschland, Österreich und der Schweiz**
– in die USA: 001

▶ **von den USA**
– nach Deutschland: 0 11 49
– nach Österreich: 0 11 43
– in die Schweiz: 0 11 41

AUSKUNFT

▶ **national**
Tel. 411

▶ **international**
Tel. 1-555-1212

TELEFONGEBÜHREN

▶ **Ortsgespräch am Münztelefon**
25 Cent

▶ **nach Mitteleuropa**
3 Minuten:
je nach Tageszeit bis zu 15 $
(leicht ermäßigt: 17.00 – 23.00;
stark ermäßigt: 23.00 – 8.00 Uhr
und an Wochenenden)

Telefon

Besonderheiten

Die Telefonwähltasten sind **auch mit Buchstaben** belegt, sodass viele Nummern als leicht zu merkendes Kennwort angegeben sind (z. B. landesweite Pannenhilfe: Tel. 1-800-AAA-HELP).

Öffentliche Telefone

Die meisten öffentlichen Telefone funktionieren nur noch bargeldlos mit Telefonkarte (phone card) oder Kreditkarte (credit card). Wenige Münzfernsprecher gibt es noch für Ortsgespräche (local calls).
Gespräche **von Hoteltelefonen** sollte man tunlichst vermeiden, da hier deftige Gebühren (surcharges) anfallen.

Gebührenfreie Nummern

Gespräche mit 800- oder 888-Nummern können nur innerhalb der USA geführt werden und sind gebührenfrei. Sie sind nicht mit 900-Nummern zu verwechseln, hinter denen sich oft recht teure kommerzielle Dienste verbergen.

So geht's

Bei Gesprächen innerhalb eines Telefonbezirks wählt man die »1« und nur die Teilnehmernummer. Innerhalb der USA wählt man zunächst die »1«, dann die Ortsvorwahl (Area Code) und schließlich die Teilnehmernummer. Für **internationale Gespräche** (international calls) gilt: Von Privatanschlüssen wählt man »011«, dann die Länder- und Ortsnetzkennzahl unter Weglassung der »0« und schließlich die

Teilnehmernummer. In öffentlichen Telefonen wählt man die »0«. Es meldet sich der **Operator**, der alle weiteren Instruktionen erteilt. Für ein **R-Gespräch** wird ebenfalls die »0« gewählt, dann folgt die Rufnummer und es meldet sich der Operator.

Telefonkarten Für internationale Telefongespräche empfehlen sich im Voraus bezahlte Telefonkarten (prepaid phone cards), die in Einkaufszentren, an Flughäfen, an Tankstellen usw. erhältlich sind.

Mobiltelefon Mobiltelefone heißen in den USA nicht Handy, sondern Cell Phone oder Mobile Phone. Man benötigt ein Triband-Gerät für 1900 MHz. Viele europäische Geräte funktionieren in den USA nicht.

Skype Mity skypefähigen Handys oder Laptops kann man sehr günstig oder gar kostenlos telefonieren.

Preise · Vergünstigungen

Nettopreise, Verkaufssteuern Auf Preisschildern sind nur die Nettopreise vor Steuern angegeben. Die meisten Waren unterliegen der staatlichen **Sales Tax** (Verkaufssteuer) von derzeit 6 %. Einzelne Städte, Gemeinden und Counties erheben darüber hinaus noch eine **General Sales Tax** (zumeist 1 %), einzelne Orte verlangen zusätzlich auch eine **Tourism Development Tax**, in etwa der deutschen Kurtaxe vergleichbar.

Vergünstigungen In den Genuss von Vergünstigungen kommen vor allem Kinder, Schüler, Studenten und Rentner. Die Palette reicht vom preisgünstigen Flug- und Bahnticket bis zu Sondertarifen in Hotels, Vergnügungsparks, National- und Staatsparks.

Den in Fremdenverkehrsbüros, Besucherzentren, Hotels, Tankstellen und Supermärkten ausliegenden Touristenbroschüren sind meist **Coupons** mit vielerlei Vergünstigungen beigeheftet, z. B. für besonders günstige Hotelübernachtungen bis zum Schnäppchen im nächsten Factory Outlet. Das lohnt hin und wieder durchaus.

Chicago CityPass, Go Chicago Card Inhaber eines Chicago CityPass (www.citypass.com/chicago) oder einer Go Chicago Card (www.smartdestinations.com/chicago) profitieren von stark reduzierten Eintrittsgebühren in vielen Sehenswürdigkeiten der Stadt (u. a. Shedd Aquarium, Hancock Observation Deck, Museum of Scuience & Industry).

Trinkgeld (Tip) In den USA ist das Trinkgeld nicht im Endpreis enthalten und wird gesondert gegeben. Dies ist zwar keine Pflicht, doch das Dienstpersonal in Restaurants und Hotels, das nur sehr bescheidene Löhne erhält, ist auf Trinkgeld angewiesen. **Üblich sind 15% des Rechnungsbetrages vor Steuern.** Der »tip« wird im Restaurant auf dem Tisch lie-

WAS KOSTET WIE VIEL?

Becher Kaffee ab 3 $	**Glas Softdrink** ca. 2,50 $	**Einfache Mahlzeit** ab 7 $
Menue (3 Gänge) ab 30 $	**Doppelzimmer** ab 50 $	**1 gal (3,787 l) Benzin** ca. 3,30 $

gen gelassen. Hotelpagen erwarten 1 $ pro Koffer. Zimmermädchen bekommen 2 $ pro Tag. Man kann den Endbetrag beim Auschecken in einem Briefumschlag im Zimmer hinterlassen. Bietet ein Hotel oder Restaurant **»valet parking«**, d.h. Angestellte übernehmen das Parken des Wagens, so erhalten diese für ihren Dienst 1 $ (beim Wegbringen des Wagens und beim Vorfahren).

Reisezeit

Klima der Extreme

Die Region der Großen Seen liegt im kühl-gemäßigten Klimagürtel. Ganzjährig wandernde Zyklone mit ihrem Austausch von Kalt- und Warmluftmassen, der Wechsel von ausgedehnten Wolkenfeldern und heiterem Himmel bestimmen den Witterungsablauf. Die im Gegensatz zu Europa von Nord nach Süd gerichtete Gebirgsanordnung ermöglicht einen kaum behinderten Luftmassenaustausch zwischen polaren und tropischen Breiten. Vorstöße arktischer Kaltluft aus dem kanadischen Raum sorgen dafür, dass der Winter und Frühling im Mittleren Westen bzw. im Bereich der Großen Seen als ausgesprochen kühl, ja sogar kalt zu bezeichnen sind. Temperaturen bis oder gar unter - 30 °C sind im Norden Minnesotas keine Seltenheit, und Schnee gibt es vor allem in Chicago in rauen Mengen. Dies verwundert doch sehr, wenn man sich vor Augen führt, dass der Großraum Chicago etwa auf der gleichen geografischen Breite wie die Costa Brava oder die Toskana liegt. Andererseits können im Sommer sehr warme und feuchte Luftmassen aus dem Golf von Mexiko ungehindert an die Großen Seen ziehen und dort für länger anhaltende Schwüle sorgen. Die Quecksilbersäule klettert dann regelmäßig über die + 30 °C-Marke. Dann flüchtet jeder, der es sich irgendwie erlauben kann, an den nächsten See, wo es etwas kühler ist.

Indian Summer Die schönste Jahreszeit ist der **Spätsommer** und **Frühherbst**. Dann stellt sich eine stabile Hochdruckwetterlage ein. Von September bis weit in den Oktober gibt es noch viele schöne und warme Tage. Verantwortlich dafür ist der »Amerikanische Binnenozean», d. h. die Großen Seen, deren oberflächennahe Wasserschichten noch relativ warm sind. Abends und nachts kann es aber trotzdem schon empfindlich kühl werden. Wunderschön ist die **Foilage**, die herbstliche Laubfärbung, die dazu beiträgt, dass viele Touristen den »In-dian Summer« als schönste Jahreszeit an den Großen Seen empfinden.

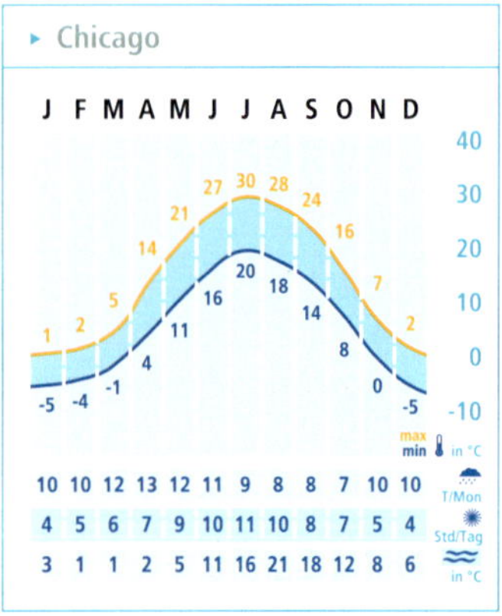

Massive **Kaltluftvorstöße** aus den unendlichen Weiten Kanadas können in den Wintermonaten rund um die Großen Seen für die Entstehung von Problemwetterlagen sorgen. Sehr gefürchtet sind die **Blizzards**, jene eisigen Schneestürme, die das öffentliche Leben oft tagelang lahm legen können. In den Häuserschluchten von Chicago türmen sich dann die **Schneemassen** nicht selten mehrere Meter hoch.
Gelegentlich kommt es auch zu gefährlichem **Eisregen**. Äste, Freilandleitungen, Hauswände erhalten binnen kurzem dicke und schwere Eispanzer und knicken unter der Last ab. Von den Hausdächern hängen lange Eiszapfen, die bei anschließendem Tauwetter Passanten gefährden.

Tornados Im Frühling und Frühsommer, wenn südlich und südwestlich der Großen Seen sehr unterschiedlich temperierte Luftmassen auf einander stoßen, können sich heftige Gewitter entwickeln mit orkanartigen Böen, Hagelschlag und sintflutartigen Regenfällen. Nicht selten entstehen in einer Gewitterzelle kleinräumige Luftwirbel (Tromben), die sich allmählich wie Rüssel zu Boden senken und wie Mega-Staubsauger über das Land hinweg ziehen und eine Spur der Verwüstung hinterlassen. Grund sind die extrem hohen Windgeschwindigkeiten, die in diesen Wirbelstürmen mit verhältnismäßig kleinem Durchmesser zu verzeichnen sind.

Shopping

Öffnungszeiten Die meisten Ladengeschäfte sind in der Regel Mo. – Fr. 10.00 – 18.00 Uhr geöffnet. Die größeren »Shopping Malls« (Ladenstraßen, Passagen) sind Mo. bis Sa. 10.00 – 21.00 Uhr geöffnet. Manche Geschäfte haben auch sonntags geöffnet.

Einkaufen nach Lust und Laune

In allen größeren Städten sowie in den wichtigsten Fremdenverkehrsorten an den Großen Seen gibt es vielfältige Einkaufsmöglichkeiten. Jeder Ort, der etwas auf sich hält, hat mindestens eine »Shopping Mall«, einen »Marketplace« oder eine »Galleria« aufzubieten. Hier gibt es dann zumindest einen großen Lebensmittel-Supermarkt, zahlreiche Boutiquen und Spezialgeschäfte, diverse Dienstleistungsbetriebe (Arztpraxen, Reisebüros usw.) sowie das eine oder andere Restaurant.

Kaufkraft

Beim derzeitigen Wechselkurs (s. S. 90) ist die Kaufkraft eines US-Dollars in den USA derzeit ungefähr die eines Euros in Deutschland.

Verkaufssteuer

Außer auf Bücher, Zeitungen und Lebensmittel kommt auf alle Preise noch eine Verkaufssteuer, die sog. **Sales tax**, von derzeit ca. 8,5 % hinzu.

Exklusive Shopping-Zentren

Ultimative Einkaufszentren gibt es in den städtischen Ballungszentren an den Großen Seen. Besonders zu erwähnen ist in diesem Zusammenhang die »Magnificent Mile« (North Michigan Avenue) in Chicago, wo sich edle Shopping-Adressen (Hugo Boss, Nike usw.) wie Perlen aneinander reihen. In Cleveland sind das Tower City Center an der West Huron Road sowie »The Arkade« an der Euclid Avenue die derzeit beliebtesten Shopping-Zentren. Auch kleinere Städte wie Milwaukee und Grand Rapids können mit exklusiven Boutiquen aufwarten, die in der Regel in den Innenstädten zu finden sind.

Malls

Sehr große und autogerecht angelegte Malls sind an der Peripherie größerer Siedlungen angelegt. Diese teilweise gewaltigen Komplexe umfassen oftmals mehrere Kaufhausfilialen (Sears, JC Penney usw.) sowie eine Vielzahl kleinerer Geschäfte und Dienstleistungsbetriebe. Meist gehört auch ein »Food Court« mit verschiedenen Imbissständen dazu. In einer Mall ist praktisch alles erhältlich.

◄ Mall of America

Bloomingdale's, Macy's, Ikea, Lego oder gar die Bubba Gump Shrimp Co. – in den mehr als 500 Geschäften gibt es praktisch alles zu kaufen. Kein Wunder, dass das größte Shopping-Paradies Nordamerikas – es ist ganz in der Nähe von **Minneapolis/St. Paul** zu finden – selbst schon zu einem Reiseziel geworden ist. Karussells, »Roller Coaster« und ein »Nickelodeon Universe« machen das Einkaufen wahrlich zum Erlebnis.

◄ Gurnee Mills

Die größte Mall im Großraum Chicago heißt »Gurnee Mills«. Sie liegt etwa halbwegs **zwischen Chicago und Milwaukee** und umfasst über 200 Einzelhandelsgeschäfte, Kaufhaus-Niederlassungen und Fabrikverkaufsstellen (Factory Outlets).

Factory Outlets

Wer Markenware (Tommy Hilfiger, Ralph Lauren, Levi's, Wrangler usw.) ziemlich preiswert ergattern möchte, kann die nächst gelegene »Factory Outlet Mall« besuchen. Hier gibt es Mode der vergangenen Saison oder mit kleinen Fehlern, Schuhe und Haushaltswaren be-

Souvenirs von berühmten Sportlern erhält man in einschlägigen Shops in Chicago.

kannter Markenhersteller, wobei den Kunden Rabatte bis zu 70 % gewährt werden. An vielen Hotelrezeptionen liegt zudem Prospektmaterial diverser Factory Outlets aus.

Souvenirs Typische Souvenirs von den Großen Seen sind Ahorn-Sirup, Fudge, Fruchtsäfte, Marmelade, Honig und sonstige schmackhafte Produkte vom Lande. Erinnerungen an Besuche in den größeren Vergnügungsparks, so z. B. T-Shirts, Sonnenhüte und Sweatshirts vom Cedar Point sowie Kuschel-Delfine aus dem John G. Shedd Aquarium in Chicago sind ebenso begehrt als Souvenirs wie wunderschöne Repliken und Plakate aus den Shops namhafter Museen. Natürlich nimmt man aus der Heimat des Jazz, Blues und Rap auch gute CDs mit nach Hause. Viele Besucher schätzen auch indianisches Kunsthandwerk.

Sicherheit

Kriminalität Spätestens seit Al Capone ist bekannt, dass Städte wie Chicago Tummelplätze für dunkle Gestalten sind. Dies gilt für alle dicht besiedelten Räume, in denen soziale Gegensätze besonders scharf ausgeprägt sind. Hier sollte man einige Verhaltensregeln beherzigen (s. unten). Eine Problemstadt ist seit Jahren Detroit. Die Innenstadt und die gern von Touristen aufgesuchten Quartiere (z. B. Oak Park) gelten als sicher. Gleiches gilt für die ländlichen Gebiete.

Nach Einbruch der Dunkelheit sollte man Parkanlagen, dunkle Viertel, unübersichtliche Straßen etc. meiden und nicht allein unterwegs sein. Falls man in einen Unfall verwickelt wird, der sich unter merkwürdigen Umständen ereignet hat, bleibe man zunächst im Auto sitzen und warte mit dem Aussteigen, bis man die Situation überblickt. Wertgegenstände und größere Geldbeträge deponiere man im Hotelsafe. Im Kofferraum des Fahrzeugs verstaue man alles, was Begehrlichkeiten wecken könnte.

Einige Verhaltenstipps

Wer jedoch Opfer eines Raubes wird, sollte defensiv reagieren und keinen falschen Heldenmut zeigen. In Notsituationen wendet man sich an die nächste Polizei-dienststelle: **Tel. 911**.

Sprache

Das amerikanische Englisch hat zum britischen Englisch einige Unterschiede der Aussprache und im Wortschatz.

AMERIKANISCHES ENGLISCH

Auf einen Blick

Ja / Nein	Yes / No
Vielleicht.	Perhaps. / Maybe.
Bitte	Please.
Danke. / Vielen Dank!	Thank you. / Thank you very much.
Gern geschehen.	You're welcome.
Entschuldigung!	Excuse me!
Wie bitte?	Pardon?
Ich verstehe Sie / Dich nicht.	I don't understand.
Ich spreche nur wenig ...	I only speak a bit of ...
Können Sie mir bitte helfen?	Can you help me, please?
Ich möchte ...	I'd like ...
Das gefällt mir (nicht).	I (don't) like this.
Haben Sie ...?	Do you have ...?
Wieviel kostet es?	How much is this?
Wieviel Uhr ist es?	What time is it?
Wie heißt dies hier?	What is this called?

Kennenlernen

Guten Morgen!	Good morning!
Guten Tag!	Good afternoon!

Guten Abend!	Good evening!
Hallo! Grüß Dich!	Hello! / Hi!
Mein Name ist ...	My name is ...
Wie ist Ihr / Dein Name?	What's your name?
Wie geht es Ihnen / Dir?	How are you?
Danke. Und Ihnen / Dir?	Fine thanks. And you?
Auf Wiedersehen!	Goodbye! / Bye-bye!
Gute Nacht!	Good night!
Tschüs!	See you! / Bye!

Auskunft / Unterwegs

links / rechts	left / right
geradeaus	straight ahead
nah / weit	near / far
Bitte, wo ist ...?	Excuse me, where's ..., please?
... der Bahnhof	... the train station
... die Bushaltestelle	... the bus stop
... der Hafen	... the harbour
... der Flughafen	... the airport
Wie weit ist das?	How far is it?
Ich möchte ein Auto mieten.	I'd like to rent a car.
Wie lange?	How long?

Straßenverkehr

Ich habe eine Panne.	My car's broken down.
Gibt es hier in der Nähe eine Werkstatt?	Is there a service station nearby?
Wo ist die nächste Tankstelle?	Where's the nearest gas station?
Ich möchte ...	I want
Liter / Gallonen (3,8 l) ...	... liters / gallons of ...
... Normalbenzin.	... regular.
... Super.	... premium.
... Diesel.	... diesel.
... bleifrei.	... unleaded
Volltanken, bitte.	Full, please.
Hilfe!	Help!
Achtung!	Attention!
Vorsicht!	Look out!
Rufen Sie bitte ...	Please call ...
... einen Krankenwagen.	... an ambulance.
... die Polizei.	... the police.
Es war meine Schuld.	It was my fault.
Es war Ihre Schuld.	It was your fault.
Geben Sie mir bitte Namen und Anschrift.	Please give me your name and address.
Vorsicht vor ...	Beware of ...

Ortsumgehung (mit Straßennummer)	Business (mit Straßennummer)
Umgehungsstraße	Bypass (Byp)
Brücke, Pontonbrücke	Causeway
Achtung! Vorsicht!	Caution!
Bauarbeiten	Construction
Kreuzung, Überweg	Crossing (Xing)
Sackgasse	Dead End
Umleitung	Detour
Straße mit Mittelstreifen	Divided Highway
Einfahrt verboten	Do not enter
Ausfahrt	Exit
Steigung / Gefälle/unübersichtlich (Überholverbot)	Hill
Behindertenparkplatz	Handicapped Parking
Kreuzung, Abzweigung, Einmündung	Junction (Jct)
Abstand halten ...	Keep off ...
Ladezone	Loading Zone
Einmündender Verkehr	Merge (Merging Traffic)
Schmale Brücke	Narrow Bridge
Parken verboten	No Parking
Überholen verboten	No Passing
Rechtsabbiegen bei Rot verboten	No Turn on Red
Wenden erlaubt	U Turn
Wenden verboten	No U Turn
Einbahnstraße	One Way
Ein- und Aussteigen erlaubt	Passenger Loading Zone
Fußgängerüberweg	Ped Xing
Zeitlich begrenztes Parken erlaubt	Restricted Parking Zone
Vorfahrt	Right of Way
Straßenbauarbeiten	Road Construction
Schleudergefahr bei Nässe	Slippery when wet
Langsam fahren	Slow
Straßenbankette nicht befestigt	Soft Shoulders
Geschwindigkeitsbegrenzung	Speed Limit
Benutzungsgebühr, Maut	Toll
Absolutes Parkverbot, Abschleppzone	Tow away Zone
Kreuzung, Überweg	Xing (Crossing)
Vorfahrt beachten	Yield

Einkaufen

Wo finde ich ... eine / ein ..?	Where can I find a ...?
Apotheke	pharmacy
Bäckerei	bakery
Kaufhaus	department store
Lebensmittelgeschäft	food store
Supermarkt	supermarket

Übernachtung

Können Sie mir ... empfehlen?	Could you recommend ... ?
... ein Hotel / Motel	... a hotel / motel
... eine Frühstückspension	... a bed & breakfast
Haben Sie noch ...?	Do you have ...?
... ein Einzelzimmer	... a room for one
... ein Doppelzimmer	... a room for two
... mit Dusche / Bad	... with a shower / bath
... für eine Nacht	... for one night
... für eine Woche	... for a week
Ich habe ein Zimmer reserviert.	I've reserved a room.
Was kostet das Zimmer	How much is the room
... mit Frühstück?	... with breakfast?

Arzt

Können Sie mir einen guten Arzt empfehlen?	Can you recommend a good doctor?
Ich brauche einen Zahnarzt.	I need a dentist.
Ich habe hier Schmerzen.	I feel some pain here.
Ich habe Fieber.	I've got a temperature.
Rezept	prescription
Spritze	injection / shot

Bank / Post

Wo ist hier bitte eine Bank?	Where's the nearest bank?
Geldautomat	ATM (Automated Teller Machine)
Ich möchte Euros in Dollars wechseln.	I'd like to change euros into dollars.
Was kostet ...	How much is ...
... ein Brief ...	... a letter ...
... eine Postkarte ...	... a postcard ...
nach Europa?	to Europe?

Zahlen

1	one
2	two
3	three
4	four
5	five
6	six
7	seven
8	eight
9	nine
10	ten
11	eleven
12	twelve
13	thirteen
14	fourteen
15	fifteen
16	sixteen
17	seventeen
18	eighteen

19	nineteen	60	sixty
20	twenty	70	seventy
21	twenty-one	80	eighty
30	thirty	90	ninety
40	fourty	100	hundred
50	fifty	1000	one thousand
1/2	a half	1/3	a third
1/4	a quarter		

Restaurant

Wo gibt es hier ein gutes Restaurant?	Is there a good restaurant here?
Reservieren Sie uns bitte für heute Abend einen Tisch!	Would you reserve us a table for this evening, please?
Die Speisekarte bitte!	The menu please!
Auf Ihr Wohl!	Cheers!
Bezahlen, bitte.	Could I have the check, please?
Wo ist bitte die Toilette?	Where is the restroom, please?

Frühstück / Breakfast

Kaffee (mit Sahne / Milch)	coffee (with cream / milk)
koffeinfreier Kaffee	decaffeinated coffee
heiße Schokolade	hot chocolate
Tee (mit Milch / Zitrone)	tea (with milk / lemon)
Rühreier	scrambled eggs
pochierte Eier	poached eggs
Eier mit Speck	bacon and eggs
Spiegeleier	eggs sunny side up
harte / weiche Eier	hard-boiled / soft-boiled eggs
(Käse- / Champignon-)Omelett	(cheese / mushroom) omelette
Pfannkuchen	pancake
Brot / Brötchen / Toast	bread / rolls / toast
Butter	butter
Zucker	sugar
Honig	honey
Marmelade / Orangenmarmelade	jam / marmelade
Joghurt	yoghurt
Obst	fruit

Vorspeisen und Suppen / Starters and Soups

Fleischbrühe	broth / consommé
Hühnercremesuppe	cream of chicken soup

Tomatensuppe	cream of tomato soup
gemischter / grüner Salat	mixed / green salad
frittierte Zwiebelringe	onion rings
Meeresfrüchtesalat	seafood salad
Garnelen- / Krabbencocktail	shrimp / prawn cocktail
Räucherlachs	smoked salmon
Gemüsesuppe	vegetable soup

Fisch und Meeresfrüchte / Fish and Seafood

Kabeljau	cod
Krebs	crab
Aal	eel
Schellfisch	haddock
Hering	herring
Hummer	lobster
Muscheln	mussels
Austern	oysters
Barsch	perch
Scholle	plaice
Lachs	salmon
Jakobsmuscheln	scallops
Seezunge	sole
Tintenfisch	squid
Forelle	trout
Tunfisch	tuna

Fleisch und Geflügel / Meat and Poultry

gegrillte Schweinerippchen	barbecued spare ribs
Rindfleisch	beef
Hähnchen	chicken
Geflügel	poultry
Kotelett	chop / cutlet
Filetsteak	fillet
(junge) Ente	duck(ling)
Schinkensteak	gammon
Fleischsoße	gravy
Hackfleisch vom Rind	ground beef
gekochter Schinken	ham
Nieren	kidneys
Lamm	lamb
Leber	liver
Schweinefleisch	pork
Würstchen	sausages
Lendenstück vom Rind, Steak	sirloin steak

Truthahn	turkey
Kalbfleisch	veal
Reh oder Hirsch	venison

Nachspeise und Käse / Dessert and Cheese

gedeckter Apfelkuchen	apple pie
Schokoladenplätzchen	brownies
Hüttenkäse	cottage cheese
Sahne	cream
Vanillesoße	custard
Obstsalat	fruit salad
Ziegenkäse	goat's cheese
Eiscreme	icecream
Gebäck	pastries

Gemüse und Salat / Vegetables and Salad

gebackene Kartoffeln in der Schale	baked potatoes
Pommes frites	french fries
Bratkartoffeln	hash browns
Kartoffelpüree	mashed potatoes
gebackene Bohnen in Tomatensoße	baked beans
Kohl	cabbage
Karotten	carrots
Blumenkohl	cauliflower
Tomaten	tomatoes
Gurke	cucumber
Knoblauch	garlic
Lauch	leek
Kopfsalat	lettuce
Pilze	mushrooms
Zwiebeln	onions
Erbsen	peas
Paprika	peppers
Kürbis	pumpkin
Spinat	spinach
Mais	sweet corn
Maiskolben	corn-on-the-cob

Obst / Fruit

Äpfel	apples	Birnen	pears
Aprikosen	apricots	Orange	orange
Brombeeren	blackberries	Pfirsiche	peaches

Kirschen	cherries	Ananas	pineapple
Weintrauben	grapes	Pflaumen	plums
Grapefruit	grapefruit	Himbeeren	raspberries
Zitrone	lemon	Erdbeeren	strawberries
Preiselbeeren	cranberries		

Getränke / Beverages

Bier (vom Fass)	beer (on tap)
Apfelwein	cider
Rotwein / Weißwein	red wine / white wine
trocken / lieblich	dry / sweet
Sekt, Schaumwein	sparkling wine
alkoholfreie Getränke	soft drinks
Fruchtsaft	fruit juice
gesüßter Zitronensaft	lemonade
Milch	milk
Mineralwasser	mineral water / spring water

Übernachten

Viele Möglichkeiten

Die touristischen Zentren bieten **Hotels** für jeden Geschmack. Luxuriöse und meist recht teure Ferienanlagen mit allerlei Sport- und Freizeitmöglichkeiten, oft im Stil von Ferienklubs, nennen sich **Resort**. Auf die Bedürfnisse von Autotouristen zugeschnitten sind die **Motels** (Motorist's Hotels), oft in der Nähe wichtiger Fernstraßenkreuzungen zu finden. Sie verfügen über Parkplätze in Zimmernähe und je nach Komfort auch über Swimming-Pools etc.

Bed & Breakfast ist in den USA eine teure Angelegenheit und hat nur wenig mit der vielleicht aus Großbritannien bekannten Variante einer preiswerten Familienunterkunft zu tun. Denn man kommt in einer gepflegten Herberge, oft in einer renovierten alten und manchmal sogar denkmalgeschützten Villa mit geschmackvollen Zimmern unter.

Kategorien, Ausstattung und Preise ►

Amerikanische Beherbergungsbetriebe lassen sich grob in die Kategorien »einfach / günstig«, »komfortabel« und »luxuriös« mit entsprechenden Zwischenstufen einteilen. Einfache Hotels und Motels sind zweckmäßig, aber ohne großen Komfort eingerichtet. Guten Komfort und guten Service bieten Häuser der Mittelklasse. Viele dieser Häuser, darunter auch die meisten B-&-B-Unterkünfte, können gehobene Ansprüche an Service und Ausstattung durchaus befriedigen. First-Class- und Luxus-Hotels bzw. Resorts bieten ein Höchstmaß an Ausstattung, Komfort und Service. Selbst in einfachen Unterkünften sind Doppelbett, Dusche, Klimaanlage, Radio, Fernsehapparat und Telefon Standard. Zimmergröße und Ausstattung sind von der Unterkunftskategorie abhängig.

◂ Frühstück

In den meisten Hotels und Motels ist im Gegensatz zu den B & B's kein Frühstück im Zimmerpreis enthalten. Wenn ein »complementary breakfast« angeboten wird, ist dies meist recht schlicht. Opulent hingegen ist das Frühstück in einer B-&-B-Unterkunft.

◂ Zimmerreservierung

Es ist ratsam, Zimmerreservierungen besonders während der Hauptreisezeiten im Voraus telefonisch oder per E-Mail vorzunehmen. Unterkunftsverzeichnisse (Accomodation Guides) sind bei den örtlichen Touristenbüros erhältlich und auch im Internet zu finden.

Jugendherbergen (Youth Hostels)

Der US-Jugendherbergsverband Hostelling International – American Youth Hostels (HI-AYH; www.hiayh.org) ist dem Internationalen Jugendherbergsverband angeschlossen und stattet seine Häuser nach dessen Normen aus. Die Preise bewegen sich zwischen 15 und 40 $ pro Nacht.

Achtung! Auch unter den Jugendherbergen gibt es »schwarze Schafe«, die in keiner Weise den HI-AYH-Normen entsprechen und diesem Verband auch nicht angehören. Die »richtigen« Jugendherbergen erkennt man am dreieckigen **HI-Logo** mit dem üblichen Haus- und Baum-Symbol.

In größeren Städten können junge Menschen in Herbergen der christlichen Verbände **YMCA** (Young Men's Christian Association; www.ymca.net) und **YWCA** (Young Women's Christian Association; www.ywca.net) übernachten.

i Preiskategorien

- Luxus: über 200 $
- Komfortabel: 120 – 200 $
- Günstig: unter 120 $

Für ein Doppelzimmer; zzgl. Steuern (bis 15 % des Nettobetrags), ggf. auch Park- und Safegebühren

Studentenwohnheime (dorms)

Während der Hochschulferien kann man recht preisgünstig in Studenten- und auch Dozentenwohnheimen logieren. Detaillierte Informationen halten die Fremdenverkehrsstellen bzw. die Hochschulverwaltungen bereit.

Camping

Standard auf US-Campingplätzen ist eine Parzelle mit Stellplatz (Campsite), Tisch, Bank und Feuerstelle. Oft sind Lebensmittelmärkte, Snack Bars und Swimming-Pools vorhanden. Die staatlichen Campingplätze in National Parks und State Parks liegen oft sehr schön, dafür müssen allerdings Abstriche bezüglich Ausstattung und Komfort hingenommen werden. Vor allem in den Hauptferienzeiten sowie an verlängerten Wochenenden ist eine rechtzeitige Buchung von Stellplätzen angeraten.

Achtung! Wildes Kampieren ist in den Vereinigten Staaten von Amerika verboten.

ÜBERNACHTEN

HOTEL- UND MOTELKETTEN

Best Western
Tel. 1-800-780-7234
www.bestwestern.com

Choice Hotels
Tel. 1-877-424-6423
www.choicehotels.com

Days Inn
Tel. 1-800-329-7466
www.daysinn.com

Hilton
Tel. 1-800-445-8667
www.hilton.com

Holiday Inn
Tel. 1-800-181-6068
www.ichotelsgroup.com

Howard Johnson
Tel. 1-800-446-4656
www.hojo.com

Hyatt
Tel. 1-888-591-1234
www.hyatt.com

Marriott
Tel. 1-888-236-2427
www.marriott.com

Motel 6
Tel. 1-800-466-8356
www.motel6.com

Quality Inn
Tel. 1-800-228-5151
www.qualityinn.com

Radisson
Tel. 1-800-181-4442
www.radisson.com

Ramada
Tel. 1-800-272-6232
www.ramada.com

Red Roof Inn
Tel. 1-800-554-4555
www.redroof.com

Sleep Inn
Tel. 1-800-753-3746
www.sleepinn.com

Super 8 Motel
Tel. 1-800-800-8000
www.super8.com

Travelodge
Tel. 1-800-578-7878
www.travelodge.com

BED & BREAKFAST

American Historic Inns
Tel. (949) 497-2232
www.iloveinns.com

Bed & Breakfast online
www.bbonline.com

JUGENDUNTERKÜNFTE

Hostelling International USA
Tel. 1-888-520-0568
www.hiusa.org

YMCA / YWCA
Tel. 1-888-477-9622
www.ymca.net
www.ywca.org

CAMPING

Kampground of America (KOA)
Tel. (406) 248-7444
www.koakampgrounds.com
Zusammenschluss privat geführter Campingplätze mit meist hervorragender Ausstattung.

Urlaub aktiv

Angeln

Das Angeln gehört zu den **beliebtesten Freizeitbeschäftigungen der Amerikaner**, was angesichts der zahlreichen und oftmals geradezu herrlichen Angelgründe in der Great Lakes Region nicht weiter verwundert. Die lokalen Touristikbüros halten umfangreiches Informationsmaterial über ihre Angelreviere bereit. Wer in Bächen, Flüssen und Seen angeln will, muss im Besitz einer Lizenz (zumeist gebührenpflichtig) sein, die man in der Regel bei der Fremdenverkehrsstelle bzw. im nächsten Geschäft für Anglerbedarf erhält. In vielen Häfen an den Großen Seen kann man Fischerboote mit fachkundiger Besatzung chartern, um größere Fische zu angeln.

Baden

Wassersport wird an den Großen Seen groß geschrieben. An allen fünf Großen Seen sowie auch an zahlreichen kleineren Gewässern im Hinterland sind z. T. sehr schöne Badeplätze ausgewiesen. An den Gestaden von **Michigansee, Eriesee und Huronsee** gibt es lange Uferstrecken mit Sandstränden und Buchten, die viel Ähnlichkeit mit jenen der deutschen Ostsee aufweisen. Relativ lange ist die Badesaison am südlichen Michigansee und am Eriesee. Je weiter man aber nach Norden kommt, desto kürzer wird die Periode, in der man mit angenehmen Wassertemperaturen rechnen kann.

◄ Strände

Schöne Badestrände gibt es an der sog. **Gold Coast** von Chicago, am Nordostufer des Michigansees bei **Traverse City, Petoskey und Mackinaw City**, am Michiganseeufer von Michigans Upper Peninsula, am Südufer des Eriesees in den Räumen **Sandusky – Cleveland und Erie** sowie am Ontariosee bei Niagara-on-the-Lake.

◄ FKK

Nacktbaden ist in den prüden USA **verpönt**. Wer von der Polizei erwischt wird, hat mit einer beachtlichen Geldstrafe zu rechnen. Eine gewisse Toleranz herrscht lediglich an abgelegenen Badebuchten in dünn besiedelten Gebieten.

Bootsausflüge

Wer Freude am Segel-, Seekajak-, Kanu- und Rudersport hat, kommt auf den Großen Seen und auf vielen Gewässern im Hinterland auf seine Kosten. Allerdings ist zu beachten, dass es auf den Großen Seen oft sehr stürmisch sein kann und nicht selten Boote in Seenot geraten. Ausführliche Informationen für Freizeit-Kapitäne halten die Touristenbüros der einzelnen Bundesstaaten bereit.

Tauchen

Sehr in Mode gekommen ist in jüngster Zeit auch das Tauchen in den Großen Seen. Es gibt hier nicht nur eine interessante Unterwasserwelt zu erkunden, sondern es liegen auch zahlreiche Schiffswracks auf Grund, die im 19. und frühen 20. Jh. während heftiger Stürme gesunken sind.

Windsurfen und Wellenreiten

Windsurfer trifft man überall dort, wo man auch baden kann, vor allem an den Badestränden der Großen Seen. Wo mit einem gewissen

Herrlich ist eine Kanu-Tour auf den Boundary Waters.

Wellengang zu rechnen ist, so etwa am **Nordostufer des Michigansees** und am **Südufer des Eriesees** versuchen sich meist jüngere Wellenreiter beim puren Surfen ohne Segel.

Segeln An einzelnen Uferabschnitten der Großen Seen gibt es bestens ausgestattete Marinas, in denen man Boote mit oder ohne Crew für Segeltörns mieten kann. Besonders beliebte Segelreviere sind der **südliche Michigansee** (bes. die Gewässer vor Chicago), der **nordöstliche Michigansee** (bes. die Gewässer bei Traverse City, Petoskey und Mackinaw City), der **westliche und südliche Eriesee** (bes. die Gewässer vor Sandusky, Cleveland und Erie) sowie der gesamte **Ontariosee**. Auch auf einigen kleineren Seen im Hinterland, so beispielsweise im Bereich der Kettle Range nördlich von Milwaukee, kommen passionierte Segler auf ihre Kosten. Nähere Informationen erhält man bei den örtlichen Fremdenverkehrsbüros.

Kanu / Kajak Wer viel Freude am Kanu- und Kajak-Sport hat, findet im Bereich der Großen Seen sowie in deren Hinterland beste Bedingungen vor. Erlebnisreiche Kanu- und Kajak-Touren sind möglich am **nordöstlichen Michigansee** (bes. Traverse City, Petoskey, Mackinaw City), am **Südostufer des Oberen Sees** (u. a. Pictured Rocks National Lakeshore), im **Westteil des Eriesees**, am **Südufer des Eriesees** bei Erie, am **Westufer des Huronsees** sowie im **Westteil des Ontariosees**. Die lokalen Fremdenverkehrsstellen halten Informations- und Kartenmaterial bereit, sie können auch seriöse Bootsverleiher bzw. Outfitter benennen. Wer einen längeren Seekajak-Ausflug plant, sollte sich gut vorbereiten und berücksichtigen, dass es auf dem amerikanischen Binnenozean schnell zu brenzligen Situationen kommen kann. Es ist ratsam, dem Bootsverleiher bzw. den örtlichen Sicherheitsbehörden (Polizei, Küstenwache) die Fahrtroute bzw. das Reiseziel zu nennen, damit ggf. rasch Hilfe geleistet werden kann.

◄ Boundary Waters Canoe Area

Eines der interessantesten Kanu-Reviere der Welt bilden die Gewässer im US-amerikanisch-kanadischen **Grenzgebiet zwischen dem Lake Superior** im Osten **und dem Voyageurs National Park** im Westen. Wo im 18. und 19. Jh. Indianer verschiedener Stämme und französische Pelzhändler unterwegs waren, sieht man heute immer mehr abenteuerlustige Kanu-Touristen, die das amphibische Land zwischen Oberem See und Mississippi-Quelle erkunden.

Wildwasserfahren

Reviere für Wildwasserfahren mit Schlauchbooten (Rafting) findet man in den nördlichen Gebieten der Great Lakes Region, wo das Relief etwas bewegter ist. Insbesondere gilt dies für die **nördliche Michigan-Halbinsel**. Einige lokale Veranstalter bieten Touren mit unterschiedlichen Schwierigkeitsgraden vom recht familienfreundlichen Paddelausflug (Floating Trip) bis zur abenteuerlichen Wildwasserfahrt (Whitewater Rafting) und stellen in der Regel die gesamte Ausrüstung mitsamt der Verpflegung. Zwar gelten die organisierten Rafting Trips als einigermaßen sicher, dennoch sei darauf hingewiesen, dass die Veranstalter jegliche Haftung ablehnen. Gegen entsprechende Risiken hat sich jeder Teilnehmer selbst zu versichern. Weitere Auskünfte erteilen die örtlichen Fremdenverkehrsstellen.

Wandern (Trekking)

Besonders erlebnisreiche Wanderungen bzw. Trekking-Touren kann man in den Gebieten unternehmen, die als National Park, National Forest, National Lakeshore, State Park, Wildlife Refuge oder Recreational Area ausgewiesen sind. Dort gibt es unterschiedlich lange und gut markierte Wege, oftmals auch Bohlenwege durch Sumpfgebiete und seilgesicherte Felspfade, die ein relativ gefahrloses Erkunden der Landschaft ermöglichen. Die Park- bzw. Forstverwaltungen verfügen über Besucherzentren, in denen man sich mit den Gegebenheiten vor Ort vertraut machen kann. Wer eine längere Wanderung durch dünn besiedeltes Gebiet plant, sollte seine Route bzw. sein Ziel den örtlichen Behörden (Park Ranger, Polizei) bekannt geben, damit notfalls rasch geholfen werden kann. Einige Park Ranger bieten geführte Wanderungen mit verschiedenen thematischen Schwerpunkten an.

◄ Interessante Wandergebiete

Rund um die Großen Seen gibt es eine Vielzahl schöner Wandergebiete, so etwa den **Isle Royale National Park** im nordwestlichen Lake Superior, die **State Parks am Westufer des Lake Superior**, das **westliche Hinterland des Lake Superior** (Superior National Forest), den **Hiawatha National Forest** auf der westlichen Upper Michigan Peninsula, das P**ictures Rocks National Lakeshore** am Nordufer der Upper Michigan Peninsula, den **Tahquamenon Falls State Park** im Hinterland der Whitefish Bay des Lake Superior, den **Indian Lake State Park** bei Manistique am Nordwestufer des Lake Michigan, die Spitze der in den westlichen Michigansee hineinragenden **Door Peninsula**, die zauberhafte **Kettle Moraine** nördlich von Milwaukee, den **Mackinac Island State Park** am nordwestlichen Huronsee, das **Sleeping Bear Dunes National Lakeshore** am Nordostufer des Lake Michigan, den Manistee und der **Huron National Forest** auf der Lower Michigan Peninsula, das **Indiana Dunes National Lakeshore** am Südufer des Lake Michigan, die Marblehead Peninsula im westlichen Lake Erie sowie die vorgelagerten Inselchen und schließlich den **Presque Isle State Park** bei der am westlichen Lake Erie gelegenen gleichnamigen Stadt.

Radwandern Neuerdings nimmt die Zahl derer zu, die das Land an den Großen Seen per Trekking-Fahrrad erkunden. In der Umgebung größerer Städte und beliebter Touristenorte sowie in einigen State Parks werden Tourenradwegenetze aufgebaut. Aufgelassene Fahrwege und Bahntrassen werden in dieses Vorhaben integriert. Weitere Auskünfte erhält man bei den örtlichen Informationsstellen sowie bei den Umweltbehörden der einzelnen US-Bundestaaten.

Wintersport In den als besonders schneereich gerühmten Berglagen rund um die Großen Seen gibt es etliche empfehlenswerte Skigebiete. Einige in der Nähe größerer Städte gelegene Wintersport-Reviere sind jedoch an Wochenenden stark überlaufen, so dass die Zufahrten oft schon im Laufe des Vormittags gesperrt werden.

Alpinski ► Im nordöstlichen Hinterland des Lake Michigan, bei Traverse City, locken das **Sugar Loaf Ski Resort**, die **Crystal Mountain Ski Area** und die **Mount Holiday Ski Area**. Bei Petoskey erfreuen sich die **Petoskey Ski Area**, die **Boyne Mountain Ski Area**, die **Nubs Nob Ski Area** sowie das südöstlich abseits gelegene **Treetops Sylvan Ski Resort** großer Beliebtheit. Gern besuchte Skigebiete im westlichen Hinterland des Lake Michigan sind die **Sunburst Ski Area** im Bereich der Kettle Moraine, die **Hidden Valley Ski Area** südöstlich von Green Bay, die **Mountain Ski Area** bei Iron Mountain. Das Wintersportzentrum im südlichen Hinterland des westlichen Lake Superior ist das Städtchen **Ironwood**, in dessen näherer Umgebung gleich ein halbes Dutzend guter Skigebiete ausgewiesen ist (Mount Zion, Whitecap Mountain, Indianhead Mountain, Big Powderhorn Mountain, Porcupine Mountain, Blackjack). Auch südlich von Marquette, am **Marquette Mountain**, jagen Skihaserln bis ins späte Frühjahr zu Tal. In der Umgebung von Duluth sind der **Mont du Lac** und der **Spirit Mountain** beliebte Skiberge. Knapp drei Autostunden nordöstlich von Duluth locken die **Lutsen Mountains** passionierte Skiläufer an.

Skilanglauf ► Einen Boom haben in den letzten Jahren der Skilanglauf bzw. das Skiwandern (Cross Country Skiing) erlebt. Vor allem in den National und State Parks sowie in den Recreational Areas werden bei entsprechender Schneelage Loipen gespurt. Weiter gehende Informationen erhält man bei den örtlichen Fremdenverkehrsbüros bzw. bei den Auskunftsstellen der in Frage kommenden US-Bundesstaaten.

Snowmobil ► Beliebt sind auch Touren mit Motorschlitten. Ein Snowmobil besitzt mittlerweile fast jeder Haushalt in den schneereichen Gegenden rund um die Großen Seen. Allerdings achten die Forstbehörden darauf, dass mit diesen nicht gerade umweltschonenden Fortbewegungshilfen nur auf ausgewiesenen Routen verkehrt wird.

Golf

Wie überall in den USA so gibt es auch rund um die Großen Seen zahlreiche Golfplätze. Im Gegensatz zum deutschsprachigen Raum ist Golf in Nordamerika ein beliebter Volkssport, was auch die vergleichsweise hohe Platzdichte belegt. Viele amerikanische Golfplätze sind öffentlich zugänglich. Darüber hinaus lassen viele Golfklubs auch Mitglieder ausländischer Clubs auf ihren Plätzen spielen. Hotels und Resorts mit eigenen Golfplätze bieten Pauschal-Arrangements an. Die Tourismusstellen der einzelnen US-Bundesstaaten (► Auskunft) halten umfangreiches Informationsmaterial zum Thema Golf bereit.

Zuschauersport

Die beliebtesten Zuschauersportarten im Gebiet um die Großen Seen sind **American Football, Baseball, Basketball** und **Eishockey**. Der europäische **Fußball (Soccer)** ist trotz der 1994 in den USA abgehaltenen Weltmeisterschaft noch weit davon entfernt, eine Massensportart zu werden. Eine besondere Begeisterung für die nachstehend aufgeführten Zuschauer-Sportarten herrscht praktisch in allen größeren Städten, die nicht nur mit erfolgreichen Teams, sondern auch mit entsprechend großen Arenen aufwarten können.

Das Maskottchen und die Cheerleader der »Chicago Bulls«

ADRESSEN

GOLF

▸ **United States Golf Association**
PO Box 708
Far Hills, NJ 07931
Tel. (908)-234-2300
www.usga.org

KANU / KAJAK

▸ **American Canoe Association**
108 Hanover Street
Fredericksburg, VA 22401
Tel. (540) 907-4460
www.acanet.org

SEGELN

▸ **Great Lakes Cruising Club**
P.O. Box 61133
Port Huron, MI 48061
Tel. (810) 984-4500
www.glcclub.com
Eine wichtige Anlaufstelle ist der Chicago Yacht Club am Monroe Harbor.

WANDERN

▸ **American Hiking Society**
1422 Fenwick Lane
Silver Spring, MD 20910
Tel. (301) 565-6704
www.americanhiking.org

American Football ▸ Absoluter Publikumsrenner ist American Football, dessen kompliziertes Regelwerk für Europäer nicht leicht zu durchschauen ist. Was jedoch fasziniert, sind die Dynamik und die taktischen Finessen dieses aus dem Rugby hervorgegangenen Mannschaftssports. Höhepunkt der Saison ist das Spiel der beiden Spitzenreiter der Conferences um die **Super Bowl**, die »Krone des Football« (Ende Januar / Anfang Februar). Teams, die in den letzten Jahren besonders von sich reden gemacht haben, sind die Green Bay Packers, die Cleveland Browns und die Detroit Lions. Im Endspiel am 6. Februar 2011 besiegten die Greenbay Packers die Pittsburgh Steelers.

Baseball ▸ Auf Platz Zwei der Beliebtheitsskala rangiert Baseball, aus dem englischen Cricket entstanden und ebenfalls schwer zu durchschauen. Abertausende von Zuschauern strömen zu den Spielen der Chicago White Sox, der Chicago Cubs, der Cincinnati Reds, Cleveland Indians, der Detroit Tigers und der Milwaukee Brewers.

Basketball ▸ Nach wie vor strömen vom Basketball begeisterte Massen in die Arenen der National Basketball Association. In der NBA mit Teams wie den Chicago Bulls zu spielen ist das Ziel aller Basketball-Profis der Welt. Praktisch in jeder größeren Stadt an den Großen Seen gibt es eine Basketball-Arena. Eine der größten ist die United Arena, die Heimstatt der Chicago Bulls. Weitere bekannte Profi-Mannschaften rund um die Großen Seen sind die Minnesota Timberwolves in Minneapolis, die Milwaukee Bucks, die Detroit Pistons, die Cleveland Cavaliers und die Toronto Raptors.

Eishockey (Hockey) wird in den USA in zwei Conferences zu je zwei Divisionen gespielt. Die National Hockey League (NHL) wird von US-amerikanischen und kanadischen Teams gebildet, die sich in den letzten Jahren mit Spielern aus den skandinavischen Ländern, Tschechien und Russland verstärkt haben. Die in Play-offs ermittelten beiden besten Teams spielen um den **Stanley Cup**, die höchste Trophäe des Eishockey-Sports. Zu den Teams von den Großen Seen gehören die Toronto Maple Leafs, die Chicago Blackhawks, die Detroit Red Wings, die Buffalo Sabres und die Minnesota Wild.

◀ Eishockey

Beliebte Zuschauersportarten sind ferner **Autorennen** (beispielsweise in Indianapolis: Indy 500 und NASCAR Brickyard 400), **Golf, Tennis** und **Boxen**. Örtlich werden auch sonst eher seltene Sportarten wie das aus dem baskischen Pelota abgeleitete **Lacrosse** gepflegt.

◀ Andere Zuschauersportarten

Verkehr

Flugverkehr

Flughäfen

Die wichtigsten Flughäfen an den Großen Seen sind Chicago, Detroit und Minneapolis/St. Paul. Von ihnen kann man täglich viele kleinere Flughäfen im Mittleren Westen und auch andere Ziele in den USA erreichen.

Alle größeren Flughäfen sind bestens in die Straßennetze eingebunden und haben gute Nahverkehrsanschlüsse in die Stadtzentren bzw. in wichtige Orte des Hinterlands. Viele größere Hotels, Mietwagenfirmen usw. unterhalten einen **Airport Shuttle Service**. An den größeren Flughäfen sind alle namhaften Autovermieter vertreten.

Bahnverkehr

Den Personenverkehr organisiert das Eisenbahn-Service-Unternehmen **Amtrak**, das für die Fahrgastbetreuung und die Fahrplangestaltung zuständig ist. Für das Streckennetz und das rollende Material sind diverse Eisenbahngesellschaften verantwortlich. Amtrak bietet verschiedene Rundreisepässe an, die außerhalb der USA günstig gekauft werden können. Diese Bahnpässe haben 15, 30 oder 45 Tage Gültigkeit. Der **USA Rail Pass** gilt

i Amtrak-Züge

- Adirondack: New York – Albany – Montréal
- Capitol Limited: Washington, DC – Chicago
- Cardinal/Hoosier State: New York – Indianapolis – Chicago
- Empire Builder: Chicago – St. Paul – Seattle
- Empire Service: New York – Buffalo – Niagara Falls
- Hiawatha: Chicago – Milwaukee
- Illinois Service: Chicago – Carbondale
- Lake Shore Limited: New York – Chicago
- Maple Leaf: New York – Niagara Falls – Toronto
- Michigan Services: Chicago – Grand Rapids/ Port Huron/Detroit – Pontiac
- Southwest Chief: Chicago – Los Angeles
- Texas Eagle: Chicago – Dallas – San Antonio

für das gesamte Streckennetz in den USA. Chicago ist der wichtigste Amtrak-Verkehrsknotenpunkt.

Busreisen

Busse der in Minesota gegründeten Firma **Greyhound** Inc. befahren Linien zwischen wichtigen Städten und Touristenzentren rund um die Großen Seen. Der **Greyhound Discovery Pass**, gültig für 7, 15, 30 oder 60 Tage, ist für Rundreisen im Bereich der Großen Seen zu empfehlen, wobei auch einige kanadische Städte besucht werden können.

Mit dem Auto unterwegs

Wichtige Regeln Jeder US-Bundesstaat hat neben bundesweiten auch eigene Verkehrsgesetze. Gegenüber den Bestimmungen in Europa bestehen ein paar Unterschiede. Nachstehend einige zu beherzigende Regelungen:

Vorfahrt ► Trotz Rechtsverkehr hat an ungeregelten Kreuzungen derjenige Vorfahrt, der zuerst da war. Nötigenfalls muss man sich verständigen. An vielen Kreuzungen sind alle Einmündungen mit Stoppschildern versehen **(4-Way Stop)**. Jeder Verkehrsteilnehmer muss hier anhalten. Wer zuerst an der Kreuzung war, darf auch als Erster weiterfahren.

Gurtpflicht ► In den meisten Bundesstaaten ist das Anschnallen zumindest auf den Vordersitzen Pflicht. Kinder unter vier Jahren dürfen in allen Staaten nur in einem speziellen Kindersitz mitfahren.

Geschwindigkeiten ► In verkehrsberuhigten Innenstädten und Wohngebieten liegen die zulässigen Höchstgeschwindigkeiten zwischen 20 mph bzw. 32 km/h und 35 mph bzw. 56 km/h; in der Nähe von Schulen, Altenheimen oder Krankenhäusern in Straßennähe kann die Höchstgeschwindigkeit nur 15 mph bzw. 24 km/h betragen! Auf Ausfallstraßen und Überlandstraßen mit Gegenverkehr darf man meist bis zu 45 mph bzw. 72 km/h schnell sein. Führt die Straße durch größere Waldgebiete mit Wildwechsel, sind bei Nacht nur noch 35 mph bzw. 56 km/h erlaubt. Auf mehrspurigen Straßen und Autobahnen (Highways) darf man bis zu 55 mph bzw. 88 km/h schnell sein, auf verkehrsarmen Abschnitten auch bis 70 mph bzw. 112 km/h.

Die **Promillegrenze** liegt je nach Staat und County zwischen 0,0 und 1 Promille! »Driving under influence« wird hart geahndet. Angebrochene alkoholische Getränke dürfen nur im Kofferraum transportiert werden, in Wohnmobilen außerhalb der Reichweite des Fahrers. Unter 21-Jährige dürfen keine alkoholischen Getränke mit sich führen.

Geschwindigkeiten *Umrechnungsskala*

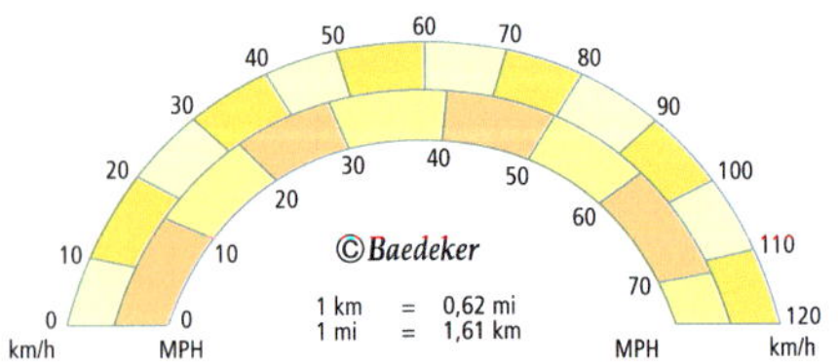

Auf einer Straße mit Gegenverkehr muss man anhalten, wenn ein signalgelber Schulbus ein- und aussteigen lässt. Hält ein Schulbus auf einer durch einen breiten Grünstreifen bzw. durch eine nicht überwindbare Barriere vom Gegenverkehr getrennten Fahrbahn, so gilt diese Regelung nur für den in derselben Richtung fließenden Verkehr.

◂ Schulbusse

Kontrolle

- Bei einer Polizeikontrolle bleibt man im Auto sitzen, öffnet das Autofenster und lässt die Hände sichtbar am Lenkrad. Dann wartet man auf die Anweisungen des Officers.

In den USA **hängen Verkehrsampeln hinter der Kreuzung**. Rechtsabbiegen trotz roter Ampel ist nach vollständigem Anhalten und bei Beachtung der Vorfahrt erlaubt. Verboten ist das Rechtsabbiegen bei Rot durch das Verkehrsschild »No turn on red«.

◂ Abblendlicht

Bei tief stehender Sonne, bei Sichtweiten unter 300 m, bei Regen sowie auf langen, schnurgeraden Straßen mit Gegenverkehr muss mit eingeschaltetem Abblendlicht gefahren werden.

◂ Parken

An Fernverkehrsstraßen außerhalb von Siedlungen sowie an vielen Straßen innerorts darf nicht geparkt werden. Auch vor Hydranten und an Bushaltestellen ist Parken verboten.

◂ Wenden

Wenden ist auf den meisten Straßen verboten und durch das Verkehrszeichen mit der Aufschrift »No U Turns« markiert.

◂ Rechts überholen

Auf mehrspurigen Straßen (Interstates, manche Highways) ist **rechts überholen gestattet**.

◂ Durchgezogene Linien

Durchgezogene Doppellinien dürfen nicht überfahren werden, ebenso einfache durchgezogene Linien auf der Fahrerseite. Auf vielen Straßen sind Abbiegekorridore markiert.

◂ Rush-Hour-Spuren

Auf mehrspurigen Straßen in Ballungsräumen sind Fahrspuren markiert, die im morgendlichen und abendlichen Stoßverkehr nur von Fahrzeugen mit zwei und mehr Insassen benutzt werden dürfen.

◂ Xing (Crossing)

Das englische »Crossing« (dt. = überqueren) wird sehr oft mit »Xing« abgekürzt. Ein Verkehrsschild mit der Aufschrift »Ped Xing« (»Pedestrian Crossing«) kündigt also einen Fußgängerüberweg an.

◂ Anhalter

Autostopp ist zwar erlaubt, aber auf Interstates und deren Zufahrten ist Anhalten per Handzeichen streng untersagt.

Interstates

Die mehrspurigen Interstates entsprechen den deutschen Autobahnen und unterscheiden sich durch blau-weiß-rote Beschilderung von den normalen Highways. Interstates mit geraden zweistelligen Nummern verlaufen in Ost-West-Richtung, solche mit ungeraden zweistelligen Nummern in Nord-Süd-Richtung. Dreistellige Nummern bezeichnen Schnellstraßen-Ringe und Stadtumfahrungen.

◂ Fernstraßen

◂ Highways

Die Highways sind das Pendant zu den deutschen Bundesstraßen, im Gegensatz zu diesen jedoch in den meisten Fällen mehrspurig ausgebaut. Weiße Schilder kennzeichnen sie als Bundes- (z. B. US 6) oder Staatsstraßen (State Roads; z. B. SR 28 bzw. MA 28). Auch bei ihnen definiert die Nummer die grobe Himmelsrichtung. Mit »ALT« (alternative) oder »BUS« (business) werden Umgehungsstraßen bezeich-

Entfernungen Orientierung

net. Der wichtigste Unterschied zwischen Highways und Interstates besteht darin, dass erstere – als mehrspurige Straßen – in den meisten Fällen nicht kreuzungsfrei sind. Bei Einmündungen und beim Linksabbiegen ist daher besondere Vorsicht geboten.

Toll ▶ »Toll« steht für eine Straßengebühr, die auf einigen Interstates und Highways sowie für die Benutzung von Brücken, Dammstraßen und Tunnels bzw. Unterführungen erhoben werden kann.

Ausfahrten ▶ Auf Straßen mit baulich getrennten Fahrstreifen liegen die Ausfahrten normalerweise rechts. Bei beengten Verhältnissen kann sie sich aber durchaus auch auf der linken Seite befinden.

Angeboten werden **Diesel (»gasoil«)** und **bleifreies Benzin (»gas unleaded«)** in den Sorten **»Regular« (Normal)** und **»Premium« (Super)**. Um die Zapfsäule betriebsbereit zu machen, muss ein Hebel umgelegt oder eine Halterung nach oben gezogen werden. An vielen Tankstellen wird vor allem abends und nachts Vorauskasse verlangt.

Benzin

Mietwagen

Die Landschaft um die Großen Seen erkundet man am besten mit einem Mietwagen. Einige Vermieter bieten ihre Fahrzeuge zu interessanten Preisen an, wobei die Wochenpauschalen besonders günstig sind. Man lasse sich jedoch nicht von den extrem niedrigen Grundmieten blenden. Vielmehr sollte man auf **ausreichenden Versicherungsschutz** (Haftpflicht, Kasko, Selbstbeteiligung) und Freimeilen

Verkehrsmittel der Wahl

INFORMATIONEN VERKEHR

BAHNREISEN

▶ **Amtrak**
Tel. 1-800-USA-RAIL (USA)
Tel. 1-800-872-7245 (USA)
www.amtrak.com

c/o North America Travelhouse
CRD International
Stadthausbrücke 1-3
D-20355 Hamburg
Tel. (040) 30 06 16-0
www.crd.de

c/o MESO Amerika-Kanada Reisen
Wilmersdorfer Str. 94
D-10629 Berlin
Tel. (030) 2 12 34 19-0
www.meso-berlin.de

BUSREISEN

▶ **Greyhound**
Tel. 1-800-231-2222
www.greyhound.com

INLANDSFLÜGE

▶ **American Airlines / American Eagle**
Tel. 1-800-433-7300
www.aa.com

▶ **Continental Airlines**
Tel. 1-800-523-3273
www.continental.com

▶ **Delta Air Lines**
Tel. 1-800-221-1212
www.delta.com

▶ **Frontier Airlines**
Tel. 1-800-432-1359
www.frontierairlines.com

▶ **United Airlines**
Tel. 1-800-864-8331
www.united.com

▶ **US Airways**
Tel. 1-800-428-4322
www.usairways.com

MIETWAGEN/ MIETMOTORRÄDER

▶ **Alamo**
Tel. 1-877-222-9075
www.alamo.com

▶ **Avis**
Tel. 1-800-331-1212
www.avis.com

▶ **Budget**
Tel. 1-800-527-0700
www.budget.com

▶ **Dollar**
Tel. 1-800-800-3665
www.dollar.com

▶ **Hertz**
Tel. 1-800-654-3131
www.hertz.com

▶ **Enterprise**
Tel. 1-800-261-7331
www.enterprise.com

▶ **Moturis**
Tel. 1-877-297-3687
www.moturis.com

▶ **National**
Tel. 1-888-900-9901
www.nationalcar.com

▶ **EagleRider Motorcycle Rental, Rent-A Harley-Davidson**
Tel. 1-888-900-9901 (USA)
Tel. (310) 321-3178 (USA)
Tel. (310) 321-3180 (USA)
Tel. (089) 31 59 46 08 (D)
www.eaglerider.com

▶ **Thrifty**
Tel. 1-888-400-8877
www.thrifty.com

PANNENDIENST

▶ **Tel. 1-800-AAA-HELP**

achten. Versicherungspakete können recht teuer sein. Zudem fallen noch die Steuern des jeweiligen Staates und eventuell sogar Flughafensteuern (Airport Taxes) an, letztere jedoch nur bei Benutzung eines Airport Shuttle (Autobusdienst) vom Flughafen zum Autohof des Vermieters. **Am besten: von zu Hause aus mieten!**

Führerschein, Mindestalter Wer ein Fahrzeug anmieten will, muss einen nationalen und/oder einen international anerkannten Führerschein beziehungsweise eine **driver's licence** vorlegen können und muss in der Regel mindestens 21 Jahre alt sein.

Übergabe Zwar hat jede Mietwagenfirma ihren Schalter am Flughafen, das Auto selbst erhält man jedoch woanders. Vom Flughafen zur Mietstation wird man mit einem Shuttle Bus gebracht. Ist das bestellte Auto nicht verfügbar, hat man Anrecht auf ein Fahrzeug der nächsthöheren Klasse. Kaution ▶ Die Fahrzeuge werden nur gegen eine Kaution abgegeben, die bei fast allen Vermietern durch Vorlage einer Kreditkarte als geleistet gilt.

Versicherungen Die Autovermieter bieten einen Wirrwarr unterschiedlicher Versicherungen an, die alle abzuschließen nicht unbedingt nötig ist: **CDW** (Collision Damage Waiver): Haftungsbefreiung für Unfallschäden am Fahrzeug (dringend empfohlen); **LDW** (Loss Damage Waiver): Haftungsbefreiung bei Verlust des Fahrzeugs; **PAI** (Personal Accident Insurance): Insassenunfallversicherung; **PEC** (Personal Effect Coverage): Reisegepäckversicherung; **LIS** bzw. **SLI**: Haftpflicht-Zusatzversicherung, mit der die Haftpflichtsumme der ohnehin bestehenden gesetzlichen Haftpflichtversicherung erhöht wird.

Zeit

Eastern Time

Der östliche Teil der in diesem Band beschriebenen Reiseregion gehört zur Eastern Time Zone. Dies bedeutet, dass das Gebiet gegenüber der Mitteleuropäischen Zeit um 6 Stunden zurückliegt.

Central Time

Der westliche Teil gehört zur Central Time Zone und liegt damit gegenüber dem östlichen Reisegebiet um eine Stunde, zur Mitteleuropäischen Zeit um 7 Stunden zurück.

Sommerzeit

Die Sommerzeit (Daylight Saving Time), während der die Uhren um eine Stunde vorgerückt sind, gilt vom ersten Aprilsonntag bis zum letzten Oktobersonntag.

a.m. / p.m.

Die Stunden von Mitternacht bis 12.00 Uhr mittags werden mit a.m. (ante meridiem) bezeichnet, die übrigen zwölf Stunden mit p.m. (post meridiem).

Zeitzonen in den USA

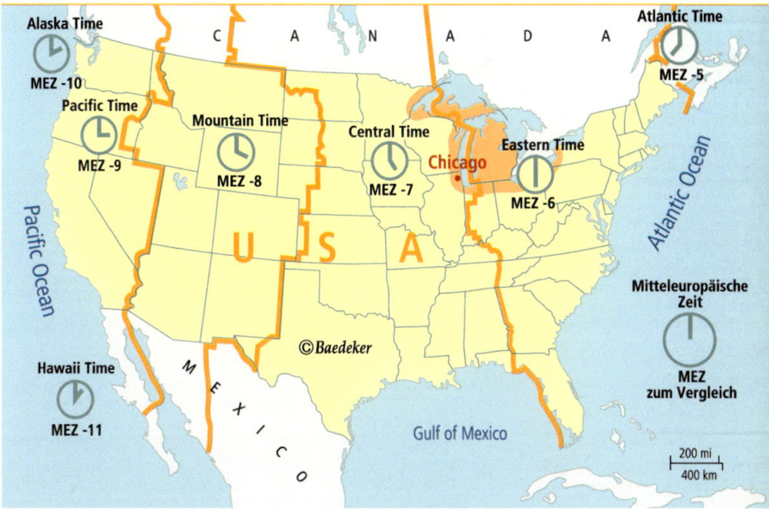

Touren

AUF DREI GUT MIT-
EINANDER KOMBINIER-
BAREN RUNDFAHRTEN
LERNT MAN EINEN DER LANDSCHAFTLICH SCHÖNSTEN SOWIE KULTUR- UND WIRTSCHAFTS-GESCHICHTLICH INTERESSANTESTEN GROSSRÄUME DER USA KENNEN.

TOUREN DURCH DAS LAND AN DEN GROSSEN SEEN

Das »Land der unbegrenzten Möglichkeiten« lockt auch im Bereich der Großen Seen mit überwältigender Natur, geschichtsträchtigen Plätzen und höchst imposanter Architektur. Tief beeindruckt wird sein, wer sich für die vorgeschlagenen Touren genügend Zeit lässt und vielleicht auch die eine oder andere Landschaft per pedes oder Kanu erkundet.

TOUR 1 **Lake Michigan Circle Tour**
Auf dieser Rundfahrt lernt man alles kennen, was typisch ist für die USA und die Große-Seen-Region im besonderen: Eine überwältigende Natur, Höhepunkte der Architektur sowie das kulturelle Erbe der indianischen Ureinwohner und der europäischen Einwanderer. ▸ **Seite 135**

TOUR 2 **Lower Michigan Peninsula Circle Tour**
Von Chicago aus umrundet man die Untere Michigan-Halbinsel, die sich zwischen Lake Erie, Lake Huron und Lake Michigan erstreckt. Dabei lernt man die »Herzkammer der US-Automobilindustrie« ebenso kennen wie diverse landschaftliche Höhepunkte. ▸ **Seite 139**

TOUR 3 **Lake Erie Circle Tour**
Von der Autostadt Detroit aus geht es rund um den Eriesee, an dessen Gestaden nicht nur interessante Städte wie Cleveland und Buffalo liegen, sondern der mit den Niagarafällen an seiner Ostspitze ein großartiges Naturwunder zu bieten hat. ▸ **Seite 141**

Chicago bei Nacht: Blick vom John Hancock Center hinüber zum Willis Tower

Ein technisches Meisterwerk *ist die riesige Schleuse in Sault St. Marie.*

Bestens erholen *kann man sich auf Mackinac Island.*

»Cloud Gate« *heißt die neueste Freilicht-Attraktion in Chicago.*

Entspannte Atmosphäre *auf den Flats von Cleveland*

Unterwegs an den Großen Seen

Alles ist riesig und fast unermesslich in Nordamerika, ganz anders, als im dicht besiedelten Mitteleuropa. Und dennoch sind die USA das »gelobte Land der Autofahrer«. Über mehrspurige Interstates und manchmal auch nur zweispurige Highways erreicht man praktisch jedes Ziel. Nur genügend Zeit sollte man mitbringen, denn im Gegensatz zu Deutschland, wo man mit Tempo 200 km/h über die Autobahn brettern darf, sind in den meisten US-Bundesstaaten maximal 65 mi/110 km in der Stunde erlaubt!

Mit dem Auto unterwegs

Eine Reise durch das Land an den Großen Seen bereitet kaum Probleme. Dies gilt besonders für die vergleichsweise dünn besiedelten Gebiete im Norden der Region. Dagegen kann man in den Mega-Städten des Südens – allen voran in Chicago – als Chauffeur schon mal ins Schwitzen kommen. Aber wer in Hamburg, Frankfurt und München zurecht kommt, schafft dies auch in der Neuen Welt.

Verkehr in den Städten ▸

In den urbanen Gebieten ist das Autofahren allerdings etwas kostspielig. Der Grund: In immer mehr US-Städten kommt es regelmäßig – vor allem in der rush hour – zum Verkehrsinfarkt. Man kann dann auch in den USA Stunden in Verkehrsstaus verbringen. Und immer mehr Städte versuchen mit teils astronomisch hohen Parkgebühren und gesalzenen Spritpreisen den Ansturm des Individualverkehrs auf die Innenstädte aufzuhalten.

Verkehr auf dem Lande ▸

Mit ganz anderen Problemen hat man als Autofahrer im dünn besiedelten Norden der Region zu rechnen. Dort sollte man vor allem darauf achten, immer genug Kraftstoff im Tank zu haben. Denn bei der Fahrt durch abgelegene Wald- und Seenlandschaften kann es schon mal passieren, dass man Dutzende von Meilen respektive Kilometern bis zur nächsten Tankstelle zurücklegen muss.

Wenn Petrus grollt ... ▸

Es empfiehlt sich, bei seiner Tourenplanung auch Wetterunbilden mit zu berücksichtigen. So entladen sich im Spätfrühling und Sommer oft heftige **Gewitter**. Sintflutartige Regenfälle lassen dann in kürzester Zeit Wasserläufe anschwellen, überschwemmen Straßen und Brücken oder sorgen für Hangrutschungen. Ferner ist das Land an den Großen Seen berüchtigt für seine **Starkwinde**, die das ganze Jahr über auftreten können. Nicht umsonst ist Chicago als »windy city« bekannt! Bei Sturm werden besonders exponierte Brücken bzw. Straßenabschnitte für den Verkehr gesperrt. Und bereits im September muss man mit **frühwinterlichen Wetterlagen** rechnen, die an den Großen Seen oft mit **heftigen Schneefällen** verbunden sind.

Ideales Reiseland für Wohnmobil-Touristen ▸

Das Land an den Großen Seen ist ein geradezu ideales Urlaubsziel für Wohnmobil-Touristen. Entsprechend ausgerüstet und bevorratet können sich diese auch mal von viel befahrenen Highways entfernen und die herrliche Natur in einem abgelegenen Provinzpark im Hinterland der Seen genießen.

Das »Land der unbegrenzten Möglichkeiten« hat für jeden Geschmack etwas zu bieten. Hochklassige Kultur, Sport, Spiel, Spannung, gutes Essen und vor allem tolle Shopping-Möglichkeiten haben große Städte wie Chicago, Cleveland und Minneapolis/St. Paul zu bieten. Großartige Natur findet man nicht nur in Gestalt der weltberühmten Niagarafälle, sondern vor allem auch an den Gestaden von Michigan- und Oberem See. Sportlich Ambitionierte wie Kanuten, Mountainbiker, Golfspieler und Skilangläufer kommen in der gesamten Großregion auf ihre Kosten. Schließlich sei noch auf die gern besuchten Living-History-Programme in Freilichtmuseen, wieder hergerichteten Pelzhändlerniederlassungen und Pioniersiedlungen hingewiesen, bei denen man nachvollziehen kann, wie die Altvorderen im damals noch wilden Westen gelebt haben.

Für jeden etwas

Tour 1 Lake Michigan Circle Tour

Start und Ziel: Chicago
Länge: ca. 1200 mi / 1932 km
Dauer: 2 Wochen

Wahrlich eine Traumrunde ist die »Lake Michigan Circle Tour«, die man im Hochsommer am besten mit einem Cabrio oder einem Motorrad abfährt. Hierbei lernt man in komprimierter Form kennen, wofür das Reiseland USA bekannt ist: Grandiose Natur und überwältigende Architektur. Dies fängt schon in Chicago an, das ja als »Welthauptstadt der Architektur« gerühmt wird, und hört bei den gigantischen Sandbergen des Sleeping Bear Dunes National Lakeshore nicht auf. Doch schauen Sie selbst!

Nach einem ausgiebigen Besuch der Metropole ❶ ✶✶ **Chicago** nimmt man den mautpflichtigen I-90 E und erreicht schnell die bereits im Bundesstaat Indiana gelegene Industriestadt **Gary**. Ab hier folgt man dem US 12, der am ❷ ✶✶ **Indiana Dunes National Lakeshore** entlang bis ❸ **Michigan City** führt. Nördlich der Stadt überquert man die Grenze nach Michigan und fährt nun an dem von Dünenstränden und mehreren State Parks gesäumten Südostufer des **Lake Michigan** nordwärts bis St. Joseph bzw. Benton Harbor. Von hier folgt man dem I-196 in nordöstlicher Richtung, der via ❹ ✶ **Holland** nach ❺ ✶ **Grand Rapids** führt. Von der geschäftigen Stadt im Westen der **Lower Michigan Peninsula** lohnt ein Abstecher

✓ NICHT VERSÄUMEN

- Chicago: Spaziergang durch den Millenium Park und die Magnificent Mile und abends ein Besuch im Blues-Lokal
- Erstürmung der Sleeping Bear Dunes bei Traverse City
- Bootsausflug nach Mackinac Island
- Erkundung der Pictured Rocks National Lakeshore
- Fahrt auf die Door-Halbinsel

(via I-96 E) nach ❻ * **Lansing**, der etwa eine Autostunde weiter südöstlich gelegenen Hauptstadt des US-Bundesstaates Michigan.

Nach einer Besichtigung der wichtigsten Sehenswürdigkeiten der Stadt geht es auf dem I-96 W wieder hinüber an die »West Coast« der Lower Michigan Peninsula. Nach einer knappen Stunde erreicht man ❼ * **Muskegon**, wo man in nördlicher Richtung abbiegt und nunmehr dem US 31 N folgt. War die Landschaft bisher eher flach und von Ackerbau geprägt, so wechselt jetzt die Szenerie. Das Relief wird bewegter, Wiesen und ausgedehnte Wälder bedecken die Hügel. Von dem bis zur Hafenstadt ❽ **Ludington** vierspurig ausgebauten ‚US 31 N bieten sich an mehreren Stellen kurze Abstecher an das Ufer des Lake Michigan und landeinwärts in den **Manistee National Forest** an. Wer hier schon genug von Michigan gesehen hat, kann mit der Fähre an das Wisconsin-Ufer des Michigansees übersetzen und vom gegenüberliegenden Fährhafen **Manitowoc** schnell via Milwaukee nach Chicago zurückkehren.

Nördlich von Ludington führt der US 31 durch die nordwestlichen Ausläufer des Waldgebietes in das hübsch am Wasser gelegene Städtchen ❾ **Manistee**. In dessen Umgebung findet man nette Plätze, um sich ein wenig von der anstrengenden Autofahrt zu erholen.
Nördlich von Manistee beginnt einer der reizvollsten Abschnitte der gesamten Rundtour. Beim Flugplatz von Manistee biegt man vom US 31 ab und folgt jetzt dem MI 22, der am landschaftlich sehr abwechslungsreichen Michiganseeufer nordwärts ans ❿ * * **Sleeping Bear Dunes Nat.l Seashore** mit seinen riesigen Sanddünen führt. Der MI 22 erschließt danach die **Leelanau Peninsula**. Sie trennt die tief ins Land eindringende **Grand Traverse Bay** vom Michigansee. Der MI 22 endet schließlich in dem während der Sommermonate stark belebten Fremdenverkehrsort ⓫ * **Traverse City**. Von hier lohnt ein Abstecher auf die schmale * **Old Mission Peninsula**.
Ab Traverse City folgt man wieder dem US 31, der sich am Ostufer der Grand Traverse Bay entlang durch Obstplantagen (bes. Kirschen) nordwärts bis **Charlevoix** und ⓬ * **Petoskey** schlängelt. Unterwegs kommt man an ‚verträumten Seen vorbei. Schon einige Meilen vor der Einfahrt nach Petoskey merkt man, dass diese Stadt zum Ganzjahres-Touristenziel ausgebaut wird, denn hier sind in den letzten Jahren Marinas für passionierte Segler und Wintersportplätze für Familien mit Kindern angelegt sowie luxuriöse Hotel- und Ferienapartmentbauten errichtet worden.

Der US 31 endet in ⓭ * **Mackinaw City** an der Nordspitze der Lower Michigan Peninsula. Außerdem sollte man von hier aus unbedingt einen Bootsausflug zu der im Nordwestzipfel des Lake Huron gelegenen und geschichtsträchtigen Bilderbuch-Insel * * **Mackinac Island** unternehmen, auf der nur Pferdefuhrwerke, Fahrräder etc., aber keine Autos verkehren dürfen. Wer noch nie Living History ge-

erwältigende Natur:
Pictured Rocks

Schön spielen
kann man bei Petoskey

mposant:
lkenkratzer in Chicago

sehen hat, sollte sich dieses Erlebnis (inklusive Kanonendonner) im mächtigen Fort Mackinac gönnen. Die Wasserstraße, die den Michigansee mit dem Huronsee verbindet, wird von der 8038 m langen ✶ **Mackinac Bridge** überspannt. Sie verbindet ihrerseits als wichtiges Teilstück des I-75 die Lower Michigan Peninsula mit der **Upper Michigan Peninsula**. Am nördlichen Brückenkopf träumt der alte Handelsplatz und heutige Ferienort ⑭ ✶ **St. Ignace** vor sich hin. Von hier lohnt ein Abstecher in die durch ihre riesigen Schleusen bekannte US-amerikanisch-kanadische Doppelstadt ⓯ ✶ **Sault Ste. Marie**, die auch nördlicher Endpunkt des I-75 ist. Ferner ermöglicht der wenige Meilen nördlich von St. Ignace vom I-75 abzweigende MI 123 einen Abstecher durch den östlichen Teil des ✶ **Hiawatha National Forest** zu den wildromantischen ✶ **Tahquamenon Falls** im Hinterland der zum Oberen See gehörigen **Whitefish Bay**.

Die Rundfahrt um den Michigansee wird ab St. Ignace auf dem US 2 fortgesetzt, der sich zunächst am landschaftlich reizvollen Nordufer des Gewässers bis zu dem beliebten Ferienort ⓰ **Manistique** windet. Unterwegs bieten sich viele schöne Ausblicke auf den See. Wer genug Zeit hat, kann von Manistique aus einen Abstecher durch den westlichen Hiawatha National Forest zum malerischen ⓱ ✶✶ **Pictured Rocks National Lakeshore** am Südostufer des Oberen Sees unweit von ⓲ ✶ **Marquette** unternehmen oder in dem eine Autostunde nordöstlich von Manistique gelegenen **Seney National Wildlife Refuge** Weißkopf-Seeadler beobachten.

Eine Autostunde westlich von Manistique, in **Rapid River**, biegt der US 2 südwärts nach ⓳ **Escanaba** ab. Von hier aus bietet sich ein Abstecher in die eine gute Autostunde weiter westlich gelegene und via US 2 (West) erreichbare Bergbauregion von ✶ **Iron Mountain** an. Die Rundfahrt um den Michigansee wird jedoch ab Escanaba auf dem MI 35 fortgesetzt. Dieser führt am Westufer der Green Bay entlang südwärts bis nach Menominee an der Mündung des gleichnamigen Flusses bzw. an die Grenze der beiden US-Bundesstaaten Michigan und Wisconsin. Schwesterstadt auf der Wisconsin-Seite der Flussmündung ist **Marinette**, von wo aus der US 41 sozusagen als südliche Fortsetzung des MI 35 in die vom Football begeisterte Papier-Metropole ⓴ ✶ **Green Bay** zieht. Von hier lohnt unbedingt ein Ausflug auf die nordöstlich in den Michigansee hineinragende ㉑ ✶✶ **Door Peninsula** mit ihren hübsch herausgeputzten Fischerorten und tollen Ferienanlagen.

Südlich von Green Bay wird die Landschaft wieder flacher und eintöniger. Nur am Ufer des Michigansees gibt es mehr Abwechslung. Von Green Bay aus folgt man jetzt dem I-43 South zunächst bis zum Fährhafen ㉒ ✶ **Manitowoc** und dann weiter bis ㉓ ✶ **Sheboygan**, in dessen südlicher Umgebung es zwei schöne State Parks am Seeufer gibt. Schließlich taucht am Horizont die Silhouette der Großstadt ㉔ ✶ **Milwaukee** auf, in der es viel Interessantes zu sehen gibt.

Als Alternative zum Seeufer-Straßenabschnitt Sheboygan – Milwaukee bietet sich ein Umweg durch die landschaftlich sehr reizvolle ㉕ ✶ **Kettle Moraine** an, in die man von Sheboygan aus westwärts via WI 23 und WI 67 gelangt. Der WI 67 mündet schließlich in den US 45, der via **West Bend** südwärts nach Milwaukee strebt. Die letzte Etappe der Rundfahrt führt am südwestlichen Ufer des Lake Michigan entlang. Über den WI 32 Via **Racine, Kenosha** und den ✶ **Illinois Beach State Park** kommt man schließlich wieder zurück nach ❶ ✶✶ **Chicago**, vorbei an den beiden beachtenswerten Vorstädten Wilmette und Evanston.

Tour 2 Lower Michigan Peninsula Circle Tour

Start und Ziel: Chicago
Länge: 1600 mi / 2576 km
Dauer: 2 Wochen

Viel zu erleben gibt es auch auf dieser Rundfahrt, denn man lernt hier so interessante Städte kennen wie die Autometropole Detroit, die nach langem Dornröschenschlaf wieder aufstrebende Industriestadt Cleveland mit ihrer weltberühmten Rock Hall of Fame, die traditionsreiche Universitätsstadt Ann Arbor und das von fränkischen Einwanderern gegründete Städtchen Frankenmuth. Und im Amish Country bei South Bend fühlt man sich ins vorletzte Jahrhundert zurückversetzt.

Von ❶ ✶✶ **Chicago** geht es auf dem mautpflichtigen I-80/I-90 in östlicher Richtung bis Toledo. Man durchquert dabei eine weitgehend flache Agrarlandschaft, die nur wenige Höhepunkte zu bieten hat. Dennoch gibt es beiderseits der stark befahrenen Hauptschlagader des Mittleren Westens einige lohnende Ziele für Abstecher, so beispielsweise das **Amish Country** südöstlich von ❷ ✶ **South Bend** und erreicht ❸ **Toledo**Von Toledo aus lohnt ein Abstecher (Hwy. OH 2) an die südwestlichen Gestade des **Lake Erie**. Highlights sind **Port Clinton** und die vorgelagerten Inseln, ❹ ✶ **Sandusky** und der viel besuchte Vergnügungspark von ✶ **Cedar Point** und natürlich die Großstadt ❺ ✶✶ **Cleveland** mit ihren zahlreichen Sehenswürdigkeiten.

Von Toledo aus folgt man dem I-75, der nordwärts in die Autostadt ❻ ✶✶ **Detroit**. Neben den wichtigsten Attraktionen in der Stadt sollte man auf jeden Fall den ✶✶ **Ford-Museen** in der Vorstadt **Dearborn** einen Besuch abstatten. Außerdem lohnt sich ein Abstecher in die eine halbe Autostunde weiter westlich gelegene Universitätsstadt ❼ ✶ **Ann Arbor**.

✔ NICHT VERSÄUMEN

- Cleveland: Rock'n Roll Hall of Fame, abends Kneipenbummel durch die Flats
- Detroit: Besuch von »The Ford« im Vorort Dearborn
- Bootsausflug nach Mackinac Island
- Erkundung der imposanten Dünen am Nordost- und am Südostufer des Lake Michigan
- Zum guten Schluss ein Blick über das nächtliche Chicago vom Hancock- oder vom Willis Tower

Mächtige Sanddünen: *die Sleeping Bear Dunes bei Traverse City*

Ein »Ford Mod… *im Museum der w… berühmten Autofi… in Dearborn bei D…*

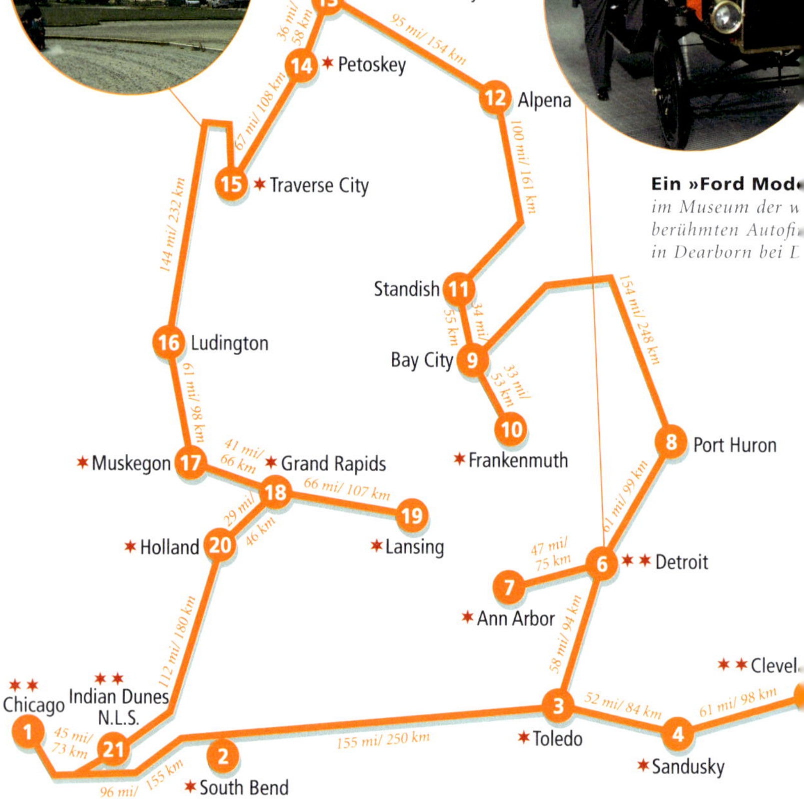

Hat man Detroit erfolgreich abgehakt, so geht es auf dem I-94 in nordöstlicher Richtung weiter bis zur Endstation 8 **Port Huron**. Hier beginnt der MI 25, der als landschaftlich reizvolle Strecke und Teil der Lake Huron Circle Route um die Saginaw-Halbinsel herumführt. Unterwegs gibt es viel Natur und einige State Parks am Seeufer. Der MI 25 endet in 9 **Bay City**, einer beschaulichen Hafenstadt an der **Saginaw Bay**. Von Bay City empfiehlt sich in jedem Fall ein Ausflug südwärts nach **Saginaw** und nach 10 ✶ **Frankenmuth**, jener viel besuchten, von Einwanderern aus Mittelfranken gegründeten Siedlung, in der bis heute alte Traditionen hoch gehalten werden.

Ab Bay City führt der MI 13 als ufernahe Straße an der Saginaw Bay nordwärts weiter bis ⑪ **Standish**. Von hier folgt man nunmehr dem US 23, der am Nordwestufer des **Lake Huron** entlang führt. Die größtenteils gut ausgebaute Straße führt durch die Ausläufer des **Huron National Forest** und erschließt einige wunderschöne Ausblicke. Höhepunkte des Abschnitts zwischen Standish und ⑫ **Alpena** sind der **Tawas Point State Park**, der **Harrisville State Park** und der **Negwegon State Park**. Streckenweise hat die eiszeitlich überprägte Moränenlandschaft schon nordische Züge. Abwechslungsreich ist auch der nördliche Abschnitt des US 23 von Alpena bis ⑬ * **Mackinaw City**. Von hier aus sollte man unbedingt einen Bootsausflug auf die vorgelagerte Insel * * **Mackinac Island** unternehmen. Auch wird ein Abstecher über die riesige Hängebrücke nach * **St. Ignace** empfohlen.

Die Rückreise nach ① * * **Chicago** entlang der so genannten West Coast der Lower Michigan Peninsula erfolgt via ⑭ * **Petoskey**, ⑮ **Traverse City**, * * **Sleeping Bear Dunes National Lakeshore**, Manistee, ⑯ **Ludington**, ⑰ **Muskegon**, ⑱ * **Grand Rapids**, ⑲ * **Lansing**, ⑳ * **Holland** und das ㉑ * * **Indiana Dunes National Lakeshore**. Dieser Teil der Rundreise ist bereits im Routenvorschlag 1 (Lake Michigan Circle Tour) beschrieben, jedoch in umgekehrter Reihenfolge (►S. 135).

Tour 3 Lake Erie Circle Tour

Start und Ziel: Detroit
Länge: ca. 700 mi / 1127 km
Dauer: 4 – 7 Tage

Eine weitere schöne Rundreise ist die Tour um den Eriesee mit den Niagarafällen und der wieder aufstrebenden Großstadt Cleveland als besonderen Highlights. Als Ausgangspunkte bieten sich Detroit und Cleveland an.

Nach einer Besichtigung von ❶ * * **Detroit** und vor allem auch der * * **Ford-Museen** in der Vorstadt **Dearborn** folgt man dem I-75 südwärts bis in die bereits im US-Bundesstaat Ohio gelegene Industriestadt ❷ * **Toledo**, die sich am westlichsten Zipfel des Eriesees ausbreitet. Ab hier zieht der OH 2 in östlicher Richtung zur **Marblehead Peninsula** mit **Port Clinton**, von wo aus ein Bootsausflug zu den vorgelagerten Inseln lohnt. Danach geht es auf einem sog. Skyway über die geschützte **Sandusky Bay**,

✓ NICHT VERSÄUMEN

- Detroit: Besuch von »The Ford« im Vorort Dearborn
- Nervenkitzel beim »Thrill Ride« im Vergnügungspark Cedar Point
- Cleveland: Rock'n Roll Hall of Fame, abends Kneipenbummel durch die Flats
- Weinprobe am Lake Erie
- Bootsfahrt zu den Niagarafällen

auf der sich bei schönem Wetter zahllose Segelboote tummeln. Auch von ❸ ✶ **Sandusky** aus kann man Bootsausflüge zu den vorgelagerten Inseln unternehmen. Absolutes Highlight ist jedoch der riesige **Vergnügungspark** auf der in den Eriesee hinausreichenden Landzunge namens ✶ **Cedar Point**.

Ab Sandusky folgt man dem US 6 ostwärts, der sich an der Südküste des Eriesees entlang schlängelt. Dabei passiert man hübsche Badeplätze, Marinas und gepflegte Villensiedlungen. Dazwischen gibt es immer wieder Hafenanlagen mit hohen Schornsteinen von Wärmekraftwerken und großen Industriebetrieben. Wie Perlen auf einer Schnur reihen sich die Siedlungen **Vermilion, Amherst, Lorain** und **Sheffield Lake** am US 6 aneinander, bevor man durch ein langgestrecktes Villengebiet in die nach langen Jahren des Verfalls wieder aufstrebende Großstadt ❹ ✶✶ **Cleveland** gelangt. Hier sollte man sich unbedingt Zeit nehmen, um die wichtigsten Sehenswürdigkeiten abzuhaken. Reizvolle und nahe gelegene Ausflugsziele sind das **Geauga Lake & Wildwater Kingdom** an der südöstlichen Peripherie der Stadt und das romantische Tal des **Cuyahoga River** südlich der Stadt.

Ab Cleveland folgt man dem US 20 östlich stadtauswärts. Auch hier bietet sich ein ähnliches Bild wie an der westlichen Peripherie von Cleveland: Industrieanlagen, Villenviertel und Erholungsflächen. Via East Cleveland, die Industrie-vorstadt **Euclid** sowie über die Vor-orte **Willoughby, Eastlake** und **Mentor** gelangt man schließlich zum ✶ **Headlands Beach State Park**, am nordöstlichen Rand des Ballungsraumes Cleveland. Je weiter man sich von Cleveland entfernt, desto lieblicher wird das Landschaftsbild. Weingärten, Obstplantagen, kleine Wäldchen und Parks, in denen es üppig blüht, dazwischen immer wieder Tobel und Täler, durch die sich kleine Flüsschen in den Eriesee stürzen, prägen die Gegend um **Geneva**, ❺ ✶ **Ashtabula** und **Conneaut**. Auch östlich der Grenze der Bundesstaaten Ohio und Pennsylvania setzt sich dieses Landschaftsbild fort. Nach der Staatsgrenze folgt man dem Highway 5, der sich bis zur Nordostspitze des Eriesees schlängelt.

Brennpunkt des zu Pennsylvania gehörenden Eriesee-Ufers ist die Stadt ❻ ✶ **Erie**. Eine erholsame Pause kann man auf der fingerförmig in den See hinaus ragenden ✶ **Presque Isle** einlegen, die als State Park geschützt ist. Hier gibt es viel Natur, einen schönen Badestrand und gute Möglichkeiten für Paddler. Auch nordöstlich von Erie bleibt die Landschaft eher lieblich. Ganz in der Ferne, hinter Weinfeldern und Obsthainen, sieht man die bewaldeten Höhen der **Alleghenys**. Wer etwas mehr Zeit hat, dem sei ab Barcelona ein Abstecher in südlicher Richtung empfohlen (Hwy. NY 394), der zunächst zum lang gestreckten **Chautauqua Lake** hinauf führt. Der gut ausgebaute NY 17 führt dann weiter über **Jamestown** und in den ✶ **Allegheny State Park** bzw. zum großen Allegheny-Stausee.

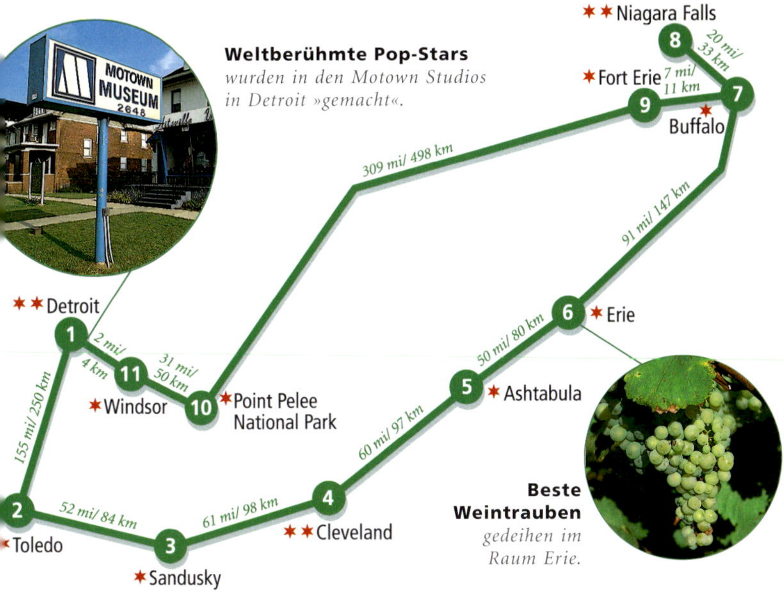

Weltberühmte Pop-Stars
wurden in den Motown Studios in Detroit »gemacht«.

Beste Weintrauben
gedeihen im Raum Erie.

Die Eriesee-Rundfahrt geht ab Barcelona weiter via Dunkirk nach ❼ ✶ **Buffalo** und zu den weltberühmten ❽ ✶✶ **Niagara Falls**. Hier sollte man sich mindestens ein bis zwei Tage Zeit nehmen, um die interessantesten Plätze beiderseits des **Niagara River** in Augenschein zu nehmen. Dazu zählen nicht nur die amerikanischen und kanadischen Fälle selbst, sondern vor allem auch die verschiedenen Forts, die noch aus einer Zeit stammen, in der sich Engländer und die nach Unabhängigkeit strebenden Amerikaner bekriegten. Auch das hübsch herausgeputzte kanadische Städtchen ✶✶ **Niagara-on-the-Lake** sowie die Weingüter im Hinterland lohnen einen Besuch. Wer es sich zeitlich leisten kann, sollte von Niagara aus unbedingt einen Abstecher in die kanadische Metropole ✶✶ **Toronto** einplanen, die einiges zu bieten hat (►Baedeker Allianz Reiseführer Kanada • Osten).

Die Rückreise nach Detroit erfolgt entlang des auf kanadischer Seite gelegenen Eriesee-Nordufers. Ab ❾ ✶ **Fort Erie** folgt man dem Highway 3, der zunächst in erheblichem Abstand vom Seeufer nach Westen verläuft. Erst hinter Aylmer bzw. St. Thomas wird er zur richtigen Uferstraße, die einige schöne Plätze erschließt. Dazu gehören vor allem der **Rondeau Provincial Park** und der ❿ ✶ **Point Pelee National Park**, die beiden südlichsten Naturschutzgebiete Kanadas, die jeweils auf weit in den Eriesee hineinreichenden Landzungen ausgewiesen sind. Letzte Station auf kanadischer Seite ist die am Ostufer des **Detroit River** gelegene Stadt ⓫ ✶ **Windsor**, von der aus man über eine hohe Brücke oder durch einen Tunnel (beide mautpflichtig) direkt ins Zentrum der Autostadt ❶ ✶✶ **Detroit** zurückkehrt.

Reiseziele von A bis Z

LEBHAFTE STÄDTE – ALLEN VORAN DIE METROPOLE CHICAGO – UND HERRLICHE NATUR HAT DIE REGION UM DIE GROSSEN SEEN ZU BIETEN, DIE NICHT VON UNGEFÄHR ALS »AMERIKAS VIERTE KÜSTE« BEZEICHNET WIRD.

Ashtabula

P 9

Bundesstaat: Ohio
Höhe: 212 m ü. d. M.
Einwohnerzahl: 20 000

Am »Fluss der vielen Fische« der Irokesen bzw. an dessen Mündung in den Eriesee liegt dieser Kohle- und Erzhafen, der zudem Hauptort einer bei Familien immer beliebter werdenden Ferienregion ist.

Von Wein- und Obstbau geprägt Wer sich Ashtabula nähert, dem fallen ausgedehnte Rebflächen und Obstkulturen ins Auge. Aus dem Ashtabula County kommen etwa zwei Drittel der gesamten Traubenernte des Bundesstaates Ohio. Und im Juni kommen viele Bewohner aus den nahen Industriestädten wie Akron, Canton, Cleveland und Pittsburgh hierher, um große Mengen Erdbeeren zu pflücken.

ASHTABULA

AUSKUNFT

Ashtabula County CVB
1815 Austinburg Road
Austinburg, OH 44010
Tel. (440) 275-3202
www.visitashtabulacounty.com

ESSEN

► Preiswert

Casa Capelli
4641 Main Ave., Ashtabula
Tel. (440) 992-3700
Bekanntes aus der italienisch-mediterranen Küche und typisch amerikanische Steaks und Seafood kommen hier auf den Tisch.

Ashtabula und Umgebung

An der Stelle über dem Hafen, wo bis Ende des 19. Jhs. der Leuchtturmwärter wohnte, gibt es im **Ashtabula Maritime & Surface Transportation Museum** außer historischen Fotos und Dokumenten auch Gerätschaften der Küstenwache und Ausrüstungsgegenstände des früheren Leuchtturms zu sehen (Juni – Aug. Fr. – So., Sept. Sa., So. 12.00 – 17.00 Uhr).

Colonel William Hubbard House Das denkmalgeschützte Haus, in dem um die Mitte des 19. Jh.s das Ehepaar Hubbard gewohnt hat, war eine **Station der »Underground Railroad«**. Diese im Verborgenen agierende Organisation unterhielt bis 1861 ein Netz von Schleichwegen, über das geflohene Sklaven ins rettende Kanada gelangen konnten. Das Mobiliar des Hubbard-Hauses stammt aus der Zeit zwischen 1840 und 1860. Viele Gegenstände erinnern an den Sezessionskrieg und die »Underground Railroad« (Ende Mai – Anfang Sept. Fr. – So. 13.00 – 17.00 Uhr).

Geneva-on-the-Lake Ca. 11 mi / 18 km südwestlich von Ashtabula erreicht man diesen freundlichen **Ferienort**, der nicht von ungefähr den Namen der Westschweizer Metropole trägt. Am Eriesee breitet sich ein gepflegter Park aus, und auch hier werden Weinreben kultiviert.

★ Bayfield Peninsula · Apostle Islands

E 3/4

Bundesstaat: Wisconsin **Höhe:** 183 – 401 m ü. d. M.

Die Bayfield-Halbinsel und die vorgelagerte Inselflur der Apostle Islands sind landschaftliche »Highlights« der Wisconsin-Küste bzw. des südwestlichen Ufers des Lake Superior.

Ein Ergebnis der letzten Eiszeit

Die Halbinsel und der heute als Naturschutzgebiet ausgewiesene kleine Archipel sind während und nach der letzten Eiszeit herausmodelliert worden. Sandsteinhöhlen am Seeufer, uralte Wälder und einige besonders malerische Leuchttürme prägen die Szenerie.

Bayfield

Eine Holzfällersiedlung wird Touristenort

Die schöne Lage an der Ostflanke der Bayfield-Halbinsel und die Nähe (ca. 70 mi/112 km östlich) zu ►Duluth bzw. Superior macht den einstigen Holzfällerort, der nur ein paar Hundert Einwohner zählt, zum beliebten Ausgangspunkt für Ausflüge auf die Apostle Islands und Madeline Island. Im Ortszentrum und auch in der Umgebung gefallen stattliche, aus rotbraunem Sandstein errichtete Villen. Die meisten wurden im 19. Jh. erbaut, als die Holzindustrie noch in vollem Schwung war. Eines dieser respektablen Gebäude ist das ehem. Court House (Washington Ave.), in dem sich heute das Visitor Center des Apostle Islands National Lakeshore befindet.

> ! *Baedeker* TIPP
>
> **Abenteuer pur**
>
> In Bayfield kann man im Sommer Kajaks und Kanus mieten sowie geführte Touren zu den Apostle Islands buchen. Die Adresse lautet: Living Adventure, P.O. Box 874, Bayfield, WI 54814, Tel. (715) 779-9503, www.livingadventure.com

Red Cliff Indian Reservation

An der Nordspitze der Bayfield-Halbinsel leben noch rund 1500 **Ojibwa**. Nördlich von Bayfield entstand vor einigen Jahren das **Isle Vista Casino**, mit dem sich die Ojibwa eine kräftig sprudelnde Einnahmequelle erschlossen. Während im Inneren des Spielkasinos chromblitzende Videospielautomaten heulen, erinnern draußen neben dem Parkplatz der Glücksspielhochburg einige aus Birkenrinden gefertigte Hütten an die Traditionen der Indianer.

★ Apostle Islands National Lakeshore

Imposante Inselwelt

Von Einheimischen gerne als Wisconsins »Kronjuwelen« bezeichnet, liegen die 21 Inseln des Naturschutzgebietes vor der Bayfield Peninsula verstreut im südwestlichen Lake Superior. Ihre Existenz verdankt sie der letzten Eiszeit. Gewaltige, bis zu 1000 m mächtige Eiszungen schürften tiefe Furchen in den felsigen Untergrund. Nach dem Abtauen der Eismassen blieben Fels- und Schutthügel zurück, die allmählich als Inseln aus dem zurückbleibenden See auftauchten. In Wäldern, Wiesen und Feuchtgebieten gedeihen über 400 verschiedene Pflanzenarten und finden Tiere wie Schwarzbären, Biber, Otter und Weißwedelhirsche, diverse Vogel- und auch mehrere Reptilienarten einen adäquaten Lebensraum.

Stockton Island ► Die größte Insel des Archipels (4070 ha) ist Stockton Island, das auch vielerlei Freizeitmöglichkeiten bietet. Es gibt ein gutes Wanderwegenetz, mehrere Campingplätze, Strände und ausgezeichnete Reviere für kälteunempfindliche Taucher.

Madeline Island

Einstiges Pelzhandelszentrum

Menschenleere Sandstrände, felsige Uferabschnitte, geheimnisvolle Unterwasserhöhlen und die Ortschaft **La Pointe** machen die bereits südlich außerhalb des National Lakeshore gelegene Insel zu einem abwechslungsreichen Ziel. La Pointe wurde 1816 von dem aus Walldorf bei Heidelberg gebürtigen **Johann Jakob Astor** (1763 – 1848) als Hauptquartier für seine **American Fur Company** gegründet. Im **Madeline Island Historical Museum** lernen Besucher die Geschichte der

BAYFIELD PENINSULA · APOSTLE ISLANDS ERLEBEN

AUSKUNFT

Bayfield County Tourism
42 South Broad Street
Bayfield, WI 54814
Tel. (715) 373-6125
www.bayfieldcounty.org

Apostle Islands National Lakeshore
Park Superintendent
Old Court House
415 Washington Avenue
Bayfield, WI 54814
Tel. (715) 779-33 97
www.nps.gov/apis
Öffnungszeiten: Juni – Sept. tgl. 8.00 – 18.00, übrige Zeit 8.00 bis 16.30 Uhr.
Weitere Besucherzentren gibt es an der Spitze der Bayfield Peninsula am Ufer der Little Sand Bay (13 mi/19 km nördlich von Bayfield) und auf Stockton Island an der Presque Isle Bay.

BOOTSAUSFLÜGE

Apostle Islands Cruise Service
Tel. 1-800-323-7619
www.apostleisland.com/cruises
Ausflugsboote ab Ashland, Washburn und Bayfield zu den Apostle Islands; auch Wassertaxis zu einzelnen Inseln.
Abfahrten: Mitte Mai – Mitte Okt. tgl. (außer an Regentagen) 10.00 Uhr.
Abendfahrten: Juli – Anf. Sept. Di. u. Do. 17.00 Uhr.

ESSEN

► **Preiswert**

Egg Toss Bakery Café
41 Manypenny Avenue
Bayfield, WI
Tel. (715) 779-5181
Morgens durchzieht der Duft von frisch gebackenem Brot das Lokal. Und mittags werden auch leckere mexikanische Gerichte zubereitet.

Pow Wow in der Red Cliff Indian Reservation

Insel kennen, deren moderne Ära wahrscheinlich mit einem Besuch des Entdeckers **Étienne Brulé** im Jahre 1622 begann. Die Ausstellungen beschäftigen sich vorwiegend mit dem Pelzhandel, gehen aber auch ein auf die indianische Vergangenheit, auf die frühen französischen Voyageurs und die Geschichte der lokalen Holzindustrie.

Ashland

Geschützter Naturhafen

Die Mitte des 19. Jh.s gegründete Stadt, die heute 9000 Einwohner zählt, liegt am Südufer der tief eingeschnittenen Chequamegon-Bucht des westlichen Lake Superior. Der geschützte Naturhafen und der 1877 erfolgte Eisenbahnanschluss machten Ashland zu einem florierenden Umschlagplatz für Holz und Eisenerz. Frühen Wohlstand bezeugen beispielsweise die Häuser entlang der Main Street. Heute sind die Metallindustrie sowie der Maschinenbau wirtschaftlich bedeutsam. Seit einiger Zeit profitiert Ashland aber auch von seinen Reizen als Hafen für Freizeitkapitäne und Sportangler sowie als Ausgangspunkt von Trekking- und Mountainbike-Touren.

Landkarten, Broschüren und Stadtpläne gibt es im 2,5 mi/4 km westlich der Stadt eingerichteten **Northern Great Lakes Regional Visitor Center**, in dem man alles über den Norden des Bundesstaates Wisconsin erfährt. Im hiesigen **Northern Wisconsin History Center** zeichnet eine halbstündige Dia-Show die Geschichte der Region seit der Eiszeit nach und vermittelt Eindrücke von der indianischen Vorzeit bis in die Gegenwart (Di. – Fr. 13.00 – 16.30 Uhr).

Bad River Indian Reservation

Östlich von Ashland erstreckt sich ein rund 51 000 ha großes und von den Indianern selbst verwaltetes Reservat beiderseits des Bad River von dessen Mündung in den Oberen See hinauf zu der weiter südlich gelegenen Höhe von Marengo. Hier leben etwa 1500 **Ojibwa**-Indianer, die ihre Heimat in einem möglichst ursprünglichen Zustand erhalten wollen. Um ihre Einnahmen aufzubessern, betreiben sie in dem östlich von Ashland am US 2 gelegenen Ort **Odanah** ein modernes Spielkasino mit Hotel.

★ Buffalo

R 8

Bundesstaat: New York
Höhe: 183 m ü.d.M.
Einwohnerzahl: 271 000
(Metropolitan Area: 1,2 Mio.)

An der Nordwestspitze des Lake Erie und nicht weit entfernt von den ► Niagarafällen liegt Buffalo, die zweitgrößte Stadt des Bundesstaates New York. Sie präsentiert sich als moderne Hafen- und Industriestadt und als bedeutender Verkehrsknotenpunkt.

Im Hafen werden Getreide, Kohle, Erze und Baumaterial umgeschlagen. Großbetriebe der Metall verarbeitenden und chemischen Industrie, des Maschinenbaus und der Luftfahrtindustrie, Straßen- und Brückenbauten sowie viel Platz beanspruchende Gleisanlagen prägen heute das Bild. Wie in jeder amerikanischen Großstadt ragen auch in Downtown Buffalo gleich mehrere Wolkenkratzer in den Himmel.

Geschichte

Bis zur Ankunft der ersten Weißen war das heutige Stadtgebiet Siedlungsraum von Indianern, die sich im Irokesenbund zusammengeschlossen hatten. Bereits im 17. Jh. ließen sich französische, später auch holländische Siedler nieder. 1803 schuf die Holland Land Company die erste Dauersiedlung. 1812, also während heftiger Auseinandersetzungen zwischen Amerikanern und Briten, wurde die Stadt

! *Baedeker* TIPP

Buffalo Wings

In der »Anchor Bar« (1047 Main St.) sollen 1964 die »Buffalo Wings« erfunden worden sein. Es wird kein Büffelfleisch verarbeitet, sondern Hähnchenflügel bzw. -schenkel. Das Besondere an diesem beliebten Gericht ist die scharfe Marinade bzw. Grillsoße. Übrigens: Hier gehen täglich rund 500 kg Buffalo Wings über den Tresen.

BUFFALO ERLEBEN

AUSKUNFT

Buffalo Niagara CVB
617 Main Street, Suite 200
Buffalo, NY 14203
Tel. (716) 852-0511
www.visitbuffaloniagara.com

BOOTSAUSFLÜGE

Von der Lakefront beim Buffalo & Erie County Naval & Military Park starten Motorschiffe zu Ausflugsfahrten über den Eriesee und auf dem Niagara River. Fahrpläne und Auskunft:
»MS Miss Buffalo«, »MS Niagara Clipper«, Tel. (716) 856 – 66 96
»MS Grand Lady«, Tel. (716) 774 – 85 94

ESSEN

► Erschwinglich

① ***Bacchus***
54 W. Chippewa Street
Tel. (716) 854-WINE
Angesagter Treff mit großem Tapas-Angebot. Außergewöhnlich umfangreich ist auch die Weinkarte.

ÜBERNACHTEN

► Komfortabel

① ***Hampton Inn***
220 Delaware Avenue
Buffalo, NY 14202
Tel. (716) 855-22 23
www.hamptoninnbuffalo.com
137 Zimmer. Gut geführtes Haus; üppiges Frühstücksbuffet.

großenteils zerstört, danach aber wegen ihrer überragenden strategischen Bedeutung rasch wieder aufgebaut. Als Endpunkt des 1825 eröffneten Eriekanals wurde Buffalo schnell zu einem wichtigen Warenumschlagplatz und zum bedeutendsten Mühlenstandort Amerikas. Auch als infolge des Eisenbahnbaus die Bedeutung des Eriekanals dahin schwand, behielt Buffalo dennoch seine Rolle. Die Stadt konnte ihre wirtschaftliche Kraft sogar noch weiter ausbauen, als ab 1896 billiger Strom von den Kraftwerken am Niagara River zur Verfügung stand. Vor allem die chemische und die Schwerindustrie blühten auf. Kurz nach dem Zweiten Weltkrieg erreichte die Einwohnerzahl mit 580 000 ihren historischen Höchststand. Danach ging es bergab. Die krisenhafte Entwicklung der Stahlindustrie in den 1970er-Jahren führte zu einem starken Arbeitsplatzabbau. Viele Menschen wanderten ab. Erst in den 1990er-Jahren ließen erfolgreiche Umstrukturierungsmaßnahmen neue Hoffnungen keimen.

Sehenswertes in Buffalo

Downtown

Die 1931 am Niagara Square fertiggestellte 30-stöckige **City Hall** ist ein Musterbeispiel des Art-Deco-Baustils. Vom Observation Deck (Mo. – Fr. 9.00 – 16.00 Uhr) bietet sich ein großartiger Rundblick. Vor dem Rathaus erinnert ein Marmordenkmal an den 1901 in Buffalo ermordeten US-Präsidenten William McKinley. Östlich des **Niagara Square** verläuft die **Franklin Street**, an der mehrere bemerkenswerte Bauten stehen, so etwa die 1876 in neugotischem Stil errichtete **County & City Hall** und das **Title Guarantee Building**, das 1833 im Greek Revival Style erbaut worden ist.

Church Street ► Die Church Street wird beherrscht vom ca. 84 m hohen Glockenturm der neugotischen **St. Paul's Episcopal Cathedral**, die Mitte des 19. Jh.s nach Plänen des Architekten Richard Upjohn entstanden ist. Gleich gegenüber steht das **Guaranty Building** als anerkanntermaßen **erster Wolkenkratzer der Welt**. Das mit seinen 13 Stockwerken heute bescheiden wirkende Hochhaus entstand 1895/1896 nach Vorlagen des aus ►Chicago bekannten Architekten Louis Sullivan.

Main Street ► In der Main Street, heute Fußgängerzone und Flaniermeile der Stadt, kann man gut einkaufen. Ein Shopping-Paradies ist die **Market Arcade** von 1922. Architektonischer Höhepunkt ist das **Ellicott Square Building**, 1895/1896 nach Vorlagen der Architekten Burnham und Atwood im Neorenaissance-Stil erbaut. Auf dem Dach des 1925 errichteten **Liberty Bank Building** stehen zwei 10 m hohe Nachbildungen der New Yorker Freiheitsstatue.

Lakefront Südwestlich der Innenstadt (Downtown), die durch alles erschlagende Autobahnbrücken vom Eriesee-Ufer getrennt ist, erstreckt sich die Lakefront mit der schön angelegten Grünzone des **Buffalo & Erie County Naval & Military Park**, von dem aus sich ein toller Blick auf

Freiluft-Gastronomie in Downtown Buffalo

Buffalo Orientierung

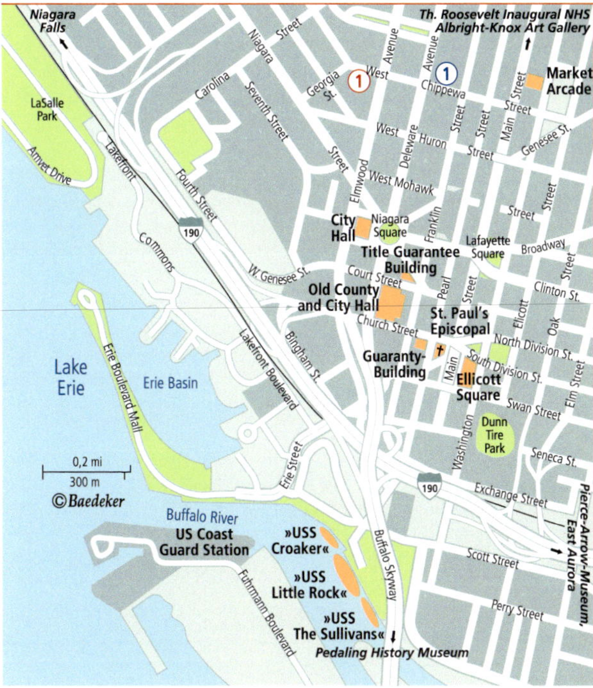

Übernachten
① Hampton Inn

Essen
① Bacchus

die Skyline der Stadt bietet. In der Mündung des Buffalo River sind mehrere **Kriegsschiffe** vertäut, so das U-Boot »USS Croaker«, der Zerstörer »USS The Sullivans« aus dem Zweiten Weltkrieg und der moderne Lenkwaffenkreuzer »USS Little Rock« (April – Okt. tgl. 10.00 – 17.00 Uhr, Nov. nur Sa. u. So.). 🕑

Allentown Historic District

Nördlich der Innenstadt hat man das Wohnquartier Allentown herausgeputzt, so auch das **Williams-Butler House** (Ecke Delaware St./North St.) sowie das **Williams Pratt House** (690 Delaware Ave.).

★ ◄ Theodore Roosevelt Inaugural NHS

In der mondänen, 1837 im Greek Revival Style errichteten Mansion des Rechtsanwalts Wilcox hat US-Präsident Theodore Roosevelt am 14. September 1901 seinen Amtseid abgelegt. Er war zuvor Stellvertreter des in Buffalo ermordeten US-Präsidenten McKinley. In der Villa werden die **Hintergründe der Ermordung McKinleys** aufgezeigt und die Regierungszeit Roosevelts beleuchtet (641 Delaware Ave.; Mo. – Fr. 9.30 – 15.30, Sa., So. 12.30 – 15.30 Uhr). 🕑

◄ Kleinhans Music Hall

An der Kreuzung North St./Richmond Ave. steht dieses 1940 nach Plänen der Architekten **Eliel und Eero Saarinen** erbaute Konzerthaus. Es ist Heimstatt des weltberühmten **Buffalo Philharmonic Orchestra**.

★ Albright-Knox Art Gallery ▸ Kunstsinnige treffen sich in dieser Galerie am Delaware Park. Stark vertreten sind **Impressionisten** wie Van Gogh, Monet, Renoir und Cézanne sowie **Klassiker der Moderne** wie Picasso, Dalí, Mirò, Chagall und Warhol (1285 Elmwood Ave.; Di. – So. 10.00 – 17.00 Uhr).

Buffalo & Erie County Historical Society Museum ▸ Weiter nördlich fällt ein geradezu majestätisches Gebäude ins Auge, mit dem sich der Bundesstaat New York anlässlich der Pan-Amerika-Ausstellung 1901 präsentiert hat. Heute wird hier die wirtschaftliche und architektonische Entwicklung Buffalos aufgezeigt. Die Sonderschau »Bflo. Made« stellt hochwertige Produkte aus Buffalo und Umgebung vor. Ein Augenmerk gilt auch namhaften Architekten, die in Buffalo und Umgebung ihre Spuren hinterlassen haben (25 Nottingham Ct.; Di. – Sa. 10.00 – 17.00, So. 12.00 – 17.00 Uhr).

! *Baedeker* TIPP

Nachteulen ...

... kommen in der Chippewa Street (zwischen Main und Delaware St.) auf ihre Kosten, denn hier gibt es angesagte Clubs und Restaurants.

Buffalo Transportation / Pierce Arrow Museum

In dem neuen Museum im Südosten der Stadt sind einstmals in Buffalo gebaute Nobelkarossen der Marke »Pierce-Arrow« und andere historische Fahrzeuge zu bewundern. Ferner ist hier die einzige vom berühmten Architekten Frank Lloyd Wright entworfene Tankstelle nachgebaut (263 Michigan Ave.; Öffnungszeiten: Tel. 716/853-00 84).

Pedaling History Bicycle Museum

Eines der größten und interessantesten Fahrradmuseen der Welt findet man am südlichen Stadtrand (3943 N. Buffalo Rd.; April – Jan. Mo. – Sa. 11.00 – 17.00, So. 13.30 – 17.00, übrige Zeit nur Fr. u. Sa.).

Amherst Museum

Im Freilichtmuseum im nördlichen Vorort Amherst erfährt man, wie die Menschen hier in der Pionierzeit gelebt haben. Etliche Bauten aus dem 19. Jh., darunter auch Schulhäuser und Kirchen, sind liebevoll restauriert. Das ganze Jahr über wird hier »Living History« geboten (3755 Tonawanda Creek Rd.; April – Okt. Di. – Fr. 9.30 bis 16.30, Sa., So. 12.30 – 16.30, Nov. – März Di. – Fr. 9.30 – 16.30 Uhr).

Steel Plant Museum

Die Carnegie Library in der südlichen Vorstadt Lackawanna beherbergt eine Ausstellung über das einst größte Stahlwerk der Welt (560 Ridge Rd.; Mo. u. Mi. 13.00 – 21.00, Di., Do., Fr., Sa. 10.00 – 17.00).

★ **Graycliff**

Südwestlich von Downtown Buffalo, bei Highland-on-Lake, sieht man ein architektonisches Kleinod auf einer aussichtsreichen Terrasse über dem Eriesee. Auf dem Graycliff steht ein Sommerhaus, das Frank Lloyd Wright in den 1920er-Jahren für die mit ihm eng verbundene Industriellenfamilie Martin entworfen hat (Führungen: Sa. 11.00, 12.00, 13.00, 14.00, 15.00, So. 13.00, 14.00, 15.00 Uhr).

East Aurora

Ca. 20 mi / 32 km südöstlich von Buffalo liegt die Kleinstadt East Aurora, die Elbert Hubbard ab 1895 zum Zentrum der **Roycroft-Bewe-**

gung gemacht hat. Dabei ging es ihm um die Aufwertung des traditionellen Handwerks. Viele berühmte Zeitgenossen statteten Hubbard und seinen »Roycrofters« einen Besuch ab, so auch Thomas Alva Edison, Henry Ford und Theodore Roosevelt.

Das Museum, das sich mit der Geschichte der Bewegung befasst und außergewöhnlich **schönes Kunsthandwerk** aus der Zeit zwischen 1895 und 1938 zeigt, ist in einem schlichten Bungalow untergebracht, den die Roycrofters 1910 errichtet haben (363 Oakwood Ave.; Mitte Juni – Mitte Okt. Mi., Sa. u. So. 14.00 – 16.00 Uhr).

★ ◂ Roycroft Arts & Craft Museum

East Aurora ist auch bekannt als der Ort, an dem die beiden Spielzeugfabrikanten Fisher und Price ihren Ruhm begründeten. Dass sie früher auch anderes als Plastikspielzeug hergestellt haben, ist in der Ausstellung zu sehen (636 Girard Ave.; Mi. – Sa. 10.00 – 16.00 Uhr).

◂ Toy Town Museum

★ Chicago

H 9

Bundesstaat: Illinois
Höhe: 176 – 202 m ü. d. M.
Einwohnerzahl: 2,9 Mio.
(Metropolitan Area: 9,8 Mio.)

Die am Südwestufer des Michigansees – und damit im Herzen der USA – gelegene Metropole des Mittleren Westens mit ihren kühnen Wolkenkratzern, lange Zeit Amerikas »Second City« (nach New York), ist seit eh und je der wichtigste Handelsplatz und Verkehrsknoten im Binnenland sowie seit vielen Jahren ein hoch spannendes Kulturzentrum.

Chicago hat viele Beinamen. Die Stadt wird **»Windy City«** genannt, wegen der eiskalten Winde, die im Winter durch die Straßenschluchten fegen können, aber auch wegen der »windigen« Rhetorik mancher Politiker, die besonders zu Zeiten von Al Capone einen schlechten Ruf hatten. **»Blues City«** heißt die Stadt, nachdem sich viele Afroamerikaner aus den Südstaaten zu Beginn des 20. Jh.s auf Arbeitssuche hier niederließen und mit ihrer Musik im Gepäck die Metropole verwandelten. **»Second City«** heißt die Stadt, weil sie lange nach New York die meisten Einwohner in den USA zählte. Chicago nimmt heute nach Los Angeles Platz Drei auf der Rangliste ein, doch an Charakter und Temperament kann sie sich leicht mit den Metropolen am Atlantik und dem Pazifik messen.Gewaltige Hochhäuser, die Architekturgeschichte geschrieben haben, säumen die Uferpromenade, doch Chicago ist gleichzeitig eine Stadt der Parks. Genau 553 haben Statistiker gezählt. Der Grant Park und der nördlich anschließende neue Millennium Park sind die imposantesten.

Früher war Chicago eine Stadt der Schlachthöfe, hier wurde das Getreide des gesamten Mittleren Westens umgeschlagen, Ruß aus Industrieschloten verdunkelte den Himmel. Das ist lange vorbei. Heute dominieren Hochtechnologie, Computerwirtschaft und qualifizierte

WGN

Dienstleitungen die Ökonomie der Stadt. Doch die Tatkraft und eine zupackenden Art, die ihren Bewohnern nachgesagt wird, und mit der Chicago bisher alle Krisen überstanden hat, ist geblieben.

Stadtbild

Chicagos attraktives »Schaufenster« bildet das fast 50 km lange Ufer am Lake Michigan. Nur an einigen Stellen verbaut, bietet es Platz für Jachthäfen, Parks, Joggingpfade und Badestrände. Knapp 600 km² nimmt die Fläche der Stadt insgesamt ein, ein Sechstel davon gilt im engeren Sinn als Stadtzentrum. Wie das steinerne Monument menschlicher Schaffenskraft erstreckt sich der graue Gebäudeteppich der City am Seeufer entlang. An klaren Tagen reicht der Blick von den beiden höchsten Gebäuden der Stadt, dem Sears Tower und dem John Hancock Tower, nach Norden in den benachbarten Bundesstaat Wisconsin und südwärts nach Indiana. Um den Stadtkern legt sich ein Ring von recht unterschiedlichen Neighborhoods und Satellitenstädten. Manche bestehen aus heruntergekommenen Straßenzügen, in denen Armut, Alkoholismus und Arbeitslosigkeit grassieren. In anderen leben gut situierte Bevölkerungsschichten in oftmals wunderschönen Villen. Der Süden der Stadt zwischen South Loop und Hyde Park ist nicht nur uninteressant, sondern auch unsicher. Man sollte diese Gebiete möglichst auf dem Expressway (I-90/94) durchqueren und keine Abstecher unternehmen.

Geschichte

Chicago erlebte seine eigentliche Geburtsstunde zu Beginn des 19. Jahrhunderts. US-Soldaten errichteten im heutigen Loop an einer Stelle, die von den Indianern als **Che-ca-gou** (Platz der wilden Zwiebeln) bezeichnet wurde, mit **Fort Dearborn** eine Festung, um ihren Anspruch auf das Gebiet geltend zu machen. Aber im Amerikanisch-britischen Krieg 1812 wurde die Anlage aufgegeben. Erst 1833 wurde die rund 300 Einwohner zählende Siedlung Chicago offiziell gegründet. Mitte des 19. Jh.s lebten hier bereits mehr als 30 000 Einwohner. Chicago entwickelte sich zum zentralen **Eisenbahnknoten** und zugleich zum Verbindungsglied zwischen dem östlichen und westlichen Teil der USA. 1865 begann die Arbeit in den riesigen **Schlachthöfen**, die ein halbes Jahrhundert lang Gesicht und Charakter der Stadt prägten.

◄ Der große Stadtbrand

Die schwärzeste Stunde ihrer Geschichte erlebte die Stadt 1871. Ein wahrscheinlich durch eine umgefallene Stalllaterne ausgelöstes Großfeuer vernichtete fast 18 000 Gebäude und machte annähernd 100 000 Menschen obdachlos, über 250 verloren ihr Leben. Die Asche war noch warm, als die unverzagten Einwohner an den Wiederaufbau gingen. Die Weltausstellung von 1893 bot den Architekten und Kulturschaffenden die einmalige Gelegenheit, die Stadt neu zu gestalten und Institutionen wie das Field Museum, das Art Institute sowie die University of Chicago zu gründen.

◄ Weltausstellung 1893

← *Zwei altbekannte Wahrzeichen der Metropole am Michigansee sind Wrigley Building und Chicago Tribune Tower.*

Für die Weltausstellung 1893 wurden imposante Paläste und Pavillons errichtet.

Soziale Konflikte ▶ So sehr sich Stadtplaner auch mühten, die glanzvollen Fassaden des neuen Chicago aufzupolieren: Ausbeutung, soziale Not, Korruption und Arbeitgeberwillkür warfen Schatten auf die dynamische Metropole. Kein Wunder, dass sie sich im ausgehenden 19. Jh. zum sozialpolitischen Pulverfass entwickelte. Bei einer **Kundgebung auf dem Haymarket** tötete eine Bombe sieben Polizisten und 20 Arbeiter. vier Beschuldigte, die bis zum Schluss ihre Unschuld beteuerten, wurden zum Tode verurteilt und gehenkt. Später gestand der Gouverneur von Illinois einen Justizirrtum ein. 1894 schritt die Armee ein, um einen Streik beim Waggonhersteller Pullman niederzuschlagen. Auch in den von Schwarzen bewohnten Elendsvierteln gärte es, denn für ihre baufälligen Bleiben mussten sie oft mehr Miete berappen als Weiße in gut situierten Gegenden. Im Juli 1919 forderte ein 6-tägiger Aufstand fast 40 Tote und gewaltige Sachschäden. Vor diesem Hintergrund ist das Urteil des Schriftstellers Rudyard Kipling zu verstehen. Er stattete Chicago im ausgehenden 19. Jh. einen Besuch ab und konstatierte: »Ich habe das dringende Bedürfnis, es niemals wiederzusehen. Es wird von Wilden bewohnt«.

Prohibition und Weltwirtschaftskrise ▶ In der ersten Hälfte des 20. Jh.s hinterließen Prohibition und Weltwirtschaftskrise Spuren. 1920 machte **Al Capone** (▶ Berühmte Persönlichkeiten) der Metropole seine Aufwartung. Skrupellos betrieb er profitablen Schnapshandel und räumte brutal Rivalen aus dem Weg. Aber nicht Mord und Totschlag, sondern Steuerhinterziehung wurde ihm am Ende zum Verhängnis. Die Auswirkungen der Weltwirtschaftskrise nach dem **Börsenkrach 1929** zogen auch Chicagos Geschäftswelt in einen Strudel. Am schlimmsten traf es viele der ca. 250 000 afroamerikanischen Einwohner, die schon zuvor unter dem Existenzminimum gelebt hatten. Rettungsanker zumindest für viele Geschäftsleute war wie schon nach dem Großbrand 1871 eine erneute Weltausstellung 1933, die knapp 40 Mio. Besucher anlockte.

Nachkriegszeit und Gegenwart

Aber erst den Kriegsanstrengungen in den 1940er-Jahren verdankte die Stadt ihre wirtschaftliche Erholung auf breiter Basis. Diesem Boom war auch die Rekordzahl von 3,6 Mio. Einwohnern zuzuschreiben, die 1950 erreicht wurde. Danach sank die Zahl zugunsten der rasch wachsenden Vorstädte. Unter Mayor (Bürgermeister) **Richard J. Daley Sen.** entstanden zwischen 1955 und 1976 mehrspurige Stadtautobahnen, wurde der O' Hare International Airport zum größten Flughafen der Welt ausgebaut und verschwanden zahlreiche Elendsquartiere. War Chicago zu Beginn des 20. Jh.s nach den Worten des Dichters Carl Sandburg die schäbige, ungeschliffene »Stadt der breiten Schultern«, so hat sie sich bis heute – Bürgermeister ist derzeit **Richard J. Daley Jun.** – zu einer hochmodernen Wirtschafts- und Finanzmetropole mit einem erstklassigen Kulturangebot und einer zeitgemäßen und leistungsfähigen Infrastruktur entwickelt.

Wirtschaft

In den 1840er-Jahren begann Chicagos Entwicklung zur Wirtschaftsmetropole. 1848 wurde hier die **erste Warenterminbörse der Welt** gegründet und der **Illinois & Michigan Canal** fertig gestellt. Dieser Wasserweg verband den Chicago River mit dem Illinois und Mississippi River und bot damit die Möglichkeit, Waren vom Lake Michigan bis in den Golf von Mexiko zu transportieren. Wenige Jahre später entwickelte sich Chicago zu Amerikas bedeutendstem Eisenbahnknotenpunkt und Schlachthof. Der Boom hielt mit Unterbrechungen bis zur **Weltwirtschaftskrise** an. Während des Zweiten Weltkriegs bewies die Stadt ihre produktive Leistungskraft. Dem Aufschwung von 1939 bis 1945 folgte in den 1960er- und 1970er-Jahren eine wirtschaftliche Talfahrt, weil viele inzwischen veraltete Fabriken Marktanteile an junge Konkurrenten im In- und Ausland verloren. Heute stehen im Großraum Chicago ca. 280 000 Beschäftigte bei High-Tech-Firmen in Lohn und Brot. Die Wirtschaft erwies sich in der jüngeren Vergangenheit als relativ krisenfest, weil sie stark diversifiziert ist und nicht von einzelnen Sektoren dominiert wird.

Bevölkerung

In der Metropolregion Chicago lebt mit ca. 9,4 Mio. Menschen mehr als die Hälfte aller Einwohner des Bundesstaates Illinois. Ohne Vor- und Satellitenstädte kommt die Metropole auf rund 2,85 Mio. Einwohner und rangiert damit unter den größten Städten der USA hinter New York und Los Angeles auf Rang 3. Ausgeprägter als andere Ballungsgebiete – von New York abgesehen – setzt sich Chicago aus unterschiedlichen Neighborhoods (Wohnsiedlungen) zusammen, die einen »ethnischen Flickenteppich« bilden. Zwar häufig als **Schmelztiegel** von Menschen unterschiedlicher Herkunft und Abstammung beschrieben, sieht die Realität anders aus. Viele Bevölkerungsgruppen leben in Parallelgesellschaften weitgehend isoliert nebeneinander. Zu den frühesten Einwanderern gehörten neben **Deutschen** die **Iren**. Sie verteilten sich über die ganze Stadt, bildeten aber im Südwesten und ganz besonders in Bridgeport eine Hochburg. Ihnen folgten Italiener, Schweden, Griechen, **Juden** und viele Osteuropäer, unter de-

◄ weiter auf S. 162

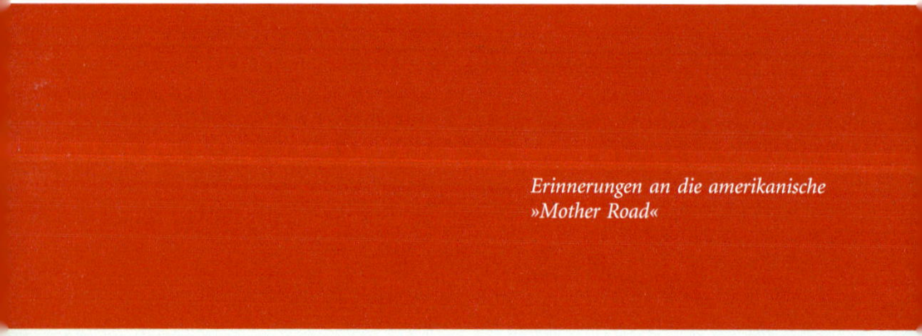

Erinnerungen an die amerikanische »Mother Road«

GET YOUR KICKS ...

Durch Nat King Cole und dessen Interpretation des im Jahre 1946 von Bobby Troup geschriebenen Songs »Get your kicks on Route 66« welberühmt geworden ist Amerikas »Mother Road«, die von Chicago, dem »Gateway to the West«, 2448 Meilen bzw. 3941 Kilometer quer durch den Kontinent nach Santa Monica an der Pazifikküste führt.

Die seit 1926 befahrbare »Mutter aller Straßen« beginnt am Grand Park in der »Windy City«. Ihren Anfang markiert die monumentale Buckingham Fountain. Die Route 66 zieht sich zunächst durch die Hochhausschluchten am Michigansee, durchmisst dann die Vororte von Chicago und windet sich schließlich durch Farmland und Prärien in südwestlicher Richtung.

Wie alles begann

Vorläuferin der Route 66 war der 1915 angelegte **Pontiac Trail**, ein Verkehrsweg, der Chicago mit der am Mississippi gelegenen Stadt **St. Louis** verband. Angesichts des wachsenden Verkehrsaufkommens flossen ab 1916 Gelder in den Ausbau von Fernverkehrswegen. Beson-ders profitiert hat davon die neue **Illinois Route 4** von Chicago nach St. Louis, an der auch kleinere Städte wie Joliet, Odell, Bloomington, Lincoln, Springfield und Edwardsville lagen. Sie war bereits 1924 auf ganzer Länge geteert. Ab 1926 wurde sie zur **U.S. Route 66** ausgebaut, die als Fernstraße von Chicago kommend via St. Louis weiter durch die Prärie, über die Rockies und das Colorado Plateau an die Pazifikküste führen sollte. Sie war die erste transkontinentale Straßenverbindung, auf der sich in den 1930er-Jahren verarmte Farmer aus der damaligen Dust Bowl (Staubschüssel) des Mittleren Westens auf den Weg ins »gelobte Land« Kalifornien machten. **John Steinbeck** hat diese Ereinisse 1939 in seinem Roman **»Die Früchte des Zorns«** festgehalten, der zwei Jahre später von **John Ford** verfilmt wurde mit **Henry Fonda** in der Hauptrolle. Das **erste »Roadmovie«** überhaupt sollte alsbald Kult-Status erlangen. Nicht nur Bobby Troup und Nat King Cole haben sich des Stoffs angenommen, sondern später auch Chuck Berry, die Rolling Stones und Depeche Mode.

Straße unter Denkmalschutz

Seit 2005 ist der 436 mi/702 km lange Abschnitt der Route 66 im Bundesstaat Illinois als **Historic Route 66** bzw. National Scenic Byway ausgewiesen.

Tankstellen und Raststätten

Entlang der geschichtsträchtigen Straße erinnern im Großraum Chicago noch etliche interessante Einrichtungen an die Frühzeit der Route 66.

Zu den legendären Raststätten gehört beispielsweise das bereits 1923 eröffnete **Lou Mitchell's Restaurant & Bakery** (Chicago, 565 W. Jackson Blvd.), wo sich Autofahrer bis heute vor ihrer anstrengenden Reise mit einem opulenten Frühstück stärken.

Das im Stil einer mittelalterlichen Burg erbaute **Castle Car Wash** (Chicago, 3801 W. Ogden Ave.) begann 1925 als Tankstelle der ersten Stunde.

Bis heute eine Institution ist **Dell Rhea's Chicken Basket** in Willowbrook, IL. Seit den 1930er-Jahren werden hier lecker zubereitete Hähnchen serviert. Und in den Glanzzeiten der Route 66, als sich vor dem Haus eine stark frequentierte Bushaltestelle befand, konnten die Gäste durch die großen Fenster des Lokals die Starts und Landungen auf dem nahen Flugplatz beobachten.

In Braidwood, IL hat alles in einem Schulbus angefangen. Das Essen wurde in einer Miniküche im Bus zubereitet. Heute ist im **Polk-a-Dot Drive-In** alles ein paar Nummern größer. Und wer möchte, kann sich zusammen mit lebensechten Figuren von James Dean, Marilyn Monroe und Elvis Presley fotografieren lassen.

Wahrlich ein Muss für alle Route-66-Fahrer ist die **Russell Soulsby Station** in Mt. Olive, IL. Diese Shell-Tankstelle wurde von 1926 bis 1991 von der Familie Soulsby betrieben und ist heute eine Art Freilichtmuseum an der »Straße der Sehnsucht«.

Eine weitere Sehenswürdigkeit ist die **Standard Oil Station** in Odell, IL. Diese Tankstelle wurde 1932 eröffnet und bis in die 1960er-Jahre betrieben. Danach verfiel sie in einen Dornröschenschlaf. Inzwischen ist sie zu einem Foto-Spot herausgeputzt.

Gleich zwei nette Route-66-Sehenswürdigkeiten hat die Stadt Springfield, IL zu bieten, wo im September das **Route 66 Festival** stattfindet. Zum einen ist dies **Shea's Gas Station Museum** (2075 Preoria Rd.), deren Besitzer fünf Jahrzehnte lang Tankwart an der legendären Fernstraße war und tolle Geschichten zu erzählen hat. Die zweite interessante Adresse ist das **Cozy Dog Drive-In** (2935 S. 6th St.), in dem seit mehr als fünf Jahrzehnten »Cozy Dogs« serviert werden, jene einmaligen Hot Dogs im Brötchen und am Spieß.

An die ruhmreichen Zeiten der »Mother Road« wird in der **Route 66 Hall of Fame & Museum** in Pontiac, IL erinnert. Im Hause 110 W. Howard Street sind vielerlei Exponate aufbewahrt, die etwas der berühmten Fernstraße zu tun haben nen die **Polen** als stärkste Gruppe herausragten. Sie bewiesen sich als rührige Geschäftsleute und bauten ihre Läden und Betriebe vor allem entlang der Milwaukee Avenue im Nordwesten der Stadt auf. Lateinamerikanisch geht es in Pilsen und dem Little Village südwestlich vom Stadtzentrum zu, wo sich zahlreiche **Mexikaner** und Einwanderer aus anderen süd- und mittelamerikanischen Ländern niedergelassen haben. Im Stadtteil South Loop – zwischen der schwarzen South Side und dem Stadtkern – entstand seit den 1870er-Jahren Chicagos **Chinatown**. Die Blocks um die Cermak Road sind vollgepackt mit fernöstlichen Restaurants und Garküchen.

Die größte Bevölkerungsgruppe bilden mit nahezu der Hälfte der gesamten Einwohnerschaft **Afroamerikaner**, deren Vorfahren meist zu Beginn des 20. Jahrhunderts aus den Südstaaten zuwanderten. Sie ließen sich vorwiegend in South Side nieder, wo selten weiße Gesichter zu sehen sind. Der multi-ethnische Charakter der Neighborhoods ist nicht ohne Auswirkung auf die Stadt geblieben. Er schlägt sich im vielseitigen Kulturangebot mit zahlreichen Festen nieder.

Architektur

Nach wie vor ist Chicago tonangebend als Metropole der modernen Architektur. Auslöser für diese Entwicklung war bekanntlich der verheerende Stadtbrand von 1871. Bereits kurz nach diesem Desaster wurde die Stadt wieder aufgebaut, wobei angesichts des knappen Baugrundes ein Pragmatismus angesagt war, der den Anstoß zu einer originären amerikanischen Architektur gab. Knapper Baugrund, eine immer stärker werdende Nachfrage nach Büro- und Geschäftsräumen ließen die ersten, damals noch konventionell gebauten **Hochhäuser** heranwachsen. Schließlich setzte sich die schon in den 1840er Jahren in England ersonnene **Stahlskelett-Bauweise** durch, mit der man wesentlich höher als in herkömmlicher Art bauen konnte. Die »Chicago Architecture« war geboren.

Highlights Chicago

Loop
Wolkenkratzer-Stadtzentrum
► Seite 167

Willis Tower
Höchstes Gebäude in den USA
► Seite 172, 174

Millenium Park
Kunst im Freien
► Seite 179

Art Institue of Chicago
Kunstschätze aus aller Welt
► Seite 180

Magnificent Mile
Mega-Shopping-Meile
► Seite 184

Field Museum of Natural History
Naturkunde spektakulär dargeboten
► Seite 204

John G. Shedd Aquarium
Schillernde Unterwasserwelt
► Seite 206

Oak Park
Frank Lloyd Wright und Ernest Hemingway
► Seite 215

CHICAGO ERLEBEN

AUSKUNFT

Illinois Bureau of Tourism
100 W. Randolph St., Suite 3-400
Chicago, IL 60601,
www.gochicago.com

Chicago Water Works Visitor Center
163 E. Pearson St./Michigan Ave.
Tgl. 7.30 – 19.00 Uhr

Chicago Cultural Center
77 East Randolph Street
Mo. – Do. 8.00 – 17.00, Fr. 8.00 bis 18.00, Sa. 9.00 – 18.00, So. 10.00 bis18.00 Uhr

Navy Pier Information Center
600 E. Grand Avenue
So. – D. 10.00 – 20.00, Fr., Sa. 10.00 – 22.00 Uhr

ANREISE

Flughäfen
Der *O' Hare International Airport*, einer der größten Flughäfen der Welt, liegt 17 mi/27 km nordwestlich von Downtown Chicago. Mit der »Blue Line« der CTA gelangt man in 35 Minuten ins Zentrum (Loop). Shuttlebusse von Hotels und Mietwagenunternehmen sowie Taxis stehen bereit. Mit dem Auto kommt man via I-90 schnell ins Zentrum.
Der *Midway International Airport*, Chicagos zweiter großer Flughafen liegt südwestlich vom Stadtzentrum und ist in erster Linie dem Regionalflugverkehr vorbehalten. Mit Zügen der »Orange Line« der CTA kommt man in 20 Minuten ins Stadtzentrum. Auch hier stehen Taxis, Limousinen, Shuttle-Busse und Mietwagen für Fahrten ins Stadtzentrum bereit.

Hauptbahnhof
Union Station
225 South Canal Street
Tel. 1-800-USA-RAIL
www.amtrak.com
Hier kommen Fernzüge an.

ÖPNV

Chicago Transit Authority (CTA)
Tel. 1-888-YOUR-CTA
www.transitchicago.com
Groß-Chicago ist durch das Bus- und Hochbahnnetz (»EL«) der Chicago Transport Authority (CTA) erschlossen. Es gibt 1 bis 5 Tage gültige Touristenpässe.

Metra
Tel. (312) 322-67 77
www.metrarailcom
In die Vororte von Chicago fahren Doppelstock-Pendelzüge der Nahverkehrsgesellschaft Metra.

Pace Bus
Tel. 1-800-606-12 82
www.pacebus.com
Betreibt den den Omnibusverkehr im Großraum Chicago.

PARKPLÄTZE

Wer dennoch mit dem Auto ins Stadtzentrum fährt, findet hier ebenso schwer wie in jeder anderen amerikanischen oder europäischen Millionenstadt einen Parkplatz.

EVENTS

Zuschauersport
Chicago ist eine der Sporthauptstädte der USA, denn es stellt in allen populären Sportarten höchst- bzw. hochklassige Teams. Weltberühmt sind die Basketball-Spieler der *Chicago Bulls*. Im Baseball treten die *Chicago Cubs* und die *Chicago White Sox* an. Die *Chicago Bears* sind die bekannteste Football-Mannschaft und

Chicago Fire heißt die erfolgreichste Fußballmannschaft der Stadt. Und die *Chicago Blackhawks* spielen Eishockey. Wer in der Stadt ist, sollte eines der Teams und die Atmosphäre im Stadion erlebt haben.

Chicago Blues Festival
Im Juni locken begnadete Musiker Abertausende in den Grant Park.

Chicago Air & Water Show
Tollkühne Vorführungen zu Wasser und in der Luft (Mitte August).

Chicago Jazz Festival
Interpreten aller Richtungen dieses Musikgenres geben Ende August bzw. Anfang September ihr Bestes.

Christkindlmarket
Von Thanksgiving bis Heiligabend findet auf der Daley Plaza der nach Nürnberger Vorbild gestaltete schönste Weihnachtsmarkt der USA statt.

SHOPPING

Einkaufen wird in Chicago groß geschrieben, besonders in der »Magnificent Mile« (North Michigan Avenue), wo sich edle Namen wie Perlen aneinander reihen. Besondere Magneten sind u. a. »NikeTown« (Sportbekleidung) und »Virgin Megastore« (CDs, DVDs, etc.). Herrlich shoppen kann man auch im Loop in der State Street, mit ihren alt eingesessenen Großkaufhäusern. Und die »Jeweler's Row« an der Wabash Avenue ist das Zauberland der Schmuckliebhaber. Edles Design gibt es in der Oak Street.

ESSEN

► Fein & teuer

① ***Alinea***
1723 N. Halsted Street
Tel. (321) 867-0110
Einer der besten Gourmet-Tempel der Stadt mit exquisiter Küche und perfektem Service. Die Menüfolge wechselt je nach Jahreszeit und Marktlage, die Qualität der Gerichte ist spitze.

② ***Crofton on Wells***
535 N. Wells Street
Tel. (312) 755-1790
Suzy Crofton ist wohl eine der besten und berühmtesten Köchinnen Chicagos. In ihrem kleinen Restaurant (Reservierung dringend angeraten) bietet sie vorzügliche Kreationen einer neuen amerikanischen Küche.

③ ***Tru***
676 N. St. Clair Street
Tel. (321) 202-0001
Elegantes Restaurant mit raffinierter Küche. Wer es schafft, kann sich am berühmten 9-Gänge Menü versuchen. Ausgezeichneter Weinkeller.

④ ***Signature Room at the 95th***
im John Hancock Center
875 N. Michigan Avenue
Magnificent Mile
Tel. (312) 787-9596
Schon allein wegen der Aussicht lohnt sich ein Essen in diesem Nobelrestaurant auf der 95. Etage des zweithöchsten Gebäudes der Stadt.

⑤ ***Charlie Trotters***
816 W. Armitage Avenue
Lincoln Park
Tel. (773) 248-6228
Hier gibt es jeden Tag etwas Besonderes. Sogar Steak von der Antilope steht gelegentlich auf der Karte. Der Weinkeller sucht seinesgleichen.

► Erschwinglich

⑥ ***Ada's Deli & Restaurant***
14 S. Wabash Street, Loop
Tel. (312) 214-4282
Köstlichkeiten der osteuropäischen

Chicago *Orientierung*

Essen

1. Alinea
2. Crofton on Wells
3. Tru
4. Signature Room at the 95th
5. Charlie Trotters
6. Ada's Deli & Restaurant
7. Sayat Nova
8. Shaw's Crab House
9. Foodlife
10. Three Happiness
11. Wishbone

The Loop

Übernachten

1. Crowne Plaza Chicago »The Silversmith«
2. The Drake
3. Fairmont Chicago
4. Four Seasons
5. Hyatt Regency
6. Ritz-Carlton
7. Park View Hotel
8. The Gold Coas Guest House
9. Motel 6 Downtown
10. The Willows Hotel

Elevated (Hochbahn)

Metra

und koscheren Küche sowie typisch Amerikanisches gibt es hier. Das Angebot reicht vom »Gefilte Fisch« über das »Reuben Sandwich« und das dick mit Corned Beef belegte »Fresser Sandwich« bis zur »Chopped Liver«.

⑦ ***Sayat Nova***
157 E. Ohio St. (Ecke Michigan Ave.)
Tel. (312) 644-9159
Seit mehr als einem Vierteljahrhundert werden in dem gemütlichen Lokal nahe der schicken »Magnificent Mile« armenische Spezialitäten und Köstlichkeiten des östlichen Mittelmeerraumes serviert.

⑧ ***Shaw's Crab House & Blue Crab Lounge***
21 E. Hubbard St., Near North
Tel. (312) 527-2722
Wer auf Fisch steht, ist hier bestens aufgehoben. Besondere Spezialitäten des Hauses sind Austern, Crab Cake und Lachs in vielerlei Variationen.

► Preiswert

⑨ ***Foodlife***
im Water Tower Place
835 N. Michigan Avenue
(Magnificent Mile)
Tel. (312) 335-3663
Die »Mutter aller Food Courts« wartet mit gesunden und wohlschmeckenden Gerichten auf.

⑩ ***Three Happiness***
209 Cermak Road, Chinatown
Tel. (312) 842-1964
Stadtbekannt wurde das China-Restaurant durch seinen vorzüglichen »Kow Wong«-Pfannkuchen.

⑪ ***Wishbone***
1001 W. Washington Street,
Nähe Loop
Tel. (312) 850-2663
Bewährtes und Ausgefallenes, vor allem aber Soul Food und Cajun Cuisine, gibt es im »Big Bone« zu wirklich akzeptablen Preisen. Spezialität des Hauses: »Blackened Catfish«.

ÜBERNACHTEN

► Luxus

① ***Crowne Plaza Chicago »The Silversmith«***
10 S. Wabash Ave. (Loop)
Tel. (312) 372-7696
www.crowneplaza.com
140 Zimmer und Suiten. Die Zimmer des denkmalgeschützten Hauses sind wunderschön ausgestattet.

② ***The Drake***
140 E. Walton Place
(Magnificent Mile)
Tel. (312) 787-2200
www.hilton.com
530 Zimmer und Suiten. Das Traditionshotel am Nordende der Magnificent Mile bietet alle Annehmlichkeiten. Im Palm Court wird Tee in bester englischer Manier serviert.

③ ***Fairmont Chicago***
200 N. Columbus Drive
Tel. (312) 565-8000
www.fairmont.com
690 Zimmer und Suiten. Das Riesenhotel mit freiem Blick auf Grant Park und Michigansee gehört zu den Top-Adressen. Persönlichkeiten von Rang und Namen, darunter Jacques Chirac, Hillary Clinton und Elton John haben hier schon residiert.

④ ***Four Seasons***
120 E. Delaware Place
(Magnificent Mile)
Tel. (312) 280-8800
www.fourseasons.com
340 Zimmer und Suiten. Eine besonders feinen Adresse. Von vielen Zimmern bietet sich ein herrlicher Ausblick auf die Stadt und den See.

⑤ ***Hyatt Regency Chicago***
151 E. Wacker Drive (Riverwalk)
Tel. (312) 565 - 12 34; www.hyatt.com
2020 Zimmer und Suiten. 34 Stockwerke hat der östliche, 36 Stockwerke der westliche Turm des renovierten Luxushotels am Riverwalk, von dem aus man problemlos das Herz der Stadt zu Fuß erkunden kann.

⑥ ***Ritz-Carlton***
160 E. Pearson Street
Water Tower Place (Magnificent Mile)
Tel. (312) 266 - 10 00
www.fourseasons.com
525 Zimmer und Suiten. Zeitloser Luxus, Mobiliar aus Mahagoni- und Kirsche, ein exzellenter Service und ein Spitzenrestaurant mit französischer Küche haben dieses Hotel zu einer Top-Adresse werden lassen.

► Komfortabel

⑦ ***Park View Hotel***
1816 N. Clark Street (Lincoln Park)
Tel. (773) 525-7010
www.hotels.com
233 Zimmer und Suiten. Das Hotel liegt in bester Umgebung im Lincoln Park und nur wenige Schritte vom Strand des Lake Michigan entfernt.

Baedeker-Empfehlung

⑧ ***The Gold Coast Guest House***
113 W. Elm Street (Gold Coast)
Tel. (312) 337 - 03 61
www.bbchicago.com
In der 1873 erbauten Stadtvilla in Chicagos Nobelwohngebiet sind vier zauberhafte Gästesuiten eingerichtet. Der Garten ist eine Augenweide.

► Günstig

⑨ ***Red Roof Downtown***
162 E. Ontario Street
(Magnificent Mile)
Tel. (312) 787 - 35 80
www.redroof.com
180 Zimmer. Super zentral gelegen, einfache Ausstattung, sauber. Wer keinen großen Wert auf Luxus legt, kann hier preiswert übernachten.

⑩ ***The Willows Hotel***
555 Surf Street (Lakeview)
Tel. (773) 528 - 84 00
www.cityinns.com
55 Zimmer. Nettes Vorstadthotel mit freundlichen Zimmern und diversen Reminiszenzen an die 1920er-Jahre.

✶ Loop G/H 6/7

Unter »Loop« verstehen die Einwohner von Chicago das eigentliche Stadtzentrum mit seinen Wolkenkratzern, windigen Straßenschluchten, Kaufhäusern, historischen Hotels und Plätzen. Der Name rührt von der Schleife her, die die Hochbahn namens **Elevated** (El) um Chicagos Stadtkern beschreibt. Auf eisernen Brücken über den Straßen rumpeln die Züge geräuschvoll durch die Innenstadt. Im Norden und Westen wird der Loop vom **Chicago River** begrenzt, im Osten vom lang gezogenen **Grant Park** und im Süden vom **Congress Parkway**. Weil sich im Loop das eigentliche Geschäfts- und Finanzzentrum der Stadt befindet, überschlägt sich die City wochentags beinahe vor hektischen Aktivitäten. Auf den Zufahrtsstraßen ist zur Rush Hour Stop-and-Go-Verkehr üblich, während um die **Union Station**

Hinweis:
Die auf den folgenden Seiten erscheinenden blauen Koordinaten geben die Lage auf dem beigelegten Stadtplan an.

◄ weiter auf S. 170

The Loop *Orientierung*

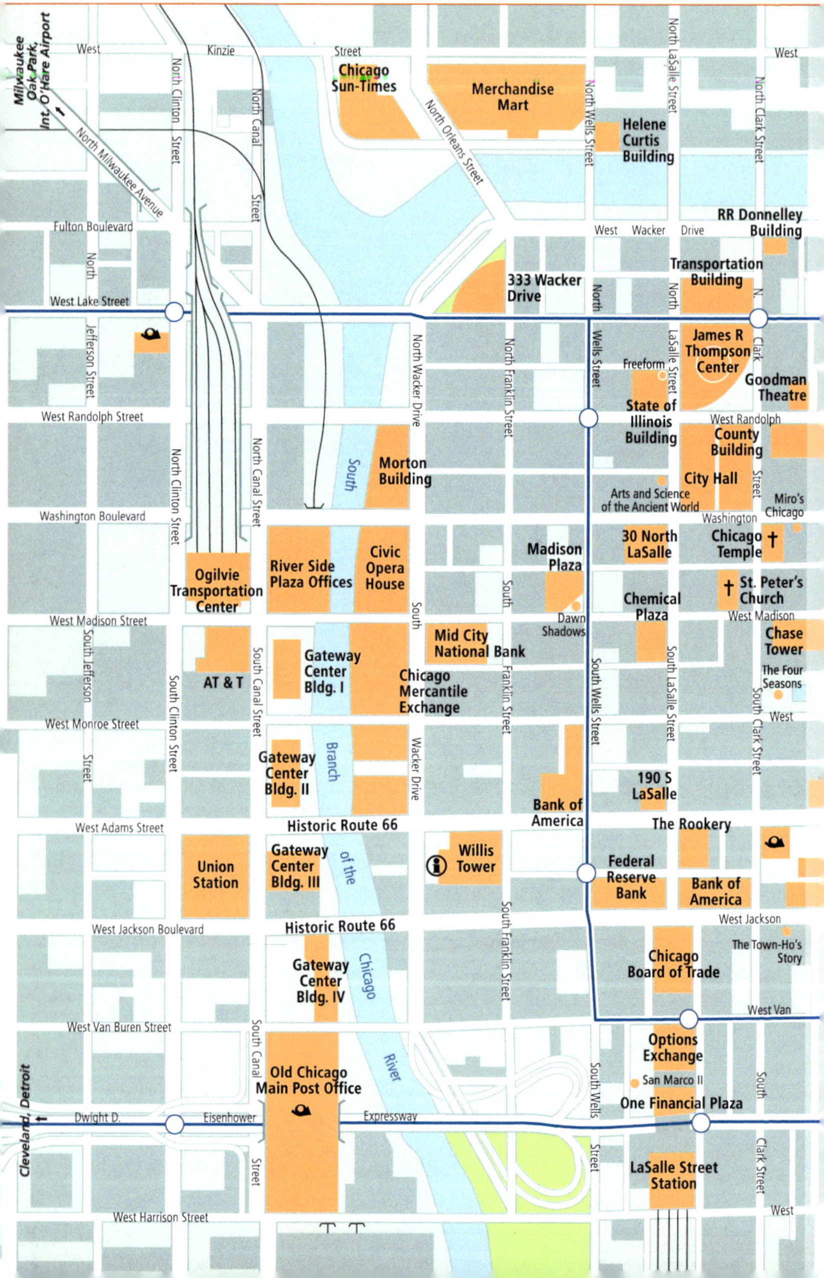

ILLINOIS ARTISANS, CHICAGO
made in illinois
Katie Lime
ILLINOIS ARTISANS, CHICAGO
JAMES R. THOMPSON CENTER
100 W. RANDOLPH • 2ND FLOOR
MON-FRI 9AM-5PM
312.814.5321
www.museum.state.il.us/artisans
ILLINOIS STATE MUSEUM

Where is the show.
Find the show at
wheretraveler.com

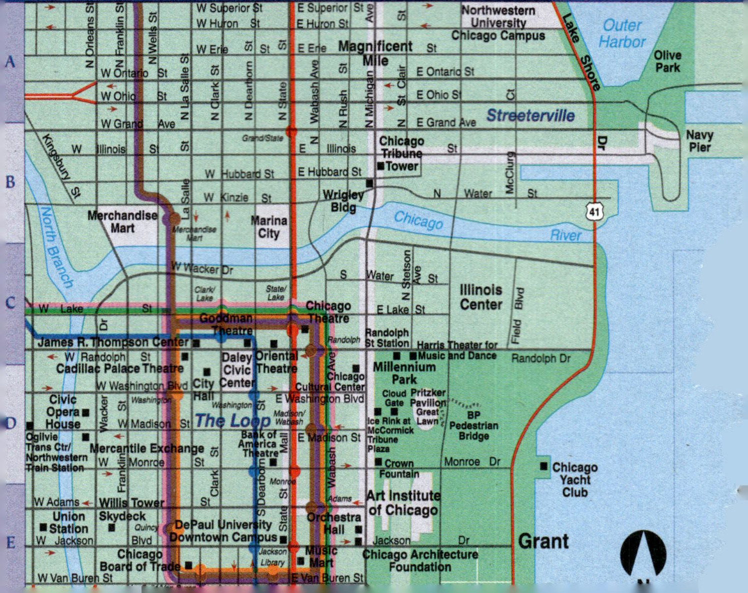
A
B
C
D
E
N Orleans St
N Franklin St
N Wells St
W Superior St
W Huron St
W Erie St
E Superior St
E Huron St
E Erie
Magnificent Mile
Northwestern University Chicago Campus
Lake Shore Dr
Outer Harbor
Olive Park
W Ontario St
W Ohio St
W Grand Ave
N La Salle St
N Clark St
N Dearborn
N State
Wabash Ave
N Rush St
N Michigan Ave
N St Clair St
E Ontario St
E Ohio St
E Grand Ave
Ct
Streeterville
Navy Pier
Kingsbury St
W Illinois St
Grand/State
E Illinois
Chicago Tribune Tower
W Hubbard St
E Hubbard St
W Kinzie St
Wrigley Bldg
N Water St
McClurg
41
Merchandise Mart
La Salle
Merchandise Mart
Marina City
Chicago River
North Branch
W Wacker Dr
Clark/Lake
State/Lake
S Water St
N Stetson Ave
Illinois Center
Field Blvd
W Lake St
Goodman Theatre
Chicago Theatre
E Lake St
James R. Thompson Center
Randolph
Randolph St Station
Harris Theater for Music and Dance
Randolph Dr
W Randolph St
Cadillac Palace Theatre
Daley Civic Center
Oriental Theatre
Chicago Cultural Center
Millennium Park
W Washington Blvd
City Hall
E Washington Blvd
Civic Opera House
Wacker
Washington
Cloud Gate
Pritzker Pavilion
Great Lawn
BP Pedestrian Bridge
W Madison St
The Loop
Madison/Wabash
Ice Rink at McCormick Tribune Plaza
Ogilvie Trans Ctr/ Northwestern Train Station
Mercantile Exchange
Bank of America Theatre
Mall
E Madison St
W Monroe St
Franklin
Crown Fountain
Monroe Dr
Chicago Yacht Club
S Dearborn St
Monroe
Wabash
W Adams
Willis Tower Skydeck
Adams
Art Institute of Chicago
Union Station
Quincy
DePaul University Downtown Campus
State St
Orchestra Hall
W Jackson Blvd
Jackson Dr
Grant
Chicago Board of Trade
Jackson Library
Music Mart
Chicago Architecture Foundation
W Van Buren St
E Van Buren St

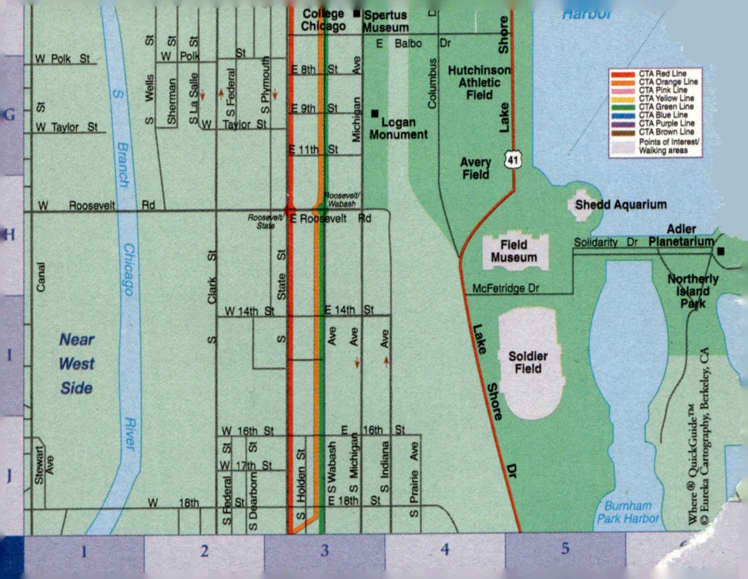
CTA Red Line
CTA Orange Line
CTA Pink Line
CTA Yellow Line
CTA Green Line
CTA Blue Line
CTA Purple Line
CTA Brown Line
Points of Interest/
Walking areas
College Chicago
Spertus Museum
Logan Monument
Hutchinson Athletic Field
Avery Field
Shedd Aquarium
Adler Planetarium
Field Museum
Northerly Island Park
Soldier Field
Burnham Park Harbor
Near West Side
S Branch Chicago River
W Polk St
W Taylor St
W Roosevelt Rd
E Roosevelt Rd
Roosevelt/ Wabash
Roosevelt/ State
E Balbo Dr
Columbus Dr
Lake Shore Dr
41
Solidarity Dr
McFetridge Dr
E 8th St
E 9th St
E 11th St
W 14th St
E 14th St
W 16th St
E 16th St
W 17th St
W 18th St
E 18th St
S Wells St
S Sherman St
S La Salle St
S Federal St
S Plymouth St
S Clark St
S State St
S Holden St
S Wabash Ave
S Michigan Ave
S Indiana Ave
S Prairie Ave
S Dearborn St
Canal St
Stewart Ave
Where® QuickGuide™
© Eureka Cartography, Berkeley, CA
1
2
3
4
5
G
H
I
J

312-552-5100
$5 OFF with this ad*
Tours All Day, Every Day!
• Lakefront/Museum Campus
• Beaches/Lincoln Park
• Art/Architecture
• Fireworks
• River Walk
• Gangster
• Haunted
2 Locations!
Navy Pier
Millennium Park
238 E. Monroe St.
Absolutely Chicago Segway Tours
ChicagoSegways.com
*Not valid with 3rd party reservations. Not valid on Fri, Sat, Sun or holidays. Phone reservations required. Cannot be combined with other offers or used with group tours.

Wrigley Building
Gold Coast Magnificent Mile
Pier
North Water Street
Chicago Spire
Kinzie
Street
Trump Tower
Michigan Ave Bridge
Chicago
River
North Dearborn Street
Marina City
House of Blues
IBM Building
IRV Kupcinet Bridge
75 E Wacker
East
Wacker
Drive
One Illinois Center
Two Illinois Center
Three Illinois Center
The George Washington-Robert Morris-Haym Salomon Memorial
17th Church of Christ Scientist
Leo Burnett Building
East Wacker Place
South Water Street
Carbide & Carbon Building
Splash
35 E Wacker
North
North
North Wabash Street
North Michigan Avenue
Stetson Avenue
North Columbus Drive
U-/ Hoch-Bahn
0,1 mi
100 m
©Baedeker
West Lake Street
East Lake
Street
AON Center
Chicago Theater
Dearborn Street
State Street
Two Prudential Plaza
Prudential Center
Sound Sculpture
Bike Station
Randolph Drive
Street
East
Randolph Street
Richard J Daley Center
Marshall Field & Co
Chicago Cultural Center
Millenium Park Monument
Harris Theatre
Exelon Pavilion
Picasso Sculpture
Being Born
Wrigley Square
Gallery North
Boeing
Jay Pritzker Pavilion
Boulevard
East Washington Boulevard
Reliance Building
Washington Plaza
McCormick Tribune Plaza and Ice Rink
AT & T Plaza
Great Lawn
BP Bridge
Daley Bicentenial Park
6 N Michigan
Cloud Gate
Chicago Building
Street
East
Madison Street
Avenue
Carson Pirie Scott & Co
The Crown Fountain
Gallery South
Boeing
The Lurie Garden
South Dearborn
Inland Steel Building
South
South
Chicago Yacht Club
Monroe St.
East
Monroe Street
East
Monroe Drive
Street
State Street
Palmer House Hilton
Wabash Street
55 East Monroe Building
South Michigan Avenue
Renzo Piano Bldg.
Art Institute of Chicago
Grant Park
Marquette Building
Symphony Center
West Adams
Street
Flamingo
The Berghoff
Orchestra Hall
Petrillo Music Shell
South
Chicago Federal Center
Chicago Architecture Foundation (Santa Fe Bldg.)
Betty Rymer Gallery
Boulevard
East Jackson Boulevard
Jackson Drive
Lake
Monadnock Building
South Plymouth
Fisher Building
One Congress Center
Grant Park
South Federal
Buren
Street
East Van
Buren Steet
Street
St Mary's Church
Fine Arts Building
Van Buren Station
Shore
Harold Washington Library Center
Old Colony Building
Auditorium Building
South Wabash Street
South Michigan Avenue
Congress Plaza Drive
South Columbus Drive
Congress
Plaza
Buckingham Fountain
Drive
Congress Parkway
Street
South State Street
Harrison Street
East
Harrison Street
Dearborn Station, Hyde Park
Museum Campus, Southside

Pendlermassen auf dem Weg zum oder vom Büro sind. An Wochenenden teilen sich Shopper und Touristen das sonst fast völlig verwaiste Stadtzentrum, in dem sich Open-Air-Kunstwerke, Museen, Theater und berühmte Wolkenkratzer als zugkräftige Attraktionen erweisen.

✱✱ Skulpturen im öffentlichen Raum

Der Loop entwickelte sich über die Jahrzehnte hinweg auch zum Open-Air-Museum für Public Art. Einige der bekanntesten Künstler des 20. Jh.s statteten den Stadtkern mit ihren Werken aus. Den Anfang machte 1967 Pablo Picasso mit einer 15 m hohen Skulptur auf der **Richard J. Daley Plaza**. Die anfänglichen Reaktionen der Bevölkerung waren verhalten bis ablehnend, weil sich niemand vorstellen konnte, was das 162 t schwere Kunstwerk aus korrodierendem Stahl sein sollte. Seither ist der namenlose **»Chicago Picasso«**, für den der Künstler keinen einzigen Dollar verlangte, ein Wahrzeichen der Stadt. Nur wenige Schritte weiter steht seit 1981 **»Mirós Chicago«**, ein aus Bronze, Beton und Keramik bestehendes Werk des Spaniers Joan Miró. Mit seinem insgesamt 278 m² großen Mosaik **»Four Seasons«** setzte sich Marc Chagall 1975 auf der **First National Plaza** ein farbiges Denkmal. Leicht und verspielt wirkt das aus Fiberglas bestehende **»Monument with Standing Beast«** von Jean Dubuffet vor allem zur Rush Hour, wenn die Angestellten des **Thompson Center** um diese in Weiß und Schwarz gehaltene Skulptur aus Fiberglas schwirren, die sich wie ein seltsamer Ruhepunkt ausnimmt. Berühmtheit erlangte der knallrote, stählerne **»Flamingo«** von Alexander Calder vor dem **Federal Center**. Derselbe Künstler schuf das acht Tonnen schwere Mobile **»Universe«** in der Lobby des **Sears Tower**. Drei weitere sehenswerte Kunstwerke sind **»Being Born«** von Virginio Ferrari in der **State Street Mall**, Claes Oldenburgs **»Batcolumn«** auf der **Social Security Administration Plaza**, und das aus Stahl gefertigte **»Dawn Shadow«** von Louise Nevelson auf der Madison Plaza. Im Chicago Cultural Center (s.u.) bekommt man einen Stadtplan, auf dem sämtliche Kunstwerke eingezeichnet sind.

Kunst im öffentlichen Raum: »Flamingo« von Alexander Calder

Dieser 1897 in schönstem Beaux-Arts-Stil errichtete Riesenbau an der East Washington Street diente ursprünglich als Stadtbibliothek und wurde in den 1980er-Jahren seiner heutigen Funktion zugeführt. Von der Washington Street gelangt man durch ein Portal in eine mit Marmor und Mosaiken geschmückte **Lobby**, von wo aus eine pompöse Treppe über drei Stockwerke bis in die **Preston Bradley Hall** aufsteigt. Eine **Kuppel aus Tiffany-Glas** wölbt sich über der Rotunde und wirft bei Sonnenschein geradezu magisches Licht ins Innere. An der Randolph Street gibt es einen weiteren Besuchereingang (Mo. – Do. 8.00 – 17.00, Fr. 8.00 – 18.00, Sa. 9.00 – 18.00, So. 10.00 – 18.00 Uhr).

★ **Chicago Cultural Center**
H 6

i Architek-Touren

- Die Chicago Architecture Foundation (224 S. Michigan Ave., Tel. 312 / 922-34 32, www.architecture.org) veranstaltet Besichtigungstouren per Bus, Schiff und zu Fuß (auch auf Deutsch) an, bei denen man Interessantes und Amüsantes über bekannte Gebäude und die berühmtesten Kunstwerke auf öffentlichen Plätzen erfährt.
- Die Busse der Chicago Trolley Company Tours fahren durch die Innenstadt und legen dabei zehn Stopps an wichtigen Gebäuden ein (tgl. 9.00 – 17.30 Uhr).
- Die Chicago Transit Authority bietet mit dem Loop Tour Train 40-minütige geführte Fahrten durch Downtown an (Mai – Sept. jeweils Sa. 12.15, 12.55, 13.35 und 14.15 Uhr, Tickets im Chicago Cultural Center, 77 E. Randolph Street, Tel. 312 / 744-24 00, ab 10.00 Uhr).

Das **Illinois Center** setzt sich aus mehreren Gebäuden zusammen. Vor den nüchtern wirkenden **Boulevard Towers**, vom Stararchitekten **Ludwig Mies van der Rohe** in den 1960er-Jahren entworfen, bildet die leicht wie eine Vogelfeder wirkende Skulptur »Splash« des Künstlers Jerry Peart einen bunten Augenschmaus, für den man auf dem ziemlich tristen Vorplatz geradezu dankbar ist.

Wo die stark frequentierte **Michigan Avenue Bridge** den Chicago River überspannt, am Herald Square, erhebt sich ein Denkmal der amerikanischen Revolution. Hier errichteten 1803 Soldaten am Südufer des Flusses die erste amerikanische Befestigungsanlage. Im amerikanisch-britischen Krieg 1812 mussten sie **Fort Dearborn** aufgeben. Bei ihrer Flucht vor den mit den Briten verbündeten Indianern wurden 52 Männer, Frauen und Kinder beim so genannten Fort Dearborn Massacre umgebracht.

Bridgehouse & Chicago River Museum

Diese kleine Ausstellung im südwestlichen Turm der Michigan Avenue Bridge erzählt viel Interessantes darüber, wie sich Handel und Wandel am dem Flusslauf entwickelt haben (Mitte Mai – Ende Okt. Do. – Mo. 10.00 – 17.00 Uhr).

333 West Wacker Drive
G 6

Seit der Fertigstellung im Jahre 1983 spielt dieses imposante Bauwerk die Rolle eines heimlichen Stars. Hauptgrund dafür ist die dem Chicago River zugewandte **grün schimmernde Glasfassade**. Auf dieser spiegeln sich gegen Abend die umliegenden Wolkenkratzer und der Sonnenuntergang wahrlich grandios. Der Blick vom gegenüber liegenden Flussufer gehört zu einem der beliebtesten Fotomotive jedes Chicago-Besuchers.

Civic Opera House
G 6

Seit der Eröffnung im Jahre 1929 mit Verdis »Aida« ist dieser opulent ausgestattete Kulturtempel eine Wallfahrtsstätte für Musikfreunde. Weltstars vom Rang eines Placido Domingo sorgen im 3500 Plätze umfassenden Auditorium für volle Ränge.

Chicago Board of Trade (Mercantile Exchange)
G 6

»The Merc« ist zwar auch **Handelsplatz für Gold und Währungen**, das Schwergewicht liegt aber auf Futures und Optionen, auf Schweinebauch, Rindfleisch und anderen Agrarprodukten. Das hektische Treiben auf dem Parkett kann man auf der 5. Etage verfolgen (Mo. bis Fr. 8.00 – 13.30 Uhr; www.cbot.com).

★★
Willis Tower
G 7

Bis ihn 1996 die Petronas-Türme in Kuala Lumpur überragten, war der 2009 in Willis Tower umbenannte Sears Tower das höchste Gebäude der Welt. Der 1974 vollendete Riese ist mit dunklem Aluminium bzw. Glas verkleidet. Die zentralen Türme erreichen **108 Stockwerke** und ragen damit **442,3 m hoch** in den Himmel. Wie die Fühler eines Rieseninsekts erheben sich auf ihnen zwei 85 m hohe Antennen. Der Willis Tower bildet eine eigene Stadt mit 12 000 »Einwohnern«, die hier arbeiten. Aufzüge bringen Besucher zum Skydeck auf der 110. Etage, von wo der Blick über ein Gebirge aus Beton und Glas zum Lake Michigan reicht. Abends ist die Rundumaussicht ein tolles Erlebnis (233 S. Wacker Dr., Eingang Jackson Blvd.; April bis Sept. tgl. 10.00 – 22.00, sonst bis 20.00 Uhr).

Chicago Board of Trade
G 7

Art Deco war in den 1920er- und 1930er-Jahren auch in Chicago populär. Aus dieser Zeit stammt der Baukomplex der Architekten Holabird & Root. Dass es hier um Termingeschäfte mit landwirtschaftlichen Produkten ging, zeigt das Relief über dem Hauptportal, wo beiderseits der Uhr zwei Figuren Ähren bzw. Maiskolben in Hnden halten. Auf der Gebäudespitze thront eine fast 10 m hohe Aluminiumstatue der **Ceres**, der römischen Göttin des Ackerbaus. Die Warenbörse wurde 1848 von 82 Händlern gegründet. Parketthandel: Mo. – Fr. 9.00 – 14.00 Uhr. Weitere Informationen gibt es beim **Besucherdienst der Börse** (Tel. 312/435-35 90; www.cbot.com). Die Besuchergalerie (5. Etage) ist z. Zt. geschlossen.

! *Baedeker* TIPP

Kulinarische Börse

Was für New York die Wall Street, ist für die Großstadt am Lake Michigan die Chicago Stock Exchange. Doch 40 Stockwerke über dem Börsenparkett spielen weder Internet-Aktien noch Blue Chips die Hauptrolle, sondern Rehrücken mit wilden Heidelbeeren und Jakobsmuscheln mit Orangenbutter. Der exklusive »Everest Room« gilt vielen kulinarischen Gipfelstürmern als ultimatives Ziel ihrer Träume (440 S. LaSalle St.; Tel. 312/663-8920).

Rookery Building
G 7

Unter den aus dem 19. Jh. stammenden Gebäuden des Loop ist dieser 11-geschossige Hochbau eine ganz Besonderer. Das in den 1880er-Jahren erbaute Denkmal der »klassischen« Ära der Chicagoer Architektur erinnert an zwei berühmte Baumeister. Die Pläne für den Skelettbau mit einem tragenden Stahlgerüst im Innern zeichnete **John W. Root**, ein Mitglied der renommierten »Chicago School«. Betritt man das Gebäude durchs Portal, öffnet sich eine von noblen Modegeschäften umrahmte Lobby, die 1905 von **Frank Lloyd Wright** aus Marmor und schmiedeeisernen Ballustraden gestaltet wurde.

★ **Monadnock Building** G 7

Was der Architekt **Louis Sullivan** eine »eindrucksvolle Klippe aus Mauerwerk« nannte, präsentiert sich recht trist. Trotzdem gehört das Bürogebäude zu den geschichtsträchtigsten Bauten im Loop. 1891 fertig gestellt, galt der 16-stöckige Komplex zeitweise als höchstes Gebäude der Welt. Noch heute hält es einen Rekord: Es gilt als höchster Wolkenkratzer Chicagos, dessen Statik nicht auf einem stählernen Innenskelett, sondern auf **tragenden Außenwänden** beruht.

! *Baedeker* TIPP

Stadtbesichtigung per Schiff

Besonders empfehlenswert ist eine Rundfahrt mit dem Schiff »Chicago's First Lady«. Sachkundig und mit viel Engagement erfahren die Teilnehmer alles über die spannende Architekturgeschichte der Stadt und gleiten dabei an den entsprechenden Bauten vorbei (Ende April – Mitte Nov.; Tickets am südwestlichen Ende der Michigan Avenue Bridge, www.cruisechicago.com).

★ **Harold Washington Library Center** G 7

Ein paar Schritte weiter gaukelt der **patinagrüne Dachschmuck** der Chicagoer Zentralbibliothek historischen Bauschmuck vor. Doch diese nach der British Library in London **zweitgrößte öffentliche Bücherei der Welt** stammt aus dem Jahr 1991 und wurde benannt nach Harold Washington, dem ersten afro-amerikanischen, sehr populären Bürgermeister der Stadt. Auf der 9. Etage gibt es einen lichtdurchfluteten Wintergarten (Mo. 9.00 – 19.00, Di. u. Do. 11.00 bis 19.00, Mi. u. Fr. – Sa. 9.00 – 17.00, So. 13.00 bis 17.00, Führungen Mo. – Sa. 12.00 u. 14.00, So. 14.00 Uhr) .

★★ **Auditorium Building**

Kaum ein anderes Gebäude im Loop veranschaulicht die architektonischen Grundsätze von **Louis Sullivan** und **Dankmar Adler** so sehr wie dieser Mehrzweckbau, dessen Grundstein US-Präsident Grover Cleveland 1887 gelegt hat. Das kommt besonders im 4 300 Plätze großen **Auditorium Theater** mit seinen Mosaikfußböden, Säulen und Decken, geschwungenen Balkonen, Buntglasfenstern, Wandgemälden und Goldfriesen zum Ausdruck. In diesem für seine hervorragende Akustik und Sicht gepriesenen Saal wird gutes Musiktheater geboten.

Fine Arts Building

Zunächst war das 1885 errichtete Gebäude Produktionsstätte und Ausstellungsraum für Studebaker-Kutschen. Es wurde später zum Theater umgestaltet. Heute ist es Heimstatt der Performing Arts Chicago, des Jazz Institute of Chicago, einer Ballet Company, des Hungarian Opera Workshop und des Fine Arts Theater.

★ **Santa Fe Building**

Stararchitekt **Daniel Burnham** ist nicht nur der geistige Vater dieses Bauwerks, er hatte dort auch sein Büro. Hier unterhält die Chicago

Architecture Foundation ihren **ArchiCenter Shop & Tour Center**, in dem man Architektur-Stadtführungen, Vorträge und Seminare buchen kann. Auch wer Architekturbücher sucht, ist hier an der richtigen Stelle (224 S. Michigan Ave.; tgl. 9.00 18.30 Uhr).

Orchestra Hall
H 7

Im Gebäude nebenan ist seit 1905 das weltberühmte **Chicago Symphony Orchestra** zuhause, das schon von manch namhaften Dirigenten (u. a. Sir Georg Solti, Daniel Barenboim) geführt wurde. Jeden Dezember können in der Orchestra Hall begeisterte Sängerinnen und Sänger ihr Können bei der Messias-Messe von Georg Friedrich Händel unter Beweis stellen.

★★
Palmer House

Nichts lässt mitten im hektischen Loop eine Oase im französischen Empirestil vermuten. Doch die zentrale Lobby des Palmer House Hotels, das zur Hilton-Kette gehört, erinnert mit Deckenbemalungen von Louis Rigal und eleganten Säulen an die Empfangshalle eines Schlosses zur Zeit Napoleons. Die Nobelherberge des Kaufhausgründers Potter Palmer stammt aus dem Jahr 1875 und ist bereits das zweite Hotel an dieser Stelle. Das erste brannte nur zwei Wochen nach seiner Eröffnung bis auf die Grundmauern nieder.

★
Marquette Building

Zu den zahlreichen Gebäuden, die auf den Reißbrettern der Chicago School of Architecture entstanden sind, zählt auch der nach dem französischen Missionar und Entdecker Jacques Marquette benannte Hochbau der Architekten Holabird & Roche. Szenen aus dem Entdeckerleben des Jesuiten Marquette sind auf Bronzereliefs über den Eingängen und auf Mosaiken in der Lobby dargestellt.

Shubert Theatre

Als dieser Palast am Neujahrstag 1906 unter dem Namen »Majestic« eröffnetw, war er seinerzeit das größte Gebäude in der Innenstadt und das erste neue Theater des 20. Jahrhunderts. Leichte Unterhaltung war von Anfang an das Metier, in dem das Haus seine Stärken sah. Berühmtheiten wie der Meisterzauberer Houdini und die gefeierte Tänzerin Lillie Langtry begeisterten die Zuschauer, ehe die Weltwirtschaftskrise der 1930er-Jahre den rauschenden Aufführungen ein Ende machte und das Theater geschlossen wurde. Nach dem Zweiten Weltkrieg wurde es unter neuem Namen wieder auferweckt und machte als Musical-Theater Karriere (22 W. Monroe St., Kartenvorverkauf: Mo. – Fr. 9.30 17.30, Sa 10.00 bis 14.00 Uhr).

★★
Carson Pirie Scott & Co.
G/H 6

Vom Reißverschluss bis zum Schreibtisch aus Rosenholz reichte das Warenangebot des im Jahre 1904 eröffneten Nobelkaufhauses. An der Kreuzung von Madison und State Street lebte Architekt **Louis Sullivan** seinen Hang zu besonderem **Gebäudeschmuck** aus. Schmiedeeisernes ziert den Haupteingang: Ein filigranes Geäst aus Blätter- und Blumenmotiven rankt sich um einen abgerundeten Vorbau, der auf einer Ecke des Gebäudes sitzt. Ähnlich sind die

Blick in die Lobby des von Helmut Jahn konzipierten Thompson Center (s. S. 178)

Schaufenster dekoriert. Im Inneren fallen Säulen mit verzierten Kapitellen ins Auge. Im Frühjahr 2007 wurde das Kaufhaus geschlossen. Gegenwärtig wird das denkmalgeschützte Bauwerk restauriert.

Reliance Building

In den 1990er-Jahren sah es so aus, als seien die Tage des einst elegantesten Wolkenkratzers der Chicago School gezählt. Aber der heruntergekommene 14-stöckige Bau wurde doch noch renoviert. Vor über 100 Jahren galt das Hochhaus als architektonisch bahnbrechend, denn erstmals gab es eine Glasfassade zu bewundern, möglich gemacht durch ein inwändiges Stahlgerüst.

Oriental Theatre, Ford Center for the Performing Arts
G 6

Wie ein orientalischer Palast mutet dieses Theater an. Seit 1926 wurden in diesem Prachtkino nicht nur Filme, sondern auch Shows mit berühmten Bühnenstars wie Judy Garland, Bob Hope und Jackie Gleason gezeigt. Ende der 1970er-Jahre schienen die Tage des Kulturtempels gezählt. Erst kurz vor der Jahrtausendwende wurde er zu neuem Leben erweckt und mit modernster Technik ausgestattet. Unter der **herrlichen Kuppel** haben heute 2200 Zuschauer Platz, die hier schönstes Musiktheater sehen können (24 W. Randolph St., Kartenvorverkauf: Mo. – Fr. 10.00 – 18.00, Sa. 10.00 – 16.00 Uhr).

Richard J. Daley Center
G 6

Nüchtern, fast abweisend erhebt sich die aus korrodierendem Stahl bestehende Fassade dieses 1965 errichteten **Verwaltungsbaus** in den Himmel. Namensgeber war der von 1955 bis 1976 amtierende Bürgermeister Richard J. Daley Sen.. Zu Lebzeiten galt er als der zweitmächtigste Mann der USA nach dem Präsidenten. Vor dem Gebäude steht das berühmteste öffentliche Kunstwerk der Stadt, der sog. **»Chicago Picasso«**. An warmen Sommerwochenenden trifft man sich hier auch zum Tanz. Ende Oktober starten hier Langstreckenläufer aus aller Welt zum **Chicago Marathon**.

Chicago City Hall/ Cook County Building
G 6

Insider wissen, dass die öffentlichen Sitzungen des Stadtrats auf der zweiten Etage des Rathauses großen Unterhaltungswert besitzen. Dementsprechend ist auch der Andrang. Der Mayor (Bürgermeister) residiert in diesem von Holabird & Roche entworfenen und 1911 fertig gestellten Gebäude auf der fünften Etage.

✶ **James R. Thompson Center**
G 6

Bild S. 177 ►

Einen prägnantem Gegensatz zum Rathaus bildet seit 1985 dieses Bürogebäude. Kaum ein Bauwerk der jüngeren Geschichte Chicagos stand so in der Kontroverse wie das von dem aus Nürnberg gebürtigen deutsch-amerikanischen Architekten **Helmut Jahn** entworfene James R. Thompson Center (State of Illinois Center). Dieser Rundbau mit schrägen verglasten Außenwänden hat ein Flachdach, durch das Tageslicht in eine riesige, **17 Stockwerke hohe Lobby** fällt. Die Büros liegen um den Lichthof herum auf Galerien. Rolltreppen führen von der Straßenebene ins Untergeschoss, wo es im **Food Court** um die Mittagszeit nach Sezuan-Chicken, Salami-Pizza und griechischem Gyros duftet.

✶ **Chicago Theater**
H 6

Schon von weitem ist die riesige rotgelbe Leuchtreklame dieses Kinotempels in der State Street zu sehen, den Buster Keaton 1921 eröffnete. Anfang der 1980er-Jahre schien es, als müsste der Palast einem Neubau Platz machen; Investoren entschlossen sich dann aber zu einer teuren Renovierung. Seit 1986 werden hier **Broadway-Musicals und Shows** geboten. Viele Besucher kommen aber auch nur, um das **neobarocke Interieur** mit glitzernden Kronleuchtern, Terrakotta-Ornamenten und Wandgemälden zu bestaunen.

✶ **Macy's (früher Marshall Field's)**

Die Verabredung »Meet me under the clock« findet in Chicago seit Jahrzehnten vor diesem **Warenhaus** statt. Es schmückt sich an der Ecke Randolph St./Washington St. mit einer tonnenschweren **patinagrünen Uhr**, unter der sich schon viele Leute einmal mit Verwandten, Bekannten oder Geschäftspartnern getroffen haben. Das zwischen 1893 und 1907 nach Plänen von **Daniel Burnham** erbaute Kaufhaus nimmt einen ganzen Straßenblock ein und bietet neben einem riesigen Warenangebot bester Qualität zwei Atrien, von denen eines von einer grandiosen **Tiffany-Kuppel** überwölbt wird.

✶ **Grant Park**
H 7/8

Diese lang gestreckte **grüne Oase** samt Jachtklub am Ufer des Lake Michigan begrenzt den Loop im Osten. Sie entstand zwar erst in den 1920er-Jahren auf einem aufgeschütteten Gebiet am Seeufer, den Plan hatte **Daniel Burnham** aber schon im Jahre 1909 als Verschönerungskonzept für das Stadtzentrum entworfen.

Das beliebte Naherholungsgebiet ist auch Schauplatz vieler Veranstaltungen wie etwa von Sommerkonzerten der Grant Park Concerts Society, deren Orchester in der **Petrillo Music Shell** sein Können beweist. Im Juni findet hier das **Chicago Blues Festival** statt, und Ende August/Anfang September treffen sich hier Musik-Begeisterte aus aller Welt zum **Chicago Jazz Festival**.

Im Zentrum des Parks sprudelt mit der **Clarence Buckingham Fountain** einer der größten Springbrunnen der Welt. Tagsüber geben die rauschenden und sprühenden Wasserkaskaden vor der Skyline der Stadt ein reizvolles Bild ab. Von Mai bis September wird der 1927 errichtete Brunnen abends effektvoll beleuchtet. Die in einem flachen Becken ruhende Buckingham Fountain besteht u. a. aus vier Gruppen bronzener Seepferde. Diese symbolisieren die vier Anliegerstaaten des Michigansees: Illinois, Indiana, Michigan und Wisconsin. Zu den zahlreichen Denkmälern im Park gehören die beiden indianische Reiter darstellenden Skulpturen **»The Bowman & the Spearman«** des kroatischen Bildhauers **Ivan Meštrovic**.

◄ Daley Bicentennial Park

Nördlich an den Grant Park schließt der anlässlich des 200-jährigen Stadtjubiläums hübsch angelegte und nach dem früheren Bürgermeister Daley Sen. benannte Park an.

★★ **Millenium Park** **H 6**

Westlich stadteinwärts, zwischen Randolph Street im Norden und Monroe Street bzw. dem Art Institute im Süden, erstreckt sich der im Sommer 2004 eingeweihte Millenium Park als jüngste Attraktion

Chicagos neueste Attraktion: der Millenium Park mit dem »Cloud Gate«

Chicagos. Hier konnten namhafte Landschaftsdesigner, Architekten und Künstler futuristische Ideen verwirklichen. Glanzpunkt im wahrsten Sinne des Wortes ist das vom indischen Künstler **Anish Kapoor** geschaffene **»Cloud Gate«**, ein rundlich-elliptisches 22 m breites, 14 m tiefes und 11 m hohes »Tor« aus polierten und nahtlos miteinander verbundenen Stahlplatten, auf dessen Oberfläche sich die Wolkenkratzer und Lichter des Loop effektvoll spiegeln. Zweites Highlight ist der vom berühmten zeitgenössischen Architekten **Frank Gehry** entworfene **Jay Pritzker Pavilion**, eine geradezu revolutionär anmutende Quasi-Freiluft-Konzertarena mit 4000 fest installierten Sitzen und weiteren 7000 Sitzmöglichkeiten auf dem Rasen davor. Auch Sound-Technik und Akustik des Pavillons sind überwältigend, man fühlt sich wie im Konzertsaal. Frank O. Gehry hat auch die spektakuläre **BP Bridge** (Fußgängerbrücke) entworfen, die den Millenium Park mit der benachbarten Daley Bicentennial Plaza verbindet. Von ihr bietet sich ein toller Blick auf die Silhouette der Stadt. Das dritte große Highlight ist **The Crown Fountain**, ein höchst imposanter Brunnen, den der spanische Künstler **Jaume Plensa** entworfen hat. Das Wasser fließt an zwei 15 m hohen Glastürmen mit Leuchtdioden-Displays herunter. Auf den Displays erscheinen Gesichter von Chicagos Einwohnerschaft und Szenen aus der Natur. Weitere Höhepunkte im Millenium Park sind der **Wrigley Square** mit einer »antiken« Säulenhalle als **Millenium Monument**, die aussichtsreiche **McCormick Tribune Plaza** mit riesiger Kunsteisbahn (Nov. – März), die Boeing Galleries sowie die **Exelon Pavilions** mit dem Millenium Park Welcome Center und dem Chicago Shop. In der Südostecke des Parks sind die **Lurie Gardens** künstlerisch nach dem Wahlspruch »Urbs in Horto« (Stadt in einem Garten) angelegt. Eine 5 m hohe und entsprechend beschnittene Hecke symbolisiert die vom Poeten Carl Sandburg beschriebene »City of Big Shoulders«.

✶✶ Art Institute of Chicago H 6/7

Öffnungszeiten:
Mo. – Mi.
10.30 – 17.00,
Do., Fr.
10.30 – 20.00,
Sa., So.
10.00 – 17.00

Das Flaggschiff der Chicagoer Kulturszene im Grant Park entstand aus Anlass der Weltausstellung 1893 und zeigt **über 300 000 Kunstwerke aus fünf Jahrtausenden Kulturgeschichte** aus allen Teilen der Erde. Es ist zwar in erster Linie Kunstmuseum, beherbergt aber auch eine renommierte Kunstakademie und eine bedeutende Bibliothek. Seit 2009 ist der Gebäudekomplex einen spektakulären Neubau am Millenium Park erweitert, den Stararchitekt **Renzo Piano** konzipiert hat.

Zwei mächtige patinagrüne Bronzelöwen bewachen den Haupteingang an der Michigan Avenue. Von hier aus gelangt man zunächst in den Allerton Building.

Allerton Building

Im Print Study Room ist ein kleiner Teil der insgesamt rund 11 500 Zeichnungen und 60 000 Drucke zu sehen. Arbeiten von **Dürer, Rembrandt** und **Goya** gehören zu den besonders wertvollen Schätzen.

Chinesische Keramik und Bronze, Jadeschmuck, traditionelle Kostüme, japanische Malereien und Drucke aus Korea vermitteln Eindrücke von asiatischer Kunst. Skulpturen aus Holz, Masken, Töpfereien, Textilien und Schmuck aus Schwarzafrika teilen sich den Platz mit Werken aus dem präkolumbischen Mittel- und Südamerika.

◄ Asien, Afrika, Amerika

Die Ausstellung in der lang gestreckten Gunsaulus Hall im Zentrum des Museums zeigt Prunkwaffen und Rüstungen aus dem Europa des 15. bis 19. Jh.s sowie einige wenige aus dem Mittleren Osten bzw. den USA. Besonders wertvoll sind im 17. Jh. in den Niederlanden angefertigte Steinschlosspistolen mit Elfenbeinschnitzereien.

◄ Europäische Waffen und Rüstungen

Europäische Malerei vom 15. bis zum 19. Jh. ist das Hauptthema im Obergeschoss. Dabei liegt der Hauptakzent auf den Werken französischer Maler des 19. Jh.s wie **Claude Monet, Pierre Auguste Renoir, Georges Seurat, Paul Gauguin, Paul Cézanne** und **Henri de Toulouse-Lautrec** – die größte Sammlung außerhalb Europas. Auch **Vincent van Gogh** hat einen festen Platz in der Galerie.

★★ ◄ Europäische Malerei

Von den älteren Meistern vertreten sind sein Landsmann **Dieric Bouts** mit einer »Mater Dolorosa«, der Spanier **El Greco** mit »Mariä Himmelfahrt« und **Rembrandt** (1606 – 1669) mit »Alter Mann mit Goldkette«.

Ebenfalls im Obergeschoss befasst sich eine Ausstellung mit den großen Namen der Chicagoer Architekturgeschichte. Zu sehen sind Pläne, Zeichnungen und Modelle von **Daniel Burnham**, John Wellborn Root, Bruce Goff, Marion Mahony Griffin, Walter Burley Griffin, Ludwig Hilberseimer, **Louis Sullivan, Ludwig Mies van der Rohe**, Stanley Tigerman, Peter B. Wight und **Frank Lloyd Wright**. Auch der Stadtverschönerungsplan von Daniel Burnham aus dem Jahr 1909, der im Großen und Ganzen nie realisiert wurde, ist zu sehen. Interessant sind dabei die Illustrationen von Jules Guerin, die zeigen, wie Chicago nach Burnhams Willen hätte aussehen sollen.

◄ Architektur

Diese Abteilung im Untergeschoss dokumentiert die künstlerische Fotografie seit der Erfindung der Daguerreotypie. Schon um 1900 stellte das Art Institute die erste kleine Ausstellung zusammen. Zu einer Kollektion im eigentlichen Sinne wurden die Bestände des Hauses aber erst 1949, als die Künstlerin **Georgia O'Keeffe** dem Institut einen Teil ihrer Privatsammlung vermachte. Später kamen Werke von Edward Weston, Paul Strand, Eugene Atget, André Kertész und den Gebrüdern Bisson hinzu.

◄ Fotografie

Unter den in dieser Abteilung im sog. **Rice Building** ausgestellten Kunstschätzen ragen griechische Vasen mit sehr schönen Motiven heraus. Altägyptischen Ursprungs ist der mit Hieroglyphen und Malereien dekorierte **Mumiensarg eines Tempelwächters**. Die klassische römische Kunst zeigt sich in einem aus weißem Marmor gearbeiteten Kopf von Kaiser Hadrian.

◄ Antike Kunst

Malerei, Bildhauerkunst, Mobiliar und Silberarbeiten sieht man in der amerikanischen Abteilung. Unter den Malern ragt der Bostoner **John Singleton Copley** (1738 – 1815) heraus, dessen Bildnis von Mrs. Daniel Hubbard in eine Reihe von Abbildungen typisch amerikani-

◄ Amerikanische Kunst

Art Institute of Chicago Orientierung

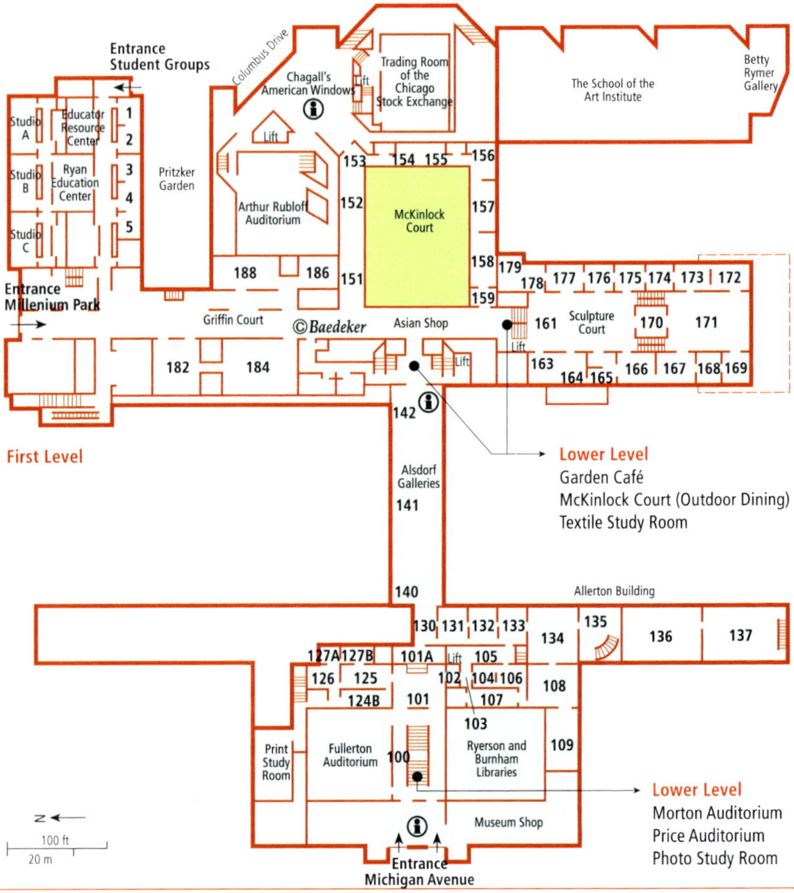

scher Zeitgenossen gehörte. Andere Bilder stammen etwa von Thomas Eakins (1844–1916) und Mary Cassatt (1844–1926). Unter den Bildhauern ist der in Philadelphia gebürtige **William Rush** (1756–1833) mit einer um das Jahr 1819 entstandenen Büste des damals 52-jährigen späteren Präsidenten Andrew Jackson vertreten.

Modern & Contemporary Art ►

Mit über 1500 Gemälden und Skulpturen repräsentiert diese Abteilung im Obergeschoss jede signifikante Kunstströmung des 20. Jh.s in Europa und Amerika. Zu den bekanntesten ausgestellten Künstlern zählen Pablo Picasso, Henri Matisse, Constantin Brancusi, Edward Hopper, Grant Wood, Georgia O'Keeffe und Joseph Cornell.

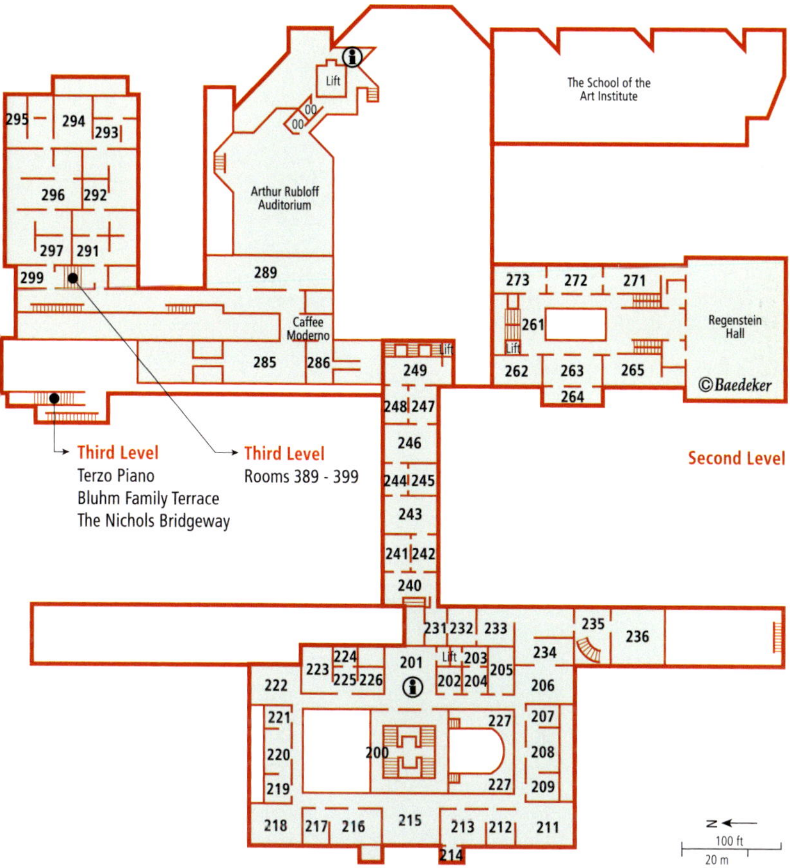

Zur jüngeren Garde gehören etwa Jackson Pollock, David Hockney, Frank Stella, Andy Warhol, Eva Hesse, Bruce Nauman, Gerhard Richter und Kiki Smith. Einen Schwerpunkt dieser Ausstellung im Untergeschoss bilden neben Silberarbeiten aus England (18. Jh.) und Frankreich (19. Jh.) Keramik aus Deutschland, England und Frankreich sowie Glaskunst. Ferner sind Schmuck aus der Renaissance sowie Mobiliar seit dem frühen 17. Jh. zu sehen.

◄ Europäisches Kunsthandwerk

Rubloff Building

Miniaturen und Skulpturen aus Südasien füllen die Räume dieses Museumsbereichs. In den umliegenden Trakten gibt es auch eine aus geschliffenem Marmor bestehende Skulpturenhalle und eine Rekonstruktion des Handelsparketts der Chicago Stock Exchange, wie es 1893/1894 von Louis Sullivan und Dankmar Adler entworfen worden war. Im Untergeschoss wird die europäische dekorative Kunst fortgesetzt. Samt und Seide, Stoffdrucke und Strickwaren aus Europa, Peru, Mexiko, Nordamerika und Afrika sowie Kostüme und Trachten aus vielen Teilen der Welt sind hier ebenfalls versammelt.

✶✶ Magnificent Mile H 5

Chicagos Prachtmeile

Die **Magnificent Mile** ist im eigentlichen Sinn nur der mittlere Abschnitt der nord-südlich verlaufenden North Michigan Avenue zwischen Oak Street bzw. Lake Shore Drive im Norden und Chicago River im Süden. Westlich breitet sich das Stadtviertel Streeterville aus, östlich erstreckt sich das Quartier River North. In den ersten beiden Jahrzehnten des 20. Jh.s reihten sich hier zahllose kleine Pensionen aneinander. Ein neues Zeitalter dämmerte nach der Fertigstellung der North Michigan Avenue Bridge 1920 herauf. Eine Werbefirma erkannte das Potenzial dieses immer mehr als Einkaufsmeile geschätzten Straßenabschnitts und gab ihm den Beinamen **»The Million Dollar Mile«**. Nach dem Zweiten Weltkrieg schmiedeten namhafte Investoren wie Arthur Rubloff ehrgeizige Pläne. In der Folge trat die südliche Michigan Avenue ihre Bedeutung als Geschäfts- und Einkaufsstraße immer mehr an den nördlichen Abschnitt ab.

! *Baedeker* TIPP

Magnificent Mile romantisch

Man kann die Magnificent Mile auf romantische Art und Weise kennen lernen – mit der Pferdekutsche. Anbieter sind:

Antique Coach & Carriage, Tel. (312) 787-1349
Abfahrten ab N. Michigan Ave./Ecke Huron St.

Chicago Horse & Carriage, Tel. (312) 953-9530
Abfahrten ab Michigan Ave./Ecke Pearson St.

Noble Horse Ltd., Tel. (312) 266-7878
Abfahrten ab Michigan Ave./Ecke Pearson St.

Michigan Avenue Bridge H 5/6

Die **Klappbrücke über den Chicago River** verbindet seit 1920 den Loop im Süden mit der Magnificent Mile bzw. dem Stadtteil River North (Near North). Szenen aus der Geschichte der Stadt zieren als Reliefs die Brückenköpfe. Wenige Schritte weiter öffnet sich der **Herald Square**, wo 1803 das **Fort Dearborn** als Urzelle der heutigen Metropole angelegt worden ist. Markierungen im Pflaster zeigen, wo das Fort gestanden hat. Von der Brücke hat man einen tollen Blick auf die Wolkenkratzer am Chicago River. Unterhalb legen Ausflugsboote ab, mit denen man die Stadt vom Wasser aus erkunden kann. Wenn Jachten mit hohen Masten passieren wollen, wird der Verkehr auf der Michigan Avenue durch ohrenbetäubendes Gebimmel angehalten und die Brücke für ein paar Minuten aufgeklappt.

✶ Wrigley Building

Hat man die Michigan Avenue Bridge in nördlicher Richtung überquert, so steht man vor dem ersten Prachtbau der Magnificent Mile.

Mit weißer Terrakotta verzierte Fassaden und ein der **Giralda** im andalusischen Sevilla nachempfundener Uhrturm machen die 32-stöckige Zentrale des Kaugummi-Konzerns seit 1924 zu den auffälligsten Zuckerbäckerburgen in der Stadt, zumal die nach Süden und Osten weisenden Flanken wegen des Chicago River und der Michigan Avenue nicht verbaut werden konnten und vom nördlichen Loop aus gut zu sehen sind. Nachts wird der Bau vom gegenüber liegenden Ufer in Scheinwerferlicht getaucht. Südwestlich dahinter ragt der anno 2009 fertiggestellte **Trump Tower** 423 Meter in die Höhe. Auf seinen 96 Etagen sind noble Wohnungen und ein Luxushotel eingerichtet.

Dass unter den Baumeistern Chicagos in den 1920er-Jahren historische Bezüge in Mode waren, beweist auch der **Chicago Tribune Tower**, das Redaktionsgebäude einer der größten Tageszeitungen der USA. Der damalige Herausgeber des Blattes hatte 1922 einen Wettbewerb für ein neues Gebäude ausgeschrieben, den ein Architekten-Duo aus New York gewann mit einem 33 Stockwerke hohen Wolkenkratzer im neugotischen Stil. Auf Straßenniveau wurden im Lauf der Zeit kleine Bruchstücke von zum Teil weltbekannten Bauten in die Fassade eingemauert, die Korrespondenten des Blattes aus allen Erdteilen mitgebracht haben. Der indische Taj Mahal und die Pyramiden von Gizeh sind hier ebenso vertreten wie die Pariser Notre-Dame und die Berliner Mauer.

Östlich des Tribune Tower erhebt sich das **NBC Building**, in dem eine der bedeutendsten Rundfunk- und

Magnificent Mile *Orientierung*

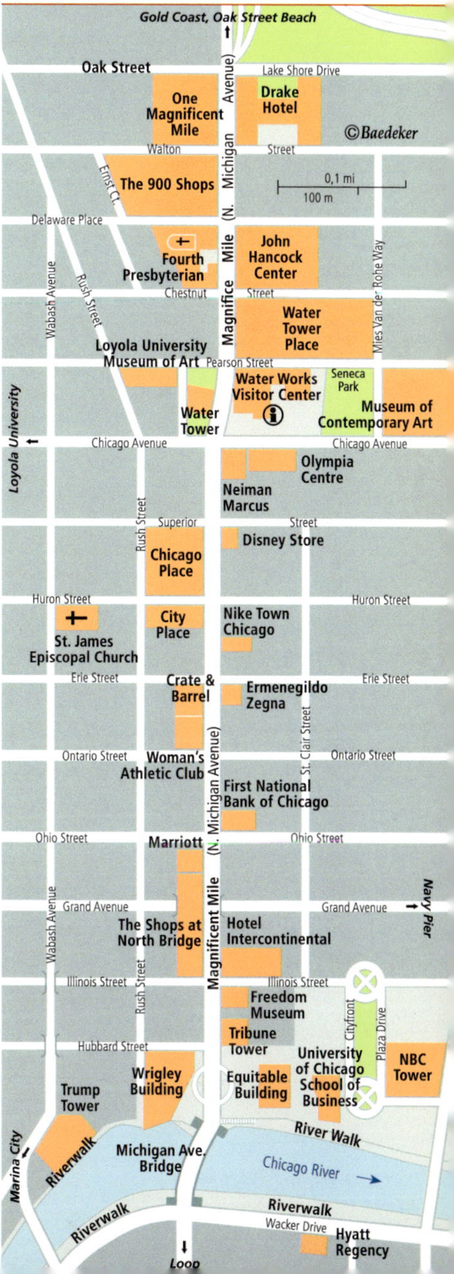

W

NAVY PIER

Fernsehanstalten der USA residiert. Neben vielen anderen Sendungen wurde hier (bis 2009) die beliebte »Jerry Springer Show« produziert. Der Talkmaster gehört zu den absoluten Quoten-Stars dieses Genres im US-Fernsehens.

Terra Foundation of American Art
H 5

Zu den Top-Adressen in Chicagos Kunstlandschaft zählt diese Stiftung an der Ecke Erie Street. Sie verleiht Bilder aus ihrer Sammlung für Ausstellungen in aller Welt, die sich der Amerikanischen Kunst widmen. Außerdem zeigt sie im Art Institute of Chicago (► S. 182) eine Kollektion von mehreren Dutzend Arbeiten. Bedeutende Vertreter des 20. Jh.s sind Edward Hopper, Georgia O'Keeffe, Arthur G. Dove, Marsden Hartley, Stuart Davis, Reginald Marsh und Milton Avery. Bestens vertreten ist der amerikanische Impressionismus, dessen wichtigste Repräsentanten Theodore Robinson, Frederick C. Frieseke sowie Maurice und Charles Prendergast sind.

Nike Town
H 5

Auf der gegenüber liegenden Straßenseite feiern Sport und Kommerz Triumphe. An der Fassade weisen Halbreliefs von Basketball- und Baseball-Szenen den Weg in den Konsumtempel der weltberühmten Sportartikelfirma. Amerikanische Sportbegeisterte und auch deutsche Touristen stehen gleichermaßen mit verklärten Augen vor den Konterfeis oder lebensgroßen Nachbildungen der Götter des Sports, die den Verkauf aller denkbaren Sportartikel ankurbeln sollen.

Chicago Place
H 5

Zu den neueren Kathedralen des Konsums an der Magnificent Mile gehört dieser im Jahre 1990 fertig gestellte mehrstöckige Gebäudekomplex mit ca. 80 Fachgeschäften und Boutiquen. Hier gibt es auch einen hübschen Palmengarten und einen Food Court, in dem sich werktags zur Lunch Time die Angestellten der umliegenden Büros stärken.

★
Water Tower
H 5

Zu den wenigen Gebäuden, die vom Großbrand 1871 verschont blieben, gehört der 1869 aus gelblichem Kalkstein errichtete Wasserturm an der North Michigan Avenue. Architekt Boyington wurde beauftragt, die **zentrale Trinkwasser-Pumpstation** der Stadt möglichst unauffällig in ein Gebäude einzufügen. Was dabei herauskam, war aber eine pseudo-gotisch kitschig wirkende Burg mit Türmchen und Zinnen, über die sich Hohn und Spott ergießen sollten. Im Pumpenhaus sind heute eine Galerie und ein Besucherzentrum des **Chicago Office of Tourism** eingerichtet (Mo – Do. 8.00 – 19.00, Fr. 8.00 – 18.00, Sa. 9.00 – 18.00, So. 10.00 – 18.00 Uhr).

Water Tower Place
H 5

Von der N. Michigan Avenue betritt man dieses Konsumparadies aus Glas, Marmor und Chrom mit einem 7-stöckigen Atrium und einem künstlichen Wasserfall. Außer Kaufhausfilialen von »Macy's« und

← Chicagos Navy Pier, beherrscht von den Wolkenkratzern an der Magnificent Mile mit dem John Hancock Center als Ausrufezeichen

»Lord & Taylor« gibt es hier vornehme Cafés und Restaurants und über 120 Einzelhandelsgeschäfte. Ferner ist das noble »Ritz-Carlton Hotel« im Water Tower Place untergebracht.

★ Museum of Contemporary Art H 5

Östlich vom Water Tower steht dieses noch recht neue Museum an der Chicago Avenue. Es ist 1991 bis 1996 nach Entwürfen des Berliner Architekten **Josef Paul Kleihues** entstanden. Von der zentralen Eingangshalle auf der ersten Etage blicken Besucher über den Skulpturengarten auf den Michigansee und auf die Wolkenkratzer-Kulisse des Stadtzentrums. Eine elegante Treppe führt von der Lobby zu den Ausstellungssälen der zweiten Etage, wo Malereien, Skulpturen, Fotografien, Filme und Video-Sequenzen die zeitgenössische Kunst seit 1945 dokumentieren. Zu den wichtigsten Exponaten gehören Werke von **René Magritte, Joan Miró, Max Ernst** und **Andy Warhol** (Di. 10.00 – 20.00, Mi. – So. 10.00 – 17.00 Uhr).

★★ John Hancock Center H 4

»Big John«, wie die Einheimischen das 343,50 m (ohne Antenne) hohe Gebäude nennen, ist seit 1970 ein prägnanter Teil der Skyline von Chicago. Auf der 94. Etage befindet sich das **Hancock Observatory** 314 m über der Michigan Avenue (tgl. 9.00 – 23.00 Uhr). Damit liegt die Plattform zwar niedriger als das Skydeck des Willis Tower. Da das John Hancock Center aber näher am Lake Michigan steht, ist der Blick besser. In Richtung Norden zeigt sich das Seeufer mit dem Landvorsprung des North Avenue Beach wie ein Postkartenmotiv. Über der Aussichtsplattform befindet sich mit **»Signature Room«** ein elegantes Restaurant, in dem die Fensterplätze aus gutem Grund häufig reserviert sind. Noch ein Stockwerk höher servieren Kellner in der »Image Lounge« auch den aus weißem und dunklem Rum sowie Fruchtsaft gemixten Hausdrink »Signature Punch«.

? WUSSTEN SIE SCHON ...?

- Dan »Spiderman« Goodwin erklomm 1981 die dunkle Aluminiumfassade des John Hancock Center bis zur Spitze. Die Feuerwehr versuchte ihn vergeblich von seinem Vorhaben abzubringen, indem sie ihn bespritzte und so fast ein Unglück verursachte. Übrigens: auch den Willis Tower hat Goodwin erklettert.

Fourth Presbyterian Church H 4

Das neugotische Gotteshaus ist 1914 fertig gestellt worden und ist damit nach dem Water Tower das älteste Bauwerk an der North Michigan Avenue. Besonders stolz ist man auf die **große Orgel**, mit 6 603 Pfeifen die größte weit und breit. Sehr romantisch ist der von einem efeubewachsenen Säulengang umrahmte Innenhof.

900 N. Michigan Avenue H 4

Seit 1989 ragt der postmoderne Wolkenkratzer mit seinen aufgesetzten Türmchen 66 Stockwerke hoch in den Himmel. Er beherbergt ein mehrgeschossiges elegantes **Einkaufsparadies** mit über 100 Fachgeschäften und einer »Bloomingdale's«-Filiale. Auf den Etagen 30 bis 46 logieren die meist gut betuchten Gäste des recht exquisiten **»Four Seasons Hotel«**.

★ **Drake Hotel** H 4

Die in den 1920er-Jahren eröffnete Nobelherberge am nördlichen Ende der Magnificent Mile ist zwar äußerlich nicht sehr attraktiv, wartet innen aber mit gediegener Eleganz auf. Auch wer hier nicht übernachtet, sollte sich den nach bester englischer Manier servierten Five o' Clock Tea im Palm Court gönnen.

One Magnificent Mile H 4

Der Gebäudekomplex gegenüber mit seiner markanten Fassade aus rosafarbenem Granit beherbergt exklusive Boutiquen (Chanel usw.) sowie das trendige zweistöckige Restaurant »Spiaggia«.

★ **Oak Street** F–H 4

Wohlhabende Bürger haben sich nach dem Stadtbrand von 1871 repräsentative, architektonisch meist ansprechende Villen bauen lassen. Im vornehmen Ambiente sind heute Luxusgeschäfte eingerichtet, die Edles aus der Welt der Mode feilbieten.

★ Navy Pier J/K 5

Schiffsanleger, Vergnügungszentrum (Bild S. 186/187)

Der Stadtentwicklungsplan von 1909 von Daniel Burnham sah auch auf praktische Veränderungen ab. Dazu gehörten auch adäquate Hafenanlagen. 1916 ließ die Stadtverwaltung eine fast einen Kilometer weit in den Michigansee hinaus reichende **Pier** anlegen. Während an der einen Seite Frachtschiffe anlegten, war die andere Passagierschiffen und Ausflugsdampfern vorbehalten. An der Spitze entstand die **Festival Hall**. Zu Beginn des Zweiten Weltkriegs übernahm die US-Marine die Anlage. Nach 1945 nutzte die University of Illinois einen Teil der Baulichkeiten. Zwei Jahrzehnte später, als die Universität ihren eigenen Campus beziehen konnte, verfiel die Pier in einen Dornröschenschlaf, aus dem sie erst Mitte der 1990er-Jahre wieder wachgeküsst wurde. Es entstanden neue Ausstellungshallen, ein interaktives Museum für Kinder, ein IMAX-Kino und sonstige Vergnügungseinrichtungen.

Ferris Wheel ►

Eine besondere Attraktion auf der Pier ist das 45 m hohe und nachts beleuchtete **Riesenrad** mit 40 Gondeln. Es dreht sich täglich ab 11.00 Uhr und bietet einen tollen Blick auf Chicagos Skyline. Das heutige Riesenrad ist der kleinere Bruder jenes legendären, 80 m hohen Ferris Wheel, das 1893 zur ersten Chicagoer Weltausstellung gebaut worden ist. Es war die Antwort auf den Pariser Eiffelturm und ebenso wie dieser aus vernieteten Metallstreben konstruiert. Das alte Riesenrad wurde 1894 abgebaut und 1904 in St. Louis anlässlich der Weltausstellung wieder aufgebaut.

Crystal Gardens ►

Das 7 Stockwerke hohe verglaste Atrium sieht aus wie ein großer Wintergarten und verleiht der Navy Pier selbst im tiefsten Winter **subtropisches Flair**. Bunte Boutiquen laden zum Shopping ein. Für Shows und Konzerte bietet der **Skyline Stage**, ein halboffener Pavillon, die geeignete Bühne. Im 1500 Plätze großen Auditorium wird Zuschauern nicht nur durch bekannte Stars und Entertainer aus dem In- und Ausland eingeheizt, sondern auch durch eine Fußbodenheizung (Veranstaltungen von Mai bis September).

Ein Saurier in Lebensgröße, ein Fischkutter als Abenteuerspielplatz, ein Baumhaus, ein Laboratorium für junge Erfinder, Touch-On-Bildschirme zu naturwissenschaftlichen und technischen Fragestellungen und sonstige Präsentationen machen diese Einrichtung zu einem beliebten Treffpunkt (tgl. 10.00 – 17.00, Do. bis 20.00 Uhr).

◄ Children's Museum

Das erste Museum dieser Art auf amerikanischem Boden widmet sich der religiösen und profanen Buntglaskunst. Besonders eindrucksvoll sind die Glasmalereien der viktorianischen Zeit sowie aus jener Periode, als Frank Lloyd Wright den Ton angab.

◄ Smith Museum of Stained Glass Windows

Die Navy Pier bietet renommierten Künstlern eine Open-Air-Bühne für ihre Skulpturen. Die meisten Werke sind jedoch nur für eine Saison ausgestellt. Nachhaltigen Eindruck haben u. a. Werke von Sir Anthony Caro, Mark Di Suvero und Eduardo Chillida hinterlassen.

◄ Pier Walk

Seit Sommer 2007 wächst (mit Unterbrechungen) südwestlich der Pier der vom spanischen **Stararchitekten Santiago Caltrava** entworfene spiralförmig gedrehte Turm heran, der 2011 fertiggestellt werden soll und dann mit 610 m Höhe das höchste Bauwerk der USA sein wird.

✶✶ **Chicago Spire**

Near North F – H 5/6

Dieser Stadtteil westlich der Magnificent Mile hat sich in jüngerer Vergangenheit stark verändert. Besonders im Kreuzungsbereich von North Clark Street und North Dearborn Street mit der East Ontario Street und East Ohio Street entstanden neue Gebäudekomplexe. In River North gibt es heute kaum mehr einen Straßenzug ohne Steakrestaurant, Lokalbrauerei oder Pizzabäckerei. Einige angesagte Restaurants der Metropole, so etwa das **Nobelrestaurant »Naha«** (500 N. Clark St.), sind hier zu finden.

Angesagte Lokale

Das erste McDonald's-Restaurant eröffnete 1955 außerhalb von Chicago in Des Plaines, Illinois. Im selben Jahr gab es die erste »Mac«-Filiale in Chicago. Das »Rock'n Roll McDonald's« im Zentrum von Near North (600 N. Clark Street) zählt zu den umsatzstärksten der Welt. Als besonders zugkräftig hat sich das Interieur dieser uramerikanischen Institution erwiesen: Poster von Marilyn Monroe, Little Richard und auch den Beatles, Erinnerungen an Elvis Presley und ein kirschrotes »Corvette«-Cabrio aus den 1960er-Jahren.

Rock'n Roll McDonald's G 5

Längst in den Rang eines Kult-Lokales erhoben, zieht dieses Gaststättenkonzept viele junge Leute an. Die meisten interessieren sich für die poppige Einrichtung mit Instrumenten und Kostümen von Bühnengrößen wie Mick Jagger und andere Stars.

Hard Rock Café G 5

An der Ecke W. Ontario St./N. LaSalle St. passiert man eine Hausfassade, an der Basketball-, Football- und Eishockey-Stars ihre Hände in den weichen Zement gedrückt haben. Die dekorative Hauswand

SportMart G 5

gehört zu einem der größten Kaufhäuser für Sportartikel und Outdoor-Ausrüstung.

Holy Name Cathedral H 5

Beim Blick durch die North State Street fällt die schlanke Turmspitze dieses viktorianisch-neugotischen Gotteshauses auf. Im Jahr 1979 stattete Papst Johannes Paul II. der **Bischofskirche der Erzdiözese Chicago** einen Besuch ab. Hier sind gelegentlich Musiker des Chicago Symphony Orchestra zu hören.

? WUSSTEN SIE SCHON ...?

- Während der Prohibition tobte in den Straßenzügen um die Holy Name Cathedral der Krieg zwischen rivalisierenden Gangs. Am 11. Oktober 1926 brach Al Capones schärfster Widersacher, Hymie Weiss, auf den Treppen zum Haupteingang des Gotteshauses zusammen, im Kugelhagel einer Maschinenpistole tödlich getroffen.

Die beiden am Nordufer des Chicago River stehenden Türme wurden schon oft mit zwei Maiskolben verglichen. Ende der 1950er- bzw. Anfang der 1960er-Jahre erbaut bildete die **Marina City** eine Stadt in der Stadt mit Jachtliegeplätzen, Parkdecks, Geschäften, Büros, Arztpraxen und teuren Wohnungen. Offenbar ist das Konzept nicht ganz aufgegangen, denn die einstmals futuristischen Bauten machen heute einen renovierungsbedürftigen Eindruck.

★ House of Blues G 6

Zu Füßen der Marina City bekommen Busladungen von Touristen Bühnenshows mehr oder weniger namhafter Blues-Interpreten geboten. Dazu gibt es mehr oder weniger authentische Südstaaten-Küche. Auch wenn sich das kulinarische Erlebnis nicht auszahlt: der Blick ins Theater lohnt sich nicht nur wegen der Auftritte exzellenter Musiker, sondern auch wegen des interessanten Interieurs mit seinem seltsam-exotischem Dekor und seinen in psychedelischen Farben leuchtenden Wänden.

★ Gold Coast H 3/4

Wohnquartier von Chicagos »High Society«

Der Name »Gold Coast« für dieses Viertel zwischen Michigansee im Osten und LaSalle Street im Westen bzw. zwischen North Boulevard und Washington Square erklärt sich während eines Rundgangs von selbst, den schon seit über 100 Jahren leben hier Gutsituierte. Bis in die 1880er-Jahre war das Gebiet nördlich des Stadtzentrums größtenteils noch Brachland. Schließlich wurde **Potter Palmer**, Besitzer des Kaufhauses Marshall Field's und Gründer der »Palmer House«-Hotelkette auf dieses seenahe Gelände aufmerksam und beauftragte die Architekten Ives Cobb und Charles S. Frost mit den Plänen für eine Residenz, die nach ihrer Fertigstellung im Jahre 1882 nur »Palmer's Castle« genannt wurde. Am nördlichen Lake Shore Drive

Höchst imposant ist der Blick vom John Hancock Center → auf Chicagos Gold Coast mit dem Oak Street Beach.

bekam die Familie, die in Chicago eine führende Rolle spielte, bald Nachbarn. Heute noch sieht man hier zahlreiche im Queen-Anne-Stil bzw. im neuromanischen Stil errichtete repräsentative Bauten. Der Bauboom an der Gold Coast währte bis in die 1930er-Jahre. An einigen Stellen entstanden spektakuläre Wolkenkratzer. Nach 1945 kam die Baukonjunktur erneut in Schwung. Palmers »Schloss« tauchte 1950 das letzte Mal in den Schlagzeilen der Lokalpresse auf. Kurz vor seinem Abriss – es musste einem 22 Stockwerke hohen Apartmentbau Platz machen – bekam die Öffentlichkeit die einmalige Gelegenheit, sämtliche Räumlichkeiten der märchenhaften Villa zu besichtigen.
Obwohl in den vergangenen Jahrzehnten auch an der Gold Coast moderne Hochbauten wie Pilze aus dem Boden schossen, blieb dieser Stadtteil seiner Reputation als Adresse für Wohlhabende und Besserverdiener bis heute treu.

✶ Michiganseeufer

Von der Uferpromenade aus bietet sich auch ein herrlicher Blick auf Chicagos Hochhaus-Silhouette, die hier vom John Hancock Tower beherrscht wird. Geradezu atemberaubend präsentiert sich die Skyline bei Sonnenaufgang.

Oak Street Beach H 4 ►

Weiter südlich, in Höhe der Division Street, beginnt Chicagos großes Sommervergnügen, der populäre Oak Street Beach. An diesem Sandstrand ist das Baden erlaubt. Viele Städter nutzen an heißen Tagen die Mittagspause oder das Wochenende, um den in der Hitze flimmernden Wolkenkratzern zu entfliehen. Um zu Fuß von der nördlichen Magnificent Mile an den Strand zu kommen, benutzt man die Unterführung des Lake Shore Drive beim »Drake Hotel«.

✶ Chicago Historical Society

Diese ca. 150 Jahre alte, am Rande des Lincoln Parks gelegene Institution beschäftigt sich überwiegend mit historischen Themen wie dem Amerikanischen Bürgerkrieg, dem Wilden Westen und der Pioniervergangenheit. Unter den Exponaten gibt es »Raritäten« wie das Bett, in dem Abraham Lincoln 1865 nach einem Mordanschlag starb, oder die aus Holz geschnitzte Revolver-Attrappe, mit welcher der Bankräuber **John Dillinger** aus dem Gefängnis entkam (Mo. – Sa. 9.30 – 16.30, So. 12.00 – 17.00 Uhr).

International Museum of Surgical Science H 3

Die vom französischen Bildhauer Edouard Chaissing geschaffene Skulptur »Hope and Help« macht auf diese hoch interessante medizinhistorische Ausstellung aufmerksam. Hier erfährt man, welch enorme Fortschritte in jüngerer Zeit in Pharmazie, Anästhesie und Chirurgie zu verzeichnen waren und welche Möglichkeiten beispielsweise die moderne Lasertechnik bietet (1524 N. Lake Shore Dr.; Mai – Sept. Di. – So. 9.00 – 16.00, sonst Di. – Sa. 9.00 – 16.00 Uhr).

✶ North Astor Street H 3

Am deutlichsten zeigt sich der Upper-Class-Charakter der so genannten Gold Coast in der North Astor Street. Diese westliche Parallelstraße des Lake Shore Drive säumen etliche vornehme Villen mit

Altehrwürdige Fassaden an Chicagos Gold Coast

ausgesprochen hübschen Vorgärten und alten Bäumen. Imposant ist die **Patterson-McCormick Mansion** (Ecke N. Astor Street / Burton Place). Bauherr war Joseph Medill, der 1871 Bürgermeister von Chicago wurde und auch Mitbesitzer der »Chicago Tribune« war. Ursprünglich im Georgian Style errichtet, ließ ein späterer Besitzer das Haus 1927 erweitern.

Viele Bauherren entschieden sich seit den 1880er-Jahren für den neuromanischen Stil. Gute Beispiele sind das 1891 erbaute **H. N. May House** (1443 N. Astor St., zwischen Schiller St. und Burton Pl.) und das 1889 errichtete Gebäude **1421 N. Astor Street** mit geradezu mittelalterlichem Erscheinungsbild. 1929 vollendet wurde der Art-Deco-Bau **1444 N. Astor Street**. Am Burton Place fällt das würfelförmige **Madlener House** von 1902 ins Auge, das zu den architektonischen Kleinodien Chicagos gehört. Es verbindet Elemente der Chicago School of Architecture mit solchen, die man von Frank Lloyd Wrights Präriehäusern kennt.

Rush Street, Division Street

In den 1920er-Jahren entstand um die Rush Street ein Viertel mit zahlreichen Bars, Nachtlokalen, Schnapsläden und Filmtheatern. In den 1960er-Jahren verschob sich das Schwergewicht der Kneipenszene weiter nach Norden an die Kreuzung von Rush Street und Division Street.

Berühmte Lokale ►

Am Freitag- und Samstagabend geht es auf der Division Street hoch her. Sie ist dann für den Durchgangsverkehr gesperrt. Zu den traditionellen Hochburgen für Nachtschwärmer gehört in erster Linie das irisch geprägte **»Butch McGuire's«** (20 W. Division St.). Die gegenüber liegende **»The Lodge Tavern«** (21 W. Division St.) leitet ihren Namen vom rustikalen Interieur ab.

Washington Square G 4

Als **erster öffentlicher Stadtpark Chicagos** wurde im 19. Jahrhundert der Washington Square angelegt. Er vermittelt heute zwischen den beiden Stadtbezirken Gold Coast und Near North. 1855 protestierten hier deutschstämmige Biergarten- und Kneipenbesitzer samt Gästen gegen steigende Alkoholsteuern und das sonntägliche Verbot von Alkoholausschank. Auf dem Stuhl des Bürgermeisters saß damals mit Levi Boone ein Politiker der so genannten Know Nothings Party. Unter dem Schlagwort »Amerika den Amerikanern« zog die als protestantischer Geheimbund gegründete Gruppierung gegen deutsche und irische Einwanderer katholischen Glaubens zu Felde. Die Attacken aus dem Rathaus gegen sonntäglichen Alkoholausschank wurden von der Tageszeitung »Chicago Tribune« tatkräftig unterstützt, bis es zu Feindseligkeiten zwischen Biertrinkern und Gastronomen einerseits sowie Abstinenzlern und Polizei andererseits kam. Der Konflikt endete mit einem Sieg der Bierpartei. Dabei spielte auch eine Rolle, dass Deutsche damals etwa ein Drittel von Chicagos Bevölkerung ausmachten. Der Know Nothings Party liefen die Anhänger bald davon. Levi Boone musste sich in Anbetracht seiner unpopulären Entscheidungen mit einer Amtsperiode begnügen.

! *Baedeker* TIPP

»Mystery and More Book Fair«

Populärste Veranstaltung der Newberry Library ist jedes Frühjahr das »Mystery and More Book Fair«. Auf diesem Flohmarkt bieten mehrere Dutzend kulturelle Einrichtungen und Museumsläden antiquarische Literatur aus allen Wissensbereichen an.

Newberry Library ►

Über 1,5 Mio. Bände, nicht weniger als 5 Mio. Manuskripte und 75 000 Landkarten machen diese Bibliothek an der Nordseite des Washington Square zu einer der wichtigsten in den USA. Ihr Gründer war der Industrielle Walter L. Newberry. Hinter den düsteren Granitfassaden des 1892 errichteten Gebäudes können Besucher auch an vielfältigen Kulturprogrammen teilnehmen.

Old Town F/G 3/4

Zwischen Gold Coast bzw. LaSalle Street im Osten, dem Chicago River im Westen sowie zwischen Wisconsin Street im Norden und Division Street im Süden breitet sich die sog. Old Town aus. Bis in die zweite Hälfte des 19. Jh.s war diese Gegend eine Art städtischer Vorgarten mit Gemüsebeeten und Viehweiden. Nachdem viele Einwohner durch den Stadtbrand von 1871 obdachlos wurden, ließen sich hier draußen vor allem Deutsche nieder. Bald gab es eine **Schiller Street** und einen **Schiller Park**, eine **Goethe Street** und eine **Wieland Street**. Doch einige Zeit später wanderten viele Deutsche in bessere Wohngegenden ab und machten Platz für Einwanderer aus Osteuropa. In den 1960er-Jahren zogen etliche Hippies zu. Marihuana-Rauchschwaden durchzogen das Quartier. Das alternative Flair hat sich inzwischen verflüchtigt. Heute herrscht eine ziemlich nüchtern-geschäftsmäßige Atmosphäre vor.

St. Michael's Church F/G 3

Das religiöse und kulturelle Zentrum der deutschen Gemeinde von Old Town ist die nunmehr dritte Kirche an diesem Platz, erbaut nach dem großen Stadtbrand und ein paar Jahre später mit einer süddeutsch inspirierten Ausstattung versehen.

* **Old Town Triangle District** G 3

Weiter östlich, zwischen Lincoln Avenue, North Avenue und Wells Street, stehen noch zahlreiche Häuser, die kurz nach dem Stadtbrand (1871) erbaut worden sind. Viele gehörten deutschen Einwanderern, die in hiesigen Fabriken Arbeit gefunden hatten. Das Quartier konnte seinen Charme bis heute erhalten. Vor allem zur Zeit der herbstlichen Laubfärbung bilden die hohen Bäume, die von schmiedeeisernen Zäunen umrahmten Vorgärten sowie die stilistisch höchst unterschiedlichen Hausfassaden ein malerisches Ensemble.

West Eugenie Street F/G 3

In den beiden letzten Jahrzehnten des 19. Jh.s kam der Queen-Anne-Stil in Mode. Gute Beispiele sind die Reihenhäuser an der W. Eugenie Street zwischen North Wells und LaSalle Street, zu deren Kennzeichen u. a. die Verwendung unterschiedlicher Baumaterialien wie etwa Stein, Terrakotta, Holz und Metall gehören. Sie sind mit hübschen Erkern, Dachgauben, Türmchen und Kaminen ausgestattet.

Moody Church G 3

Am Rande des Lincoln Park bzw. an der North Clark Street fällt eine große Backsteinkirche ins Auge, eines der größten protestantischen Gotteshäuser im Mittleren Westen. In unmittelbarer Nachbarschaft befindet sich ein vom früheren Schuhverkäufer Dwight L Moody gegründetes Bibelinstitut, in dem auch christliche Radio- und Fernsehprogramme produziert und ausgestrahlt werden.

Lincoln Park · DePaul F/G 1–3

Der nördlich des Zentrums gelegene Stadtteil bekam seinen Namen von der Grünzone, die sich am Ufer des Michigansees erstreckt, und von der DePaul-Universität, deren Campus sich mitten im Wohngebiet ausbreitet. Der Stadtteil reicht westwärts bis zur North Ashland bzw. North Clybourn Avenue. Die Nord- bzw. Südgrenze bilden der West Diversey Parkway bzw. die westliche North Avenue. Etwa bis zur Mitte des 19. Jh.s breitete sich hier noch Weide- und Ackerland aus. Südlich der heutigen Armitage Avenue lag der städtische Friedhof. 1868 wurde dieser aufgelassen und dafür der Lincoln Park ange-

Lincoln Park *Orientierung*

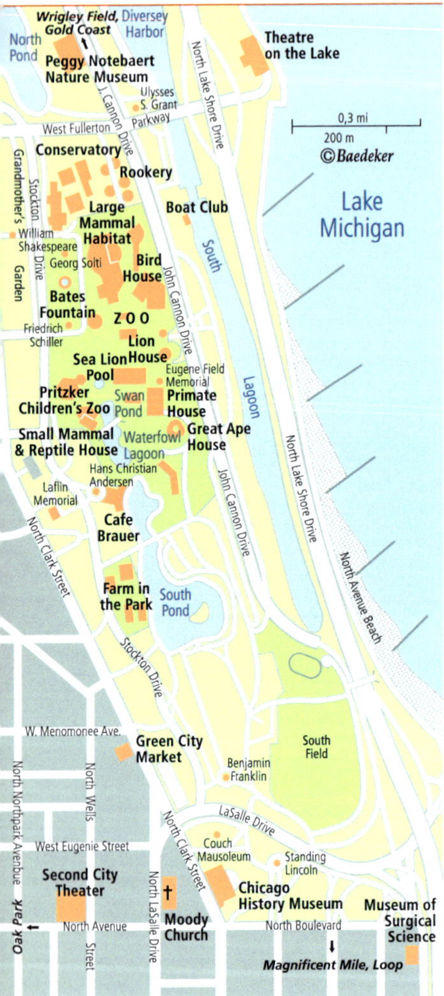

legt. Galten Lincoln Park und DePaul in den 1920er- und 1930er-Jahren noch als Wohngegend für Besserverdienende, so verwahrlosten die meisten Straßenzüge nach dem Zweiten Weltkrieg. Nach langwierigen Sanierungs- und Wiederaufbaumaßnahmen gehört der Stadtteil heute wieder zu den besseren Wohnquartieren.

New York hat den Central Park, Chicago den **Lincoln Park**. Das Wetter muss schon zum Fürchten sein, wenn die Einwohner der »Windy City« am Wochenende einmal nicht mit Decken und Picknickkörben in die Grünanlage ziehen. Es gibt extra markierte Wege für Inliner, Radler, Jogger und Walker. In Brauers Café, einem roten Klinkerbau, werden gerne Familienfeste gefeiert. Auf einem Teich kann man Tretboot fahren. Beliebt bei Alt und Jung ist auch eine kleine Farm mit roten Scheunen und weiß getünchten Zäunen.
Der 1868 eröffnete **Lincoln Zoo** ist heute zwar einer der ältesten auf amerikanischem Boden, an seiner Konzeption und seiner Ausstattung gemessen zugleich aber auch einer der modernsten. Weltruhm hat der Tierpark mit seiner erfolgreichen Aufzucht von Primaten erlangt, die 1971 mit dem Gorillamädchen Kumba begann. Wenig später zogen Gorillas, Orang-Utans, Schimpansen in ein neues Affenhaus um, das seither die große Attraktion ist (Memorial Day – Labour Day Mo. bis Fr. 10.00 – 17.00, Sa., So. 10.00 – 18.30, Sept., Okt., April, Mai tgl. 10.00 – 17.00, Nov. – März tgl. 10.00 – 16.30 Uhr).

✶ **Lincoln Park Conservatory**

An den zoologischen Garten ist ein prachtvolles viktorianisches Glashaus von 1891 angeschlossen. Im Lincoln Park Conservatory fühlen sich zahllose Pflanzenarten wohl, darunter auch viele Vertreter des tropischen Regenwaldes (tgl. 9.00 – 17.00 Uhr).

Ein Blickfang: Flamingos im Lincoln Park Zoo

Jüngste Attraktion im Lincoln Park ist dieses naturkundliche Museum. In seinem **Butterfly Haven** kann man hunderte verschiedene Schmetterlingsarten beobachten. Das **Water Lab** befasst sich mit der Leben spendenden Kraft von Flüssen und Seen und mit deren Bedrohung durch menschliches Handeln. In der **City Science** erfährt man, wie eine Stadt »funktioniert« und aus welchen natürlichen Quellen sie schöpft. Gar nicht museal, sondern eher wie ein Landschaftspark präsentiert sich der Außenbereich. Auf dem **Wilderness Walk** kann man nachvollziehen, wie radikal sich die Landschaft des Mittleren Westens in den vergangenen rund 150 Jahren verändert hat (Mo. – Fr. 9.00 – 16.30, Sa., So. 10.00 – 17.00 Uhr).

★ ◄ Peggy Notebaert Nature Museum G 1

Der Lincoln Park ist auch für seine zahlreichen Denkmäler bekannt. Das beeindruckendste, 1891 von Louis T. Rebisso geschaffen, zeigt **Ulysses S. Grant** (1822 – 1885), General der Nordstaaten und 18. Präsident der USA. Im Nordwesten des Parks sieht man die mit Goldbronze überzogene Statue von **Alexander Hamilton** (1755 – 1804) schon von weitem. Das 1952 aufgestellte Denkmal erinnert an einen der Gründungsväter der Vereinigten Staaten von Amerika.

◄ Denkmäler

Elks National Memorial Building G 1

Der 1868 gegründete »Benevolent and Protective Order of Elks» besitzt in Chicago sein Hauptquartier und ließ 1926 dieses pompöse Denkmal für die im Ersten Weltkrieg gefallenen Ordensmitglieder bauen. Der Orden finanziert Stipendien und Projekte im Bereich Bildung und Erziehung, initiiert Anti-Drogen-Programme, setzt sich für Kriegsveteranen ein und verfolgt patriotische Ziele.

★ **Francis J. Dewes House**

Francis J. Dewes hatte es als Brauereibesitzer in der zweiten Hälfte des 19. Jh.s zu einem riesigen Vermögen gebracht und zeigte dies auch nach außen in Gestalt seines im Jahre 1896 erbauten Stadtpalais mit Marmorsäulen und Nischen, die grazilen Statuen Platz bieten (503 W. Wrightwood Avenue).

! *Baedeker* TIPP

Chicago Blues

Das Lokal »B.L.U.E.S.« zählt zu den besten Blues-Klubs in Chicagos Norden. Unter der Woche findet man leicht Platz, freitags und samstags sind selbst Stehplätze am Tresen Mangelware. Denn dann präsentiert sich die »crème de la crème« der Chicagoer Blues-Szene auf der kleinen Bühne (2519 North Halsted St.; tgl. 20.00 – 2.00 Uhr).

St. Clement's Roman Catholic Church

Das Gotteshaus mit seinen beiden gedrungenen Türmen zeigt noch einen Hauch spanischer Missionsarchitektur. Die Kirche wurde im Jahre 1918 fertig gestellt und in den 1980er-Jahre recht aufwändig renoviert. Bildwerke und Mosaiken verleihen ihrem Innern eine besondere Ausstrahlung.

Biograph Theater

2433 North Lincoln Avenue ist eine Adresse, die auf keiner der populären Gangster-Touren durch Chicago fehlt. Im heißen Sommer 1934 ließ sich der berühmt-berüchtigte **Bankräuber John Dillinger**, »Staatsfeind Nr. 1«, von der FBI-Informantin Anna Sage in dieses kühle Kino locken. Während »Manhattan Melodrama« mit Clark Gable über die Leinwand flimmerte, gingen draußen Agenten in Stellung. Als Dillinger herauskam, versuchte er zu flüchten, brach dann aber im Kugelhagel der Polizei zusammen. Das Victory Gardens Biograph Theater ist heute wieder im Stil der 1930er-Jahre hergerichtet.

DePaul University
E 2

Der von Wohnquartieren eingefasste Campus erinnert mit seinen zum Teil schon über 100 Jahre alten, von Efeu überwucherten Gebäuden an das Bild einer klassischen englischen Universität. 1898 als katholisches St. Vincent's College gegründet, wurde die Einrichtung wenig später erweitert und in DePaul University umbenannt. An der Hochschule zählt man heute rund 16 000 Studierende der Wirtschaftwissenschaften, Jura, Pädagogik, Musik, Kunst und Theaterwissenschaften sowie der Computertechnologie und Kommunikationswesen.

Steppenwolf Theater

Unter diesem Dach sind gleich zwei Theater untergebracht: ein experimentelles mit nur 100 Plätzen und das etablierte Steppenwolf Theater mit 510 Plätzen. Mit Aufführungen von Stücken namhafter Autoren wie Tennessee Williams, John Steinbeck und William Faulkner erwarb es sich Anerkennung. Etliche Mitglieder des Ensembles, darunter John Malkovich und Ethan Hawke, machten sich hier einen Namen und hatten später auch auf New Yorker Bühnen sowie in Hollywood-Studios Erfolg (1650 N. Halsted St.).

Bucktown

Ein hervorragendes Beispiel für eine besonders **dynamische Stadtentwicklung** ist Bucktown, das sich westlich des North Branch Chicago River im Kreuzungsbereich von Milwaukee Avenue, North Avenue und Damen Avenue ausbreitet. Vor über 100 Jahren bestimmten **deutsche Einwanderer** hier die Szenerie. Ihnen folgten zu Beginn des 20. Jh.s hauptsächlich **Polen**. In der Folgezeit, als Chicago zur größten polnischen Stadt außerhalb Polens heranwuchs, entstanden entlang der Milwaukee Avenue zahllose Geschäfte.
Aber allmählich kam das Quartier ziemlich herunter. Der aus der Autometropole Detroit stammende und viele Jahre in Chicago lebende Schriftsteller **Nelson Algren** (1909 – 1981) ließ seine Geschichten über Trinker, Verlierer, Habenichtse und Großmäuler genau hier spielen.
In den 1980er-Jahren entdeckten **junge Leute** und etliche **kreative Geister** diesen Stadtteil für sich – vor allem wegen des damals noch recht preisgünstigen Wohnraums. Heute gilt es schon fast als schick, hier zu wohnen. In kaum einem anderen Stadtteil Chicagos gibt es so viele **alternative Cafés, trendige Musikkneipen** und in einigen Fällen recht **kuriose Geschäfte**.

Wicker Park

Südlich der Kreuzung von North Avenue und Damen Avenue liegt der kleine Wicker Park, der einer benachbarten Wohngegend den Namen gab. Dort lebten im ausgehenden 19. Jh. viele wohlhabende Deutschstämmige.
◄ Pierce Avenue
An der Pierce Avenue stehen noch einige dieser Villen, die in der Zeit zwischen dem großen Stadtbrand und der Jahrhundertwende entstanden sind. Darunter befindet sich auch das 1888 errichtete alpenländisch anmutende Haus des Möbelfabrikanten und Lokalpolitikers **Hermann Weinhardt** (Nr. 2135) und das 1884 erbaute Haus des Holzbarons **Hans D. Runge** (Nr. 2138). Letzteres ist auch als **Paderewski House** bekannt, weil der namhafte polnische Pianist, Komponist und Politiker 1930 hier ein Konzert gegeben hat.
◄ North Hoyne Avenue
In der North Hoyne Avenue ist das 1890 erbaute **Adolph Borgmeier House** interessant (Nr. 1521), dessen Ziegelfassade mit Granitsäulen und Terrakotta verziert ist. Bereits zwei Jahrzehnte zuvor war das Haus von Louis und Lena Hansen im italienischen Baustil fertig gestellt worden (Nr. 1417).

Polish Museum of America

Als im Jahre 1939 die Weltausstellung in New York zu Ende ging, entschlossen sich die Verantwortlichen der polnischen Vertretung, ihre sämtlichen Exponate dem im Aufbau befindlichen Polnischen Museum in Chicago zu überlassen. Seit damals wurde es ständig erweitert. Vielen berühmten Polen setzt das Haus ein Denkmal, so Nikolaus Kopernikus, Marie Curie, Frédéric Chopin, Lech Walesa und Papst Johannes Paul II. (984 N. Milwaukee Ave.; tgl. außer Do. 11.00 – 16.00 Uhr).

Lakeview

Dieser Stadtteil erstreckt sich zwischen dem Lincoln Park im Osten und der North Ashland Avenue im Westen. Die Nordgrenze bildet die West Irving Park Road; im Süden markiert der West Diversey Parkway die Trennlinie zum benachbarten Stadtteil Lincoln Park. Ähnlich wie andere Viertel am nördlichen Stadtrand begann auch Lakeview als grüner Vorgarten. 1857 erhielt Lakeview sogar das Stadtrecht. Nun siedelten sich Wohlhabende in der Nähe des Michiganseeufers an, während sich weiter westlich größere Gewerbegebiete ausbreiteten. Die Ziegelei von Lakeview produzierte seinerzeit den Löwenanteil des damals in Chicago benötigten Baumaterials. 1889 wurde Lakeview nach Chicago eingemeindet.

Lincoln Park, Belmont Harbor

Die nördlichen Ausläufer des Lincoln Park umfassen den tief eingeschnittenen Belmont Harbor, den sich ein privater Jachtklub mit dem Chicago Sailing Club teilt. Über die bunten Boote und wippenden Segelmasten hinweg reicht der Blick südwärts auf die Skyline von Chicago, die sich wie eine anthrazitfarbene Mauer in den Lake Michigan hineinschiebt.

★ Totem Pole ►

An der Zufahrt zum Belmont Harbor steht ein imposanter Totempfahl. Er ist die Kopie eines Schnitzwerks, das um die Wende vom 19. zum 20. Jh. von Nordwestküstenindianern aus Kanada geschaffen

Wenn die »Cubs« auf dem Wrigley Field antreten, bleibt kein Platz mehr frei.

worden war. 1926 machte ein Käsefabrikant das Original der Stadt Chicago zum Geschenk. In den 1970er-Jahren erkannten nach Chicago eingeladene Indianer jedoch den hohen ideellen Wert dieses Totempfahls und veranlassten die kanadische Regierung, ihn zurückzufordern. Die Nordwestküstenindianer bekamen den Original-Totempfahl zurück, nachdem sie bereit waren, eine Kopie anzufertigen.

North Halsted Street

Dieses Quartier ist auch als **»Boys Town«** bekannt, weil hier besonders viele Homosexuelle wohnen. Alljährlich im Juni findet hier die **Gay & Lesbian Pride Parade** mit schrill ausstaffierten Wagen und verrückten Kostümen statt. Zwischen Briar Place im Süden und Grace Street im Norden gibt es viele Bars und Musiklokale.

Wrigley Field

Seit 1914 zählt das vom Kaugummi-Fabrikanten Wrigley mitfinanzierte **Heimstadion der »Chicago Cubs«** (1060 W. Addison St.) zu den Wallfahrtsstätten aller Baseball-Fans. Obwohl die »Cubs« selten gut abschneiden, tut das der Stimmung keinen Abbruch. In der Umgebung gibt es zahlreiche Bars und Kneipen, in denen die Fans Siege und auch die Niederlagen ihrer Mannschaft begießen. Die Spielsaison dauert von Mitte April bis Anfang Oktober.

*** Graceland Cemetery**

Alter Baumbestand und ein Teich machen den von Wohnbauten umgebenen Friedhof zu einer Oase der Ruhe. Viele Prominente fanden hier ihre letzte Ruhestätte, so auch die berühmten Architekten **Louis Sullivan** (1856 – 1924), **Ludwig Mies van der Rohe** (1886 – 1969) und **Daniel Burnham** (1846 – 1912). Andere ließen sich wahre Fürstengrabmäler schaffen. So war der Eisenbahnwaggon-Fabrikant **George M. Pullman** (1831 – 1897) von der Furcht getrieben, unzufriedene Arbeiter könnten sein Grab schänden, weshalb sein Sarg mit Eisenbahndielen gesichert und mit einer Zementschicht bedeckt wurde. Auf dem Grab ist eine schlanke Säule errichtet. Noch aufwendiger ist das Grabmal des Pianoherstellers **William W. Kimball** (1828 – 1904) gestaltet: Um einen sitzenden Engel ist ein schneeweißer, in klassisch-griechischer Manier gehaltener Säulentempel errichtet. Mysteriös wirkt eine menschliche Skulptur vor der schwarzen Marmorplatte, unter der man 1845 den Hotelier Dexter Graves zur letzten Ruhe gebettet hat. Am Friedhofseingang (4001 N. Clark St.) gibt es einen Plan, auf dem alle Prominentengräber verzeichnet sind.

South Loop · Museum Campus G – J 8 – 10

Im ausgehenden 19. Jh. war der südliche Loop eine der vornehmsten Wohngegenden Chicagos. Zwischen Congress Parkway im Norden und Cermak Road im Süden bzw. zwischen Chicago River und Michigansee ließen sich reiche Unternehmer wie der Kaufhauskönig **Marshall Field** und der Waggonfabrikant **George Pullman** nieder. Aber wenige Jahre später wurde Gold Coast zur adäquaten Adresse der »High Society« und aus dem South Loop binnen kurzem das

Sue ist der absolute Star des Field Museum of Natural History.

größte Problem-Wohngebiet der Stadt, dessen unaufhörlicher Niedergang zum Slum sich nach dem Zweiten Weltkrieg noch beschleunigte. Doch seit ein paar Jahren ist South Loop kaum mehr wiederzuerkennen. Neue Wohn-, Büro- und Geschäftshäuser sowie moderne Hotels brachten Zuversicht und neues Leben. Trotz des recht erfolgreichen Sanierungsprogramms gibt es aber immer noch finstere Ecken.
Wichtigste Baumaßnahme war die Verlegung des mehrspurigen Lake Shore Drive weiter landeinwärts. Dadurch konnte am Ufer des Michigansees Platz geschaffen werden für einen **Museum Campus** mit den drei Besuchermagneten Field Museum of Natural History, John G. Shedd Aquarium und Adler Planetarium. Der Museum Campus ist durch weitläufige Grünanlagen mit dem Grant Park und der Buckingham Fountain, dem Art Institute und dem neuen Millenium Park verbunden.

✶✶
Field Museum of Natural History
H/J 8

Anlässlich der Weltausstellung von 1893 gab es in Chicago einige spektakuläre Exponate aus der Natur zu sehen, die in den 1920er-Jahren in einem repräsentativen Museumsneubau Platz fanden. **Skelette von urzeitlichen Sauriern** und **versteinerte Seelilien** sind hier ebenso zu bewundern wie **Relikte eiszeitlicher Mammuts und Höhlenbären**. Die Sammlungen des nach dem Kaufhausbesitzer und Mäzen Marshall Field benannten Museums umfassen neben Geologie, Mineralogie, Paläontologie, Botanik und Zoologie auch die Anthropologie. **Indianische Artefakte** aus Nord-, Mittel- und Südamerika sowie eindrucksvolle Totempfähle der Nordwestküstenindianer sind hier zu bestaunen, ebenso eine **altägyptische Ausstellung** samt Pharaonengrab. Absoluter Star des Museums ist aber das zirka 70 Mio. Jahre alte und 13 m hohe Skelett eines **Tyrannosaurus rex**,

Field Museum of Natural History *Orientierung*

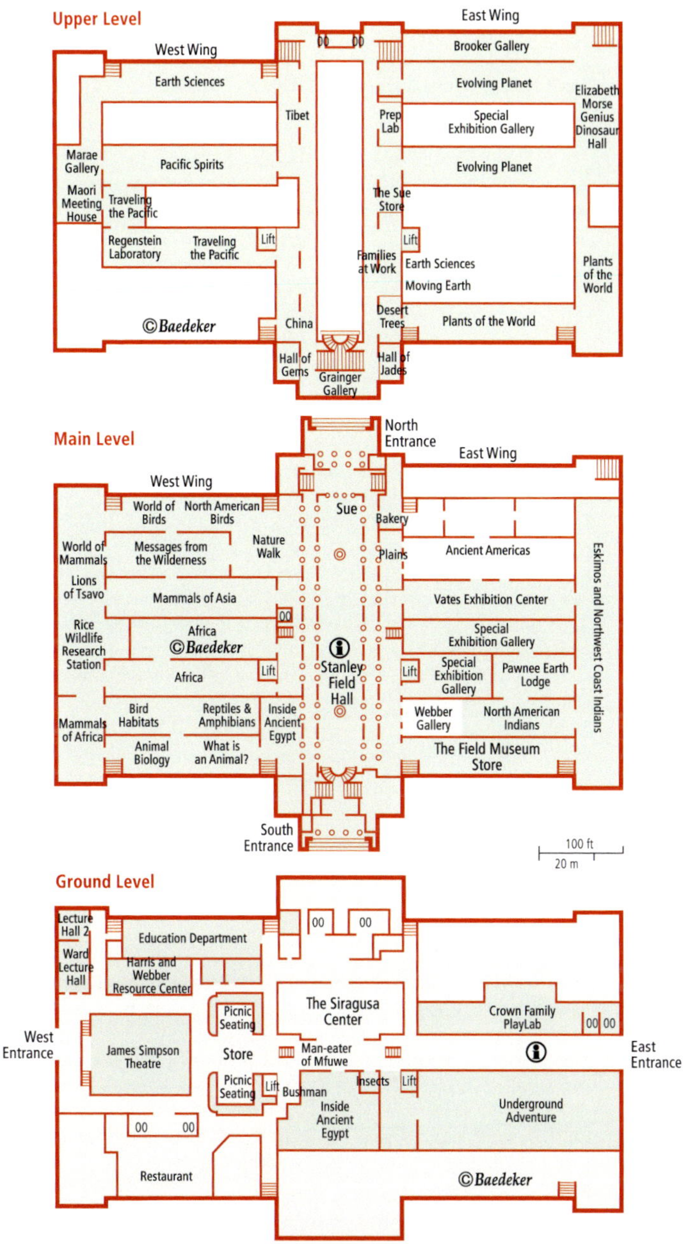

das 1990 in South Dakota gefunden und auf den Namen **»Sue«** getauft wurde. Es ist eines der größten Exemplare dieser Saurierart, das jemals gefunden wurde. Das einzige nicht originale Stück, der Kopf, muss wegen seines zu großen Gewichts gesondert ausgestellt werden. Das Museum bietet auch einen tollen **3D-Dino-Film** und gut gemachte Sonderausstellungen (Lakeshore Dr.; tgl. 9.00 – 17.00 Uhr).

★★ John G. Shedd Aquarium J 8

Dieses bereits 1930 eröffnete Aquarium ist das älteste seiner Art in den USA und bis heute eines der größten und meistbesuchten der Welt (1200 S. Lakeshore Dr.; Ende Mai – Anf. Sept. tgl. 9.00 – 18.00, im Hochsommer Do. bis 20.00, übrige Zeit Mo. – Fr. 9.00 – 17.00, Sa., So. 9.00 – 18.00 Uhr).

Rotunda ► Hier kann man die bunt schillernde **Unterwasserwelt der Karibik** samt (künstlichem) **Korallenriff** studieren. Taucher erklären faszinierten Zuschauern das fragile Ökosystem und füttern am frühen Nachmittag **Meeresschildkröten** und kleine **Haie** (Vorführungen: tgl. 10.30, 12.00, 14.00, 15.00 Uhr).

Oceanarium ► In dem amphitheaterartigen Anbau mit Panoramafenster zum Michigansee hat man ein Stück **pazifische Nordwestküste** samt dazu gehörigem Regenwald nachgebaut. In den Becken tummeln sich Robben, Delphine und kleine Wale (Vorführungen: tgl. 10.30, 11.30, 13.30, 15.00 bzw. 15.30, Sa., So. auch 16.30 Uhr).

★ Adler Planetarium J 8

Östlich vom Shedd Aquarium lockt das 1930 auf einer künstlich aufgeschütteten Fläche im Michigansee erbaute Planetarium interessierte Besucher an. Es ist in den 1990er-Jahren umgestaltet und um den gläsernen **Sky Pavilion** erweitert worden. Wahrzeichen des Planetariums ist eine von Henry Moore 1980 gestaltete **Sonnenuhr** vor dem Gebäude. Im **SkyRider Theater** bekommt man ein dreidimensionales Sternenabenteuer geboten, das seinesgleichen sucht. High-Tech-Spezialeffekte geben Besuchern das Gefühl, auf dem Weg durch ferne Galaxien zu sein und nach unbekannten Planeten zu suchen. Die Ausstellungen im Hauptgebäude befassen sich mit Astronomie, Weltraumforschung und Navigation im Orbit. Die Sternenwelt über Chicago lernt man am besten im **Zeiss Sky Theater** kennen oder man betrachtet den Nachthimmel durch eines der Teleskope (Mo. – Fr. 10.00 – 16.00, Sa., So. 10.00 – 16.30 Uhr).

Soldier Field H/J 8/9

Die Arena südlich vom Field Museum ist wahrhaft kein Stadion wie jedes andere. In den späten 1920er-Jahren vom Architektenteam Holabird & Roche als Gedenkstätte zu Ehren der Toten des Ersten Weltkrieges errichtet, wurde es wenige Jahre später zur Sportarena mit 61 500 Plätzen umgebaut und ist seit langem **Heimstadion des Top-Football-Teams »Chicago Bears«**.

Dearborn Station G 7

Der Uhrturm aus Ziegeln dient als Wegweiser zu diesem ältesten Bahnhof Chicagos. Er wurde 1885 erbaut. Zu Beginn des 20. Jh.s kamen hier täglich bis zu 120 Züge an. In den 1920er-Jahren hat man den Bahnhof in ein Straßenbahn-Depot umfunktioniert. In den späten 1980er-Jahren wurde er in einen Büro- und Geschäftskomplex umgewandelt. In der einstigen Bahnhofshalle kann man sich heute Cappuccino und kleine Snacks servieren lassen.

Markant: der Turm der Dearborn Station

★ **Printers Row** **G 7**

Von der Dearborn Station verläuft die Printers Row nach Norden. Der Straßenzug war in der ersten Hälfte des 20. Jh.s Hauptschlagader des hiesigen Druckerei- und Verlagsgewerbes. Doch wo früher Tag und Nacht die Maschinen stampften, sind heute Wohnungen, Apartments, Hotelzimmer, Restaurants, Geschäfte und viele Büros eingerichtet. Lediglich die **American Book Fair**, Amerikas bedeutendste Buchmesse (Juni) erinnert noch an vergangene Zeiten.

Museum of Contemporary Photography

Die hier ausgestellte **zeitgenössische Fotokunst** spiegelt die rasante Entwicklung dieses Genres wider. Die vielen Exponate stammen von renommierten Lichtbildnern und Künstlern. Dazu gehören auch Arbeiten von Marcel Duchamp, Max Ernst, René Magritte, Joan Mirò, Jean Dubuffet und Andy Warhol (600 S. Michigan Ave.; Mo. bis Sa. 10.00 – 17.00, Do. bis 20.00, So. 12.00 – 17.00 Uhr).

Spertus Museum of Judaica **H 7**

Hier geht es um das Judentum und seine Kultur. Zu sehen sind Sakralkunst sowie dekorative Kunst aus dem östlichen Mittelmeerraum und dem Mittleren Osten, ferner Arbeiten namhafter jüdischer Künstler. Auch die Shoa wird thematisiert. Kleine Besucher können sich in einer Extra-Abteilung als Archäologen betätigen (618 S. Michigan Ave.; unregelmßige Öffnungszeiten; weitere Informationen: www.spertus.edu)

★ **Prairie Avenue Historic District** **H 9**

Südwestlich vom Soldier Field erstreckt sich ein denkmalgeschütztes Wohnviertel entlang der Prairie Avenue, das nach dem großen Stadtbrand zu den Top-Adressen der Stadt gehörte. Die reichsten und bekanntesten Unternehmer, so auch Hotelkönig Potter Palmer, Kaufhausbesitzer Marshall Field und Firmenboss John Glessner, ließen sich sündhaft teure Villen errichten. Das pompös ausgestattete **John J. Glessner House** entsand 1886 nach Plänen von Henry Hobson Richardson in neuromanischem Stil. Die Chicago Architecture Foundation betreut die prachtvolle und kostbar ausgestattete Villa. Hier beginnen auch Führungen durch den Historic Distrikt (1800 S. Prairie Ave.; Mi. – So. 13.00 – 15.00, Führungen n. V.).

Eines der ältesten noch bestehenden Häuser Chicagos ist das **Henry B. Clark House**, das 1836 im Greek Revival Style erbaut worden ist. Es stand ursprünglich einige Straßenblocks vom jetzigen Standort entfernt, wurde dann aber hierher versetzt (1855 S. Indiana Ave.; Mi. – So. 12.00 – 14.00 Uhr).

Union Stock Yard Gate

Ein paar Autominuten weiter südwestlich erinnert das denkmalgeschützte Union Stock Yard Gate (850 W. Exchange Ave.) an die Zeit, als Chicago die **»Stadt der Schlachthöfe«** war. Hinter dem 1875 errichteten Tor erstreckten sich von 1865 bis 1971 die weltgrößten Schlachthöfe Ca. 30 000 Arbeiter haben hier täglich bis zu 25 000 Rinder, über 70 000 Schweine und über 20 000 Schafe geschlachtet, zerlegt und versandfertig gemacht. Die Schlachthöfe sind im deutschsprachigen Raum vor allem durch das Bertolt-Brecht-Stück »Die heilige Johanna der Schlachthöfe« bekannt geworden. Sehr eindringlich hat sich auch Upton Sinclair in seinem Werk »Der Dschungel« mit der Situation im Union Stock Yard auseinander gesetzt.

? WUSSTEN SIE SCHON ...?

- Als Henry Ford 1910 in einem Chicagoer Schlachthof beobachtete, wie Schweine an einer Kette hängend vorwärts geschoben wurden und jeder Schlachter nur wenige Handgriffe zu tun hatte, brachte ihn das auf die Idee, seine Autos ebenfalls rationell, d. h. am Fließband, herstellen zu lassen. Erstmals lief dann 1913 das »Model T« vom Band.

Hyde Park

Zwischen Lake Michigan im Osten und Washington Park im Westen sowie zwischen 47th und 61st Street im Süden dehnt sich dieser Stadtteil aus, dessen Herzstück der Campus der **University of Chicago** bildet. Die Ansiedlung kam richtig in Schwung, nachdem Hyde Park durch eine Bahnlinie mit dem Loop verbunden wurde, die an den riesigen Schlachthöfen vorbeiführte. Das Großfeuer von 1871 breitete sich nicht so weit nach Süden aus, weshalb hier einige der ältesten Häuser Chicagos erhalten sind. Ein gewaltiger Bauboom setzte 1893 ein, als im **Jackson Park** das 400-jährige Jubiläum der Ankunft von Christoph Kolumbus in der Neuen Welt mit einer Weltausstellung gefeiert wurde. Kurz zuvor hatte John D. Rockefeller auf einem von Kaufhausbesitzer Marshall Field gestifteten Grundstück die University of Chicago gegründet. Bis in die 1920er-Jahre war Hyde Park ein gutes Wohnquartier. Doch dann wanderten viele Einwohner wegen der Geruchsbelästigung durch die nahen Schlachthöfe ab. Nach dem Zweiten Weltkrieg wurden viele ältere Gebäude abgerissen, ganze Straßenzüge entstanden neu. Auch **Barack Obama** lebte mehrere Jahre in diesem Quartier.

✶ University of Chicago

Der Kern des heutigen Universitätsviertels um das sog. Main Quadrangle entstand in den 1890er-Jahren. Gotische Gebäude, von alten Bäumen gesäumte Straßenzüge, sorgfältig gestutzte Rasenflächen

Ein fleißiger Student auf dem Campus der University of Chicago

und gepflegte Gartenanlagen machen den Campus und die Grünzone Midway Pleasance am Südrand des Stadtteils zu einem Fußgängerparadies, in dem es viel zu entdecken gibt. Von Henry Ives Cobb stammen die Pläne für das University of Chicago **Main Quadrangle**, vier Blocks mit rund drei Dutzend Gebäuden, deren neugotischer Baustil an die großen englischen Vorbilder Oxford und Cambridge erinnert. Von der 57th Street gelangt man durch das **Cobb Gate** aufs Main Quadrangle, das ursprünglich als Botanischer Garten geplant war, wie die bestehenden Parkflächen zeigen.

◄ Cobb Hall

In der als **Kunstgalerie** genutzten Cobb Hall sind Meisterwerke berühmter Künstler ausgestellt. Darunter befinden sich auch Arbeiten von Picasso, Miró, Matisse, Klee und Braque.

◄ Mandel Hall

Die Mandel Hall dient als **Audimax der Universität**. Aus Anlass ihrer Einweihung 1904 spielte das Chicago Symphony Orchestra und begründete damit eine Tradition, in deren Verlauf es sich zu einem der besten Orchester weltweit entwickeln konnte.

◄ Jones Laboratory

Im Jones Laboratory wurde 1942 Geschichte geschrieben: Hier gelang erstmals die Herstellung des künstlichen Elements Plutonium. Am 2. Dezember leitete ein Team von Wissenschaftlern unter der Führung des Italieners **Enrico Fermi** auf dem Campus der University of Chicago mit Uran 235 die erste kontrollierte nukleare Kettenreaktion der Welt ein, ein grundlegender Schritt zur Herstellung der **Atombombe**. An dieses Ereignis erinnert die von Henry Moore geschaffene, 12 Tonnen schwere **Skulptur »Nuclear Energy«**. Fermi lehrte bis zu seinem Tod im Jahr 1954 an der Chicagoer Universität.

◄ Smart Museum of Art

Mit mehr als 7000 Kunstwerken verschafft das Smart Museum of Art einen Überblick über das künstlerische Schaffen verschiedener Hochkulturen. Japanische Keramiken, chinesische Bronze, antike griechische Vasen, Gemälde alter europäischer Meister wie Rembrandt, Dürer und Delacroix, moderne Skulpturen von Degas, Rodin und Moore sowie Zeichnungen und Entwürfe des Architekten Frank Lloyd Wright machen das Museum zu einem wichtigen Programmpunkt für jeden Chicago-Besuch. (Di., Mi., Fr. 10.00 – 16.00, Do. 10.00 bis – 20.00, Sa., So. 11.00 – 17.00 Uhr).

Joseph Regenstein Library ▸

Die Joseph Regenstein Library ist die **Universitätbibliothek**. Im Erdgeschoss werden interessante Wechselausstellungen gezeigt.

Rockefeller Memorial Chapel

Das Gotteshaus gehört mit einer Länge von 80 m und einer Höhe von 63 m zu den größten Sakralbauten Chicagos. Die nach dem Stifter der Universität benannte Kirche entstand zwischen 1926 und 1928 nach Plänen von Bertram G. Goodhues im neugotischen Stil. Im Turm hängt ein 220 t schweres Geläut aus 72 Glocken. Zu besonderen Anlässen erklingt das vielstimmige Glockenspiel.

★★ Frederick C. Robie House

Von den Bauten, die **Frank Lloyd Wright** im Raum Chicago konzipiert hat, ist das 1909/1910 erbaute Robie House das wichtigste. Hier hat er einen Grundstein für die moderne Architektur gelegt, denn wie kein anderes verdeutlicht das Haus die **Prinzipien der Prairie School**. Deren besondere Merkmale sind die viel Platz beanspruchende Flachdach-Bauweise und vor allem die Anordnung der Räumlichkeiten, die durch ihre Funktionen bestimmt ist. Eingangshalle, Esszimmer und Wohnräume sind nicht getrennt, sondern ge-

Ein Meisterwerk von Frank Lloyd Wright: das Frederick C. Robie House

hen ineinander über. Äußerlich sind die Präriehäuser an ihren weit vorspringenden Flachdächern und an ihren aufwändigen, zu den Gartenanlagen überleitenden Terrassen erkennbar (Führungen: Do. bis Mo. 11.00 – 14.00, Fr. bis 15.00 Uhr).

★★ Oriental Institute

James Henry Breasted (1865 – 1935), Ägyptologe an der University of Chicago, hat dieses Institut 1919 mit Unterstützung von John D. Rockefeller Jr. gegründet. Hier sind eindrucksvolle antike Kulturzeugnisse ausgestellt. In der **Ägyptischen Galerie** kann man Funde aus Nekropolen, Tempelanlagen und auch aus Profanbauten studieren, die nicht nur über den ägyptischen Totenkult Aufschluss geben, sondern auch das Alltagsleben, den technischen Stand des Handwerks und die Entwicklung der Hieroglyphenschrift erhellen. Glanzstück ist eine fünf Meter hohe **Monumentalstatue des Pharaos Tutench Amun** (reg. 1335 – 1324 v. Chr.). Diese größte ägyptische Skulptur in der Neuen Welt wurde 1930 von Mitarbeitern des Oriental Institute geborgen und in die USA gebracht (Di. – Sa. 10.00 – 18.00, Mi. bis 20.30, So. 12.00 – 18.00 Uhr).

★ DuSable Museum of African-American History

Das Museum trägt den Namen von Jean Baptiste Point-DuSable, Sohn eines französischen Vaters und einer afroamerikanischen Mutter, der 1779 am Chicago River einen ersten Handelsposten eröffnete und deshalb als Gründer der heutigen Metropole gilt. Die Ausstellungen zeigen, dass Afroamerikaner wichtige Beiträge zur Entwicklung der heutigen USA geleistet haben, so etwa als Erfinder technischer Neuheiten. Ein weiterer Schwerpunkt der Ausstellung befasst sich mit den afrikanischen Wurzeln der dunkelhäutigen Bevölkerung. Dazu gehört u. a. auch eine Präsentation von Kunsthandwerk aus Westafrika (Mo. – Sa. 10.00 – 17.00, So. 12.00 – 17.00 Uhr).

★★ Museum of Science & Industry

Im einzigen noch bestehenden Gebäudekomplex der Weltausstellung von 1893 ist ein technisch-wissenschaftliches Museum untergebracht, das mit dem Deutschen Museum in München vergleichbar ist. Auch hier gibt es ein kleines **Schaubergwerk**. Spektakulär sind das begehbare Modell eines menschlichen Herzens sowie die **Apollo-8-Raumkapsel**, in der die Astronauten 1968 den Mond umrundet haben. Zu sehen ist auch ein 1944 aufgebrachtes **deutsches U-Boot** (U-505), das man via St.-Lorenz-Strom und die Großen Seen nach Chicago geschleppt hat. Das **Omnimax-Kino** lockt mit spektakulären Filmdarbietungen auf einer Riesenleinwand. Eine neue Attraktion ist die Multimedia-Präsentation **Fast Forward**, die sich mit dem Leben in der Zukunft beschäftigt Riesenleinwand (Juni – Aug. Mo. – Sa. 9.30 bis 17.30, So. 11.00 – 17.30, sonst Mo. – Sa. 9.30 – 16.30, So. 11.00 bis 16.00 Uhr).

Jackson Park, Weltausstellung 1893

Über 27 Mio. Menschen besuchten 1893 die World's Columbian Exposition, eine Weltausstellung, die aus Anlass der 400. Wiederkehr der Entdeckung Amerikas durch Kolumbus am Ufer des Lake Michi-

Genießt einen guten Ruf: das Museum of Science & Industry im Jackson Park

gan bzw. im Jackson Park stattfand. Die Pläne für das Ausstellungsgelände stammten von **Daniel Burnham** und dem Landschaftsarchitekten **Frederick Law Olmsted**, der in New York bereits den Central Park angelegt hatte. Als die Großveranstaltung ihre Tore öffnete, sprach man in den Medien von der **»White City«**, einem neuen Stadtviertel in strahlendem Weiß. Um die Gebäude makellos weiß zu erhalten, durfte auf dem Ausstellungsgelände nirgends mit Kohle geheizt werden. Algerien und Tunesien errichteten stimmungsvolle Dörfer; Frankreich warb mit einem verkleinerten Eiffelturm für sich. Im türkischen Dorf konnte man durch einen Basar flanieren. Elektroboote tuckerten über künstliche Seen, venezianische Gondeln transportierten Gäste auf Kanälen, ein Dampfschiff verkehrte auf dem Lake Michigan. Um den Strombedarf zu decken, war eigens ein Kraftwerk errichtet worden. Nach der Ausstellung zerstörten Brände über ein Dutzend Gebäude der »White City«. Heute erinnert nur noch wenig an die Weltausstellung von 1893. Aus den Wasserflächen wurden **Jachthäfen**. Auf **Wooded Isle** (südl. vom Museum of Science & Industry) entstand eine Naturoase mit Japanischem Garten und einer Volière für hunderte verschiedene Vögel.

✶ Pullman Historic District

Denkmalgeschützte Arbeiterstadt

Die **erste am Reißbrett geplante Arbeiterstadt der USA** erstreckt sich 14 mi/22 km südlich von Downtown Chicago zwischen der 103rd Street und der 115th Street (bzw. zwischen I-57 und I-94). Anfang der 1880er-Jahre ließ der Waggon-Fabrikant **George M. Pullman** (1831 – 1897) hier für seine Arbeiter eine Siedlung bauen, die mit aller notwendigen Infrastruktur ausgestattet sein sollte. Als Planer engagierte er den Architekten Solon Spencer Beman und den

Landschaftsgärtner Nathan F. Barrett. Aus allen Teilen der Welt reisten Fachleute und Schaulustige an, um sich ein Bild von diesem seinerzeit geradezu utopischen Projekt zu machen. Sie fanden Reihenhäuser, Einfamilienhäuser, Kirche, Schule, Bank, Bibliothek, Postamt und Markthalle. Es gab modernste Errungenschaften, so auch eine zentrale Wasserversorgung, eine Kanalisation und Gasanschlüsse.

◄ Modellstadt mit Beigeschmack

Insgesamt betrachtet war die Pullman-Siedlung aber alles andere als eine Modellstadt. Wer bei Pullman arbeiten wollte, wurde gezwungen, hier zu wohnen. Viele Häuser wiesen nur geringen Wohnkomfort auf. Dennoch lag die Miete ca. 25% über dem Ortsüblichen. Die Pullman-Siedlung bestand schließlich aus 1800 Gebäuden, in denen 14 000 Menschen wohnten. Sie wuchs 14 Jahre lang kontinuierlich bis zur Wirtschaftskrise 1893/1894, als sich Waggons immer schlechter verkauften und Arbeiter massenhaft entlassen wurden. Pullman kürzte im Mai 1894 die Löhne kurzerhand um 25%, hielt aber gleichzeitig die Mieten auf dem alten Stand. Die Arbeiter riefen am 10. Mai 1894 einen **Streik** aus. Arbeiter und Angestellte der American Railway Union (ARU) solidarisierten sich mit den Pullman-Arbeitern und boykottierten Züge mit Pullman-Waggons. Die Auseinandersetzungen wuchsen sich zum ersten großen landesweiten Arbeitskampf aus mit 150 000 Streikenden in 27 Bundesstaaten. Als Pullman-Waggons in Flammen aufgingen, Gewalttätigkeiten aufflackerten und schließlich das nationale Eisenbahnsystem völlig zusammenbrach, erklärte US-Präsident Grover Cleveland den Streik für ungesetzlich. Die Regierung setzte gegen den Widerstand des liberalen Gouverneurs von Illinois, John Peter Altgeld, 6000 Mann der Armee und der Nationalgarde, über 3000 Polizisten und 5000 Deputy Marshalls in Marsch. Daraufhin radikalisierten sich die Streikenden und errichteten Barrikaden. Am 6. Juli zündeten sie über 700 Bahnwaggons an. Armee und Polizei erschossen mehrere Personen. Nach der Verhaftung führender Köpfe des Streiks kehrte allmählich Ruhe ein. Die Pullman-Werke öffneten schließlich am 2. August wieder. Einer der Streikführer, Eugene V. Debs, wurde zu einem halben Jahr Gefängnis verurteilt, die Eisenbahnergewerkschaft ARU aufgelöst. Die Beschäftigten der Pullman-Werke mussten schriftlich versichern, keiner Gewerkschaft mehr beizutreten. 1898 verfügte der Oberste Gerichtshof von Illinois den Verkauf der Pullman-Siedlung an deren Bewohner, die 1907 für eine Eingemeindung nach Chicago stimmten. Das Verwaltungsgebäude der Pullman-Fabrik mit seinem markanten Glockenturm brannte 1998 nieder.

Im **Historic Pullman Foundation Visitor Center** erfährt man alles über die Pullman-Werke sowie den großen Streik des Jahres 1894 (11141 S. Cottage Grove Ave.; Di. – So. 11.00 – 15.00 Uhr).

★ **Hotel Florence**

Das 1881 im Queen-Anne-Stil errichtete und nach George Pullmans Tochter benannte Hotel ist das größte Gebäude der Siedlung und beherbergte die einzige Bar, die in dieser Siedlung von ihrem Gründer geduldet wurde und lediglich Gästen seines Unternehmens offen stand. Im ersten Obergeschoss gab es eine aus drei Räumen bestehende und für den Unternehmer reservierte Suite mit Mahagoni-Mobiliar und Fensterbänken aus Marmor.

Brookfield

Lebhafte Vorstadt

Die etwa 12 mi / 20 km südwestlich von Downtown Chicago gelegene Vorstadt Brookfield, in der heute rund 20 000 Menschen leben, ist aus einer in den 1880er-Jahren entstandenen Siedlung hervorgegangen. Damals hatte ein Grundstücksspekulant extra eine Bahnstation errichten lassen, in der er potenzielle Kunden mit leckeren Hot Dogs und gut gekühlter Limonade empfing, um sie als Investoren für das noch ziemlich unwirtliche Hinterland Chicagos zu gewinnen. Heute ist Brookfield eine der zahlreichen Satellitenstädte, die Chicago umringen.

✶✶ Brookfield Zoo

Dass man in Brookfield auch viele Touristen sieht, ist in erster Linie dem zoologischen Garten zu verdanken. Er zählt seit langem zu den besten in der Neuen Welt. Seine hohe Reputation verdankt er u. a. Präsentationen wie **»The Fragile Kingdom«**. Hier kann man nachvollziehen, wie verschiedene Tierarten in ihren speziellen Lebensräumen aufeinander und auch auf entsprechende naturräumliche Voraussetzungen angewiesen sind. Eine andere interessante Abteilung befasst sich mit der **Tierwelt Australiens**, zu der auch Exoten wie Schnabeltiere, Wombats und Baumkängurus gehören. Tropischen Regenwald durchwandert man in **»Tropic World«** (Mo. – Fr. 10.00 – 17.00, Sa., So. 10.00 – 18..00, im Winter nur bis 17.00 Uhr).

Oak Park • River Forest *Orientierung*

✶ Oak Park

Noble Vorstadt

Die 54 000 Einwohner zählende Vorstadt liegt etwa 12 mi / 20 km westlich von Downtown Chicago. Ihr besonderer Charakter erschließt sich auf den ersten Blick: Prachtvolle Villen, großzügige Garten- bzw. Parkanlagen und Alleen bilden sozusagen ein Freilichtmuseum der Architektur. Seinen Ruf als **»Mekka der Baukunst«** hat es in erster Linie **Frank Lloyd Wright** zu verdanken, der von 1889 bis 1909 hier wohnte und in seinem Studio etliche Aufsehen erregende Gebäude entwarf. Die meisten befinden sich jedoch in Privatbesitz und können nur von außen betrachtet werden. Eine zweite wichtige Persönlichkeit aus Oak Park ist der Literatur-Nobelpreisträger **Ernest Hemingway**, der am 21. Juli 1899 hier geboren wurde.

✶✶ Frank Lloyd Wright Home & Studio

Der 1867 in Wisconsin geborene Architekt Frank Lloyd Wright kam als 19-Jähriger nach Chicago, um zunächst im Baubüro von Joseph L. Silsbee und ein Jahr später für Louis Sullivan zu arbeiten. Kurz nach seiner Hochzeit mit Catherine Tobin 1889 borgte er sich 5000 $ von Sullivan und begann mit dem Bau seines persönlichen Refugiums in Oak Park, wo er zwanzig Jahre lang lebte und seinen unverwechselbaren Präriehausstil entwickelte. Wrights Wohnhaus war ursprünglich nur ein wenig spektakulärer Schindelbau. Im Lauf der Zeit wurden das Wohnhaus und das angeschlossene Studio mehrfach verändert und ausgebaut sowie mit vielen selbst entworfenen Details (Ornamente, Glasfenster, Rahmen, Türen, Möbelstücke) versehen. Frank Lloyd Wright betrachtete seine eigenen vier Wände sozusagen als architektonisches Versuchslabor. Die Garage dient heute als Visi-

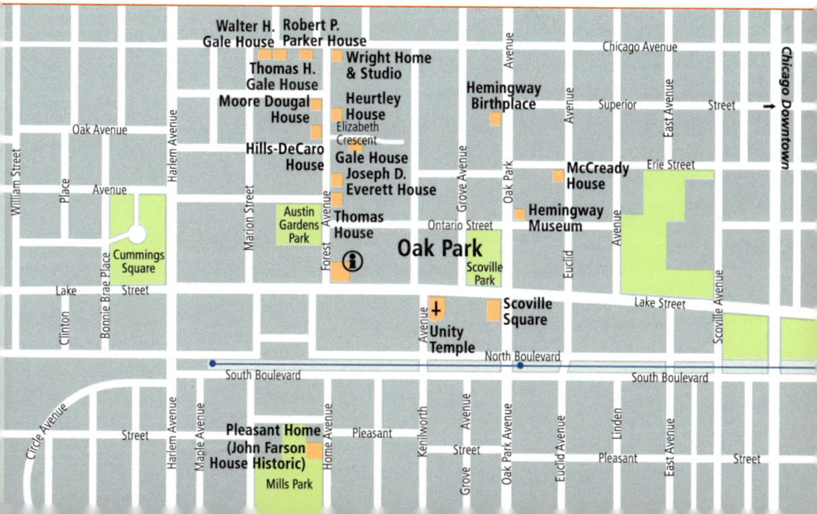

tor Center (tgl. 11.00 – 16.00 Uhr, Führungen alle 20 Minuten, Dauer ca. 1 Std.).

Weitere Bauten von Frank Lloyd Wright ►

Beim Spaziergang durch Oak Park gibt es noch etliche weitere Entwürfe von Frank Lloyd Wright zu bestaunen, zumindest von außen. Dazu gehören auch drei benachbarte Häuser am Elizabeth Court, die 1892 und 1893 als Frühwerke von Wright entstanden sind: das **Thomas H. Gale House**, das **Robert P. Parker House** und das **Walter H. Gale House**. Die drei Privathäuser Chicago Avenue Nr. 1019, 1027 und 1031 sind als **»Bootleg Homes«** bekannt. Die Bezeichnung leitet sich vom amerikanischen Begriff für Schwarzarbeit ab. Wright hat diese Bauten aus finanziellen Gründen »schwarz« entworfen, obwohl ihm sein Arbeitsvertrag mit Sullivan dies nicht gestattete.

Moore-Dugal House ►

Bevor sich Wright dem Präriehausstil zuwandte, experimentierte er mit anderen Baustilen. 1895 baute er an der Forest Avenue Nr. 333 eine **Traumvilla im englischen Tudor-Stil** mit augenfälliger **Fachwerkfassade**. Das Gebäude brannte 1922 teilweise ab. Beim Wiederaufbau nahm Wright den Tudorstil zumindest in seinen Grundzügen wieder auf. Die Bauornamentik des Moore-Dugal House erinnert jedoch an das Dekor, das im Büro von Louis Sullivan entworfen wurde. Im Innern beeindrucken die Halle und der Treppenaufgang. Das Haus ist zum Teil noch mit von Wright entworfenem Mobiliar ausgestattet.

318 Forest Avenue ►

Dieses 1902 erbaute Privathaus gehört zu den »klassischen« Präriehäusern. Die Backsteinreihen der Fassaden betonen die für Wright so wichtigen horizontalen Elemente.

Unity Temple ►

Frank Lloyd Wright entwarf nicht nur Wohnhäuser, sondern auch Sakralbauten wie den Unity Temple (Unitarian Universalist Church; 875 Lake St.). Zwischen 1905 und 1908 errichtet bot das burgartige Gotteshaus in Oak Park viel Stoff für Diskussionen, u. a. wegen seiner revolutionär neuen **Stahlbeton-Bauweise**.

Historic Pleasant Home

Außer Frank Lloyd Wright setzten sich in Oak Park noch andere renommierte Architekten ihre Denkmäler. Im Präriestil seines großen Vorbildes erbaute **George W. Maher** 1897 für den Bankier John Farson diese 30 Räume umfassende schlossartige Villa, in der heute eine architekturhistorische Ausstellung untergebracht ist (217 S. Home Ave.; Führungen: März – Dez. Do. – So. 11.30, 12.30, 13.30, 14.30, Jan., Feb. Do. – So. 11.30 u. 12.30 Uhr).

★ **Ernest Hemingway Birthplace**

Am 21. Juli 1899 setzte der Arzt Dr. Clarence Hemingway auf dem Balkon seine Trompete an und kündigte morgens um 8.00 mit schmetternden Tönen die Geburt seines Sohnes Ernest an. Exakt 100 Jahre später fand die Zeremonie ein zweites Mal statt, als das renovierte Elternhaus des berühmten Literaten für Besucher zugänglich wurde. Die Hemingways lebten neun Jahre lang in diesem Haus, ehe sie 1906 an die Ecke 600 North Kenilworth Ave./Iowa St. umzogen. Viele Einrichtungsgegenstände sowie Bild- und Schriftdokumente erinnern an den jungen Ernest und seine späteren Erfolge (339 N. Oak Park Ave.; Sa. 10.00 – 17.00, So. – Fr. 13.00 – 17.00 Uhr).

In diesem Haus erblickte Ernest Hemingway 1899 das Licht der Welt.

◄ Ernest Hemingway Museum

Wenige Schritte vom Geburtshaus entfernt ist in einer alten Kirche eine Ausstellung über Leben und Werk Hemingways eingerichtet. Fotos und Dokumentationen zeichnen einzelne Lebensabschnitte des Literaten nach, die sich zum Teil in Romanen und Kurzgeschichten wiederfinden. Außerdem vervollständigen ein Videofilm, Briefe, Manuskripte sowie viele persönliche Gegenstände das Bild des Schriftstellers (Sa. 10.00 – 17.00, So. – Fr. 13.00 – 17.00 Uhr).

Evanston

Die »trockene« Stadt

Obwohl mitten im Ballungsraum Chicago gelegen, hat sich die 74 000 Einwohner zählende nördliche Vorstadt bis heute eine gewisse Selbstständigkeit bewahren können. Von Anfang an bestimmten **Methodisten** das städtische Leben. Bereits im 19. Jh. machte sich der Ort als **Zentrum von Bildung und Erziehung** einen Namen.

Grosse Point

Anno 1674 erkundete der Jesuitenpater Jacques Marquette den Landvorsprung, auf dem heute das **Grosse Point Lighthouse** steht. Damals war die Gegend von Potowatomi-Indianern besiedelt. In den 1870er-Jahren ereignete sich vor Grosse Point ein folgenschweres Schiffsunglück. Mehr als 300 Passagiere mussten ihr Leben lassen. Diese Katastrophe führte zum Bau einer Küstenwachstation mit Leuchtturm (Führungen: Juni – Sept. Sa., So. 14.00, 15.00, 16.00 Uhr).

★ Mitchell Museum of the American Indian

Über 3000 Exponate – von Korbflechtereien und Töpferwaren über Schmuck, Teppiche und handgearbeitete Textilien bis zu handwerklichen Geräten und einfachen Waffen – erhellen die jahrhundertealten und durch die Zivilisation der Weißen weitgehend zerstörten Kulturen verschiedener Indianerstämme (Kendall College, 2600 Central Park; Di. – Sa. 10.00 – 17.00, Do. bis 20.00, So. 12.00 – 16.00 Uhr).

Mary & Leigh Block Museum of Art

Diese Einrichtung der Northwestern University besitzt Arbeiten namhafter Künstler aus aller Welt. Sammlungsschwerpunkte sind Zeichnungen, Grafik, Druck und neuerdings auch Fotografie. Ausgestellt sind u. a. Grafiken von Dürer, Rembrandt und Hogarth. Daneben fallen Skulpturen von Hans Arp, Henry Moore, Joan Mirò und anderen Künstlern ins Auge (1967 S. Campus Dr.; Di. 10.00 – 17.00, Mi., Do., Fr. 10.00 – 20.00, Sa., So. 10.00 – 17.00 Uhr).

Pick-Staiger Concert Hall

Dieser Musentempel am South Campus Drive genießt wegen seiner exzellenten Akustik einen hervorragenden Ruf. Neben klassischer Musik werden hier Jazzkonzerte aller Stilrichtungen geboten, und man scheut sich auch nicht, einem freudig erregten Publikum eingängige und leicht verdauliche Broadway-Hits zu Gehör zu bringen.

Charles G. Dawes House

Die herrschaftliche Villa zeigt mit ihrem in den 1920er- und 1930er-Jahren geschaffenen Interieur den gehobenen Lebensstil des bedeutendsten Sohnes der Stadt. Unter Präsident John Calvin Coolidge bekleidete General Charles G. Dawes (1865 – 1951) von 1925 bis 1929 das Amt des Vizepräsidenten. 1926 erhielt er den Friedensnobelpreis für den nach ihm benannten Plan zugesprochen, der Deutschlands Reparationszahlungen nach dem Ersten Weltkrieg regeln sollte. Außerdem soll von ihm die Idee stammen, Al Capone wegen Steuerhinterziehung vor Gericht zu bringen, nachdem andere Anklagen ohne Erfolg geblieben waren (225 Greenwood; Führungen: Do. bis So. 13.00, 14.00, 15.00 Uhr).

? WUSSTEN SIE SCHON ...?

- Über 100 Jahre lang war Evanston eine »trockene« Stadt. Erst 1972 konnten sich die Stadtväter dazu durchringen, Lokalen Lizenzen zum Alkoholausschank zu erteilen. Schließlich erlaubte ein Gericht, dass sogar die Studenten der hiesigen Universität in ihrem »Rathskeller« Bier ausschenken durften.

Frances E. Willard House

In dem 1865 erbauten Haus lebte eine Zeit lang die Lehrerin Frances E. Willard (1839 – 1898), die sich in der gesamten anglophonen Welt einen Namen als unermüdliche Kämpferin für Frauenrechte und gegen Alkoholkonsum gemacht hat (1730 Chicago Ave.; Führungen am 1. u. 3. So. im Monat 13.00 – 16.00 Uhr).

Wilmette

Nördlich an Evanston schließt die Vorstadt Wilmette, in der heute rund 30 000 Menschen leben. Die Siedlung ist benannt nach einer Potawatomi-Indianerin, die mit einem franko-kanadischen Pelzhändler verheiratet war. In einem 1829 unterzeichneten Vertrag hatte ihr die US-Regierung ein Stück Land zugestanden. Die Gründung einer eigenständigen Siedlung erfolgte erst 1869, als die Familie der Indianerin längst weggezogen war. Im Schatten von Chicago wurde Wilmette zur Pendlerwohngemeinde. Über die Hälfte der hiesigen Erwerbstätigen arbeiten in Downtown Chicago.

Bahá'i House of Worship

Was für die Christen Jesus Christus, für die Buddhisten Buddha, für die Juden Moses und für die Muslime der Prophet Mohammed, ist für die Bahá'i der aus Persien stammende **Bahá'u'lláh** (1817 – 1892). Die Bahá'i-Glaubensgemeinschaft hat heute ihr Zentrum in Haifa (Israel). Ihre Tempel sind in den meisten Fällen sehr aufwändig gestaltet, so auch der neuneckige, strahlend **weiß leuchtende Bau** in Wilmettes 100 Linden Ave., der 1953 fertig gestellt worden ist. Fenster, Türen und die knapp **60 m hohe Kuppel** sind mit filigranen Verzierungen versehen.

Zauberhafte **Gärten** umgeben das Heiligtum. Im angeschlossenen **Visitor Center** erfährt man alles über die Bahá'i-Religion.

Kohl Children's Museum

Spielerisch werden Kinder hier mit technischen Errungenschaften und Arbeitsweisen der modernen Wirtschaftswelt vertraut gemacht. Ein besonderer Spielplatz ist das **»Great Kohl Sailing Ship«**, eine Mischung aus Segeljacht und Fischkutter. An anderer Stelle schlüpfen Kinder in die Rolle von Geschäftsleuten, die ein Kaufhaus betreiben. Sehr beliebt bei kleinen Museumsbesuchern ist **»Grandma's Attic«**, wo sie Kostüme ausprobieren können. Das **»Technology Center«** soll mit Computern vertraut machen (Glenview, 2100 Patriot Blvd.; Mo. 9.30 – 12.00, im Hochsommer bis 17.00, Di. – Sa. 9.30 – 17.00, So. 12.00 – 17.00 Uhr).

Gurnee

★★ Gurnee Mills

Busladungen konsumfreudiger Touristen werden jeden Tag an die nördliche Peripherie Chicagos gefahren, wo eine der größten Outlet Malls der USA ihre Pforten weit geöffnet hat: die Gurnee Mills Outlet Mall. Hier bleibt wirklich kein Wunsch unerfüllt. In mehr als 200 Geschäften unter einem Dach bekommt man die gleichen Waren wie in Downtown Chicago, nur dass sie hier draußen auf der »Grünen Wiese« bis zu 70% billiger sind. Besonders preiswert sind Marken-Oberbekleidung und Sportartikel (6170 W. Grand Ave.; Mo. bis Fr. 10.00 – 21.00, Sa. 10.00 21.30, So. 11.00 – 19.00 Uhr).

★★ Six Flags Great America & Hurricane Harbor

Nur wenige Gehminuten vom Shopping-Paradies Gurnee Mills entfernt ist einer der tollsten Vergnügungsparks der USA angelegt mit mehr als 100 verschiedenen Attraktionen, zu denen auch einige der höchsten und schnellsten Achterbahnen der Welt gehören. Absolute Höhepunkte sind der **»Challenge Nine Wild Roller Coaster«** in Six Flags Great America sowie der **»Tornado«** im Six Flags Hurricane Harbor. Diese beiden »thrill rides« werden wagemutige »Passagiere« wohl nicht mehr so schnell vergessen!

Den ganzen Tag über werden mehrere Live Shows geboten. Abends bzw. nachts findet eine spektakuläre Parade mit **Bugs Bunny** und den **Looney Tunes** statt (Grand Ave.; Ende April – Okt. tgl. 10.00 bis mindestens 17.00 Uhr, an Wochenenden und in der Hauptreisezeit länger, an manchen Tagen bis 22.00 Uhr).

★ Chisholm

C 3

Bundesstaat: Minnesota **Einwohnerzahl:** 5000
Höhe: 481 m ü.d.M.

Dieses bis vor wenigen Jahren noch florierende Zentrum des Eisenerzbergbaus in der sog. Iron Range wurde vor allem von Einwanderern aus Skandinavien geprägt.

Die rasante Entwicklung des Ortes begann 1865, als man am Lake Vermillion Goldadern und Eisenerz fand. Heute sind die Minen und Lagerstätten nahezu erschöpft. An einigen Stellen wird aber immer noch Erz gefördert. Mehrere stillgelegte Schächte und riesige ehemalige Erztagebaustätten erzählen von der Ausbeutung der einstmals reichen Rohstoffvorkommen.

Sehenswertes in Chisholm und Umgebung

★ **Ironworld Discovery Center**

In dem Zentrum wird die Geschichte des hiesigen Eisenerzbergbaus illustriert. Zu sehen sind alte Fahrzeuge, Wohnhäuser von Einwanderern, eine finnische Pension, ein Stützpunkt frankokanadischer Pelztierjäger sowie ein Lager der Ojibwa-Indianer (801 SW Hwy 169, Ende Mai – Sept. Di. – So. 10.00 – 17.00, Do. bis 21.00 Uhr).

Mit solchem Gerät hat man früher bei Chisholm Eisenerz abgebaut.

Im **Minnesota Museum of Mining** im Memrial Park kann man sich über althergebrachte Techniken des Erzbergbaus informieren. Ausgestellt sind u. a. alte Werkzeuge und Maschinen (Hwy 169, Lake St.; Mai – Okt Mo. – Sa. 9.00 bis 17.00, So 13.00 – 17.00 Uhr)

Die Stadt **Hibbing** (17 000 Einw.) liegt unweit südlich von Chisholm. In der **Hull-Rust Mahoning Mine** wurde 1895 mit dem Eisenerzbergbau begonnen. Während des Zweiten Weltkrieges hat man hier ein Viertel des für die USA kriegswichtigen Rohstoffes gefördert. Von einer Plattform blickt man in den 200 m tiefen und 12 km Umfang messenden Tagebaukrater (Mai bis Sept. Mo. – Sa. 9.00 – 17.00, So. 13.00 – 17.00 Uhr).
Das **Greyhound Bus Museum** erinnert an die Anfänge des legendären Autobusunternehmens im Jahre 1914, als es noch ein kleiner lokaler Transportgewerbebetrieb war. Zu sehen sind u. a. mehrere historische Autobusse, vom ersten Fünfsitzer (»Hupmobil« von 1914) bis zum modernen klimatisierten Transkontinentalbus (1201 Greyhound Blvd.; Mitte Mai – Sept. Mo. – Sa. 9.00 – 17.00, So. 13.00 – 17.00 Uhr, sonst n. V., Tel. 218 / 263-5814).

CHISHOLM

AUSKUNFT

Chisholm Chamber of Commerce
223 W. Lake Street
Chisholm, MN 55719
Tel. (218) 254-79 30
www.chisholmchamber.com

Hibbing Area Chamber of Commerce
211 E. Hward Street
Hibbing, MN 55746
Tel. (218) 262-38 95
www.hibbing.org

EVENT

Bob Dylan Days
Jedes Jahr um seinen Geburtstag am 24. Mai herum veranstaltet die Stadt Hibbing ein Riesen-Event zu Ehren des hier aufgewachsenen Robert Allen Zimmermann, der später als Sänger, Komponist und Dichter Bob Dylan Weltruhm erlangen sollte.

★ Cleveland

O 9

Bundesstaat: Ohio
Höhe: 177 – 207 m ü.d.M.

Einwohnerzahl: 430 000
(Metropolitan Area: 2,2 Mio.)

Die traditionsreiche Industriestadt und »graue Maus« am Eriesee hat sich in den letzten Jahren wirklich gemacht. Sie präsentiert sich heute als »coole City«, die es sogar in die Charts geschafft hat. Denn »Cleveland rocks« ist der Titelsong einer beliebten TV-Serie und bezieht sich nicht nur auf den hypermodernen Tempel der Rock-Musik am Seeufer.

Traditionsreicher Industriestandort im Wandel

Die Metropolregion Cleveland ist heute ein ca. 50 mi/80 km langes und ca. 25 mi/40 km breites Siedlungsband am Südwestufer des Eriesees. Die Kernstadt selbst ist ein wichtiger Industriestandort, der in jüngerer Zeit eine zwar schmerzhafte, aber erfolgreiche Umstrukturierung erlebt hat. Bis in die 1970er-Jahre beherrschten Unternehmen der Stahl-, Automobil-, Elektro- und Werkzeugbranche sowie Großkraftwerke die Szenerie. Danach traten Hightech-Unternehmen in den Vordergrund. Darüber hinaus ist Cleveland heute ein attraktives Ziel des amerikanischen Städtetourismus. Besondere Magneten sind die beiden Groß-Arenen für Baseball bzw. Football, die jede Woche zigtausende Fans anlocken, sowie das weltberühmte Sinfonieorchester. Im Tal des Cuyahoga River, wo sich früher Erdölraffinerien und Treibstofftanks aneinander reihten, entstand Clevelands neues Amüsierviertel mit einer lebhaften Restaurant- und Kneipenszene. Am Erieseeufer stehen die architektonisch bemerkenswerte Rock 'n' Roll Hall of Fame sowie das Great Lakes Science Center. An der südöstlichen Peripherie der Stadt lockt das Geauga Lake & Wildwater Kingdom.

Geschichte

Bis ins 18. Jh. war der Großraum Cleveland als »Connecticut Western Reserve« Teil einer Landschenkung, die der englische König Charles II. 1662 dem späteren Bundesstaat Connecticut gemacht hat. 1796 ließ General **Moses Cleaveland** (1754–1806) an der Mündung Cuyahoga River eine Siedlung bauen, die später dem Bundesstaat Ohio zugeschlagen wurde. Mit der Öffnung eines Kanals zum Ohio River (1832) und dem Eisenbahnbau kam eine Entwicklung in Gang, die Cleveland zum bedeutendsten Industrie- und Handelszentrum weit und breit machte. Eine wichtige Rolle spielten dabei Ölmilliardäre und Industriebosse wie John D. Rockefeller, Leonard Case, Daniel R. Hanna, Jeptha H. Wade und Samuel Mather. Im Bürgerkrieg (1861–1865) wurden Maschinen, Waffen und Transportgerät benötigt. Dank seiner Lage am Eriesee war Cleveland prädestiniert als Standort entsprechender Industriebetriebe. Die Stadt entwickelte sich zum größten Schiffsbauzentrum der USA. Mit den hier konstruierten Frachtschiffen konnten Kohle und Eisenerz transportiert werden. Nachdem im nahen Pennsylvania die ersten Öllagerstätten entdeckt worden waren, gründete **John D. Rockefeller** 1870 die **Standard Oil Company**, und Cleveland schien auf Öl zu schwimmen. Entlang der Euclid Avenue stampften Bautrupps eine Luxusvilla nach der anderen aus dem Boden und machten aus dem Straßenzug die längste Millionärsmeile der USA. 1950 hatte Cleveland sich mit 900 000 Einwohnern auf den 7. Platz unter den US-Metropolen vorgearbeitet. Doch der rücksichtslose Umgang mit der Umwelt schlug sich in einem negativen Kohlenpott-Image nieder, das wenig später neben dem Strukturwandel zur Abwanderung von rund einem Drittel der Einwohner beitrug. Erst in den 1980er-Jahren gelang es, das Steuer herumzureißen und mit vielerlei Maßnahmen, u. a. der Neugestaltung des Erieseeufers, entscheidende Verbesserungen zu erzielen.

Highlights Cleveland

Historic Warehouse District
Gelungen Stadtsanierung
▸ Seite 226

Great Lakes Science Center
Mit neuester Technik und der Mondlandung auf Tuchfühlung
▸ Seite 228

Rock 'n' Roll Hall of Fame
Wallfahrtsstätte aller Rock'n'Roller
▸ Seite 227

Cleveland Museum of Art
Meisterwerke der Antike und der europäischen Moderne
▸ Seite 230

Downtown

Downtown Cleveland dehnt sich um den zentralen **Public Square** aus, an dem sich mit dem Terminal Tower das bauliche Wahrzeichen der Stadt erhebt. Hier kreuzen sich mehrere große Straßen und hier befinden sich auch der Hauptbahnhof und der zentrale Busbahnhof. Zur Downtown zählen auch der östlich gelegene **Theater Distrikt** und der **Warehouse District** im Nordwesten.

* Tower City Center

In der zweiten Hälfte der 1980er-Jahre signalisierte die Umgestaltung des 239 m hohen und 52 Etagen umfassenden **Terminal Tower** eine neue Ära in Downtown Cleveland. Der Wolkenkratzer wurde ursprünglich in den Jahren 1923 bis 1934 erbaut.
Das heutige Tower City Center nimmt einen großen Teil des ehemaligen Bahnhofsgeländes ein und präsentiert sich als multifunktioneller Komplex mit zwei Luxushotels (»Ritz-Carlton« und »Renaissance«), Shopping Mall (»The Avenue«), Multiplex-Kino (11 Säle), großem Food Court, Restaurants, diversen Freizeiteinrichtungen sowie Büros und Arztpraxen. Im Untergeschoss befindet sich die Hauptstation der Regional Transit Authority (RTA).

? WUSSTEN SIE SCHON ...?

- Im Jahre 1879 wurden am Public Square in Cleveland die allerersten elektrischen Straßenlaternen überhaupt angeschaltet.

Public Square

Dieser Platz zwischen Lake Erie und Cuyahoga River ist seit jeher Mittelpunkt der Stadt. Wo anfangs noch Vieh weidete, hat man im letzten Viertel des 19. Jh.s ein Denkmal zu Ehren des Stadtgründers Moses Cleaveland enthüllt. 1894 folgte mit dem viktorianischen **Soldiers & Sailors Monument** ein weiteres Denkmal mit überlebensgroßen Skulpturen.
An der Nordwestecke des Platzes erinnert ein Denkmal an den seinerzeit sehr geschätzten Bürgermeister **Tom L. Johnson**, der seine Amtsgeschäfte von 1901 bis 1909 versah.

CLEVELAND ERLEBEN

AUSKUNFT

Positively Cleveland Visitor Information Center
The Higbee Building
100 Public Square, Suite 100
Cleveland, OH 44113
Tel. (216) 875-6680
www.positivelycleveland.com
Öffnungszeiten: Mai – Sept. tgl. 11.00 – 17.00, Okt. – April Mo. – Fr. 9.30 – 16.30, Sa., So. 11.00 – 16.00 Uhr.

SHOPPING

The Arcade
Der 1890 eröffnete und vor kurzem renovierte Komplex zwischen Superior Ave. und Euclid Ave. war damals die erste unter einem Glasdach befindliche Shopping Mall der USA. Sie ist der Galleria Vittorio Emmanuele in Mailand nachempfunden.

The Galleria at Erieview
Unter einem gläsernen Tonnengewölbe versammeln sich in diesem Einkaufszentrum über 60 Einzelhandelsgeschäfte, ein Food Court, zwei der besten Restaurants der Stadt, Cafés und Edelboutiquen (1301 E. 9th St./St. Clair St.).

BOOTSAUSFLÜGE

MS »Nautica Queen«
Von der Pier unterhalb der Rock 'n' Roll Hall of Fame legt dieses Schiff zu Brunch- und Dinnerfahrten ab. Während Downtown Cleveland und die Vorstädte an einem vorüberziehen, genießt man leckere Speisen und Getränke.
Saison: April – Oktober
Lunch-Fahrten: Mo. – Do. u. Sa. 12.00 – 14.00; Dinner-Fahrten: Mo. – Do. 19.00 bis 22.00, Sa. 19.30 – 22.30, So. 16.30 – 18.30; Brunch-Fahrten: So. 11.00 – 13.00; Reservierungen: Tel. (216) 696-88 88
www.nauticaqueen.com

EVENTS

Zuschauersport
Besonders stolz ist man auf seine Profi-Teams. Die Basebal-Mannschaft der *Cleveland Indians*, genannt »The Tribe« spielt im 42 000 Zuschauer fassenden Progressive Field (http://cleveland.indians.mlb.com).
Nicht minder beliebt sind die Footballer der *Cleveland Browns*, die seit einigen Jahren im neuen Stadion am Ufer des Eriesees auflaufen (www.clevelandbrowns.com).
Die NBA-Basketball-Profis der *Cleveland Cavaliers* werfen ihre Körbe in der Quicken Loans Arena (www.nba.com/cavs). In dieser Arena schlittern auch die Hockey-Cracks der *Lake Erie Monsters* übers Eis (www.lakeeriemonsters.com).

Cleveland National Air Show
Akrobaten der Lüfte, oft auch die »Blue Angels« der U.S. Navy, zeigen an einem Wochen-ende im September über dem Burke Lakefront Airport ihre Kunststückchen.

ESSEN

► Fein und teuer

① ***Baricelli Inn***
2203 Cornell Road
Tel. (216) 791-6500
Im derzeit besten Restaurant der Stadt kommen passionierte Gourmets voll auf ihre Kosten. In allerfeinstem Ambiente genießt man Exquisites wie »Lobster & Crab Ravioli«.

② ***Table 45***
(im InterContinental Hotel)
9801 Carnegie Avenue
Tel. (216) 707-4045

Man fühlt sich nach New York versetzt: minimalistisches Dekor und neue amerikanische Fusion-Küche, die Einflüsse aus Europa, Asien und Amerika verbindet.

► Preiswert

③ ***Great Lakes Brewing Co***
2516 Market Street
(West Side Market)
Tel. (216) 771-4404
Im historischen Gemäuer einer ehemaligen Brauerei ist heute ein gut besuchter Pub untergebracht, in dem herzhafte Fisch- und Fleischgerichte serviert werden. Dazu gibt es wahrlich süffiges Bier aus eigener »Microbrew«-Produktion.

④ ***Slyman's***
3016 St. Clair Avenue
Tel. (216) 621-3760
Das winzige Lokal ist in weitem Umkreis bekannt für seine ausgesprochen leckeren Sandwiches. Besonders für das »Corned Beef Sandwich« stehen die Clevelander Schlange. Allerdings: Das kleine Snack-Restaurant ist nur Mo. – Fr. 6.00 – 14.30 Uhr geöffnet.

ÜBERNACHTEN

► Luxus

① ***Ritz-Carlton***
1515 W. 3rd Street (Downtown)
Tel. (216) 623-1300
www.ritzcarlton.com
235 Zimmer und Suiten.

Cleveland Orientierung

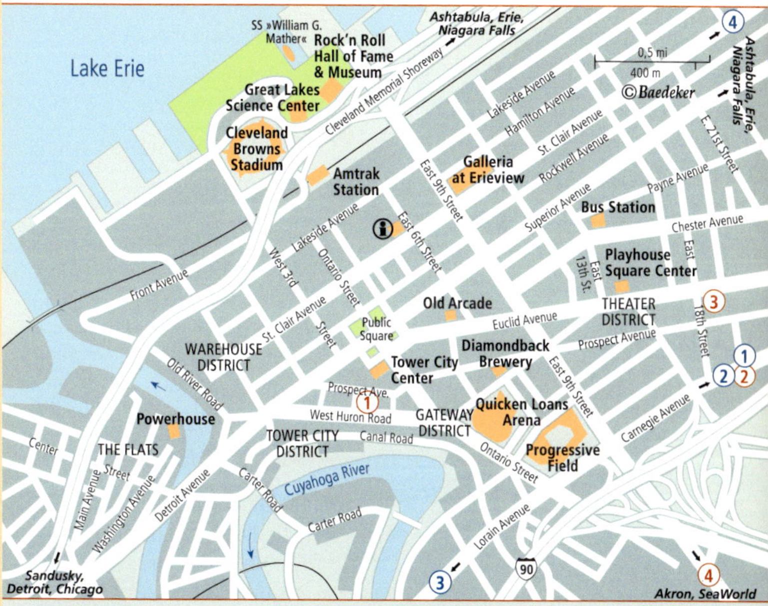

Übernachten
① Riz-Carlton
② Baricelli Inn
③ Comfort Inn Downtown
④ Quaker Square Inn

Essen
① Baricelli Inn
② Table 45
③ Great Lakes Brewing Co
④ Slyman's

Clevelands feinste Herberge befindet sich in Downtown im Tower City Center. Von einigen der großzügigen Zimmer bietet sich ein hübscher Blick ins Tal des Cuyahoga River.

▶ Komfortabel

② ***Baricelli Inn***
2203 Cornell Road
(University Circle)
Tel. (216) 791-6500
www.baricelli.com
7 Zimmer
Eine der nettesten Herbergen der Stadt ist dieser seit 1896 bestehende Inn, der zudem noch mit einer ausgezeichneten Küche aufwarten kann.

③ ***Comfort Inn Downtown***
1800 Euclid Avenue
Tel. (216) 861-0001
www.comfortinn.com
130 Zimmer ud Suiten
Man übernachtet hier in sehr angenehmem Ambiente. Die Rock'n' Roll Hall of Fame, die großen Sportarenen und auch das Wolstein Center sind gut zu Fuß erreichbar.

④ ***Quaker Square Inn***
135 S. Broadway
Akron
Tel. (330) 253-5970
www.quakersquareakron.com
192 Zimmer und Suiten
Das Hotel ist in der denkmalgeschützten Bausubstanz einer aus dem 19. Jh. stammenden Getreidemühle der Quaker Oats Company untergebracht. Selbst in einige der alten Getreidesilos hat man Gästezimmer eingebaut.

Old Stone Church

Schon 1834 wurde an dieser Stelle die erste First Presbyterian Church errichtet, die man 1855 durch den heutigen Bau ersetzte. Die Kirche zeichnet sich durch die Buntglasfenster von Louis Tiffany und John LaFarge sowie ein Fresko von Julius Schweinfurth aus.

**** Historic Warehouse District**

Zwischen Public Square und Cuyahoga River stehen Dutzende alter Lagerhäuser, von denen die meisten zwischen 1870 und 1920 in Ziegelbauweise entstanden sind. Anstatt sie abzureißen, wurde die alte Bausubstanz erhalten und ein neues Quartier mit originellen Restaurants, Bars, Musikkneipen, Boutiquen und Galerien geschaffen. Vor allem an Frühlings- und Sommerabenden herrscht im Warehouse District Hochbetrieb: Die Jungen und Schönen der Stadt geben sich hier ein Stelldichein.

! Baedeker TIPP

Entdeckungen im Warehouse District

Die Historic Warehouse District Development Corporation bietet Führungen durch den Distrikt an. Wer die Tour gerne auf eigene Faust unternehmen will, kann sich im Büro der Gesellschaft eine Broschüre samt Plan besorgen (HWDDC, Rockefeller Bldg., 614 Superior Ave, Suite 680, Tel. 216-344-39 37).

Zwischen Euclid Avenue und East 14th Street dehnt sich mit dem **Playhouse Square** ein Stadtviertel aus, in dem mehrere Theater angesiedelt sind. Die ersten beiden, **State Theater** und **Ohio Theater**, öffneten 1921 ihre Pforten. Zwei

Clevelands Skyline in der Nachmittagssonne

Monate später folgte das **Allen Theater**, ehe das **Hanna Theater** und das **Palace Theater** den Reigen vervollständigten. Diese fünf Häuser fungierten nicht nur als Schauspielbühnen, sondern auch als Kinos und Plätze, an denen halbseidene Kabarett- und Varieté-Vorführungen geboten wurden. Außer dem Hanna Theater mussten nach 1969 alle für längere Zeit schließen. Erst in den 1980er-Jahren machten sich ganze Gruppen von Mäzenen, Stiftungen und Investoren an die Renovierung der stark angestaubten Bühnen. Heute kommen hier wieder fulminantes Tanztheater, Opern populäre Broadway-Musicals zur Aufführung.

Northcoast District

Dieser Stadtteil erstreckt sich von der Mündung des Cuyahoga River im Westen des Stadtzentrums bis zum Burke Lakefront Airport im Osten. Die Uferzone gehört zu den Distrikten, deren Gesicht sich in den zurück liegenden Jahren durch Neubauten bzw. eine grundlegende Umgestaltung am stärksten verändert hat.

★★ **Rock 'n' Roll Hall of Fame**

Diese **Wallfahrtsstätte aller Rock-Fans** öffnete 1995 am Ufer des Eriesees ihre Pforten. Die Pläne für das Museum stammen vom Stararchitekten **I. M. Pei.** Jedes Jahr werden neue Interpreten und Gruppen aufgenommen. Im Jahr 2011 waren es u. a. Alice Cooper, Neil Diamond und Tom Waits. In mehreren Multi-Media-Ausstellungen bekommen Besucher Video-Clips, Aufzeichnungen von Konzerten, Platten, CDs, handschriftliche Notenblätter, Textmanu-skripte, Kostüme, Musikinstrumente und Memorabilien wie ein rotes Bühnenjacket von James Brown aus dem Jahr 1982 oder ein Cow-

Stararchitekt I. M. Pei hat die Ruhmeshalle des Rock 'n' Roll entworfen.

boyhemd von Eddie Cochran von 1955 zu sehen. Jeder in die Ruhmeshalle aufgenommene Interpret, Produzent, Songschreiber oder Komponist von Elvis Presley und Mick Jagger über Bob Dylan bis zu Carlos Santana, Tina Turner und Britney Spears ist mit sämtlichen Titeln in einer computergesteuerten Musikbox vertreten (1 Key Plaza; tgl. 10.00 – 17.30, Mi. und im Sommer Sa., So. bis 21.00 Uhr).

? WUSSTEN SIE SCHON ...?

- Jahrelang gingen die Diskussionen um die Gründung einer Hall of Fame für die Unsterblichen der Rock 'n' Roll-Szene in den USA hin und her. Für Cleveland gab schließlich den Ausschlag, dass ein hiesiger Diskjockey namens Alan Freed in den 1950er-Jahren den Begriff »Rock 'n' Roll« geprägt hatte.

** **Great Lakes Science Center**

Nur wenige Schritte vom Rock 'n' Roll-Tempel zieht es Scharen von Besuchern auf drei Etagen mit mehr als 300 interaktiven **technisch-wissenschaftlichen Versuchsanordnungen und Simulatoren**. Hier kann man einen künstlichen Tornado miterleben und auf der »Bridge of Fire« 200 000 Volt elektrostatische Energie verspüren. Ob an Bord eines Zeppelins, als Akteur in der virtuellen Realität oder beim Test mit dem Baseball-Schläger: Langeweile kommt im Great Lakes Science Center nicht auf. Im sechs Stockwerke hohen **Omnimax Theater** werden spektakuläre Filme gezeigt. Neueste Attraktion ist die **Ausstellung des NASA Glenn Research Center** (►S. 232). Man sieht eine Apollo-Raumkapsel, den Raumanzug, der von Astronaut Jim Lovell während der Apollo-8-Mission getragen wurde, und Mondgestein. Es werden Videofilme über Shuttle-Starts und -Landungen sowie über die Aktivitäten der Astonauten während ihrer Missionen gezeigt. Auch einen Kontrollraum und Trainingsanlagen für Schwerelosigkeit gibt es zu sehen (tgl. 10.00 – 17.00 Uhr).

»SS William G. Mather«

Eisenerzfrachter wie dieses im Hafen vertäute **Museumsschiff** haben maßgeblich zur wirtschaftlichen Blüte von Cleveland beigetragen. Die »William G. Mather« wurde 1925 in Detroit für die Cleveland Cliffs Iron Company gebaut und bis 1980 eingesetzt (1001 East 9th St. Pier; Juni – Aug. tgl. 11.00 – 17.00, Sept., Okt., Mai Fr. – So. 11.00 bis 17.00 Uhr).

»USS Cod«

Dieses **U-Boot** – eines der letzten noch intakten aus dem Zweiten Weltkrieg – ist als »schwimmendes Museum« zugänglich. Die »USS Cod« (dt. = Kabeljau) lief im März 1943 in Neuengland vom Stapel und wurde im südwestlichen Pazifik eingesetzt. 1959 kam die »Cod« als Ausbildungsschiff nach Cleveland und wurde 1976 ausgemustert (Mai – Sept. tgl. 10.00 – 17.00 Uhr).

International Women's Air & Space Museum

Dass die Luft- und Raumfahrt eine keineswegs nur Männern vorbehaltene Domäne ist, beweist dieses Museum auf dem Gelände des Burke Lakefront Airport. Die flugbegeisterte **Katharine Wright**, Schwester der weltberühmten Wright-Brüder wird hier ebenso vorgestellt wie **Amelia Earhart**, die 1932 als erste Pilotin den Atlantik überquerte und 1937 auf einem Flug rund um die Welt verscholl. Auch an die Russin **Valentina Tereshkova** und die Amerikanerin **Sally Ride** wird erinnert, die 1963 bzw. 1983 als erste Frauen ihrer Länder in den Weltraum starteten (1501 North Marginal Road; tgl. 9.00 – 18.00 Uhr).

The Flats

Ein Industriequartier mutiert zum Vergnügungsviertel

Die ersten Siedler Clevelands ließen sich unten am Ufer des Cuyahoga River nieder. Da sich der sumpfige Uferbereich schnell als ziemlich ungesund erwies, verlegte man Wohnungen, Geschäfte etc. in höheres Gelände. Auf den Flats wuchsen stattdessen **Lagerhäuser und Fabriken** heran. Nachdem sich Cleveland aber in den 1980er-Jahren von seinem Ruß-und-Qualm-Image zu lösen begann, verwandelten sich die Flats beiderseits der Cuyahoga-Mündung in ein beliebtes **Vergnügungsareal**. In den alten Industriebauten nisteten sich Restaurants, Kneipen und Nachtlokale ein. Sogar eine Open-Air-Bühne für Rock-Konzerte entstand. Im **Sugar Warehouse**, einem ehemaligen Lagerhaus, das der Flussmündung am nächsten liegt, gibt es gleich drei beliebte Lokale.

Von der Dachterrasse des Sugar Warehouse kann man zusehen, wie Schlepper Frachtkähne durch die engen Windungen des Cuyahoga River zu den Industrierevieren bugsieren. Wunderschön ist es hier auch gegen Abend, wenn die tief stehende Sonne Downtown Cleveland in goldenes Licht taucht.

Eine nicht nur in Fachkreisen berühmte Institution: das Cleveland Museum of Art

University Circle

Etwa 4 mi / 6,5 km östlich von Downtown, zwischen der 89th Street bzw. Ansel Road im Westen, der Carnegie Avenue im Süden, der Euclid Avenue im Osten und der Wade Park Avenue im Norden haben die meisten großen Museen der Stadt ihren Platz.

★★ **Cleveland Museum of Art**

Das Flaggschiff unter Clevelands Museen wurde im Jahre 1916 von Philanthropen gegründet. Es besitzt über 40 000 Kunstwerke, darunter auch zahlreiche **Meisterwerke der ägyptischen und ostasiatischen Antike** sowie der **europäischen Moderne**. Das im Beaux-Arts-Stil gehaltene Gebäude öffnet sich mit seiner von Säulen gestützten Fassade und einer großen Freitreppe zum Fine Arts Garden hin, einer wunderschönen Parkanlage um einen kleinen See. In der Gemäldesammlung findet man u. a. »Wasserlilien« von Monet, »Tänzerinnen« von Degas, »Das Leben« und »Harlekin mit Violine« von Picasso. Ein Highlight der ägyptischen Abteilung ist eine Büste des Pharaos Amhotep. Aus dem mittelalterlichen Europa gibt es u. a. einen um 1040 angefertigten Altar aus dem Welfenschatz zu sehen (Di. – So. 10.00 – 17.00, Mi. u. Fr. bis 21.00 Uhr).

Cleveland Center for Contemporary Art

In dieser Ausstellung werden Werke zeitgenössischer Künstler gezeigt. Zu den bekannteren Namen gehören der Verpackungskünstler **Christo**, der Maler und Objektkünstler **Robert Rauschenberg, Claes Oldenburg** sowie der englische Maler und Grafiker **David Hockney** (Di. – Do. 11.00 – 18.00, Fr. 11.00 – 21.00, Sa., So. 12.00 – 17.00 Uhr).

Unter diesem Dach sind Exponate zu Mineralogie, Paläontologie, Botanik, Zoologie, Archäologie und Ethnologie versammelt, von denen die meisten aus dem Gebiet um die Großen Seen stammen. Zu sehen sind u. a. **Artefakte aus präkolumbischer Zeit** sowie Zeichnungen, Gemälde und Skulpturen bekannter Künstler des 19. und 20. Jh.s wie etwa Frank Wilcox, Paul Travis und James L. Clark, die ihre Motive in der Natur suchten. Neben Fossilien und Insekten bekommen interessierte Besucher auch Süßwassermuscheln aus Nordamerika und der restlichen Welt, exotische Schmetterlinge, Opale, Diamanten und Jade zu Gesicht. Ein Highlight ist die Kirtland Hall mit ihren **Saurier-Funden**.

✶ **Cleveland Museum of Natural History**

Hier zeigen Schaubilder und Versuchsanordnungen, wie der menschliche Organismus funktioniert. Besucher lernen, welche Auswirkungen etwa Stress und ungesunde Ernährung, aber auch Bewegung haben und wie eine gesunde Lebensführung aussehen kann (1 Wade Oval Drive, University Circle; Mo. – Sa. 10.00 – 17.00, Mi. bis 22.00, So. 12.00 – 17.00 Uhr).

✶ ◂ HealthSpace Cleveland

Zusammen mit den Ensembles von Boston, New York, Philadelphia und Chicago gehört das Cleveland Orchestra zu den »Big Five« der USA. Seit seiner Gründung 1918 stand es unter der Leitung von sieben namhaften Direktoren: **Nikolai Sokoloff** (1918 – 1933), Artur Rodzinski (1933 – 1943), Erich Leinsdorf (1943 – 1946), Georg Szell (1946 – 1970), **Lorin Maazel** (1972 – 1982), **Christoph von Dohnányi** (1984 – 2002) und **Franz Welser-Möst** (seit 2002). Eine Millionenspende des Ehepaares Severance ermöglichte den Bau der Severance Hall, die 1931 feierlich eingeweiht wurde (Konzertsaison: Mitte Sept. – Mitte Mai; Auskunft und Tickets: Tel. 216/231-7300).

Cleveland Orchestra Severance Hall

Auf dem Weg zum University Circle, an der Euclid Avenue, steht das älteste noch erhaltene Bauwerk von Cleveland: eine 1824 erbaute Postkutschenstation. Zeitgenössisches Mobiliar und Inventar vermitteln einen Eindruck, wie es hier einst zugegangen ist (6709 Euclid Ave.; Mi. u. So. 13.00 – 19.00 Uhr).

Dunham Tavern Museum

Diese medizinhistorische Sammlung gehört zu den umfangreichsten und besten ihrer Art. Eine Abteilung hat die **Entwicklung der Medizintechnik in Ohio** zum Thema (u. a. medizinische Geräte und chirurgische Instrumente aus dem 19. Jh.). Interesse verdienen auch zwei komplett eingerichtete Arztpraxen von 1880 und 1930 sowie eine Präsentation diagnostischer Verfahren (Ecke Euclid Ave./Adelbert Rd.; Mo. – Fr. 9.00 – 16.30 Uhr).

✶ **Dittrick Museum of Medical History**

Die 1867 gegründete Gesellschaft ist die älteste Kultureinrichtung der Stadt. Das historische Museum veranschaulicht mit Dokumenten, Kostümen, landwirtschaftlichen Geräten und Wohnungseinrichtungen das Leben der Menschen in Ohio von den Pionieren bis ins frühe 20. Jahrhundert (10825 East Blvd.; Di. – Sa. 10.00 – 17.00 Uhr).

Western Reserve Historical Society Museum

Crawford Auto & Aviation Museum

Hier locken knapp 200 Schönheiten aus Blech und Lack Besucher an. Ein »Juwel auf Rädern« ist das erste Automobil, das der Clevelander **Autobauer Alexander Winton** 1902 verkauft hat. Aus seiner Produktpalette stammen Autos, Lastwagen und ein Bus, den das Unternehmen für Ausflüge im Yellowstone National Park angefertigt hat. Auch in der Abteilung Fliegerei kommen Lokalmatadore zu ihrem Recht. Zu den ausgestellten Flugzeugen gehört auch ein **Curtiss-Wasserflugzeug** aus der Zeit vor dem Ersten Weltkrieg, das von Clevelands bekanntestem Piloten der damaligen Zeit, **Al Engel**, geflogen wurde (10825 East Blvd.; Mo. – Sa. 10.00 – 17.00, So. 12.00 bis 17.00 Uhr).

Umgebung von Cleveland

✶ **Cleveland Metroparks Zoo**

In dem 5 mi / 8 km südlich von Downtown am Ostrand des Brookside Park gelegenen Zoo leben über 3300 verschiedene Wildtiere. Eine besondere Attraktion ist der tropische **»Rain Forest«** mit seinen exotischen Tieren; Beachtung verdient auch das große Aquarium (tgl. 10.00 – 17.00, Memorial Day – Labor Day tgl. bis 19.00 Uhr).

Lake View Cemetery

Der mittlerweile über 130 Jahre alte und sehr gepflegte Friedhof erstreckt sich am östlichen Stadtrand zwischen Mayfield und Euclid Avenue. An der höchsten Stelle des Friedhofs liegt das Grabmal von James A. Garfield (1831 – 1881), dem 20. Präsidenten der USA. In der Nähe des Eingangs an der Euclid Avenue sind in einem Massengrab 169 Schüler und drei Erwachsene beigesetzt, die 1908 bei einem Brand in der Collinwood-Schule ums Leben kamen.

NASA John H. Glenn Research Center

Das seit 1941 bestehende Forschungszentrum westlich des Cleveland Hopkins International Airport hat sich auf Antriebstechnik, Energie und Kommunikationstechnologien in der Luft- und Raumfahrt spezialisiert. NASA-Programme wie die Mars-Pathfinder-Mission wurden hier vorbereitet.

✶ **Cuyahoga Valley National Park**

An der südlichen Peripherie von Cleveland erstreckt sich dieses Erholungsgebiet im landschaftlich reizvollen Cuyahoga-Tal. Hier ist ein 20 mi/32 km langer Talabschnitt renaturiert worden. Im nördlichen Teil verläuft der einstmals wirtschaftlich sehr bedeutsame **Ohio & Erie Canal**. Im südlichen Teil, in der auch eine Museumseisenbahn verkehrt, liegt die als Freilichtmuseum zugängliche **Hale Farm** (Mai bis Okt. Mi. – So. 9.00 – 17.00 Uhr).

Akron

Die zirka 35 mi / 56 km südlich von Cleveland gelegene Industriestadt Akron (223 000 Einw.) hat als **»Rubber Capital«** (Gummi-Hauptstadt) Weltruhm erlangt. Begonnen hat alles mit **Dr. Benjamin Franklin Goodrich**, der 1869/1870 seine Gummiwarenfabrik eröffnete. Heute sind die größten Gummi- und Reifenproduzenten der USA in Akron ansässig.

Indianersommer im Cuyahoga Valley National Park

Ein Muss für Technik-Freaks ist die **Inventors Hall of Fame**, die große Erfinder vorstellt (221 S. Broadway; Mo.–Fr. 9.00–17.00, Sa. 12.00–17.00 Uhr).

Canton

17 mi/27 km weiter südlich erreicht man die Stahlstadt Canton (84 000 Einw.), wo 1920 die National Football League (NFL) ins Leben gerufen wurde. So verwundert es nicht, dass hier die **Pro Football Hall of Fame** zu Hause ist (2121 George Halas Dr. N.W., Nähe Fawcett Stadium; tgl. 9.00–17.00, im Sommer bis 20.00 Uhr).

Geauga Lake & Wildwater Kingdom

Dieses beliebte Familienausflugsziel ist ca. 15 mi/24 km östlich von Cleveland bei Aurora angesiedelt. Hier gibt es allerlei Attraktionen inklusive nervenaufreibender »thrill rides« und Wasserrutschbahnen sowie Wellenbrandungsbecken (Letzte Maiwoche–Mitte Sept. tgl. 11.00–18.00, in den Sommerferien tgl. 10.00–22.00 Uhr).

Vermilion

31 mi/50 km westlich von Cleveland liegt das 1837 gegründete Vermilion (11 000 Einw.) an einem guten **Naturhafen**. Der noble Vorort der Großstadt kann mit viel historischem Flair und hohem Freizeitpotenzial aufwarten. Mitten im Ort gibt es eine blitzsaubere, geschützte Marina. Der schöne Sandstrand am Eriesee zieht in der warmen Jahreszeit viele Badegäste an.

★ ◄ Inland Seas Maritime Museum

Wer sich für die Geschichte der Schifffahrt auf den Großen Seen interessiert, sollte dieses Museum in einem ehemaligen Herrenhaus am Seeufer nicht versäumen. Auf einer nachgebauten Schiffsbrücke fühlt man sich wie ein Kapitän. Im UG sieht es aus wie im Maschinenraum eines Dampfschiffs. Alte Seekarten, diverses Schiffszubehör und Schiffsmodelle ergänzen die Ausstellung. Eine Sonderschau befasst sich mit der Sturmkatastrophe vom 20. Oktober 1916, als allein auf dem Eriesee vier Schiffe untergingen und 49 Seeleute ihr Leben verloren (tgl. 10.00 – 17.00 Uhr).

Mentor

Den nordöstlichen Abschluss des Ballungsraumes Cleveland bildet die 50 000-Einwohner-Stadt Mentor. Am See selbst ist die »kleine Schwester« Mentor-on-the-Lake entstanden.

Lawnfield, James R. Garfield National Historic Site ▶

Von allen bisherigen US-Präsidenten stammten sieben aus Ohio. Der 20. Amtsinhaber, **James R. Garfield** (1831 – 1881), ließ sich 1876 mit seiner Familie in Mentor nieder. Reporter nannten dieses Refugium Lawnfield. Garfield bekleidete das höchste Staatsamt nur vier Monate lang, ehe er in Washington D.C. einem Attentat zum Opfer fiel. Auch nach seinem Tod blieb die Familie des Präsidenten in Mentor wohnen (Mai – Okt. Mo. – Sa. 10.00 – 17.00, So. 12.00 – 17.00, Nov. bis April Sa., So. 12.00 – 17.00 Uhr).

★ **Headlands Beach State Park**

Nordöstlich von Mentor breitet sich der schönste Badestrand am Eriesee aus. Östlich schließt die unter Naturschutz gestellte Dünenlandschaft des Headlands Dunes State Nature Preserve an.

★★ Detroit

M/N 8

Bundesstaat: Michigan
Höhe: 191 m ü. d. M.
Einwohnerzahl: 910 000
(Metropolitan Area: 4,4 Mio.)

Die »Welthauptstadt der Automobilindustrie« – hier befinden sich die Zentralen von Ford, General Motors und Chrysler – liegt an der Wasserstraße, die den Eriesee mit dem höher gelegenen Huronsee verbindet. Sie ist nach Chicago die zweitgrößte Stadt der Region und auch heute noch eine der wichtigsten Industriestädte der USA.

Eine Stadt im Aufbruch

Wer sich der Stadt von Osten nähert, bekommt zunächst einmal eine imposante Skyline von alten und neuen Wolkenkratzern zu Gesicht. Fährt man dann aber hinein nach Downtown Detroit, so wird man von einer **deprimierenden Wirklichkeit** umfangen. Zwischen einigen im Sonnenlicht gleißenden hypermodernen »Sky Scrapers« und wenigen nur notdürftig sanierten älteren Bauten rosten Fabrikhallen vor sich hin und fallen betagte, im Zuckerbäckerstil errichtete Hochhäuser allmählich zusammen. Während das neue Baseball-Stadion zum neuen Wahrzeichen der Stadt avanciert, bröckeln nebenan die Fassaden von Geschäftshäusern, die schon bessere Zeiten gesehen haben. Doch es gibt auch Lichtblicke. Dazu gehören das Renaissance Center mit seinen zylinderförmigen Bürotürmen am Detroit River, das Amüsier- und Kneipenviertel Greektown mit dem neuen Spielkasino im Zentrum der Stadt und das Cultural Center mit dem Institute of Arts und der Wayne State Univesity im Norden der Stadt.

Geschichte

Der Name der Stadt leitet sich vom französischen Begriff »détroit« (dt. = Meerenge, Engpass) ab. Er bezeichnet hier die einstmals von Stromschnellen durchsetzte Wasserstraße zwischen dem Huronsee und dem tiefer gelegenen Eriesee, wo im 17. Jh. französische Voyageurs anlegten. 1701 ließ der französische Adlige **Sieur Antoine de la Mothe Cadillac** hier das Fort Pontchartrain du Détroit erbauen, das 1760 in britischen Besitz kam und 1763/1764 erfolgreich gegen den Indianerhäuptling **Pontiac** verteidigt werden konnte. Es wurde zwar 1783 an die Vereinigten Staaten abgetreten, gelangte aber tatsächlich erst 1796 nach dem Sieg von **General Wayne** über die Briten in die Hände der Amerikaner, die es 1812/1813 nochmals kurzfristig an die Briten verloren. 1802 bekam Detroit das Stadtrecht. 1805 wurde es durch einen Brand verwüstet. Nach dem Wiederaufbau wurde es Hauptstadt des neu gegründeten US-Bundesstaates Michigan, verlor diese Funktion aber 1847 an das weiter landeinwärts gelegene Lansing, wo man weniger Furcht vor Übergriffen der östlich des Detroit River herrschenden Briten haben musste.

◄ Wiege der amerikanischen Automobilindustrie

Der wirtschaftlich Aufschwung Detroits, das 1824 erst 1500 Einwohner zählte, setzte mit dem Beginn der Dampfschifffahrt ein. Bis Mitte des 19. Jh.s wuchs die Einwohnerschaft auf 21 000 an. 1880 zählte man bereits 116 000 Menschen, und an der Schwelle zum 20. Jh. waren es bereits 286 000! Geradezu eine Bevölkerungsexplosion löste **Henry Ford** aus, der umtriebige Begründer der hiesigen Automobilindustrie. Zu den Ford-Werken gesellten sich Automobilfabriken von **General Motors** (GM), **Chrysler**, Studebaker, Dodge usw. Bis 1930 schwoll die Bevölkerungszahl auf 1,5 Mio. an.

Anfangs stellten die Autofirmen alle für ein Kraftfahrzeug notwendigen Teile selbst her. Doch die Teilefertigung wurde alsbald an die Zu-

◄ weiter auf S. 238

Der fahrerlose »People Mover« umrundet Downtown Detroit.

1896: Henry Ford auf seinem »Quadricycle«

DETROIT UND DAS AUTOMOBIL

In den 1890er-Jahren fand das französische Wort »automobile« auch in den USA Verbreitung. Gemeint waren damit jene Fahrzeuge, die nicht von Pferden gezogen wurden, sich aus eigener Kraft fortbewegen konnten und an deren Entwicklung zahlreiche Erfinder rund um den Globus werkelten.

Die Ersten, die in den USA ein funktionstüchtiges Auto bauten, waren die aus der Gegend um Canton stammenden **Brüder Duryea**. Sie stellten ihr Fahrzeug 1892 in Springfield vor und gelten heute als die Väter der amerikanischen Automobilindustrie. 1894 bauten sie einen Vierzylinder, der ein Jahr später in Chicago das erste Autorennen in den USA gewinnen sollte. Bei dem von einer Zeitung veranstalteten Wettbewerb fuhren Frank Duryea mit einem Eigenbau und Charles Duryea mit einem deutschen »Benz«.

1896: das Jahr des Automobils

Am 6. März 1896 präsentierte **Charles Bradley King** in Detroit sein erstes Auto. Ein enthusiastischer Beobachter von Kings erster Testfahrt war der junge Elektroingenieur **Henry Ford**. Er fuhr mit seinem Fahrrad neben dem neuen Auto her, das eine Höchstgeschwindigkeit von 8 km/h erreichte. Bereits am 4. Juni 1896 stellte Henry Ford voller Stolz sein eigenes erstes Automobil vor, das »Quadricycle«. Sein Auto wog viel weniger als jene von Duryea und King – und es erreichte eine Höchstgeschwindigkeit von 32 km/h! Ford absolvierte an diesem Tag Testfahrten. Nur einmal hatte er eine Panne: um 2 Uhr früh vor dem noblen »Cadillac Hotel« in Downtown Detroit. Im Oktober 1896 hatte Ford sein erstes Quadricycle verkauft und machte sich schon an ein verbessertes Nachfolge-Modell. Ebenfalls im Oktober 1896 annoncierte **Alexander Winton** aus Cleveland in der Fachpresse sein erstes Automobil. Es war jedoch ziemlich schwer, weswegen es sich auf dem Markt kaum durchsetzen konnte. Ein zweiter größerer Auto-bauer, **Ransom Eli Olds**, stellte sein erstes Fahrzeug ebenfalls im Herbst 1896 vor und zwar in Michigans Hauptstadt Lansing.

Massenproduktion

Der »Curved Dash Olds« war zu Beginn des 20. Jh.s das erste amerikanische Auto, das in größerer Stückzahl gebaut wurde. Olds war auch der Erste, der Aufträge an Zulieferer vergab. Die Firma »Leland & Falconer« lieferte Motoren an Olds. Später

1996: »Viper Montage« bei Chrysler in Detroit

produzierte **Henry Leland** »Cadillac«. Die Getriebe und Übersetzungen lieferten die **Gebrüder Dodge**. Auch sie bauten kurz darauf eigene Autos.

Marktführer Ford

Als besonders umtriebig erwies sich Henry Ford in Dearborn. Er war von dem Gedanken beseelt, ein Auto zu bauen, das sich auch der »kleine Mann« leisten konnte. Er standardisierte die Autoteile und organisierte die Produktion neu, wobei er als erster die **Fließbandarbeit** in der Autoindustrie einführte. Sein erstes Modell, das auf dem Markt einen durchschlagenden Erfolg hatte, war das schwarze **»Model T«** (► 3D-Darstellung S. 250), von dem ca. 17 Mio. gebaut wurden.Von 1910 bis 1924 wurden Ford-Automobile immer billiger und dennoch qualitativ besser. Ford war so erfolgreich am Markt, dass er seinen Arbeitern bereits 1914 einen Tageslohn von 5 $ zahlte.

Die anderen

Während Ford seine Produktion perfektionierte, gründete **William C. Durant** 1908 in Detroit die General Motors Corporation (GM). Er fasste die Autofabriken von Buick, Oldsmobile, Oakland und Cadillac zusammen. Er bezog 1918 auch die 1911 von ihm und dem Schweizer Autobauer und Rennfahrer **Louis Chevrolet** gegründete Firma ins neue Auto-Imperium mit ein.

Technische Innovationen, so die Erfindung der elektrischen Zündung durch **Charles F. Kettering**, und die Erfindung des luftgefüllten Autoreifen durch **Harvey S. Firestone** brachten die US-Autoindustrie weiter voran. Als dritter Großer neben Ford und GM baute **Walter P. Chrysler** ab 1925 seinen Autokonzern auf, der von 1998 bis 2007 mit dem deutschen Daimler-Konzern zu DaimlerChrysler verschmolzen war. Chrysler, der von 1912 bis 1919 führender Manager bei Buick war und von 1920 bis 1924 die Autofabriken Willys-Overland und Maxwell Motor Co. reorganisierte, formte jetzt sein eigenes Unternehmen, in das er 1928 die am Markt erfolgreiche Autofabrik der Gebrüder Dodge miteinbezog.

Bereits 1916 produzierte die US-Autoindustrie rund eine Million Fahrzeuge. 2005 waren es fast 12 Millionen. Die größten US-Autoproduzenten sind Ford, Chrysler und General Motors. Dazu kommt eine breit gefächerte Zulieferindustrie. Doch **Marktsättigung und Wirtschaftskrise** haben ab 2007 zu einem drastischen Rückgang der US-Automobilproduktion geführt. GM ging 2009 in die Insolvenz, konnte aber 2010 als stark abgespecktes »neues« Unternehmen wieder am Markt aktiv werden.

lieferindustrie abgegeben. Ford und General Motors konstruierten aber nicht nur Autos, sondern beschäftigten sich auch mit dem Bau von Schiffen, Lokomotiven und Flugzeugen. Während der beiden Weltkriege war Detroit eine der großen Waffenschmieden, in der geländegänge Fahrzeuge, Panzer, Jagdflugzeuge, Bomber usw. hergestellt wurden. Nach dem Zweiten Weltkrieg kam der Autoboom richtig in Fahrt. Obwohl sich in Detroit auch Ölraffinerien, die chemische Industrie, Werften, Elektrotechnik- und Elektronik-Unternehmen ansiedelten, war die Stadt in höchstem Maße vom Wohl und Weh der Automobilindustrie abhängig. Als sich in den 1960er-Jahren eine gewisse Marktsättigung abzeichnete und billige Importautos aus Europa und Japan auf den Markt drängten, taten die Detroiter Automanager alles, um nicht ins Hintertreffen zu geraten. Man trat auf die Kostenbremse und trieb die Automation voran.

Die Ölkrise als Fanal ►

Die Ölkrise der 1970er-Jahre beschwor eine schlimme Absatzkrise der US-Autoindustrie herauf. Benzin schluckende Straßenkreuzer waren kaum mehr gefragt. Die Absatzkrise weitete sich zur Beschäftigungskrise aus, Arbeitslosigkeit griff um sich, begleitet von Demonstrationen, Streiks, Rassenunruhen und Aufständen und wachsender Kriminalität. Wer es sich leisten konnten, kehrte Detroit den Rücken und ließ sich draußen nieder, beispielsweise in Ann Arbor oder Grand Rapids. In den 1970er- und 1980er-Jahren lag Detroit völlig darnieder. Es herrschte Massenarbeitslosigkeit. Fabriken wurden geschlossen, die Versorgungslage wurde immer schwieriger. Daran änderte auch der Bau neuer Wolkenkratzer nichts. Erst in den 1990er-Jahren, als die US-Konjunktur allmählich wieder in Fahrt kam, sah man in Detroit Silberstreifen am Horizont. Die Umstrukturierung der Autostadt zur multifunktionellen Großstadt kam in Gang. Allerdings erlebte die US-Autoindustrie 2006 eine neuerliche Absatzkrise mit ernsten Folgen für den Industriestandort Detroit.

Finanz- und Wirtschaftskrise ►

Vor enorme Probleme gestellt sieht sich die einst so stolze Autostadt spätestens seit Ausbruch der US-Immobilien- und Finanzkrise im Frühsommer 2007. General Motors ging 2009 in die Insolvenz, kam aber 2010 stark verschlankt als »neue« GM wieder auf den Markt.

Highlights Detroit

Hart Plaza
Detroits »gute Stube«
► Seite 242

Greektown
Beispielhafte Stadtsanierung
► Seite 244

Detroit Institute of Arts
Von Rembrandt bis zur African Art
► Seite 246

Motown Museum
Hier wurden Stars »gemacht«.
► Seite 247

The Henry Ford Museum
Technik-Geschichte vom Feinsten
► Seite 248

Greenfield Village
Eindrucksvolles Freilichtmuseum
► Seite 249

DETROIT ERLEBEN

AUSKUNFT

Detroit Metro CVB
221 W. Fort St., Suite 1000
Detroit, MI 48226
Tel. (313) 202-18 00
www.visitdetroit.com

ANREISE

Flughafen
Der internationale Detroit Metropolitan Airport liegt etwa eine dreiviertel Autostunde südwestlich von Downtown nahe der Vorstadt Romulus. SMART Bus bietet einen Pendelverkehr zwischen Flughafen und Downtown an. Viele größere Hotels können mit eigenen Shuttle-Bussen bzw. mit dem Limousine Metro Car erreicht werden.

Hauptbahnhof
Amtrak Station
11 W. Baltimore Avenue
Tel. 1-800-USA-RAIL
www.amtrak.com
Hier kommen Reisezüge aus Chicago und Cleveland an.

ÖPNV

Detroit People Mover
Der innere Kern von Downtown Detroit wird von einer fahrerlosen Hochbahn umrundet.

SMART Bus
Die regionale Nahverkehrsgesellschaft unterhält ein verhältnismäßig dichtes Busliniennetz. Die Busse verkehren in akzeptablen Zeitabständen.

STADTBESICHTIGUNG

People Mover
Wer sich einen schnellen Überblick verschaffen will, benutzt am besten den People Mover, von dem aus man einige der wichtigsten Bauten von Downtown Detroit zumindest von außen sehen kann.

Diamond Jack's River Tours
Tel. (313) 843-93 76
www.diamondjack.com
Erlebnisreiche Bootsausflüge auf dem Detroit River ab Hart Plaza und St. Aubin Marina.

EVENTS

Zuschauersport
Auch Detroit ist eine Stadt des Sports mit starker Ausstrahlung und wartet mit erfolgsgewohnten Teams auf.
Die Baseball-Mannschaft *Detroit Tigers* spielt in der American League. Ihr Heimstadion ist das Comerica Stadium.
Heimstadion der in der National Football League spielenden *Detroit Lions* ist das Ford Field (neben dem Comerica Stadium).
Eishockey der höchsten Klasse bieten die *Detroit Red Wings*, deren Heimspielstätte die Joe Louis Arena ist.
Größter Wertschätzung erfreuen sich auch die *Detroit Pistons*, die erfolgreichen Basketballer. Ihr Heimstadion ist der Palace of Auburn Hills.

North American International Auto Show
Die wichtigste und größte Automobilausstellung findet im Januar in der Cobo Hall statt.

Detroit Jazz Festival
Alljährlich im Mai treten in der Stadt namhafte Jazz-Interpreten auf.

SPIELKASINOS

Das zentral gelegene *Greektown Casino* (555 E. Lafayette Ave.) ist das bekannteste Spielkasino der Stadt. Wenige Straßenblöcke nordwestlich der Joe Louis Arena und nahe der Stadt-autobahn lädt das großzügig konzi-pierte *MGM Grand Casino* zum Spiel um viel Geld ein.

ESSEN

► Fein & teuer

① ***Vinotecca***
417 S. Main Street
Royal Oak, MI
Tel. (248) 544-6256
Hier gibt es nicht nur ausgesuchte Weine, sondern auch vielerlei Leckereien, so etwa köstlichen Hummer-Pfannkuchen und eine wunderbare Käseplatte. Im selben Gebäudekomplex gibt es noch ein kubanisches Restaurant, eine belgische Brasserie und eine gepflegte Cocktail Lounge.

② ***The Grill at the Ritz-Carlton***
300 Town Center Drive
Dearborn, MI
Tel. (313) 441-20 00
Top-Adresse mit kreativer Küche in englischem Landhaus-Ambiente.

③ ***The Whitney***
Woodward Avenue
Detroit, MI, Downtown West
Tel. (313) 832-5700
Nobel-Restaurant in einer hübsch herausgeputzten viktorianischen Villa. Zum vorzüglichen Essen gibt es ausgezeichnete Weine.

► Erschwinglich

④ ***Fishbone's Rhythm Kitchen Cafe***
400 Monroe St. (Greektown)
Detroit, MI
Tel. (313) 965-46 00
Das In-Lokal im Gebäudekomplex des »Atheneum Suites Hotel« bietet nicht etwa griechische, sondern vielmehr würzige bis scharfe Cajun-Küche. Percy's Platter, Jambalaya, Cajun Salmon, Peel & Eel, Austern, Krabben und Muscheln sind die Hits.

⑤ ***Mosaic***
501 Monroe Street
Detroit, MI
Tel. (313) 962-9366
Mitten in Greektown: Eklektische Weltküche vom Feinsten.

► Preiswert

⑥ ***Metzger's***
305 N. Zeeb Rd., Baxter's Plaza
203 E. Washington Street
Ann Arbor, MI
Tel. (734) 668-89 87
Wer auch in der Neuen Welt ein gutes Schnitzel oder einen wundervollen Sauerbraten genießen möchte, ist hier bestens aufgehoben. Steaks und Seafood werden ebenfalls serviert.

⑦ ***Bavarian Inn***
713 S. Main Street
Frankenmuth, MI
Tel. (989) 652-9941
Weiß-blaues Dekor in nicht weniger als 12 Gasträumen. Auch auf den Tellern geht es bayerisch zu.

ÜBERNACHTEN

► Luxus/Komfortabel

① ***Marriott Renaissance Center***
Downtown Detroit
Tel. (313) 568-8000
www.marriott.com
1306 Zimmer und Suiten. Der 73-stöckige Hotelturm des spiegelverglasten Wolkenkratzer-Ensembles am Detroit River gehört zu den Top-Adressen im Großraum Detroit. Vom Aussichtsrestaurant auf der 71. Etage genießt man einen überwältigenden Rundblick.

② ***The Atheneum Suites Hotel***
1000 Brush Street (Greektown)
Detroit, MI
Tel. (313) 962-2323
www.atheneumsuites.com
175 Zimmer und Suiten. First-Class-

Hotel in Greektown mit großem Konferenzzentrum und Zugang zum »Greektown Casino«.

► Komfortabel

③ ***Best Western Greenfield Inn***
3000 Enterprise Drive
Allen Park, MI
Tel. (313) 271-1600
www.bestwesterngreenfield.com
209 moderne Zimmer und Suiten nicht weit vom Henry Ford Museum

④ ***Weber's Inn***
3050 Jackson Avenue
Ann Arbor, MI 48103
Tel. (734) 769-2500
www.webersinn.com
152 Zimmer und Suiten. Dieses Gasthaus hat ein deutscher Einwanderer im Jahre 1937 eröffnet. Er befindet sich auch heute noch im Familienbesitz.

⑤ ***Zehnder's Splash Village Hotel***
1365 S. Main Street
Frankenmuth, MI
Tel. (517) 652-0400
www.zehnders.com
152 gemütlich eingerichtete Zimmer und Suiten. Deutsche Touristen können sich hier (fast) wie zu Hause fühlen. Und dann lockt auch noch ein überdachter Wasserpark.

► Komfortabel/Günstig

⑥ ***Ann Arbor B & B***
921 E. Huron Street
Ann Arbor, MI
Tel. (734) 994-9100
9 Zimmer. Familiäre Unterkunft in einer 1962 erbauten Villa.

Downtown

✶ **Detroit River-Walk**

Die krisengebeutelte Autostadt hat auch schöne Seiten, so etwa die mittlerweile knapp 6 km lange hübsch angelegte Uferpromenade am Detroit River zwischen der Ambassador Bridge und der Belle Isle, mit Restaurants, Geschäften und Kinderkarussel.

Renaissance Center

Am Ufer des Detroit River ragen die spiegelverglasten Zylinder des Renaissance Center (»Ren Cen«) in den Himmel. Das Ensemble umfasst den 73-stöckigen Wolkenkratzer **Detroit Plaza** sowie 5 weitere 39-stöckige Türme mit Büros, Hotels, Ausstellungs- und Kongresssälen, Geschäften, Theatern, Lokalen und öffentlichen Einrichtungen. Westlich nebenan erwartet das moderne **Civic Center** seine Besucher. Es umfasst Verwaltungsgebäude mit einer Vielzahl von Büros sowie ein paar größere Veranstaltungsräume, in denen auch Ausstellungen, Konzerte usw. veranstaltet werden können. Markant ist das **City & County Building** mit 20-stöckigem Turmhaus. Vor dem Gebäude gefällt die Bronzestatue **»Spirit of Detroit«** von Marshall Fredericks.

Detroit-Windsor Tunnel

Zwischen der 1849 erbauten Mariners Church und dem Renaissance Center unterquert der bereits 1930 eröffnete Straßentunnel den Detroit River. Die stark befahrene Röhre verbindet Michigans Metropole mit der kanadischen Schwesterstadt Windsor.

★★ Hart Plaza

Südwestlich des City & County Building weitet sich die Hart Plaza mit der imposanten **Dodge Memorial Fountain**. Dieser vom Bildhauer **Isamu Noguchi** gestaltete Platz markiert zugleich die Stelle, an der Sieur de la Mothe Cadillac im Jahre 1701 an Land gegangen ist. Im Frühling und Sommer finden hier vielerlei Open-Air-Veranstaltungen statt, so auch ein großes Jazz Festival im Mai. An der Nordostseite des Platzes steht das aus bläulich schimmerndem Granit errichtete **Henry & Edsel Ford Auditorium**, Heimstatt des renommierten Detroit Symphony Orchestra. Und an der Südwestseite des Platzes beeindruckt das **Vietnam Memorial**.

Cobo Arena, Cobo Conference & Exhibition Center

Westlich der Hart Plaza fällt die kreisrunde Cobo Arena ins Auge. Sie ist baulich verbunden mit riesigen Cobo Conference & Exhibition Center. Es ist hinsichtlich seiner Ausstellungsfläche eines der größten seiner Art auf der Welt. Mitte Januar findet hier die **North American International Auto Show** statt, die alljährlich Hunderttausende von Auto-Begeisterten anzieht. In dem Riesenkomplex ist auch die **Michigan Sports Hall of Fame** eingerichtet.

Joe Louis Arena

Westlich dahinter bietet die Joe Louis Arena 21 000 Sportbegeisterten Platz, die hier die Heimspiele der Eishockey-Mannschaft **»Detroit Red Wings«** miterleben können. Vor der Sportstätte steht eine Bronzestatue des aus Detroit gebürtigen Boxers.

Woodward Avenue

Viele interessante, mitunter aber auch sehr renovierungsbedürftige Hochhäuser unterschiedlichen Alters stehen an der großen Nord-Süd-Achse der Stadt. Zwischen dieser Straße und der westlich parallel verlaufenden Griswold Street erhebt sich zunächst das von Minory Yamasaki entworfene 32-stöckige **Michigan Consolidation Gas Building**. Auf der rechten Seite der Grisworld Street folgt das 40-stöckige bzw. fast 150 m hohe **Guardian Building**, links das 26-stöckige **Buhl Building**. Dem **National Bank of Detroit Building** (rechts) steht das eindrucksvolle 170 m bzw. 47 Stockwerke hohe **City National Bank Building** gegenüber. Im weiteren Verlauf der Grisworld Street öffnet sich der **John F. Kennedy Square**. An dem sich südöstlich anschließenden **Cadillac Square** ist der 40-stöckige **Cadillac Tower** ein beachtenswertes Architekturzeugnis.
Jenseits des Kennedy Square – zwischen Griswold Street und Woodward Avenue – folgen das 23-stöckige **First Federal Savings Building** sowie das 38 Stockwerke hohe **David Stott Building**. Weiter nördlich, am halbkreisförmigen **Grand Circus Park** mit der **Edison Fountain**, ragt der 34-stöckige **David Broderick Tower** in den Himmel von Detroit. An dem vom Park nach Süden führenden und breiten **Washington Boulevard** ist noch das 35-stöckige **Book Building** bemerkenswert. Schräg gegenüber steht die katholische **St. Aloysius Church**.

Detroits Schokoladenseite: →
die Hart Plaza vor dem Renaissance Center

Bricktown Nördlich des Renaissance Center breitet sich die arg herunter gekommene Bricktown mit alten und teils schon verfallenen Fabrik- und Büro-Ziegelbauten aus. Eine Sanierung des Quartiers ist in Angriff genommen.

★★ **Greektown** Ziemlich weit fortgeschritten ist die Stadtsanierung in der nördlich anschließenden Greektown, einem schmalen Siedlungsstreifen östlich der Randolph Street bzw. zwischen Lafayette und Monroe Avenue. Hier zieht griechische Atmosphäre Einheimische und Touristen in ihren Bann, hier reihen sich nette Restaurants und Bars aneinander, es duftet nach Tsatsiki und Gegrilltem, und aus den Tavernen klingt Buzuki-Musik. Jüngste Attraktion ist ein **Spielkasino**, in dem es vor allem abends und nachts hoch her geht. Die Spielstätte ist ebenso wie das benachbarte und mit allem Luxus ausgestattete **»The Atheneum Hotel«** Teil eines bislang sehr gelungenen Sanierungspro-

Detroit Orientierung

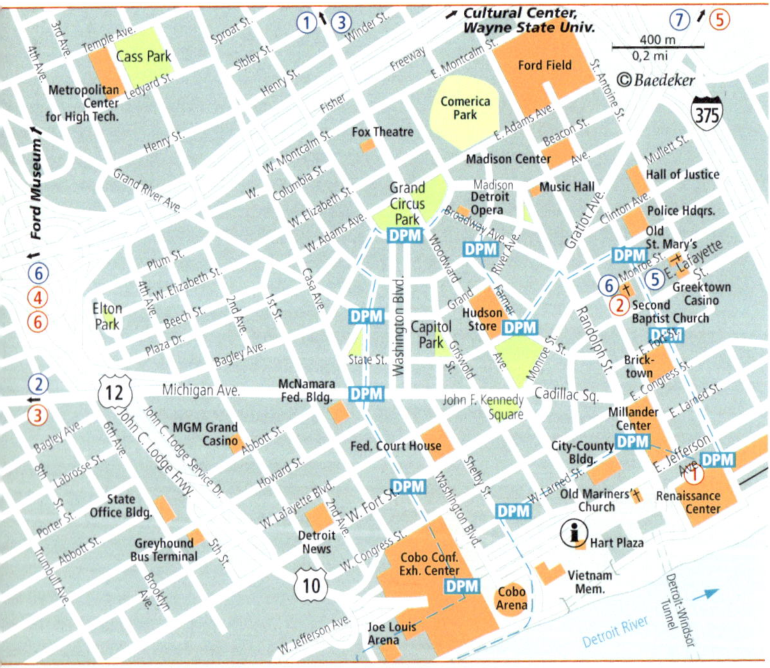

Essen
① Vinotecca
② The Grill at the Ritz-Carlton
③ The Whitney
④ Fishbone's Rhythm
⑤ Mosaic
⑥ Metzger's
⑦ Bavarian Inn

Übernachten
① Marriott Renaissance Center
② The Atheneum Suites Hotel
③ Best Western Greenfield Inn
④ Weber's Inn
⑤ Zehnder's Splash Village Hotel
⑥ Ann Arbor B&B

DPM Detroit People Mover

Nachtschwärmer vergnügen sich in Detroits Greektown

jektes, in dessen Architektur Ziegelmauern einer alten und längst dem Verfall preisgegebenen Fabrik integriert sind.

Ein weiterer Sanierungsfall ist das Theaterviertel um den halbkreisförmigen Grand Circus Park, der von der Woodward Avenue durchschnitten wird. Das kürzlich aufwändig renovierte **Detroit Opera House** am südöstlichen Parkrand wird wieder bespielt. Auch nördlich des Parks wird saniert. Westlich der Woodward Avenue erwarten das **Fillmore Theater**, das **Fox Theater** und **»The Second City«** erlebnishungrige Besucher. Andere Abschnitte der Woodward Avenue zeigen sich noch in ziemlich desolatem Zustand, ähnlich, wie sie der Rapper Eminem in seinem Film »Eight Mile« porträtiert hat. Dafür sind neu entstanden der Comerica Park mit einem neuen **Baseball-Stadion für die »Detroit Tigers«** und das **Ford Field** mit einem 2002 eröffneten neuen Football-Stadion für die »Detroit Lions«.

Grand Circus Park, Comerica Park, Theater District

Welches Bevölkerungsgemisch in Detroit lebt, erfährt man am besten bei einem Besuch des Marktes, der sich wenige Autominuten östlich vom Ford Field und jenseits der Kreuzung von I-75 und I-375 ausbreitet. Hier geht es donnerstags und samstags ausgesprochen bunt zu. Neben Obst, Gemüse, Backwaren, Fisch, Fleisch usw. kann man hier alles kaufen, was man so im Alltag braucht. Natürlich gibt es hier auch eine Unzahl von Garküchen und Restaurants, in denen Genüssen aus aller Herren Länder frisch zubereitet werden.

★ **Eastern Market**

Cultural Center · Wayne State University

Folgt man der Woodward Avenue vom Grand Circus aus in nordwestlicher Richtung stadtauswärts, so erreicht man nach 3 mi / 5 km das moderne Cultural Center mit seinen vielfältigen Museen und Ausstellungen.

★★ **Detroit Institute of Arts**

Diese Einrichtung gehört zu den renommiertesten ihrer Art in den USA. Sie zeigt einen repräsentativen Querschnitt über das künstlerische Schaffen von den frühesten Kulturen bis in die Gegenwart. Schwerpunkte bilden Kunst und Kultur aus Afrika, Ozeanien, Amerika, Asien und der islamischen Welt.
Auch namhafte Kunstwerke aus Europa sowie zeitgenössische Kunst stehen auf dem Programm. Das **General Motors Center for African American Art** verdient ebenfalls Beachtung. **Zeugnisse amerikanischer Wohnkultur**, die in der **Whiteby Hall** von 1754 aufgebaut ist. Die **reiche Gemäldesammlung** des Instituts umfasst Meisterwerke der europäischen Malerei, darunter Bilder von **Rembrandt, Van Gogh, Matisse und Picasso**. Ein echter Blickfang ist das sozialkritisch angehauchte Wandgemälde mit dem Titel »Detroit Industry«, das der mexikanische Maler Diego Rivera 1932 geschaffen hat (5200 Woodward Ave.; Mi., Do. 10.00 – 16.00, Fr. 10.00 – 22.00, Sa., So. 10.00 – 17.00 Uhr).

Public Library

Gegenüber dem Institute of Arts ist die öffentliche Bibliothek der Stadt eingerichtet. Sie ist besonders stolz auf ihre sehr umfangreichen Bestände, die sich mit der Entwicklung des Automobils und mit der Geschichte der Automobilindustrie befassen.

Detroit Historical Museum

Im Museum gleich nebenan wird die facettenreiche Geschichte der Stadt – Handelsplatz, Festung, Hafen, Auto- und Industriestadt – mit anschaulichen Dioramen und Wechselausstellungen spannend aufbereitet. Modellbahnfreunde bekommen beim Betrachten der **Glancy Train Collection** glänzende Augen (5401 Woodward Ave.; Mi., Do., Fr. 9.30 – 15.00, Sa. 10.00 – 17.00, So. 12.00 – 17.00 Uhr).

★ **Charles H. Wright Museum of African American History**

Dieses Museum thematisiert die **Rolle der Afroamerikaner** in der Geschichte der USA im Allgemeinen und ihre Stellung in der Autostadt Detroit im Besonderen. Ein Schwerpunkt der Ausstellung ist die sog. Underground Railway, die entlaufenen Negersklaven die Flucht nach Kanada ermöglichte (315 E. Warren Ave.; Di. – Sa. 9.00 – 17.00, So. 13.00 – 17.00 Uhr).

The New Detroit Science Center

In diesem neu hergerichteten populärwissenschaftlichen Zentrum (zwischen Detroit Institute of Arts und Museum of African American History) werden einem interessierten und überwiegend jüngeren Publikum vielerlei **Geheimnisse von Naturwissenschaft und Technik** näher gebracht. Die Besucher können hier auch selbst experimentieren. Hauptattraktionen sind ein **Raumfahrt-Simulator** und ein **IMAX-Kino** (5020 John R St.; Mo.–Fr. 9.00–15.00, Sa., So. 10.00 bis 18.00 Uhr).

Wayne State University

Westlich des Cultural Center – jenseits der Cass Avenue – erstreckt sich der Campus dieser 1868 gegründeten Universität. Die meisten Gebäude sind jedoch erst nach dem Zweiten Weltkrieg entstanden. Einige Bauten sind architektonisch bemerkenswert, so etwa das College of Education, die Kresge Science Library, die Shapero Hall of Pharmacy, das McGregor Community Conference Center und das DeRoy Auditorium. Das Prentis Building ist großenteils nach Plänen des berühmten Architekten Minaru Yamasaki entstanden.

New Center Area

Unweit nördlich der Wayne State University, an der Kreuzung von Grand und Second Boulevard, breitet sich das Neubaugebiet der New Center Area aus. Hier befindet sich auch ein älterer mehrflügeliger Bürokomplex des Automobilkonzerns General Motors. Ein neuer Blickfang ist das **New Center One**.

★ Fisher Building

Dieses Baudenkmal wurde 1928 nach Plänen des seinerzeit renommierten Architekten Albert Kahn fertig gestellt. Der Komplex besteht aus einem 28-stöckigen Turm und zwei 11-stöckigen Flügeln. Hier sind das altbekannte **Fisher Theatre** sowie mehrere bekannte **Kunstgalerien**, Restaurants, Geschäfte und Büros untergebracht.

★★ Motown Museum

Geradezu nostalgisch mutet das kleine Haus am westlichen Grand Boulevard an, in dem in den Jahren von 1959 bis 1972 jene Plattenfirma zuhause war, die den berühmten **»Motown Sound«** produzierte. Hier wurden unter anderem Stars »gemacht« wie Stevie Wonder, Diana Ross, Marvin Gaye und The Jackson Five (► Baedeker Special S. 58). Im Erdgeschoss kann man noch das alte Aufnahmestudio in Augenschein nehmen. Im Obergeschoss erinnern alte Plattenhüllen, historische Fotografien und vielerlei andere Exponate an die große Zeit der Motown-Musik (2648 Grand Ave.; Di.–Sa. 10.00 bis 18.00 Uhr, Juli / Aug. auch Mo.).

Recht unscheinbar und dennoch weltberühmt: das Motown Museum

Belle Isle

Über den Grand Boulevard und die General MacArthur Bridge, die einen Seitenarm des Detroit River überspannt, gelangt man auf die

Belle Isle. Diese ca. 5 km lange und bis 1,5 km breite Flussinsel ist als **Naherholungsraum** sehr beliebt. Gepflegte Parkanlagen, schöne Spazierwege, diverse Einrichtungen für Freizeit, Sport und Spiel sowie verschiedene Sehenswürdigkeiten lohnen einen Abstecher. Hauptattraktionen ist ein **Safari-Zoo**.
Das sehr lehrreiche **Dossin Great Lakes Museum** beschäftigt sich mit der Geschichte der Schifffahrt auf den Großen Seen. Schiffsmodelle und andere Exponate dienen als lehrreiches Anschauungsmaterial. Seltene Orchideen, Kakteen, Palmen usw. sieht man im **Whitcomb Conservatory**.

Western Region

Ambassador Bridge

Seit 1929 überspannt diese jährlich von vielen Millionen Fahrzeugen befahrene **Hängebrücke** den Detroit River südwestlich von Downtown (Lafayette & 21st St.). Das gesamte Brückenbauwerk ist 2800 m lang und überspannt den Detroit River in 46,3 m Höhe über dem Wasserspiegel.

Fort Wayne Military Museum

Ein paar Autominuten südwestlich der Hochbrücke lädt das 1842 bis 1848 errichtete Fort zum Besuch ein. Man kann noch die alten Kasematten und Pulverkammern inspizieren. Eine Ausstellung informiert über die Geschichte der Festung (6325 W. Jefferson Ave.; Besichtigung n. V.; info@historicfortwaynecoalition.com

Dearborn

Heimat von Henry Ford

Etwa zwanzig Autominuten südwestlich von Downtown Detroit gelangt man in die recht proper wirkende Vorstadt Dearborn, in deren Nähe Henry Ford 1863 das Licht der Welt erblickt hat. Bis heute spielt der Name Ford in Dearborn eine herausragende Rolle. Hier sind nicht nur Fabrikanlagen, das Forschungs- und Entwicklungszentrum sowie eine Prüfstrecke des Automobilkonzerns angesiedelt, sondern auch die Ford-Hauptverwaltung. Mit zwei sehenswerten Museen hat sich Henry Ford im Jahre 1929 große Denkmäler gesetzt, mit dem Henry Ford Museum und dem benachbarten Freilichtmuseum Greenfield Village.

★★ The Henry Ford

Das Museum des weltberühmten Autokonzerns ist eines der größten und interessantesten Technik-Museen auf dem Globus. Es gibt einen Überblick über den amerikanischen Alltags und die technischen Errungenschaften von der Pionierzeit bis in die Gegenwart. Längs der Eingangsfront reihen sich die **Decorative Arts Galleries** aneinander, in denen die Entwicklung des amerikanische Kunsthandwerks bzw. der amerikanischen Wohnkultur gezeigt wird. Zu sehen sind u. a. Meisterstücke des berühmten Bostoner Silberschmieds Paul Revere, kostbares Glas und Porzellan, hübsche Töpferware, kunstvoll gearbeitetes Mobiliar und schöne Wohntextilien.

In der **Main Exhibition Hall** wird die Technik-Geschichte der USA in einer Art Zeitreise präsentiert. Vom einfachen Handarbeitsgerät über diverse Landmaschinen bis zu gewaltigen Dampfmaschinen und modernen Industrie-Robotern ist hier alles zu sehen, was den wirtschaftlichen Fortschritt voran gebracht hat. Viel Raum nimmt die **Entwicklung des Verkehrswesens** ein. Es versteht sich von selbst, dass (fast) alle jemals bei Ford produzierten Kraftfahrzeug-Typen ausgestellt sind, vom ersten Auto, das Henry Ford selbst gebaut hat, über das **Erfolgs-Modell »T 4«** bis zur Staatskarosse von US-Präsident John F. Kennedy. Selbstverständlich wird den deutschen Tüftlern Daimler und Benz in Dearborn Referenz erwiesen. Auch ein Exemplar des VW-»Käfer« und einer der ersten VW-Camper werden effektvoll präsentiert.

! *Baedeker* TIPP

2 Day FunPack

Wer das riesige Henry Ford Museum und das ausgedehnte Greenfield Village ausgiebig besichtigen will, sollte dafür genug Zeit einplanen. Für diese Gäste gibt es ein preisermäßigtes Ticket, das zwei Tage lang gültig ist. Ticket-Reservierungen: Tel. (313) 982-6001

Viel Platz nimmt auch das Verkehrsmittel **Eisenbahn** ein. Zu sehen ist u.a. die erste, im Jahre 1829 von George Stevenson entworfene Dampflokomotive. Hinsichtlich seiner Ausmaße der absolute und meist fotografierte Star des Museums ist eine gewaltige Dampflok mit dem Namen **»Big Boy«**, die noch in den 1930er-Jahren schwere Güterzüge duch die Rocky Mountains und die Prärien geschleppt hat.

Nicht fehlen dürfen in einem Ford-Museum Flugzeuge. Denn auch bei Ford sind **Flugzeugmotoren** gebaut worden. Von Flugzeugen, die Geschichte machten, sind u.a. zu sehen: die Fokker-Maschine, mit der Admiral Byrd im Jahre 1926 als erster den Nordpol überflog; ferner die **Junkers-Maschine »Bremen«**, mit der Hermann Köhl, Freiherr von Hünefeld und James Fitzmaurice 1928 als Erste den Atlantik von Ost nach West überquerten (20900 Oakwood Blvd. u. Village Rd.; tgl. 9.30 – 17.00 Uhr).

◂ Automotive Hall of Fame

Vor dem Henry Ford Museum hat man 1997 sozusagen eine **»Heilige Halle« für die legendären Autobauer** und für das Automobil an sich eröffnet. Alle großen Namen, die mit dem Autobau etwas zu tun haben, sind hier versammelt: Carl Benz, Robert Bosch, Walter P. Chrysler, Gottlieb Daimler, Rudolf Diesel, Henry Ford, Soichiro Honda, Henry Leland, Ransom Olds, Armand Peugeot, Ferdinand Porsche, Sir Henry Frederick Royce, Eiji Toyota und viele andere (21400 Oakwood Blvd.: tgl. 9.00 – 17.00 Uhr).

★★ ◂ Greenfield Village

Eines der schönsten Freilichtmuseen der Vereinigten Staaten ist das Greenfield Village, das Henry Ford 1929 in der Nachbarschaft seines Technik-Museums anlegen ließ. Hier sind über 100 historische Bauten aus allen Teilen der USA wieder aufgebaut, von denen etliche einen Bezug zum Lebenslauf des Industriellen haben. Dies gilt z. B. für sein Geburtshaus und für die Werkstatt bzw. das Laboratorium sei-

◂ weiter auf S. 252

nes Freundes Thomas Alva Edison. Sogar die Fahrradwerkstatt der Gebrüder Wright, die als Flugpioniere Weltruhm erlangt haben, kann besichtigt werden. Ausgestellt ist ist nicht nur ein Feldbett von George Washington, sondern auch der Bus, in dem sich Rosa Parks (1913–2005) im Jahre 1955 auf für Weiße reservierte Plätze setzte und damit die Bürgerrechtsbewegung der Farbigen inspirierte. Auf dem ganzen Gelände bekommen Besucher vermittelt, wie sich das tägliche Leben im Amerika des 18., 19. und frühen 20. Jh.s abgespielt hat. Auf dem Museumsbauernhof werden die Kühe noch per Hand gemolken, im General Store gibt es alles, vom Kleiderstoff bis zur Maurerkelle. Und die Dampfloks der Museumseisenbahn werden noch mit Holz und Kohlen befeuert. Ferner kann man eine historische Windmühle inspizieren und auch sehen, in welch einfachen Behausungen die afroamerikanischen Plantagenarbeiter gelebt haben. Da das Museum ständig erweitert wird, können Besucher auf dem Gelände praktisch jedes Jahr etwas Neues entdecken (Mitte April – Okt. tgl. 9.30 – 17.00, Nov./Dez. Fr. – So. 9.30 – 17.00 Uhr, Jan – Mitte April geschlossen).

! *Baedeker* TIPP

Auburn Cord Duesenberg Museum

Für Fans klassischer Automobile jeden Umweg wert. Hier wurden ab den 1920er-Jahren die legendären Duesenberg Luxuslimousinen gefertigt. Mehr als 100 Klassiker stehen im Art-Déco-Showroom (1600 S Wayne St., Auburn, an der I-69, tgl. 9.00 – 17.00 Uhr)

✶ Henry Ford Estate ►

Wenn man schon in Dearborn ist, sollte man sich auch einen Besuch der 1915 fertig gestellten Villa von Henry Ford auf dem Dearborn Campus der University of Michigan nicht versäumen. Der herrschaftliche Wohnsitz mit seinen 56 Zimmern wurde vom Architekten William Van Tine entworfen und ist noch so eingerichtet wie anno dazumal (4901 Evergreen Rd.; Führungen: Di. – Do. 10.30, 11.30, 12.30, 13.30, 14.30 Uhr).

✶ Ford Rouge Factory Tour ►

Die Tour startet mit einer kurzen Busfahrt von Dearborn Village, während der bereits Hintergrundinformationen vermittelt werden. Seltene Bilder und Filme erwarten die Besucher in den Vorführungssälen der Fabrik. Mit modernster Darstellungstechnik und 3D-Prjektionen erfahren die Tourteilnehmer alles über die moderne Produktion von Automobilen. Eine 25 m hohe Aussichtsplattform bietet einen Panoramablick auf die Fließbänder für Pick-Ups und Geländefahrzeuge (Mo. – Sa. 9.30 – 17.00; die Zubringerbusse starten von 9.30 bis 14.30 Uhr jede halbe Stunde).

Auburn Hills

✶ **Walter P. Chrysler Museum**

In der nördlichen Vorstadt Auburn Hills ist das Museum der Autofirma Chrysler angesiedelt. Hier wird man mit der Entstehungs- und Entwicklungsgeschichte des seit 1998 mit dem deutschen Daimler-Konzern verschmolzenen US-amerikanischen Autoherstellers vertraut gemacht. Selbstverständlich wird der erfolgreiche Autobauer Walter P. Chrysler ausführlich vorgestellt. Hauptattraktionen sind jedoch die vielen ausgestellten Automobile, darunter auch die legendären »Roadrunner«, »Viper« und »Prowler« (1 Chrysler Drive, Di. – Sa. 10.00 – 17.00, So. 12.00 – 17.00 Uhr).

◄ Chrysler Technology Center

Nebenan befindet sich das moderne Chrysler Technology Center (CTC), dessen Realisierung Lee Iacocca, der umstrittene Chrysler-Boss der 1970er-Jahre, betrieben hat. Hier treffen sich die besten Wissenschaftler, Techniker und Designer des Weltunternehmens, um das Auto der Zukunft zu entwerfen.

Ausflug nach Frankenmuth

✶ Crossroads Village & Huckleberry Railroad

Etwa eine Autostunde nordwestlich von Downtown Detroit (via I-75 und I-475), am nördlichen Stadtrand von Flint, wartet ein attraktives **Museumsdorf** mit Museumseisenbahn und nostalgischem Dampfschiff auf junge und alte Besucher. Hierher hat man drei Dutzend historische Bauten aus der Zeit um das Jahr 1860 versetzt, in denen heute »Living History« geboten wird.

Der Knüller ist jedoch die Museumseisenbahn. Eine toll restaurierte **»Baldwin«-Dampflok** – sie könnte gerade aus einem Wildwestfilm herausgefahren sein – zieht historische Waggons durch eine noch ursprüngliche Landschaft (Mai – Sept. Mi. – So. 10.00 – 17.00, Okt. Mo. bis Fr. 17.00 – 21.00, Sa., So. 12.00 – 21.00, Ende Nov./Dez. Di. – So. 16.00 – 21.00 Uhr).

✶ Frankenmuth

Eine knappe Autostunde nördlich von Flint (via I-75 North bis Exit 136 / Birch Run, dann noch 7mi / 11 km via MI 83 North bis Frankenmuth) trifft man auf deutsche Gemütlichkeit, wie sie schöner und amerikanischer nicht sein kann. Man ist in Frankenmuth, einem fränkisch-bayerisch anmutenden Städtchen mit knapp 5000 Einwohnern. Hier werden alle Register gezogen, was Deutschtum betrifft. Das Bier fließt in Strömen, es gibt Bratwürstel und Sauerkraut, hier kann man die wohl umfangreichste **Kuckucksuhren-Ausstellung** der westlichen Hemisphäre bewundern, das ganze Jahr über gibt es in **»Bronner's Christmas Wonderland«** glitzernden Schmuck für den Weihnachtsbaum zu kaufen, eine **Teddybären-Manufaktur** steht zur Besichtigung offen und Herrgottsschnitzer lassen sich bei der Arbeit beobachten. Das Dach des **»Bavarian Inn«** ziert ein hübsches Glockenspiel mit geschnitzten Figuren.

Und dann gibt es natürlich noch zwei festliche Höhepunkte im Jahreslauf: das **»Bavarian Festival«** (Mitte Juni) und das **»Frankenmuth**

◄ weiter auf S. 256

! *Baedeker* TIPP

Schmeichelweiches

Schöne Wollwaren gibt es in der Frankenmuth Woolen Mill (570 S. Main St.) und bei der Zeilinger Wool Company (1130 S. Weiss St.), wo man zuschauen kann, wie Wolle gesponnen und verarbeitet wird.

Nicht nur im Oktober herrscht in Frankenmuth fränkisch-bayerische Bierseligkeit!

MITTELFRANKEN IN AMERIKA

Wer durch den US-Bundesstaat Michigan reist, lernt bei seiner Rundfahrt ganz gewiss nördlich von Detroit einen Ort mit dem schönen Namen »Frankenmuth« kennen. Und man glaubt sich wirklich ins heimische Mittelfranken versetzt. Hier gibt es nach fränkischem Rezept gebrautes Bier und Blasmusik, ein Oktoberfest, fränkische Fachwerkarchitektur, Kuckucksuhren und vieles mehr, was an die Alte Welt erinnert.

Und das kam so: Um das Jahr 1840 wandte sich ein im Mittleren Westen arbeitender deutscher Missionar mit der Bitte um Unterstützung an Kirchengemeinden in seiner Heimat. Seinen Hilferuf erhörte **Pfarrer Wilhelm Loehe** im mittelfränkischen Neuendettelsau, eine weithin respektierte Persönlichkeit. Er hatte 1844 folgende Idee: Kolonisten aus Deutschland sollten ihren bereits in Amerika lebenden Brüdern und Schwestern zu Hilfe kommen und die Indianer mit dem christlichen Glauben vertraut machen.

Beschwerliche Reise

Am 5. April 1845 machten sich dreizehn Männer und Frauen aus dem Raum Neuendettelsau auf den Weg nach Bremerhaven, wo sie zwei Wochen später das Segelschiff »Caroline« bestiegen. Die Reise nach Amerika stand unter keinem guten Stern. Kurz nach dem Ablegen setzte der Kapitän sein Schiff auf Grund. Auf dem Atlantik wurde das Schiff von schweren Stürmen gebeutelt, darüber hinaus hatte es noch eine Kollision mit einem englischen Schiff. Gegen Ende der Reise, als schon fast aller Proviant

aufgezehrt war, erkrankten auch noch fast alle Passagiere. Nach beschwerlichen 50 Tagen Seereise kamen die Neuendettelsauer am 8. Juni 1845 in New York an.

Per Dampfschiff und Eisenbahn gelangte die Gruppe schließlich nach Detroit, von wo aus sie mit einem Segelschiff weiter in die Saginaw Bay des Huronsees fuhr. Von Bay City ging es dann zu Fuß weiter durch Sümpfe und Wälder. Am 18. August 1845 erreichten sie schließlich ihr »gelobtes Land« und gründeten die Kolonie Frankenmuth.

Das gelobte Land

Anfangs hatten es die fränkischen Neuankömmlinge schwer. Sie mussten viel Wald abholzen und wurden vom Sumpffieber geplagt. Trotzdem hatten sie schon vor Weihnachten ihr neues Gemeindezentrum fertiggestellt. Während die Siedler ihre Häuser errichteten, machte sich ihr Pastor daran, die in dieser Region lebenden **Chippewa-Indianer** zu missionieren. Doch diesbezüglich gab es enorme Probleme. Die Neuendettelsauer Pioniere wussten so gut wie nichts über die Lebensart der Indianer. Diese wiederum sorgten sich um ihre Jagdgründe, die ihnen die Weißen abholzten. Die Indianermission war also ein Fehlschlag. Dafür kamen jetzt um so mehr Landsleute nach Frankenmuth, viele davon aus dem idyllischen Altmühltal. Die Siedlung entwickelte sich gut, bekam ihre eigene Kirche und dazu auch noch eine Mühle am Cass River.

Der Ort wuchs zu einem florierenden landwirtschaftlichen Zentrum heran, in dem Traditionen aus der alten Heimat hochgehalten wurden. So verwundert es nicht, dass nach dem Zweiten Weltkrieg die ersten amerikanischen Touristen hierher kamen, um wahre fränkisch-bayerische Gemütlichkeit zu erleben.

Oktoberfest«, das ebenso wie das Münchener Original Ende Sept./ Anf. Okt. über die Bühne geht. Blasmusik, Schuhplattler, Trachtenumzüge und vieles mehr stehen dann auf dem Programm.

✶ Historical Museum ►

Einen Besuch lohnt das historische Museum der Stadt, in dem man über die Geschichte von »Little Bavaria in Michigan« informiert wird (613 S. Main St.; Sommer Mo. – Do. 10.30 – 17.00, Fr. 10.30 – 20.00, Sa. 10.00 – 20.00, So. 11.00 – 19.00 Uhr, im Winter kürzer).

Bronner's Christmas Wonderland ►

Hier wird das ganze Jahr Weihnachten gefeiert! Der riesige Christmas Shop mit mehr als 50 000 kitschig-schönen Produkten ist selbst schon eine Sehenswürdigkeit (25 Christmas Lane; tgl. geöffnet).

✶ St. Julian's Winery ►

Die älteste und größte Weinkellerei des Bundesstaates Michigan findet man an der 175 S. Main Street. Hier kann man gute Tropfen aus der Great Lakes Region, ja sogar Champagner und zwar alkoholfreie, aber dennoch spritzige Fruchtsäfte erstehen. Außerdem gibt es hier feine Glaswaren und viele nette Souvenirs.

Ausflug nach Ann Arbor

✶ **Ann Arbor**

Eine halbe Autostunde südwestlich von Detroit (via I-94) liegt die im Gegensatz zur Mega-Autostadt recht beschauliche Universitätsstadt Ann Arbor (110 000 Einw.) in einer ländlichen Gegend am Huron River. Die 1823 gegründete Stadt kam im Jahre 1837 zu Ruhm und Ehre, als die University of Michigan ihre Zelte in Detroit abbrach und sich hier neu einrichtete. Heute ist Ann Arbor ein hochrangiger **Hochschul- und Forschungsstandort** (»Harvard des Mittleren Westens«) besonders in den Fachbereichen Medizin und Erziehungswissenschaften. Darüber hinaus werden in Ann Arbor komplizierte Computer-Software, elektronische Geräte und Präzisionsinstrumente entwickelt. Ehrwürdige Bauten der Universität (u.a. Carillon Tower, Law Quadrangle, Gerald R. Ford Presidential Library) und **vornehme Villen** in prachtvollen Gärten prägen das Bild der Stadt, die natürlich auch über **lebhafte Geschäftsstraßen** und **nette Szene-Treffs** (u.a. »Arbor Brewing Co.«, »Prickley Pear Southwest Cafe«, »Zingerman's Delicatessen«) verfügt.

Wahrzeichen der Universitätsstadt Ann Arbor ist der Carillon Tower.

Sehenswert sind die verschiedenen Sammlungen der University of Michigan, darunter eine naturgeschichtliche, eine paläontologische und eine zoologische Schausammlung. Beachtung verdienen ferner die anthropologischen und die archäologischen Sammlungen.

◄ Sammlungen der University of Michigan

Über 1400 Zuschauer finden im Theater des »Power Center for the Performing Arts« Platz. Hier wird wirklich Hochkarätiges (Oper, Schauspiel, Ballett, Tanztheater) geboten (121 S. Fletcher; Auskunft: Tel. 734 / 763 - 33 33).

◄ Performing Arts Center

Ein architektonisches Kleinod ist das Kempf House, das 1853 in Greek-Revival-Manier vollendet worden ist. Das mit Mobiliar aus viktorianischer Zeit ausgestattete Haus dient heute als lokalhistorisches Museum (312 S. Division; Führungen: März – Mai u. Sept. bis Dez. So. 13.00 – 16.00 Uhr).

★ ◄ Kempf House

Alljährlich im März findet das renommierte **Ann Arbor Film Festival** statt. Absolutes Highlight im jährlichen Festkalender ist das **Ann Arbor Summer Festival** im Juni und Juli mit hochklassigem Theater und musikalischen Darbietungen. Mitte Juli findet das **Street Art Festival** statt, ein mehrtägiges Straßenfest, bei dem hunderte Künstler und Kunsthandwerker ihre Arbeiten feilbieten.

? WUSSTEN SIE SCHON ...?

- Ann Arbor ist die US-amerikanische Partnerstadt der südwestdeutschen Universitätsstadt Tübingen und pflegt mit dieser einen regen kulturellen Austausch.

Ausflug nach Kanada

Von Downtown Detroit kommt man schnell durch einen Straßentunnel unter dem Detroit River oder über eine riesige Hängebrücke (Ambassador Bridge) über den Detroit River hinüber ans gegenüber liegende kanadische Ufer der stark befahrenen Wasserstraße. Beide Übergänge sind mautpflichtig.

Tunnel oder Brücke

In der kanadischen Stadt am Ostufer des Detroit River leben 210 000 Menschen. Wie in Detroit so ist auch hier die Autoindustrie der alles beherrschende Wirtschaftsfaktor. Daneben spielt aber auch der Tourismus eine immer wichtigere Rolle. Hauptanziehungspunkt ist das große Spielkasino, dessen Leuchtreklame ans Westufer des Detroit River hinüber strahlt.

Windsor

Wo sich heute die Stadt Windsor ausbreitet, ließen sich bereits Ende des 17. Jh.s französische Siedler nieder. Die Gründung der Stadt Windsor erfolgte jedoch erst 1830 durch die Briten, nachdem sie das wenige Jahre zuvor eroberte Detroit den US-Amerikanern überlassen hatten und der Detroit River zum Grenzfluss zwischen den jungen USA und Kanada wurde.

Wer sich näher für die Geschichte der Stadt Windsor interessiert, sollte das **Windsor's Community Museum** besuchen (Di. – Sa. 10.00 bis 17.00, im Sommer auch So. 14.00 – 17.00 Uhr). Meisterwerke kanadischer Künstler – darunter auch eindrucksvolle Arbeiten von

◄ Sehenswertes

Inuit-Künstlern – sind in der **Art Gallery von Windsor** ausgestellt (Mi. 11.00 – 21.00, Do. – So. 11.00 – 17.00 Uhr).

Fort Malden

Etwa eine halbe Autostunde südlich von Windsor, bei Amherstburg, kann man das Fort Malden besichtigen. Die Briten errichteten diese **Festung** Ende des 18. Jh.s, nachdem sie Detroit den Amerikanern hatten überlassen müssen. Heute sind nur noch die Fundamente und ein rekonstruiertes Kasernengebäude zu sehen. Im kleinen **Museum** erfährt man, welche Rolle das Fort während der kriegerischen britisch-US-amerikanischen Auseinandersetzungen im Jahre 1812 gespielt hat (Öffnungszeiten: Mai – Anf. Sept. tgl. 10.00 – 17.00, Sept. / Okt. Mo. – Fr. 13.00 – 17.00, Sa., So. 10.00 – 17.00 Uhr).

★ Point Pelee National Park

Eine Autostunde südöstlich von Windsor erreicht man den mit einer Fläche von 16 km² kleinsten Nationalpark Kanadas. Das Naturschutzgebiet erstreckt sich auf der südlichsten Landspitze des kanadischen Festlandes, die ein paar Kilometer in den nordwestlichen Eriesee hineinragt. Die kleine Halbinsel ist eine großenteils **amphibische Landschaft**, die man nur per Boot bzw. auf Plankenwegen erkunden kann. Die Zufahrtstraße endet beim **Visitor Center**, von dem aus mehrere Lehrpfade ausstrahlen. Unterwegs bekommt man nicht nur vielerlei verschiedene Pflanzen zu Gesicht, sondern auch Fische, Schildkröten, Bisamratten etc. Weltruhm hat der Nationalpark jedoch als Rastplatz von Zugvögeln erlangt. Im Frühling und Herbst kann man hier oft mehr als 100 verschiedene Zugvogelarten an einem Tag beobachten. Im Verlauf eines Jahres registriert man rund 350 verschiedene Vogelarten. Im September sind zudem zahllose **Monarch-Schmetterlinge** zu sehen, die aus Mexiko bzw. Südkalifornien zurückkehren.

> **! *Baedeker* TIPP**
>
> **Online-Vogelbeobachtung**
>
> Unter dem Titel »Bird Sightings Live!« bietet die Verwaltung des Point Pelee National Park die Möglichkeit, nachzuschauen, welche seltenen Vögel aktuell im Naturschutzgebiet beobachtet werden können. Die Internet-Adresse lautet: www.pc.gc.ca/pn-np/on/pelee/

Pelee Island

Südwestlich vom Nationalpark liegt Pelee Island mitten im Eriesee und leitet über zur US-amerikanischen Inselflur vor ►Sandusky. Auf Pelee Island leben rund 600 Menschen. Das günstige Klima erlaubt auch hier **Weinbau**, der auf dem Eiland bereits seit 1865 betrieben wird. Im **Wine Pavilion** (20 East West Rd.) werden zwischen Mai und Oktober Weinproben angeboten. Pelee Island ist vom Festland (Kingsville bzw. Leamington) per Fähre erreichbar.

Southwestern Ontario Heritage Village

An der CR 23 liegt etwa auf halber Strecke zwischen Kingsville und Essex das **Freilichtmuseum** von Südwest-Ontario. Hier her hat man etliche für die Region typische Bauten versetzt, die aus dem 19. und frühen 20. Jh. stammen.

★ Door Peninsula

H/J 5/6

Bundesstaat: Wisconsin **Höhe:** 176 – 255 m ü.d.M.

Diese Halbinsel im Michigansee nordöstlich von ►Green Bay ist eines der meist besuchten Tourististenziele im Bereich der Großen Seen. Nicht nur die zauberhafte Landschaft, sondern auch hübsche Fischerdörfer mit vorzüglichen Restaurants, geruhsame Hotels und Resorts, schöne Badeplätze und vielerlei Betätigungsmöglichkeiten locken das ganze Jahr über Gäste an.

Angeln, Schwimmen, Segeln und Tauchen stehen hier ebenso auf dem Programm wie Radfahren, Reiten, Wandern und Wintersport. Auch haben sich hier etliche Künstler respektive Kunsthandwerker angesiedelt, die der Gegend ein besonderes Flair geben. Und im Sommer werden an einigen Plätzen hochkarätige Freiluft-Theatervorstellungen und -konzerte geboten.

★★ Herrliche Natur

Als spitzer Sporn ragt die Door-Halbinsel in den Michigansee hinein und trennt die trichterförmige Mündungsbucht des Fox River und des vom Iron Mountain herunter fließenden Menominee River vom Lake Michigan. Die hügelige und waldreiche, teils auch felsige Halbinsel mit rund 400 Kilometern Uferlänge bietet malerische Ausblicke. Besonders schön ist es hier zur Zeit des Indian Summer, wenn die Mischwälder in allen Farben leuchten.
Wichtigster Wirtschaftszweig neben dem Tourismus ist der Obstanbau (besonders Kirschen und Äpfel). Aus diesem Grund lohnt sich ein Besuch der Halbinsel vor allem auch zur Zeit der Obstbaumblüte im Mai.

★ Algoma

»Hot Spot« der Jachtbesitzer

Der 3500 Einwohner zählende Ort am östlichen Ufer der Door Peninsula profitierte in jüngerer Vergangenheit am meisten von Urlaubern, die mit ihren Booten und Jachten im Hafen vor Anker gingen oder mit Wanderschuhen auf die Halbinsel kamen.
Wie viele andere Siedlungen wurde auch Algoma an einer Flussmündung gegründet. Wo sich der Ahnapee River seinen Weg in den Lake Michigan sucht, entstand Mitte des 19. Jahrhunderts eine Sägemühle. Nach und nach ließen sich Siedler um den geschützten Naturhafen nieder. Unter ihnen waren so viele Deutsche, dass die Einwohner des weiter südlich gelegenen Städtchens Kewaunee ihre Nachbarn gelegentlich wegen des Sauerkrautgeruchs neckten.
Der Holzboom ebbte bereits 1871 ab, als ein verheerender Waldbrand die Ressourcen vernichtete. Die Stadtväter hatten Glück im Unglück, weil damals noch das Eisenbahn-Fieber grassierte. Bis 1894 war Algoma per Schiene mit Green Bay und Sturgeon Bay verbun-

den. Nun siedelten sich Industriebetriebe an, und auch viele Farmen profitierten vom neuen Verkehrsmittel. 1964 wurde der Bahnverkehr jedoch eingestellt.

DOOR PENINSULA ERLEBEN

AUSKUNFT

Door County Visitors Bureau
1015 Green Bay Road
Sturgeon Bay, WI 54235-0406
Tel. (920) 743-44 56
www.doorcounty com

ANREISE

Zufahrtstraßen
Von Green Bay aus kommt man am schnellsten über den WI 57 auf die Door-Halbinsel. Von Manitowoc aus benutzt man den nordwärts führenden WI 42, der via Kewaunee und Algoma nach Sturgeon Bay und weiter an die Nordspitze der Halbinsel zieht.

ESSEN

► Fein & teuer

Inn at Cedar Crossing
336 Louisiana Street
Sturgeon Bay, WI
Tel. (920) 743-42 49
Wer auf der Door-Halbinsel gepflegt dinieren möchte, geht am besten ins Inn at Cedar Crossing. Besondere Genüsse sind hier »Chef Joel's Seafood Stew« und die Wildgerichte.

► Erschwinglich

The Cookery
4135 Highway 42, Fish Creek, WI
Tel. (920) 868-3076
Cremige Fischsuppe und andere Köstlichkeiten, dazu wunderbare Zimtschnecken – alles frisch gemacht!

ÜBERNACHTEN

► Luxus/Komfortabel

Barbican Inn
132 N. 2nd Avenue
Sturgeon Bay, WI
Tel. (920) 743-48 54
www.barbicanbandb.com
18 Suiten. Die im Jahre 1873 im viktorianischen Stil erbaute Villa eines Holzbarons dient seit einigen Jahren als ausgesprochen vornehme Herberge.

Gordon Lodge
1420 Pine Drive
Bailey's Harbor, WI
Tel. (920) 839-23 31
www.gordonlodge.com
20 Zimmer und 11 Villen. Seit 1928 fühlen sich Erholung suchende Gäste in der sehr komfortablen Lodge am Michigansee wohl.

Scofield House B & B
908 Michigan Street
Sturgeon Bay, WI 54235
Tel. (920) 743-77 27
www.scofieldhouse.com
6 Zimmer. Dan und Vicki Klein haben eine hübsche viktorianische Villa zu einem wahren Schmuckkästchen gemacht.

► Komfortabel

Alpine Resort
7715 Alpine Road
Egg Harbor, WI
Tel. (920) 868-30 00
www.alpineresort.com
52 Zimmer und 30 Cottages. Die weitläufige Ferienanlage an der Spitze der Door-Halbinsel, mit Badestrand und 27-Loch-Golfplatz, wird von einem umtriebigen Wirt Schweizer Herkunft geführt.

! Baedeker TIPP

Von Stiehl Winery

Früher befand sich in diesem aus hellen Steinquadern erbauten Haus eine von böhmischen Einwanderern betriebene Brauerei. 1967 stellten die neuen Besitzer die Produktion von Bier auf Wein um. In den Gewölben unter dem Verkaufsraum reift heute der aus Kalifornien importierte Traubensaft zu unterschiedlichen Weinen heran, die auf Flaschen gezogen an einen wachsenden Kundenstamm verkauft werden. Da sich in den USA auch Apfelwein, Pflaumenwein und diverse Beerenweine größter Beliebtheit erfreuen, gehören solche Produkte ebenfalls zum Angebot (Algoma, 115 Navarino St.; Führungen und Verkostungen: Anfang Mai – Ende Okt. tgl. 9.00 – 17.00 Uhr).

Ahnapee State Trail

Auf der einstigen Bahntrasse ist ein schöner Wander- und Radweg angelegt. Dieser folgt dem Ahnapee River in nördlicher Richtung, führt durch Bauernland, Wälder und Feuchtgebiete. An der Strecke laden die beiden Dörfer Maplewood und Forestville zur Rast ein.

Kewaunee

Indianer, Voyageurs und Handwerker

Das östlich von Green Bay am Fuße der Door Peninsula gelegene 3000-Einwohner-Städtchen geriet zwar durch das rapide Wachstum von ► Milwaukee und ► Green Bay in der ersten Hälfte des 20. Jh.s wirtschaftlich ins Hintertreffen. Trotzdem blieb Kewaunee bis in die Gegenwart ein wichtiger Hafen, der gern von Freizeitkapitänen angesteuert wird.

Bis in die zweite Hälfte des 17. Jh.s waren die in dieser Gegend lebenden **Potawatomi-Indianer** unter sich. Erst nachdem der französische **Pater Marquette** 1674 in dieser Gegend war, tauchten vermehrt französische Voyageurs, Pelzhändler und Missionare auf. Eine von Weißen bewohnte Dauersiedlung wurde Kewaunee erst in den 1830er-Jahren, als Gerüchte über Goldfunde an der Mündung des Kewaunee River Abenteurer anlockten. Das »Bonanza« am Michigansee blieb jedoch aus. Die Einwohner lebten vor allem vom **Fischfang** und von der **Holzfällerei**. Neue wirtschaftliche Möglichkeiten ermöglichte dann der Bau der Eisenbahn.

Kewaunee County Historical Museum & Old Jail

Das Museum ist in einem 1876 errichteten Gebäude untergebracht, das nicht nur Amtssitz und Wohnung des Sheriffs war, sondern in dem auch das örtliche Gefängnis eingerichtet war. Historische Fotos zeigen den ersten weiblichen Sheriff von Wisconsin, der in Kewaunee Dienst tat. Außerdem sieht man ein Modell der USS »Pueblo«, die 1944 in einer hiesigen Werft gebaut und 1968 vom nordkoreanischen Militär als Spionageschiff aufgebracht worden ist. Eine Skulptur erinnert an den Entdecker und Missionar Jacques Marquette (Ende Mai bis Anf. Sept. tgl. 12.00 – 16.30 Uhr).

Größte Standuhr der Welt

Am nördlichen Ortsausgang erstreckt sich das Werksgelände der 1881 von einem böhmischen Einwanderer gegründeten »Svoboda Industries«. Das Unternehmen stellte zunächst Kirchenmöbel her, ehe es sich auf die Uhrenfabrikation verlegte. Vor dem Eingang zum Show Room (42nd St.) steht eine 10,6 m hohe und 2,5 m breite Standuhr, die nach Werksangaben die größte (und wohl meistfotografierte) Standuhr der Welt sein soll.

✶ Sturgeon Bay

Schiffbau, Obstbau und Touristen

Nach seiner Besiedlung 1870 blieb dieser Ort (9000 Einw.) zunächst unbedeutend. 1882 wurde der knapp 3 km lange und ca. 30 m breite Kanal zwischen der Sturgeon Bay und dem Lake Michigan freigegeben. Diese kleine Wasserstraße verkürzte die Schiffsroute zwischen Green Bay und Chicago um rund 160 Kilometer. Zuvor mussten Schiffe die Porte des Mortes zwischen der Spitze der Door-Halbinsel und der vorgelagerten Washington Island durchfahren. Der Kanal entpuppte sich als Triebfeder für die lokale Wirtschaft. Transportunternehmer, Holzindustrielle und Schiffbauer wurden angelockt. Einen weiteren »Push« erhielt der Ort in den 1940er-Jahren, als hiesige Werften lukrative Aufträge zum Bau von Kriegsschiffen erhielten. Heute ist Sturgeon Bay einer der größten Werftstandorte der USA. Doch leistet auch der Obstbau einen wichtigen Beitrag zum Wohlstand von Sturgeon Bay. Der Tourismus, der Ende des 19. Jh.s eingesetzt hat, ist ebenfalls ein bedeutender Wirtschaftsfaktor.

Gespenstische Szenerie: Der Leuchtturm von Sturgeon Bay im Nebel

Door County Maritime Museum

Die Schifffahrt war für die Door-Halbinsel schon immer von ausschlaggebender Bedeutung. Vom Zeitalter der in Birkenrindenkanus rudernden Indianer bis in die Ära der modernen Erzfrachter wird diese Rolle in der Ausstellung dokumentiert. Auf der Brücke der »Elba« können Besucher selbst einmal Kapitän spielen, originalgetreue Modelle von Schiffen studieren oder die Atmosphäre eines Maschinenraumes schnuppern (tgl. 9.00 – 18.00 Uhr).

Door County Historical Museum

Dieses Schaufenster in die Vergangenheit präsentiert Gerätschaften aus der Pionierzeit, ein Diorama mit Wildtieren, die früher in der Gegend umherstreiften, ein Feuerwehrhaus mit chromblitzenden Trucks und historische Fotos (Mai – Okt. tgl. 10.00 – 16.30 Uhr).

Miller Art Center

Dieses auch als Gemeindezentrum dienende Kunstmuseum ist weniger eine Bühne für weltbekannte Künstler denn für Kunstschaffende aus dem Door County und anderen Teilen des Mittleren Westens (Mo. 10.00 – 20.00, Di – Sa. 10.00 – 17.00 Uhr).

★ Whitefish Dunes State Park

Knapp 13 mi/20 km nordöstlich von Sturgeon Bay verläuft zwischen dem Lake Michigan-Ufer und dem Clark Lake ein nur wenige Hundert Meter breiter Landstreifen, der schon immer Naturliebhaber anzog. Inzwischen ist ein 335 ha großen Uferabschnitt als State Park ausgewiesen. Er gehört er zu den beliebtesten Naturattraktionen auf der Door-Halbinsel. Seine Anziehungskraft verdankt der Park in erster Linie seinem wunderbaren **Strand**, der eine weit geschwungene Bucht säumt.
Im östlichen Teil zeigt er ein völlig anderes Gesicht, weil die Brandung des Michigansees dort seit Jahrtausenden das felsige Steilufer aushöhlt. Besonders am **Cave Point** schlagen nicht selten hohe Wellen mit Wucht in die Ausschwemmungen, so dass man das Zittern des Untergrundes spürt, auf dem man steht. In der Nähe des Strandes informiert ein Visitor Center über die Naturgeschichte sowie die Pflanzen- und Tierwelt dieser Gegend. Wanderpfade erschließen das Naturschutzgebiet. Höchste Erhebung ist übrigens der 30 m hoch über den Seespiegel aufragende **Mount Baldy**, eine 37 m hohe Düne, die man auf dem Red Trail erwandern kann (ca. 1 Std.).

? WUSSTEN SIE SCHON ...?

- In den Jahren 1985 und 1992 haben Archäologen hier Pfeilspitzen, Töpferwaren, Knochenreste usw. gefunden, die belegen, dass in dem heutigen Naturschutzgebiet im Zeitraum zwischen ca. 100 v. Chr. und der Mitte des 19. Jh.s nicht weniger als acht verschiedene Gruppen von Indianern gelebt hatten.

Egg Harbor

Namensherkunft unklar

Woher das Dorf an der Green Bay seinen Namen hat, weiß niemand so genau. Manche sprechen von einem Kanu-Wettbewerb, der in eine Eierschlacht ausartete. Andere führen ihn auf ein Gelege mit Enteneiern zurück, das von den ersten Siedlern Mitte des 19. Jh.s gefunden worden sein soll. Egg Harbour war lange Zeit ein beschaulicher Fischerhafen, in dessen Umgebung auch viel Landwirtschaft betrieben wurde. Neuerdings ist der Ort ein touristischer Brennpunkt, in dem sich inzwischen auch ein paar Künstler niedergelassen haben.

Cupola House

Der Gründer des Ortes Fish Creek (nördlich von Egg Harbor) ließ sich hier um 1850 nieder und wurde ein erfolgreicher Geschäftsmann. 1871 ließ er sich eine prächtige Villa mit einem sog. Widow Walk auf dem Dach bauen. Heute kann man hier Antiquitäten, Gemälde (bevorzugte Motiv: die Green Bay und der Michigansee) und Souvenirs – von »Beanie Babies« bis zu hölzernen Nussknackern – erstehen (7836 Egg Harbor Rd.; tgl. 9.00–17.00 Uhr).

! Baedeker TIPP

Kürbisfest

Im September feiern die Einwohner von Egg Harbor die Kürbisernte mit einem bunten Fest. Kaum ein Vorgarten kommt ohne die orangefarbenen Feldfrüchte aus. Häuser werden mit Fahnen und schaurigen Figuren wie zu Halloween dekoriert. Zu diesem Anlass gibt es auch geröstete Maiskolben, Bratwürste vom Grill, scharfen Chili und dergleichen Genüsse mehr.

Ephraim

Wenige Meilen nördlich von Egg Harbor erreicht man diese hübsch herausgeputzte und nur 300 Einwohner zählende Siedlung. Längst hat sich die hieige Geschäftswelt auf Urlauber eingestellt, die das ganze Jahr über den malerischen Ort und seine landschaftlich reizvolle Umgebung erkunden.

In der ersten Hälfte des 19. Jh.s ließen sich aus Norwegen stammende Mitglieder der Mährischen Brüder in der Gegend um die heutige Stadt ► Green Bay nieder. Einige Zeit später suchte diese religiöse Gruppe nach neuem Land für ihre Kolonie und fand es im heutigen Ephraim. Schon bald machte sich Enttäuschung breit, weil der Boden nicht viel hergab. So blieb den Kolonisten nichts anderes übrig, als sich der Holzindustrie und Fischerei zu widmen. Bis heute hat sich hier nicht viel verändert, sodass man glauben könnte, Ephraim sei im 19. Jh. stehen geblieben.

✶ Anderson Dock & Store

Um die hiesige Wirtschaft anzukurbeln, errichtete der aus Norwegen stammende Fischer Anderson 1858 ein Dock, damit Frachtschiffe mit Bau- und Brennholz beladen werden konnten. 1880 brannte die Anlegestelle teilweise ab, wurde danach aber erneuert. Heute gehört Anderson Dock zu den meist fotografierten Motiven der Gegend, wahrscheinlich weil der auf dem Bootssteg stehende Holzschuppen inzwischen mit zahllosen Inschriften und Graffitis in ein wahres Kunstwerk verwandelt worden ist. Der benachbarte Anderson Store stammt ebenfalls aus dem Jahr 1858 und offeriert ein kaum zu überblickendes Angebot an Tand und Trödel.

Goodleston Cabin

Wie die religiösen Kolonisten der Mährischen Kirche nach ihrer Ankunft in Ephraim lebten, zeigt dieses winzige Blockhaus. Ursprüng-

Graffiti am Anderson Dock im Hafen von Ephraim

lich diente es den Einwohnern für Gottesdienste. Später in eine Schule umgewandelt, beherbergt das Häuschen heute historisches Mobiliar und Inventar.

Pioneer Schoolhouse

Das vor über 120 Jahren errichtete Schulhaus dient heute als ortsgeschichtliches Museum, in dem alte Fotos, Mode aus dem 19. Jh. und viele andere interessante alte Gegenstände ausgestellt sind.

✶ Fish Creek

Bohème-Winkel

Auf Höhe der in der Green Bay gelegenen Chambers Island führt diese kleine, nur 200 feste Einwohner zählende Siedlung die Existenz eines Bohème-Winkels, seit sie von Künstlern und Bonvivants als Sommerrefugium entdeckt worden ist. Aber auch ganze Familien reisen dort hin, um sich nach Ausflügen auf der Halbinsel zu entspannen. Fish Creek ist quasi der »Nabel« des kulturellen Lebens auf der Door Peninsula. Mit den »Peninsula Players«, die sich auf Komödien und Dramen spezialisiert haben, verfügt das Städtchen über die älteste professionelle Sommertheatertruppe der USA. Das Ensemble des »American Folk Theatre« präsentiert sich im Amphitheater des Peninsula State Park. Neben diesen Ensembles vervollständigen die »Peninsula Art School« und das »Peninsula Arts Theater« die lokale Kulturszene, die häufig bekannte Künstler und Interpreten einlädt.

Baileys Harbor

Alter Holzexporthafen

Am Ostufer der Door-Halbinsel liegt dieser gute Naturhafen, an dem sich 1851 die ersten Siedler niedergelassen haben. In der Folgezeit legten hier Schiffe ab, die Bau- und Brennholz abtransportierten. Diese Zeiten sind jedoch längst vorbei. Heute leben die rund 800 Einwohner entweder von der Landwirtschaft oder vom Tourismus.

Björklunden Chapel

Ein Stück Norwegen können Besucher in einem Waldstück bei Baileys Harbor bewundern: Zwei Eheleute aus Illinois, die ihre Sommerurlaube häufig auf der Door Peninsula verbrachten, bauten zwischen 1939 und 1947 hier die **Stabkirche von Garmo** (heute im Freilichtmuseum Maihaugen bei Lillehammer) nach, die sie während einer Europareise kennen gelernt hatte.

Cana Island

Der Wasserstand der Großen Seen variiert je nach Jahreszeit. Davon kann man sich auf der 4 mi/7 km nördlich vor Baileys Harbor gelegenen Mini-Insel Cana mit ihrem 1869 erbauten Leuchtturm überzeugen. Im Spätsommer und Herbst ist der Pegel des Lake Michigan meist so niedrig, dass man trockenen Fußes von der Door-Halbinsel über einen Felsdamm auf das Inselchen gelangen kann.

✶ Northport

Nordspitze der Door-Halbinsel

Northport ist ein winziges, nur wenige Dutzend Einwohner zählendes Dorf an der äußersten Spitze der Door Peninsula. Es ist durch die Seeenge namens Porte des Mortes Strait von der vorgelagerten Washington Island getrennt. Im Sommer bestehen mehrmals täglich Fährverbindungen mit der kleinen Insel.

Porte des Mortes

Als »Totentor« bezeichneten schon frankokanadische Voyageurs diesen Engpass zwischen der Spitze der Door-Halbinsel und Washington Island. Denn Strömungen, Wind und bis dicht unter der Wasseroberfläche aufragende **Felsklippen** machten die Passage zu einem gefährlichen Unterfangen. In den Aufzeichnungen der Küstenwache sind hier zwischen 1872 und 1889 wöchentlich zwei Schiffsunglücke registriert. Viele Segelschiffe nahmen auf Pilot Island einen Lotsen an Bord, um das »Totentor« sicher zu durchfahren. Neuerdings hat die Passage ihre Schrecken verloren, denn modern ausgerüsteten Schiffen können die Strömungen nichts mehr anhaben.

✶ Washington Island

An der Schiffslände der 92 km² großen Insel wird man außer von den Stars & Stripes auch von den Flaggen Islands, Schwedens, Dänemarks, Finnlands und Norwegens begrüßt, weil Einwanderer aus diesen Ländern Vorfahren der heutigen Inselbevölkerung waren. Wer ohne Auto angereist ist, kann mit dem **»Cherry Train«** eine Inselrundfahrt unternehmen. Wer die Insel auf eigene Faust erkunden will, tut dies am besten mit einem Mietfahrrad oder -motorroller.

Über kurvige Straßen gelangt man ins waldreiche Inselinnere, wo sich Farmen und luxuriöse Resorts mit Golfplätzen verstecken. Vom **Mountain Lookout Tower** bietet sich ein überwältigender Ausblick.

Rock Island

Die autofreie, von Washington Island durch eine schmale Wasserstraße getrennte Insel war früher im Besitz eines Gründstücksspekulanten, der dort einige Gebäude errichten ließ. Heute ist die bewaldete Insel als State Park ausgewiesen (Fährverkehr zwischen Washington Island und Rock Island von Ende Mai bis Mitte Oktober).

★ Duluth

C 4

Bundesstaat: Minnesota
Höhe: 188 m ü.d.M.
Einwohnerzahl: 85 000
(Metropolitan Area: 277 000)

Am westlichsten Zipfel des Oberen Sees liegt der meerfernste Tiefwasserhafen der Welt und größte Binnenhafen der Vereinigten Staaten. Er ist durch die gut 3000 Kilometer lange St.-Lorenz-Wasserstraße mit dem Atlantik verbunden. An diesem Hafen liegen die »Twin Ports«, d. h. die Schwesterstädte Duluth (Minnesota) und Superior (Wisconsin).

Duluth und Superior verfügen über mehr als 80 Kilometer Dockanlagen. Für weite Gebiete im geografischen Zentrum der USA und für Güter wie etwa Weizen, Bohnen und Saatgut aus Minnesota und den beiden Dakotas, Eisenerz aus der Mesabi Range, Kohle, Kalkstein, Erdölprodukte, Zement, Salz, Holz, Papier und Zellstoff ist er der Hauptzugang zu den Weltmärkten. Während des Winters ist der Hafenbetrieb wegen starken Eisgangs eingestellt.

Geschichte

Namensgeber der lebhaften Hafenstadt war der Entdecker **Daniel de Greysolon, Sieur du Lhute**, der 1679/1680 seine erste Kanureise auf dem Oberen See unternahm und bis ans nordwestliche Ufer vorstieß. Schon 20 Jahre zuvor hatte die erste große Warenladung den Hafen verlassen: 60 mit wertvollen Pelzen beladene Kanus. Danach vergingen fast 200 Jahre, ehe der Hafen 1855 nach der Fertigstellung des ersten Schleusensystems in Sault St. Marie seinen modernen Betrieb aufnehmen konnte. Zur Blüte von Duluth trugen auch die 1871 fertig gestellte Eisenbahnstrecke von St. Paul nach Duluth und die 1892 beginnende **Verschiffung von Eisenerz** aus der Mesabi Range bei. Auch riesige Mengen Holz sollten hier verschifft werden.

? WUSSTEN SIE SCHON ...?

- Am 24. Mai 1941 wurde der bedeutendste amerikanische Pop-Musiker und Liedermacher Bob Dylan als Robert Allen Zimmerman in Duluth geboren.

DULUTH ERLEBEN

AUSKUNFT

Visit Duluth
21 W. Superior Street
Suite 100
Duluth, MN 55802
Tel. (218) 722-4011
www.visitduluth.com

BOOTSAUSFLÜGE

MS »Vista Fleet«
Ausflugs- und Hafenrundfahrten ab Barker´s Island (Mitte Mai bis Mitte Oktober täglich)
www.vistafleet.com

ESSEN

▸ Erschwinglich

Shack Smokehouse & Grille
3301 Belknap Street
Superior, WI
Tel. (715) 392-3463
Zünftiges vom Grill bekommt man im Shack Smokehouse, in dem gelegentlich auch Dinner Theater geboten wird.

ÜBERNACHTEN

▸ Komfortabel

Fitger's Inn
600 E. Superior Street
Duluth, MN 55802
Tel. (218) 722-88 26
www.fitgers.com
62 Zimmer und Suiten. Der historische Brauereikomplex ist vor kurzem zu einem attraktiven gastronomischen Ensemble umgestaltet worden, das außer einem sehr komfortablen Hotelbetrieb auch vier gute Restaurants und die einzige Lokalbrauerei der Stadt umfasst.

Barker's Island Inn
300 Marina Drive
Superior, WI 54880
Tel. (715) 392-71 52
www.barkersislandinn.com
112 Zimmer. Vor allem Freizeitkapitäne können sich in diesem Motel wohlfühlen, das über eine eigene Marina verfügt.

Sehenswertes in Duluth

✶ Canal Park

Der Hafen ist natürlich auch eine touristische Attraktion. Vom Canal Park aus kann man die ein- und auslaufenden Schiffe beobachten. Die zum malerischen **Leuchtturm** führende **Mole** verläuft parallel zum 1871 ausgehobenen **Duluth Ship Canal**. Über den Kanal spannt sich die **Aerial Lift Bridge**, eine Hebebrücke, die innerhalb von einer Minute eine 43 m hohe Einfahrt zum inneren Hafen frei machen kann. Man muss selten lange auf ein spektakuläres Heben oder Senken der Brücke warten. Nebenan hat das **Lake Superior Maritime Visitor Center** seinen Platz. Die dort ausgestellten Exponate haben mit der Schifffahrt auf den Großen Seen bzw. mit der Stadtgeschichte zu tun (Ende Mai – Anf. Sept. tgl. 10.00 – 21.00 Uhr, sonst kürzer).

✶ »SS William A. Irvin«

Das einstige Flaggschiff der Frachterflotte der Großen Seen durchpflügte diese von 1938 bis 1978. Nach seiner Ausmusterung ging der Riese am Harbor Drive von Duluth für immer vor Anker und ist heute als Museumsschiff zugänglich. Die Besichtigungstouren vom Maschinenraum bis zur Brücke schließen auch einen Abstecher zum Schleppkahn »Lake Superior« ein, der neben der »Irvin« vertäut ist (Memorial Day – Labour Day tgl. 9.00 – 16.00 Uhr).

★ **The Depot**

Von außen könnte man den mit zwei Rundtürmen, Dachgauben und Erkern geschmückten Bau für ein Schlösschen halten. Tatsächlich handelt es sich aber um den 1892 erbauten und 1969 stillgelegten Bahnhof der Stadt. Hier kamen in der Zeit um 1900 täglich bis zu 55 Züge mit hoffnungsfrohen Einwanderern an. Heute dient der alte Bahnhof als **Kulturzentrum** mit diversen Museen: dem **Lake Superior Railroad Museum**, dem **Duluth Children's Museum**, dem **St. Louis County Historical Society Museum** und dem **Duluth Art Institute**. Daneben beherbergt es das hiesige **Performing Arts Center** sowie das **Duluth Playhouse** und den berühmten Chor **Arrowhead Chorale**.

Entertainment im Hafen

Im modernen **Entertainment & Convention Center** (350 Harbor Dr.; www.decc.org) hat das renommierte Symphonieorchester der Stadt eine neue Heimat gefunden. Im **Omnimax Theater** mit gewölbter Großleinwand hat man das Gefühl, mitten in den vorgeführten Szenen zu stehen. Hier kommen Filme zur Aufführung, die Abenteuer im Orbit, die Bekämpfung von Waldbränden etc. zum Thema haben (Vorstellungen: Mo. – Fr. ab 17.00, Sa. u. So. ab 12.00 Uhr).

Die »SS William A. Irvin« ist als Museumsschiff zugänglich.

★ **Great Lakes Aquarium**

Im Lake Superior Center befindet sich diese Attraktion, die Einblicke in die überraschend artenreiche Flora und Fauna der Großen Seen gewährt. Außerdem kann man sich interaktiv mit der Naturgeschichte, den klimatischen Bedingungen und den Umweltproblemen im Bereich der Großen Seen vertraut machen (tgl. 10.00 – 18.00 Uhr).

Fitger's Brewery

Die 1884 von Percy S. Annecke, einem Spross deutscher Einwanderer, aufgebaute **Brauerei** ist heute als »National Historic Place« ausgewiesen. Hier wird auch heute noch süffiges Bier für den lokalen Markt gebraut. Heute ist in dem renovierten Gebäudekomplex **Erlebnisgastronomie** angesagt mit Lokalbrauerei, mehreren Restaurants und zwei Nachtlokalen. Ferner ist ein Nobelhotelbetrieb integriert.

★ **Glensheen Mansion**

Am nordöstlichen Stadtrand steht dieser 1908 fertiggestellte Backstein-»Schloss« mit herrlichem Blick auf den Oberen See. Das Innere der Mansion sieht noch so aus wie im frühen 20. Jh., als hier die Familie Congdon wohnte. Polstermöbel, mit Buntglas verzierte Türen, Teppiche und Holzschnitzereien an Treppengeländern und Ballustraden verleihen der Villa gediegene Behaglichkeit (Mai – Okt. tgl. 9.30 – 17.00, Nov. – April Sa., So. 9.30 – 15.30 Uhr).

Superior, WI

Die auf der Südseite des Harbor Basin bereits im Bundesstaat Wisconsin gelegene Schwesterstadt von Duluth ist seit den 1950er-Jahren Anlegeplatz der »Salties« genannten Frachtschiffe, die hier mit Getreide aus dem gesamten Mittleren Westen beladen werden.

Viktorianische Pracht: die Fairlawn Mansion in Superior

Seit dem 19. Jh. ist hier auch die Holzindustrie ein bedeutender Wirtschaftszweig. Einer der großen Holzbarone ließ sich 1890 diese prachtvolle viktorianische Residenz bauen. Im Erdgeschoss künden im **Fairlawn Mansion & Museum** heute Schnitzkunst, Marmor, Gemälde, Porzellan und erlesenes Mobiliar vom aufwändigen Lebensstil der Besitzer. Im 1. Stock erfährt man Interessantes über die indianischen Ureinwohner der Region. Im zweiten Stock ist die Entwicklung von Schifffahrt, Bahnbau und Holzindustrie dokumentiert (geöffnet: Sommer Mo. – Sa. 9.00 – 17.00, So. 12.00 – 17.00, sonst Fr., Sa. 10.00 bis 16.00, So. 12.00 – 16.00 Uhr).

Fire House & Police Museum

Chromblitzende Feuerwehrautos und Streifenwagen-Oldtimer locken Jung und Alt in die alte Feuerwache. Dieses auffällige Bauwerk ist um die Jahrhundertwende (19./20. Jh.) errichtet worden (Juni – Sept. tgl. 9.00 – 17.00 Uhr).

Barker's Island

Die Insel ist ein beliebtes **Naherholungsziel** für die Einwohner der »Twin Ports«. In der **Marina** liegen Jollen und Jachten vor Anker. An der **Whaleback Wharf** gibt es einen Einkaufs- und Restaurant-Komplex mit Läden, Imbissen und Spezialitätenlokalen.

»SS Meteor« Maritime Museum

Dieses für Besucher zugängliche Frachtschiff ist das 1896 vom Stapel gelaufen. Die Ausstellungen an Bord dokumentieren die Bedeutung der Schifffahrt für die Entwicklung der Stadt Superior (Mitte Mai bis Mitte Okt. Do. – Sa. 9.00 – 17.00, So. 11.00 – 17.00 Uhr).
Die **Seaman's Memorial Statue** vor dem Museumsschiff ist den Seeleuten gewidmet, die auf den Großen Seen ihr Leben verloren haben.

Umgebung von Duluth

Amnicon Falls State Park

In dem 320 ha großen Schutzgebiet genießt man eine noch recht ursprüngliche Natur. Von ihrer schönsten Seite zeigt sie sich an mehreren fotogenen Wasserfällen. Eine hübsche gedeckte Brücke ist ein weiterer Anziehungspunkt. Der State Park liegt 10 mi/16 km östlich von Superior (via US 2).

Two Harbors

Gut 20 mi/32 km nordöstlich von Duluth liegt Two Harbors (213 m ü.d.M.; 4000 Einw.) am zu Minnesota gehörenden Westufer des Lake Superior. Es ist der erste größere Ort an der nach Kanada führenden Küstenstraße US 61. Seinen Namen verdankt er zwei guten Naturhäfen. Seit Entdeckung der landschaftlichen Reize des hiesigen Seeufers spielt der Tourismus eine Rolle. Die Siedlung entstand im 19. Jh., nachdem die **Duluth & Iron Range Railroad** 1874 ihre Gleise bis in die Agate Bay verlegt hatte und Eisenerz aus der Mesabi Range hierher transportierte. Auch wurden von hier aus riesige Mengen Holz verschifft. Als die Rohstoffvorkommen im 20. Jh. allmählich zur Neige gingen, war glücklicherweise ein technisches Verfahren erfunden, das die Stahlproduktion auch aus weniger gehaltvollen Erzen ermöglichte. 1955 nahm in **Silver Bay** die erste Verarbeitungsanlage für diese Erze den Betrieb auf.

◄ Two Harbors Historic Railway Station

Im alten Bahnhof informiert eine Ausstellung über die Entwicklung von Eisenerzbergbau und Holzwirtschaft. Davor erinnern zwei Dampfloks an frühere Jahre: Rund 30 Jahre lang zog die »Three Spot« Erzzüge aus den Mesabi-Gruben nach Two Harbors; die »Mallet 221« gehört zu den größten Dampfloks der Welt und war von 1941 bis 1963 im Einsatz. Der Bahnhof ist Endstation von Museumszügen der North Shore Scenic Railroad, die von Ende Mai bis Anfang September zwischen Duluth und Two Harbors verkehren (Auskunft: North Shore Scenic Railroad, 506 W. Michigan St., Duluth).

◄ North Shore Scenic Railroad

Ore Docks ► In der Agate Bay entladen Erzzüge ihre Fracht in 6 riesigen Docks. An die »gute alte« Zeit erinnert ein Schleppkahn, der 1896 bei der Cleveland Shipbuilding Company gebaut worden ist. Dieses letzte Dampfschiff der Großen Seen, das gelegentlich auch als Eisbrecher fungierte, wurde 1981 außer Dienst gestellt.

★★ Ely · Boundary Waters

D 2/3

Bundesstaat: Minnesota
Höhe: 432 m ü.d.M.
Einwohnerzahl: 4000

Die von Wäldern und Seen umgebene Kleinstadt ist das südliche Einfallstor zur grenzüberschreitenden Boundary Waters Canoe Area Wilderness. Diverse Ausrüster, Kanuverleiher und Veranstalter von Paddeltouren bieten ihre Dienste an.

★★ Naturraum

Einst zogen hier nur Pelzhändler und Trapper durch auf der Suche nach Bären, Bibern und anderen Tieren mit wertvollen Fellen. Nach ersten Gerüchten über Goldfunde gegen Ende des 19. Jh. stieg die Zahl der Siedler drastisch an. Doch Gold gab es wenig, dafür umso mehr Eisenerz. Seit die Rohstoffvorkommen weitgehend ausgebeutet sind, ziehen die mehr als 3000 Seen mit über 2400 km markierten Wasserwegen der Boundary Waters Urlauber und Naturliebhaber an.

Unter Kanuten als Geheimtipp gehandelt: die Boundary Waters

ELY / BOUNDARY WATERS ERLEBEN

AUSKUNFT

Ely Chamber of Commerce
1600 E. Sheridan Street
Ely, MN 55731
Tel. (218) 365-61 23
www.ely.org

KANUAUSRÜSTER

Williams & Hall Wilderness Outfitters
14694 Vosburgh Road
P. O. Box 358, Ely, MN 55731
Öffnungszeiten: Mai – Mitte Sept.
Information und Verleih von kompletten Ausrüstungen inklusive Kanu, Zelt und Proviant.

ESSEN

▸ **Erschwinglich**

The Chocolate Moose
101 N. Central Avenue
Ely, MN
Tel. (218) 365-63 43
Öffnungszeiten: Sommer tgl. 7.00 bis 21.00, Herbst tgl. 8.00 – 20.00 Uhr.
Im ausgesprochen urigen Blockhaus gibt es schon morgens ein kräftiges Frühstück. Abends delikate Küche mit frischen Zutaten, aber auch Buffalo Burger.

ÜBERNACHTEN

▸ **Komfortabel**

Grand Ely Lodge Resort
400 N. Pioneer Road
Ely, MN
Tel. (218) 365-65 65
www.grandelylodge.com
Das rustikal-elegante Hotel mit 60 Zimmern und Suiten liegt direkt am Shagawa Lake bzw. am Nordrand der Siedlung Ely.

Das Kanutenparadies setzt sich in der nördlich angrenzenden kanadischen Provinz Ontario mit dem ausgedehnten Quetico Provincial Park fort.

Sehenswertes in Ely und Umgebung

★ International Wolf Center

Hier kann man sich über die Wölfe Nordamerika informieren. Im angeschlossenen Freigelände lässt sich ein **Rudel Wölfe** beobachten (1396 SR 169; Mitte Mai – Ende Sept. tgl. 10.00 – 17.00, sonst nur Fr. u. Sa. 10.00 – 17.00 Uhr).

Ely/Winton History Museum

Hier wird die **Geschichte der Region** aufgeblättert, von der indianischen Besiedlung vor ca. 12 000 Jahren, bis zu Pelzhandel, Bergbau, Holzwirtschaft und zur Entwicklung der Boundary Waters zum Freizeitparadies (1900 E. Camp St.; Mo. – Fr. 10.00 – 16.00 Uhr).

Soudan Underground Mine State Park

Am Ufer des Lake Vermillion – knapp 25 mi/40 km südwestlich von Ely – erstreckt sich das Gelände eines inzwischen **stillgelegten Eisenerzbergbaus** mit bis zu 800 tiefen Schächten. Von diesen sind einige zur Besichtigung hergerichtet (Mai – Sept. tgl. 9.30 – 17.30 Uhr, sonst nur an Wochenenden).

★ Erie

P 8

Bundesstaat: Pennsylvania
Höhe: 227 m ü.d.M.
Einwohner: 104 000

Erie ist die drittgrößte Stadt und einziger Hafen des Bundesstaats an den Großen Seen, zugleich deren bester Naturhafen, wird er doch hervorragend geschützt durch die Presque Isle.

Seekrieg im Binnenland

Stadt und See verdanken ihren Namen dem Stamm der Erie, den im 17. Jh. die Seneca ausrotteten. Die Stadt entstand um das 1753 von den Franzosen erbaute Fort Presque Isle, das die Briten sechs Jahre später übernahmen. 1813 baute **Commodore Oliver Hazard Perry** auf der Presque Isle Bay eine neun Schiffe große Flotte, mit der er auf dem See gegen die Briten vorging. Der Großraum Erie ist heute ein florierendes Industriezentrum.

Sehenswertes in Erie und Umgebung

Die Vergangenheit als reiche Hafenstadt spiegelt sich entlang der State Street und der West 6th Street rund um den **Perry Square**, besonders in dem mit dorischen Säulen verzierten Custom House und dem Cashier's House, beide von 1839. Im Custom House aus Vermont-Marmor, früher Bank, veranstaltet nun das **Erie Art Museum** seine Ausstellungen. Im Cashier's House zeigt das **Erie County History Center** (419 State St.; zurzeit wegen Renovierung geschlossen) eine historische Sammlung und bietet Führungen durch recht opulent eingerichtete Räume, die der Bankdirektor bewohnte.

> ! *Baedeker* TIPP
>
> **Weinpfad auf amerikanisch**
>
> Nordöstlich von Erie ist seit einiger Zeit der 40 mi/65 km lange »Chautauqua – Lake Erie Wine Trail« ausgewiesen. Er führt am bekannten Winzerdorf North East sowie an gut einem Dutzend Weingütern vorbei, von denen einige zur fröhlichen Einkehr mit Weinprobe einladen. Auskünfte erteilt: www.chautauquawinetrail.org

Watson-Curtze Mansion

Einen Eindruck vom Wohlstand der Oberschicht dieser Stadt vermitteln die 24 Zimmer der herrschaftlichen Villa des Industriellen Harrison F. Watson (356 W. 6th St.; Mi. – Sa. 11.00 – 16.00, So. 13.00 bis 16.00 Uhr). Im ehem. Kutschenhaus ist ein Planetarium eingerichtet.

★ Maritime Museum

Viel Wissenswertes zur Schifffahrt auf dem Lake Erie erfährt man im Maritime Museum am Ufer der Presque Isle Bay. Dazu gehört auch die »USS Wolverine«, die 1844 als erstes US-Kriegsschiff mit Stahlrumpf vom Stapel lief. Höhepunkt der Sammlung ist aber die **»Niagara«**, das Flaggschiff von Perrys Flotte, mit der er am 10. September 1813 sechs große britische Kriegsschiffe zur Kapitulation zwang. Die

Erie Orientierung

Übernachten
① Grape Arbor B&B

Essen
① Matthew's Restaurant ② Pufferbelly

1820 in der Misery Bay versenkte Brigg wurde 1913 gehoben und restauriert, zerfiel aber wieder. Deshalb wurde sie 1988 als seetüchtiges Segelschulschiff erneut gebaut und ist heute häufig auf See (150 E. Front St.; April – Okt. Mo. – Sa. 9.00 – 17.00, So. 12.00 – 17.00, Nov. – März Do. – Sa. 9.00 – 17.00 Uhr).

★ **Presque Isle State Park**

Im Presque Isle State Park erholen sich die Bürger von Erie. Die Halbinsel streckt sich 11 km weit in den See hinein, umschließt wie eine schützende Hand die Presque Isle Bay und bildet so den Naturhafen von Erie. Ihre kilometerlangen breiten Sandstrände brauchen einen Vergleich mit Meeresstränden nicht zu scheuen und Romanti-

◄ weiter auf S. 278

Die Mazza Vineyards sind bekannt für beste Tropfen.

DER WEIN, DER AUS DER KÄLTE KOMMT

Mit einiger Verwunderung nimmt der Tourist aus der Alten Welt wahr, dass an den Großen Seen – insbesondere am Eriesee – Wein angebaut wird und dass es dort überraschend viele Kellereien gibt. Schließlich hat man doch im Geografie-Unterricht gelernt, dass es an den Großen Seen im Winter bitter kalt und im Sommer extrem heiß sein kann. Und dennoch gedeihen hier Weinreben, die im Herbst saftig-süße Trauben tragen.

Die am weitesten verbreitete heimische Rebe ist **Vitis labrusca**. Aus ihren Trauben kelterten schon die ersten weißen Siedler Wein. Allerdings war das Ergebnis oft nicht sehr zufriedenstellend. Also versuchten sie es mit europäischen Reben. Diese gingen aber wegen des Reblaus-Befalls ein. Dem heimischen Vitis labrusca aber konnten die Rebläuse nichts anhaben. Nach recht langwierigen Kreuzungen, Züchtungen und sonstigen Versuchen gelang es, europäische Reiser auf amerikanische Reben aufzupfropfen. Damit stand der Weinproduktion nach europäischer Manier nichts mehr im Wege.

Günstiges Klima

Der meiste Wein der Region wird rund um den Eriesee angebaut. Hier wirkt sich der klimatische Unbilden mäßigende Einfluss der Großen Seen besonders nachhaltig aus. Die Winter sind am Eriesee nicht so streng wie anderswo, und selbst im heißesten Sommer gibt es noch genügend Feuchtigkeit für die Rebstöcke.

Rebsorten

Ein großer Teil der Rebfläche wird für die Gewinnung von Tafeltrauben genutzt. Dies gilt vor allem für die heimische Vitis labrusca, deren Trauben vornehmlich zu Säften und Konfitüren verarbeitet werden. Verschiedentlich werden Labrusca-Trauben aber auch zur Erzeugung von einfachen, eigenartig süßlich schmeckenden Tafelweinen verwendet. Vorzügliche Weine liefern Kreuzungen verschiedener amerikanischer Rebsorten, so etwa **Concord** und **Niagara**2 Aus Concord-Trauben wird an manchen Orten ein süßer koscherer Wein gekeltert. Seit einiger Zeit werden beste Weine produziert aus Trauben, die von einer Kreuzung der amerikanischen Vitis labrusca und der europäischen **Vinifera** stammen.

Die Besten

Die besten Weine der Anbauregion Eriesee sind in erster Linie **Chardonnay**, aber auch **Cabernet Sauvignon, Sauvignon Blanc, Pinot Blanc** und auch **Riesling**. Einige Winzer bauen sogar **Gewürztraminer** an. Was den Eriesee-Riesling betrifft, so gibt es eher süße, aber auch trockene Weine. Manche Weinkenner sind gar der Auffassung, dass die besten trockenen Weißweine Nordamerikas von der am Eriesee gedeihenden Chardonnay-Traube kommen. Diese werden als sehr elegant und leicht beschrieben.

Eiswein

Unter polyglotten Weinzähnen erfreut sich der Eiswein vom Eriesee allergrößter Wertschätzung. Eiswein kann hier praktisch jedes Jahr gekeltert werden. In en meisten Fällen werden **Vidal-Trauben** bei ziemlich frostigen Temperaturen gelesen. Sie geben den Grundstoff für wundervolle Dessertweine ab.

Rotwein

Auch gute Rotweine sind am Eriesee zu haben. Es sind meist leichte Weine von **Cabernet Franc** und **Merlot**. Jedoch sind die köstlichen Tropfen vom Eriesee nicht gerade billig. Die Nachfrage der betuchten Kundschaft aus den nahen Großstädten steigt seit Jahren stark an.

Gute Jahrgänge und Adressen

Besonders gute Eriesee-Weinjahrgänge sind 1991, 1992 und 1993. Dies gilt praktisch für alle Gewächse. Außerdem ist der Eiwein des Jahres 1994 nicht zu verachten.

Viel Wein wird im Raum **Geneva** angebaut. Nordöstlich von Erie erreicht man den freundlichen Winzerort **North East**. Hier wird u. a. Chardonnay, Pinot Noir und Riesling kultiviert. Weit verbreitet ist die Concord-Rebe. Übrigens: Gleich mehrere Weingüter laden hier zur Weinprobe ein (Adressen ► Erie erleben, S. 278)

ERIE ERLEBEN

AUSKUNFT

Visit Erie
208 E. Bayfront Pkwy., Ste. 103
Erie, PA 16507
Tel. 1-800-524-3743
www.visiteriepa.com

ESSEN

► Erschwinglich

① *Matthew's*
153 E. 13th Street
Tel. (814) 459-6458
Diese »Trattoria & Martini Lounge« ist in einem ehemaligen Gewerbebetrieb eingerichtet. Zu tollen Drinks gibt es leckere Tapas und andere kleine Speisen. Es herrscht eine ausgesprochen entspannte Atmosphäre.

► Preiswert

② *The Pufferbelly*
414 French St., Tel. 1-814-454-1557
Café-Restaurant mit allen amerikanischen Klassikern von Steaks und Salaten bis Burger.

ÜBERNACHTEN

► Günstig

① *Grape Arbor Bed & Breakfast*
51 East Main Street
North East, PA 16428
Tel. 1-814-725-0048
www.grapearborbandb.com
7 Zimmer verteilen sich auf das Bester Town Home (1832; schöner Giebel) und das Hampson Home (1835).

WEINGÜTER IN NORTH EAST

Penn Shore Winery (10225 E. Lake Rd. / PA 5)
Heritage Wine Cellars (2162 E. Main Rd. / US 20)
Presque Isle Wine Cellars (9440 W. Main Rd.)
Mazza Wineyards (11815 E. Lake Rd. / PA 5)
Arrowhead Wine Cellars (12073 E. Main Rd.)
Schloss Doepken Winery (9177 Old Route 20, Ripley, NY)

ker werden ihre helle Freude an den Sonnenuntergängen über dem See haben. Das Presque Ile Lighthouse von 1866 steht an Stelle des ersten, 1813 gebauten Leuchtfeuers an den Großen Seen. An der Misery Bay erinnert ein Denkmal an Oliver Hazard Perry.

Waldameer Park & Water World ►

An der Zufahrt zur Halbinsel bietet der Waldameer Park & Water World ein typisches ud berites Spektrum an US-Freizeitvergnügen. Mit über 65 Wasserrutschen und sonstigen Attraktionen zählt der Park zu den größten dieser Art in den USA (Öffnungszeiten wechselnd Memorial Day – Labor Day, www.waldameer.com).

Drake Well Museum

Die **erste kommerzielle Ölquelle der Welt** wurde im Jahre 1859 bei **Titusville** (etwa 44 mi/70 km südlich von Erie) in Pennsylvania angebohrt. Das dortige Museum zeigt nicht nur alte Gerätschaften, sondern erläutert auch die Auswirkungen der historischen Tat (Mai Di. – Sa. 9.00 – 17.00, Juni – Okt. Di. – Sa. 9.00 – 17.00, So. 12.00 bis 17.00 Uhr).

★ Finger Lakes

E/F 6

Bundesstaat: New York **Höhe:** 136 – 334 m ü.d.M.

Wie die Finger zweier Hände greifen die Finger Lakes vom Süden des Ontariosees her hinein in eine der schönsten Landschaften des Nordostens: Wälder, Milchbauernhöfe, hübsche Städtchen am Seeufer und – Weingärten, denn die Region ist nach Kalifornien das zweitgrößte Weinanbaugebiet der USA.

Von der Eiszeit geformt

Der längste der zwischen Rochester und Syracuse liegenden elf Seen ist der 64 km lange Cayuga Lake, der tiefste der knapp 200 m tiefe Seneca Lake, der kleinste der gerade 5 km lange Canadice Lake und als den hübschesten empfinden viele den Keuka Lake. Die Finger Lakes gelten als Musterbeispiele von Gletscherzungenbecken, die in der Wisconsin-Kaltzeit vor ungefähr 10 000 Jahren von den Eismassen ausgehobelt worden sind. Hier lebten Waldlandindianer, teils Algonquin und teils Irokesen; im 16. Jh. gewannen letztere die Oberhand und machten die Region zu ihrem Siedlungsschwerpunkt.
Bereits in den 1820er-Jahren begann am Keuka Lake der Weinbau. Heute produzieren über 70 Kellereien Weine, vor allem an den sonnenbeschienenen Hängen von Seneca Lake, Cayuga Lake, Keuka Lake und Canandaigua Lake. In der Region sind zwei Dutzend State Parks ausgewiesen, die reichlich Gelegenheit zum Wassersport, Mountainbiken, Wandern und Reiten bieten.

Die Weine aus Glenora haben schon manchen Preis gewonnen.

Finger Lakes *Orientierung*

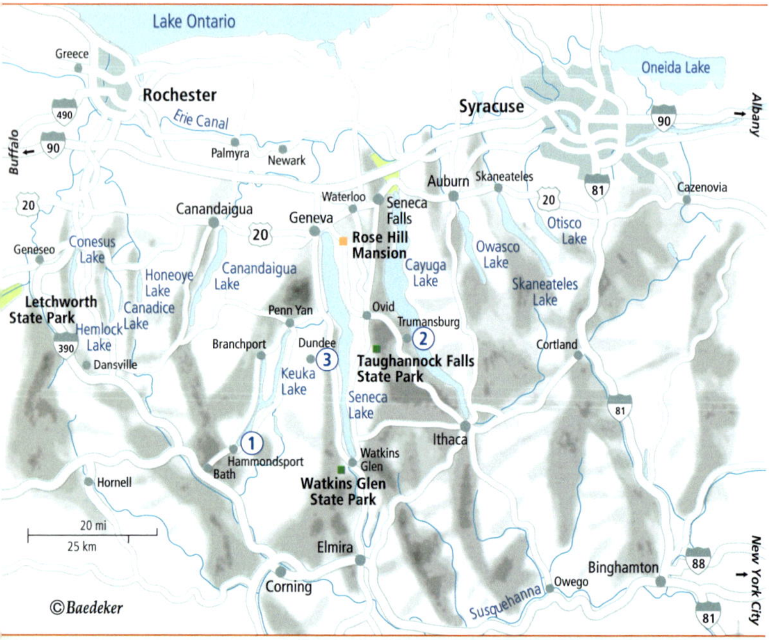

Essen

① Village Tavern ② Taughannock Farms Inn ③ Inn at Glenora Wine Cellars

Östliche Finger Lakes Region

Auburn

Harriet Tubman Home ►

Auburn (30 000 Einw.) ist die größte Siedlung der östlichen Finger Lakes Region und war im 19. Jh. Station der »Underground Railroad«, einer Kette von Verstecken, durch die befreite Sklaven ins sichere Kanada gebracht wurden. Harriet Tubman, 1849 selbst der Sklaverei entkommen, schleuste allein 300 Menschen durch. Ihr Haus kann besichtigt werden (180 South St.; Di.–Fr. 11.00–16.00 Uhr). Weiterhin sehenswert: in der Nelson St. die Willard Memorial Chapel, **die einzige erhaltene Innengestaltung von Louis Comfort Tiffany**, und das Haus von William H. Seward, Abraham Lincolns Außenminister, der den Kauf Alaskas einfädelte (33 South St.).

Seneca Falls

15 mi / 24 km westlich von Auburn erreicht man Seneca Falls, bekannt geworden durch das **U.S. Women's Suffrage Movement**, das sich den Kampf für das Frauenwahlrecht auf die Fahnen geschrieben hatte. Ihre erste Versammlung hielten die streitbaren Damen im Juli 1848 in der Wesleyan Methodist Chapel ab, die heute das Herzstück

des Women's Rights National Historical Park ist (136 Fall St.; tgl. 9.00 – 17.00 Uhr). ⌚

◄ Montezuma National Wildlife Refuge

Dieses Marschengebiet am Nordufer des Cayuga Lake steuern Zugvögel auf ihrem Weg von und nach Kanada an – ein idealer Ort zum Beobachten. Alles Wichtige erfährt man im Visitor Center, auch den Nistplatz des Weißkopf-Seeadlers.

★ **Ithaca**

Bei Ithacaam Südzipfel des Cayuga Lake gibt sich die Landschaft fast schon spektakulär. Berühmt wurde der Ort durch die 1865 gegründete Cornell University. Der Campus liegt hoch über der Stadt und nicht nur der Aussicht wegen sollte man den Weg durch die Cascadilla Gorge heraufkommen, sondern auch, um die gute Sammlung vor allem asiatischer Kunst des **Herbert F. Johnson Museum of Art** zu sehen (University Ave.; Di. – So. 10.00 – 17.00 Uhr). ⌚ Die Cornell Plantations präsentieren sich als gepflegter botanischer Garten, hervorgegangen aus dem 1875 angelegten Arboretum der Universität. Kindern wird ein Besuch im neuen **Museum of the Earth** gefallen, denn dort können sie Dino-Skelette bestaunen und im Sommer sogar »echte« Fossilien ausgraben (1259 Trumansburg Rd.; Sommer ⌚ Mo. – Sa. 10.00 – 17.00, So. 11.00 – 17.00, Winter nur Do. – So.).

FINGER LAKES ERLEBEN

AUSKUNFT

Finger Lakes Tourism Alliance
309 Lake St.
Penn Yan, NY 14527
Tel. (315) 536-7488
www.fingerlakes.org

ESSEN / ÜBERNACHTEN

► Erschwinglich / Komfortabel

① ***Village Tavern Restaurant & Inn***
30 Mechanic St.
Hammondsport, NY 14840
Tel. 1-607-569-2528
www.villagetaverninn.com
Familienbetrieb am Südufer des Lake Keuka mit schmackhafter amerikanischer Küche und vielen Fischspezialitäten. Riesige Auswahl an Weinen der Finger Lake Region (und riesige Bierauswahl). Vier kuschelige Zimmer zum Übernachten.

② ***Taughannock Farms Inn***
2030 Gorge Rd., Trumansburg
NY 14886
Tel. (607) 387-7711
www.t-farms.com
Man kann auswählen zwischen dem alten Inn von 1873 und drei Gästehäusern, von denen zwei in älteren Gebäuden eingerichtet sind. Wunderschöne Ausblicke auf den Lake Cayuga. Das Inn ist auch sehr beliebt wegen seiner üppigen Mahlzeiten.

③ ***Inn at Glenora Wine Cellars***
5435 Rte. 14, Dundee, NY 14837
Tel. (607) 243-9500
www.glenora.com
30 Z. Recht neues Hotel am Westufer des Seneca Lake inmitten der Weinberge der Glenora Cellars, deren Weine im sehr guten Restaurant ausgeschenkt werden.

SHOPPING

Glas in Corning und natürlich Wein (►Tipp S. 280)

Taughannock Falls State Park ► Ca. 8 mi / 13 km nördlich stürzt der Taughannock Creek über einen 65 m hohen Wasserfall. Der Canyon ist Kern eines Naturschutzgebiets, das bis zum Badestrand am Cayuga Lake hinunterreicht.

Westliche Finger Lakes Region

✶ **Geneva** Am Nordufer des Seneca Lake liegt das noble Geneva. Nicht von ungefähr hat man den Namen der berühmten Stadt am Genfer See gewählt. Denn Ende des 18. Jh.s zog die Stadt mit dem hübschen Pulteney Park viele Reiche aus den Süd- und den Neuenglandstaaten an, die sich Sommervillen errichten ließen, z. B. an der South Main Street. Ja sogar ein Opernhaus konnte man sich 1894 leisten, das prächtige **Smith Opera House**, heute Kino und Konzertsaal. Noch einiges von der früheren Noblesse strahlt auch das 1829 im Federal Style erbaute **Prouty-Chew House** an der Main Street aus (Di. – Fr. 9.30 – 16.30, Sa. ab 13.30, Juli / Aug. auch So. 13.30 – 16.30 Uhr).

! Baedeker TIPP

Wine Trails

Die Weine der Finger Lakes Region können sich durchaus mit der Konkurrenz aus Kalifornien messen. Auf eigene Faust lassen sie sich auf den Wine Trails von Cayuga, Seneca, Keuka und Canandaigua erkunden. Broschüren mit Karten und Adressen von Weingütern gibt es vor Ort.

✶ **Seneca Lake** Von Geneva aus lohnt eine Rundfahrt um Seneca Lake, vor allem auch zu den Weinkellereien an der Südspitze. Einen besonders schönen Blick auf den See genießt man von der **Rose Hill Mansion** 3 mi / 5 km östlich von Geneva, einem sehr eleganten, 1839 im Greek Revival Style errichteten Herrenhaus (Mai – Okt. Mo. – Sa. 10.00 bis 16.00, So. 13.00 – 17.00 Uhr).

Canandaigua Einen »guten Platz zum Wohnen« findet man 17 mi / 27 km westlich von Geneva, denn so heißt der Ort in der Sprache der Seneca.

Sonnenberg Gardens & Mansion ► Die wichtigste Sehenswürdigkeit von Canandaigua ist dieses Anwesen, wo rund um einen 1887 fertig gestellten noblen Herrensitz neun ganz unterschiedliche Themengärten gestaltet wurden; auch Weine kann man probieren (151 Charlotte St.; Aug. tgl. 9.30 – 17.30, Sept. / Okt. tgl. 9.30 – 16.30 Uhr).

Granger Homestead & Carriage Museum ► Auf dem Hof von Gideon Granger – er war Postminister unter den Präsidenten Jefferson und Madison – kann man von Mai bis Oktober etliche alte Pferdefuhrwerke bestaunen.

Ganondagan State Historic Site ► Wer sich für die indianische Urbevölkerung interessiert: In der Ganondagan State Historic Site nordöstlich des Städtchens ist ein Langhaus der Seneca nachgebaut.

Elmira Das am Chemung River südlich der Seen gelegene Elmira ist als **Segelflughauptstadt der USA** bekannt. Ihre Blüte erlebte die Stadt im 19. Jh., wie die zahlreichen schmucken viktorianischen Bauten im Westside Historic District zeigen. Weltruhm erlangte Elmira durch

Mark Twain, der hier seine spätere Frau traf und lange Zeit hier verbrachte. Dabei schrieb er große Teile der »Abenteuer des Huckleberry Finn«. Im **Elmira College** kann man sein Arbeitszimmer besichtigen (1 Park Pl.; Sommer Mo. – Sa. 9.00 – 17.00, So. 12.00 – 17.00, Winter Sa. 9.00 – 17.00, So. 12.00 – 17.00 Uhr). Das Ehepaar Twain ist auf dem **Woodlawn Cemetery** bestattet.

Flugzeugenthusiasten werden in der Umgebung fündig: Das täglich geöffnete **Wings of Eagle Museum** (5 mi / 8 km nördlich beim Regionalflughafen) stellt über 30 teils flugfähige Militärmaschinen aus; nordwestlich außerhalb der Stadt findet man im **National Soaring Museum** eine der größten Sammlungen von Segelflugzeugen, das älteste von 1896 (51 Soaring Hill Dr.; Mo. – Fr. 10.00 – 17.00 Uhr).

◄ Flugzeugmuseum

Corning

Ohne Corning gäbe es Corning nicht – das Städtchen westlich von Elmira lebt mit und arbeitet für die Corning Inc., einen der führenden Hersteller für Glas und optische Werkstoffe. Die »Glashauptstadt der Welt« zieht Jahr für Jahr mehrere hunderttausend Besucher an, die das Corning Museum of Glass sehen wollen, das wohl beste Museum dieser Art weltweit. Es informiert über die 3500 Jahre alte Kunst der Glasmacher und Glasbläser. Highlights sind u. a. Stücke aus dem alten Ägypten sowie aus dem Römischen Reich; genauso schön aber auch **die weltgrößte Sammlung gläserner Briefbeschwerer**. Selbstverständlich kann man beim Glasblasen zusehen und sich auch selbst daran versuchen (I-86, Exit 46, 1 Museum Way; tgl. 9.00 bis 17.00, Juli / Aug. bis 20.00 Uhr).

★ ★ ◄ Corning Museum of Glass

In der City Hall von 1893 zeigt das Rockwell Museum seine großartige **Western-Art-Sammlung**, u. a. Werke von Remington und Russell (111 Cedar St.; tgl. 9.00 – 17.00, Sommer bis 20.00 Uhr).

★ ◄ Rockwell Museum

★ **Watkins Glen State Park**

An der Südspitze des Seneca Lake liegt der wildromantische Watkins Glen State Park. Hier tost der Glen Creek durch eine tiefe Schlucht und stürzt sich dabei recht spektakulär über eine Treppe von 19 Wasserfällen. In ca. einer Stunde hat man die Schlucht auf den ausgewiesenen Pfaden erkundet.

★ Grand Portage

F 3

Bundesstaat: Minnesota **Einwohnerzahl:** 560
Höhe: 186 m ü.d.M.

Eigentlich ist die »Große Tragestrecke« ein mehrere Meilen langer Pfad, auf dem frankokanadische Voyageurs Kanus samt Fracht von den Seen im heutigen kanadisch-US-amerikanischen Grenzgebiet bis zum befestigten Stützpunkt am Oberen See trugen. Die restaurierten Blockhäuser und Palisaden stehen unter Denkmalschutz.

GRAND PORTAGE ERLEBEN

AUSKUNFT

Grand Portage National Monument
170 Mile Creek Road
Grand Portage, MN 55605
Tel. (218) 475-0123
www.nps.gov/grpo

ÜBERNACHTEN · ESSEN

► **Komfortabel / Günstig**
Grand Portage Lodge & Casino
80 Casino Drive
Grand Portage, MN 55605
Tel. (218) 475-2401
www.grandportage.com
Von allen 100 Zimmern und Suiten hat man einen zauberhaften Blick auf den Oberen See.
Gemütlich und wirklich gut speist man im hübsch gemütlichen »Island View Dining Room«. Und wer gerne Poker, Keno etc. spielt, kann dies im hauseigenen Spielkasino tun.

Vom Pelzhändler-Stützpunkt zum Freizeit-Kanuten-Treff

Im äußersten Nordosten des North Shore gelegen (und heute nur wenige Kilometer von der kanadischen Grenze entfernt) war Grand Portage schon vor über 250 Jahren ein wichtiger Ort für Pelzhändler. Er liegt am Übergang von den Großen Seen zu den weiter nach Westen leitenden Wasserwegen Nord-Minnesotas und West-Ontarios. Der **Pigeon River**, der hier in den Oberen See mündet, ist auf einem 9 mi/14 km langen Abschnitt von bis zu 40 m hohen Wasserfällen und Stromschnellen durchsetzt, die per Kanu nicht bewältigt werden konnten. So waren Pelzhändler (und Indianer) gezwungen, ihr Hab und Gut um diesen Engpass zu tragen. Der von Wäldern und Wasser umgebene Ort bestand im Jahre 1793 lediglich aus 16 Gebäuden. Daran hat sich bis heute wenig geändert.

! Baedeker TIPP

Auf den Spuren der Voyageurs

Ein 8,5 mi/14 km langer Wanderpfad folgt den Spuren der Voyageurs von den Gestaden des Oberen Sees hinüber zum Pigeon River.

Als erster Europäer bewältigte 1731 der französische Adlige Pierre Gaultier de Varennes, Sieur de La Verendrye, die Passage von Grand Portage. Sowohl er als auch spätere Voyageurs lernten von den Einheimischen, wie die Stromschnellen mit geschulterten Kanus am leichtesten zu umgehen waren. Das Seeufer bei Grand Portage entwickelte sich in den folgenden eineinhalb Jahrhunderten zu einem zentralen Umschlagplatz für Pelze. Die wertvolle Fracht wurde auf größere Kanus und Schiffe umgeladen und weiter nach Osten transportiert. Allerdings ging der Pelzhandel bereits in den 1820er-Jahren zurück, weil die Pelztiere durch übermäßige Jagd dezimiert waren.
In den letzten Jahren entdeckten Outdoor-Freaks das wenig erschlossene Gebiet für sich. Die **Boundary Waters**, die im Hinterland von Grand Portage die US-amerikanisch-kanadische Grenze bilden, sind heute eines der beliebtesten Kanureviere Nordamerikas.

Gut restauriert ist das einstige Fort der North West Company.

Sehenswertes in Grand Portage und Umgebung

★★ **Grand Portage National Monument**

Bereits in den 1930er-Jahren begannen Archäologen in der Grand Portage Indian Reservation mit der Rekonstruktion des ehemaligen Hauptquartiers der North West Company, die jahrzehntelang den Pelzhandel beherrscht hatte. Heute gibt es hier eine Handvoll einfacher Blockhäuser, die teilweise innerhalb eines hohen Palisadenzaunes stehen. Die meisten archäologischen Funde sind zwar im Museum der Historical Society in St. Paul ausgestellt, doch einige davon sind auch in den hiesigen Vitrinen zu sehen. Kostümierte bieten »Living History« (Mitte Mai – Mitte Okt. tgl. 9.00 – 17.00 Uhr).

Grand Marais

Ca. 33 mi/53 km südwestlich von Grand Portage liegt das 1300-Einwohner-Städtchen Grand Marais. Die isolierte Lage machte den Ort schon vor vielen Jahren auch für Urlauber interessant. Zahlreiche Kanu-Outfitter bieten heute ihre Dienste an. Und seit Jahrzehnten ist Grand Marais auch Zufluchtsort für zivilisationskritische Künstler, die hier mit Konzerten und Ausstellungen an die Öffentlichkeit treten. So gibt es hier auch ein Theater und Ausbildungsmöglichkeiten für junge Künstler sowie eine Vielzahl von Galerien.

★ **Gunflint Trail**

Ein großes Schild in Form eines Kanus weist an der Durchgangsstraße MN-61 auf den Beginn des Gunflint Trail hin. Diese Route ist mit der County Road 12 identisch, die von Grand Marais zum 63 mi/100 km landeinwärts an der kanadischen Grenze gelegenen Lake Saganaga führt. Der Reiz des Trails liegt weniger in der Strecke selbst, sondern in der Vielzahl von Outdoor-Möglichkeiten, die sich unterwegs anbieten. Im Sommer sind die Boundary Waters mit ihren vielen Seen und Weihern bevorzugtes Terrain für Kanu- und Kajakfahrer, im Herbst locken die zauberhaft gefärbten Wälder Wanderer und Fotografen an, während in der kalten Jahreszeit Langläufer, Snowmobilisten und Hundeschlittenführer auf ihre Kosten kommen.

★ Grand Rapids

K 7/8

Bundesstaat: Michigan (Lower Peninsula)
Höhe: 200 m ü.d.M.

Einwohnerzahl: 194 000 (Metropolitan Area: ca. 800 000)

Mit der gebändigten Wasserkraft des Grand River und dem Holzreichtum der Wälder war es fast unausweichlich, dass sich Grand Rapids im östlichen Hinterland des Michigansees zu einem wohlhabenden Zentrum der Holz- und Möbelindustrie entwickelte. Im hiesigen Skulpturenpark kann man Arbeiten von Auguste Rodin, Henry Moore und Claes Oldenburg bewundern.

Möbelhauptstadt der USA

Im Westen der Lower Michigan Peninsula, etwa 25 mi / 40 km östlich landeinwärts vom Michigansee bzw. rund 150 mi / 240 km nordwestlich von Detroit, stürzt der wasserreiche Grand River über kleinere Wasserfälle bzw. Stromschnellen zu Tal. Lange vor der Ankunft der ersten Weißen tauschten Indianer hier Waren. 1826 gründete der Voyageur Louis Campau einen Handelsposten. Es dauerte dann noch einige Zeit, bis Einwanderer aus den Niederlanden das wirtschaftlichen Potenzial dieser Gegend erkannten: Wasserkraft und Holzreichtum. Bald nach den ersten Sägewerken entstanden erste Möbelfabriken. Grand Rapids wurde zur »Furniture Capital of America«. Nach dem Ersten Weltkrieg holte die Metallindustrie auf und übeflügelte bald die Holzindustrie. Heute floriert in Michigans zweitgrößter Stadt auch der Obst- und Gartenbau.

Downtown

★ Riverwalk

Vom Grand River, an dem in den letzten Jahren einige architektonisch interessante Museumsbauten errichtet worden sind, hat man einen schönen Blick auf die Silhouette der Innenstadt. Am Fluss hatte auch Louis Campau 1826 seinen Pelzhandelsposten eingerichtet. In Höhe der 6th Street befindet sich ein Damm, der von einer Fischleiter umgangen wird. Hier kann man während der Laichsaison Forellen und Lachse springen sehen.

Art Museum

Hauptsehenswürdigkeit im von modernen Hochhäusern geprägten Stadtzentrum ist das Kunstmuseum der Stadt, das einige imposante Renaissance-Kunstwerke sowie Gemälde namhafter deutscher, französischer und amerikanischer Künstler vorstellt (101 Monroe Center; Di. – Sa. 10.00 – 17.00, Fr. bis 21.00, So. 12.00 – 17.00 Uhr).

La Grande Vitesse

Schon von weitem sieht man die leuchtend rote, vom berühmten **Alexander Calder** mit Bezug auf die früheren Stromschnellen geschaffene Skulptur, um die herum alljährlich das »Festival of the Arts» abgehalten wird.

GRAND RAPIDS ERLEBEN

AUSKUNFT

*Grand Rapids/
Kent County CVB*
171 Monroe Ave. N.W.
Suite 700
Grand Rapids, MI
Tel. (616) 459-8287
www.visitgrandrapids.org.

EVENT

Festival of the Arts
Musikalisch-kulinarisches Stadtfest an einem Wochenende im Juni.

ESSEN

► Fein & teuer

Cygnus
Pearl St./Monroe Ave.
Tel. (616) 776-6425
Innovative amerikanische Küche und elegante Atmosphäre in den obersten Etagen des »Amway Grand Plaza Hotel«.

► Erschwinglich/Preiswert

Schnitzelbank
342 Jefferson Ave.
Tel. (616) 459-9527
Schnitzel mit Rotkohl und danach Apfelstrudel werden hier seit Jahrzehnten serviert.

ÜBERNACHTEN

► Luxus

Amway Grand Plaza
187 Monroe Avenue NW
Tel. (616) 774-2000
www.amwaygrand.com
682 Zimmer und Suiten. Mitten in der Stadt am Ufer des Grand River steht das bestens ausgestattete Hotel.

► Komfortabel

Peaches B & B
29 Gay Street SE
Tel. (616) 454-8000
www.peaches-inn.com
5 Zimmer. Auf dem Heritage Hill, in der Nachbarschaft denkmalgeschützter Villen, findet man dieses im Georgian Style errichtete Haus. Jane E. Lovett hat fünf geräumige Gästezimmer wirklich geschmackvoll eingerichtet und versteht es, mit einem tollen Frühstück zu verwöhnen.

Van Andel Museum Center

Folgt man der Pearl Street in westlicher Richtung über den Fluss, so erreicht man das Van Andel Museum, in dem man sich mit der **Natur- und Kulturgeschichte** der Landschaft am Grand River vertraut machen kann. Interesse verdient auch eine Möbelschreinerei aus dem frühen 20. Jahrhundert. Außerdem ist in dem Museum ein gern besuchtes Planetarium mit Laser Show eingerichtet (272 Pearl St. NW; Mo. – Sa. 9.00 – 17.00, Di. bis 20.00, So. 12.00 – 17.00 Uhr).

Gerald R. Ford Presidential Museum

Ebenfalls am westlichen Flussufer lädt ein Museum ein, das zu Ehren von **Gerald R. Ford** (1913 – 2006), dem 38. Präsidenten der USA, eingerichtet worden ist. Ford hat seine Jugendzeit in Grand Rapids verbracht und hat hier auch seine ersten politischen Sporen erworben. Er wurde am 2. Januar 2007 auf dem Museumsgelände beigesetzt (303 Pearl St.; tgl. 9.00 – 17.00 Uhr).

Heritage Hill

Villenviertel

Am Südostrand von Downtown breitet sich das große Villenviertel der Stadt aus, das unter Ensemble-Denkmalschutz steht. Zwischen Crescent Street und Pleasant Street bzw. zwischen Union Avenue und Lafayette Avenue gibt es nicht weniger als 76 sehenswerte Villen, die in der Zeit von 1848 bis zur Jahrhundertwende für Holzbarone, Fabrikanten, Rechtsanwälte, Ärzte usw. erbaut worden sind.

✶ Meyer May Residence ►

Eines der schönsten Baudenkmäler ist 1908 nach Plänen des genialen Frank Lloyd Wright (► Berühmte Persönlichkeiten) im Prairie Style errichtet worden. Hier kann man viele architektonische Details des berühmten Baumeisters studieren, darunter von Wright entworfenes Mobiliar und wunderschöne Bleiglasfenster (450 Madison Ave. SE; Mo., Di. 9.00 – 21.00, Mi. – Sa. 9.00 – 17.00, So. 12.00 – 17.00 Uhr).

Voigt House ►

Nur wenige Gehminuten weiter kann man ein Baudenkmal aus viktorianischer Zeit bewundern. Es wurde 1895 im französischen Château-Stil errichtet und gehörte einem wohlhabenden Bürger der Stadt. Es ist heute als Museum zugänglich (115 College St. SE; Führungen: n. V., Tel. 616 / 456 - 46 00).

Östlicher Stadtrand

✶✶ **Frederik Meijer Gardens**

Am östlichen Stadtrand hat ein erfolgreicher Unternehmer seinen Lebenstraum verwirklicht und eine Kombination aus Botanischem Garten und Skulpturenpark anlegen lassen. Hier grünt und blüht es das ganze Jahr über. Es gibt hier auch ein nettes Restaurant und einen Shop, in dem man allerlei hübsche Andenken erwerben kann.

Von Frank Lloyd Wright entworfen: die Meyer May Residence am Heritage Hill

Das Besondere an den Meijer Gardens sind jedoch die inzwischen mehr als fünf Dutzend von ganz unterschiedlich motivierten Künstlern geschaffenen Skulpturen, die man im Rahmen eines Rundgangs durch den Park bestaunen kann. Das absolute Highlight ist natürlich **»Leonardo da Vinci's Horse«**, ein mehr als 7 m hohes Bronzepferd, geschaffen von der US-amerikanischen Künstlerin **Nina Akamu** (1000 E. Beltline NE; Mo. – Sa. 9.00 – 17.00, So. 12.00 – 17.00 Uhr).

✶ Green Bay

G/H 6

Bundesstaat: WIsconsin
Höhe: 181 m ü. d. M.
Einwohnerzahl: 100 000

Die bereits 1669 vom französischen Pater Allouez gegründete Missionsstation ist heute eine recht geschäftige Stadt mit einigen größeren Industriebetrieben. Ihre landesweite Berühmtheit hat sie ihrer Profi-Football-Mannschaft zu verdanken: Die »Green Bay Packers« spielen seit 1919 erfolgreich American Football.

Die 112 mi/180 km nördlich von ►Milwaukee an der Mündung des Fox River in die Green Bay des Lake Michigan gelegene Stadt ist in den USA jedem Schulkind ein Begriff. Das liegt weniger an den Papierfabriken, den Käsereien und auch nicht am betriebsamen Hafen, sondern vor allem an den »Green Bay Packers«: Sie spielen am längsten von allen Teams in der National Football League.

Ein »Green Bay Packer« in Aktion

Am Ufer der Green Bay wurde um 1669 eine erste **Pelzhandelsstation** gegründet, aus der die älteste Stadt des heutigen Bundesstaates Wisconsin hervorgehen sollte. Die eigentliche Entwicklung begann aber erst nach 1850, als sich hier ein norwegischer Missionar der **Mährischen Brüder** namens Otto Tank niederließ, der große Ländereien aufkaufte, parzellierte und an seine Glaubensbrüder weitergab. Die Kirche war auch treibende Kraft der Industrialisierung, indem sie die ersten Sägemühlen und Eisenschmelzen bauen ließ. Bis ins ausgehende 19. Jh. war auch die Anbindung an das Eisenbahnnetz vollzogen. Das wiederum machte gut vier Jahrzehnte lang den Transport von Eis nach Chicago möglich, wo die Schlachthöfe ihre Fleischlieferungen kühlen mussten. Im 20. Jh. verbreiterte sich die industrielle Basis der Stadt nochmals und die Einwohnerschaft wuchs stark an.

GREEN BAY ERLEBEN

AUSKUNFT

Green Bay CVB
1901 S. Oneida St.
Green Bay, WI 54307-0596
Tel. (920) 494-9507
www.greenbay.com

ÜBERNACHTEN

► Komfortabel

James Street Inn
201 James Street, DePere
Tel. (920) 337-0111
www.jamesstreetinn.com
30 Zimmer. Das kleine Hotel im Villenvorort DePere ist in einer hübsch herausgeputzten ehemaligen Getreidemühle von 1858 direkt am Fox River eingerichtet.

ESSEN

► Fein & teuer

Wellington
1060 Hansen Road
Tel. (920) 499-2000
Spezialität des Hauses ist, wie der Name schon signalisiert, »Beef Wellington«. Bei schönem Wetter kann man das gute Stück Fleisch auch draußen genießen.

► Erschwinglich

Big Tomatoes
1244 Main Street
Tel. (920) 432-1036
Leckere italienische und amerikanische Gerichte werden in freundlichem Ambiente gereicht.

Sehenswertes in Green Bay und Umgebung

★ **National Railroad Museum**

Green Bay besitzt eines der größten Eisenbahnmuseen des Landes. Auf dem Gelände stehen über ein Dutzend alte Lokomotiven und Waggons, Besucher können in einem »rollenden Salon« aus den 1920er-Jahren einen nostalgischen Ausflug unternehmen. Stars des Museums sind zwei ganz besondere Oldtimer: die 1937 in England gebaute, superschnelle Dampflok des Typs 4-6-2 »Dwight D. Eisenhower» und die mit über 500 t Gewicht schwerste Dampflok der Welt, die 1947 gebaute, 6000 PS starke **»Big Boy«** (s. unten), die einst in Wyoming und Utah vor schwere Güterzüge gespannt wurde (2285 S. Broadway; Mai – Dez. Mo. – Sa., Jan – April Di. – Sa. 9.00 – 17.00, So. 11.00 – 17.00; Nostalgie-Fahrten Mai – Okt. tgl. 10.00, 11.30, 13.00, 14.30 u. 16.00 Uhr).

Neville Public Museum

Das 1915 gegründete Museum beschäftigt sich mit der Geschichte und der Kultur von Nordost-Wisconsin bzw. Nord-Michigan: Artefakte aus präkolumbischer Zeit, historische Fotos aus der Pionierzeit und die 11 000-jährige Entwicklungsgeschichte der Green-Bay-Region vom Ende der letzten Eiszeit bis heute (210 Museum Place; Mo. – Sa. 9.00 – 17.00, Mi. bis 20.00, So. 12.00 – 17.00 Uhr).

Hazelwood Historic House Museum

Hausherr des 1837 und 1838 erbauten historischen Heimes im heutigen Astor-Distrikt war Morgan Lewis Martin, ein erfolgreicher Geschäftsmann und Anwalt, der an der Verfassung des Bundesstaates Wisconsin maßgeblich mitgearbeitet hatte. Die Räume, größtenteils mit originalem Mobiliar und Kunstwerken ausgestattet, geben einen Eindruck vom Leben der »besseren» Gesellschaft in der Zeit vor dem amerikanischen Bürgerkrieg (1008 Monroe Ave. S).

✶ Heritage Hill State Park

Über zwei Dutzend historische Gebäude bilden dieses sehenswerte Museumsdorf, das sich mit vier Epochen der regionalen Geschichte befasst: den Pionierjahren zwischen 1672 und 1825, der Militärgeschichte des Jahres 1836, als Wisconsin US-Territorium wurde, dem »Stadtleben« in der zweiten Hälfte des 19. Jh.s und dem Landleben zu Beginn des 20. Jh.s (2640 S. Webster; Mai – Sept. Di. – Sa. 10.00 bis 16.30, So. 12.00 – 16.30, Okt. April Mo. – Fr. 10.00 – 16.30 Uhr).

Green Bay Packers Hall of Fame

Mit den Green Bay Packers besitzt die Stadt ein Football-Team, das seit Jahren in der höchsten Spielklasse mithält und renommierten Vereinen aus amerikanischen Millionenstädten schon manche Niederlage bereitet hat. Die Green Bay Packers Hall of Fame ist sozusagen das Epizentrum der Heldenverehrung. Hier stellen Fotos, Dokumente, Pokale, Filme und Multimedia-Shows die Geschichte des Vereins seit 1919 dar und erinnern an die mehrfachen Meisterschaften und an die unvergesslichen Super-Bowl-Siege. Vor dem Eingang greift eine Spielerskulptur in den Traditionsfarben Grün-Gelb nach dem Football-Ei, als handle es sich um eine imaginäre Siegestrophäe (Lambeau Field Atrium, 1265 Lombard Ave.; Juni – Aug. tgl. 9.00 bis 8.00, sonst tgl. 10.00 – 17.00 Uhr, an Spieltagen geschlossen).

! Baedeker TIPP

Oneida Casino

An der westlichen Peripherie der Stadt und um den Austin Straubel Airport dehnt sich die Oneida Indian Reservation aus. Wie andere First Nations setzten auch die Oneida-Indianer das Recht durch, auf ihrem Grund und Boden ein Spielkasino mit Black-Jack-Tischen, Spielautomaten, Bingohalle und Hotel zu betreiben (2100 Airport Dr.).

Ausflug an den Lake Winnebago

Größter Binnensee Wisconsins

Wer von Green Bay aus auf dem US 41 in südwestlicher Richtung fährt, erreicht binnen einer Stunde den Lake Winnebago. Der knapp 50 km lange und fast 20 km breite See ist das größte Binnengewässer des Bundesstaates Wisconsin. Landschaftlich sehr reizvoll ist sein Ostufer, das vom WI 55 erschlossen wird. Gar wildromantisch bietet sich das Ostufer südöstlich der Industriestadt Appleton im High Cliff State Park dar.

Oshkosh Am Westufer des Lake Winnebago, wo der Fox River in den See einmündet, liegt die recht lebhafte, rund 60 000 Einwohner zählende Industriestadt Oshkosh, in der nicht nur die bekannte Kinderkleidung fabriziert wird, sondern auch Papier, Holz- und Metallwaren. Die Siedlung ist Mitte des 19. Jahrhunderts gegründet worden. Ihren Namen hat sie von einem Häuptling der Menominee, deren Stammesgebiet das Land um den See ist.

Oshkosh Public Museum ► Dieses Museum ist in einem Gebäude der Jahrhundertwende eingerichtet. Außer lokalgeschichtlich interessanten Exponaten (u.a. indianische Artefakte) kann man hier wunderschönes **Kunsthandwerk aus der Gründerzeit** (bes. Glas) bewundern (1331 Algoma Boulevard; Di. – Sa. 10.00 – 16.30, So. 13.00 – 16.30 Uhr).

★ EAA Airventure Museum ► Flugzeug-Fans aus aller Welt bekommen im Museum der Experimental Aircraft Association (EAA) feuchte Augen. Hier sieht man Flugzeug-Oldtimer, Marke Eigenbau ebenso wie Maschinen aus dem Zweiten Weltkrieg und moderne Ultraleichtflugzeug. Dazu gibt es Dokumentationen mit entsprechendem Bildmaterial (3000 Poberezny Rd.; Mo. – Sa. 8.30 – 17.00, So. 10.00 – 17.00 Uhr).

EAA International Fly-in Convention ► Alljährlich Ende Juli/Anfang August ist Oshkosh Ziel von Tausenden von Luftfahrt-Begeisterten aus aller Welt, die auf dem hiesigen Wittman Airport an Seminaren, Workshops und Air Shows teilnehmen (Auskunft: Tel. 920 / 426 - 48 00).

★ Holland

J 8

Bundesstaat: Michigan (Lower Peninsula)
Höhe: 186 m ü. d. M.
Einwohnerza hl: 34 000

Der von niederländischen Einwanderern 1847 gegründete Ort hat sein holländisches Ambiente bewahrt, mit Windmühlen und Ziehbrücken. Und im Mai blühen Millionen Tulpen auf den Feldern.

Die Kleinstadt Holland liegt nicht direkt am Ufer des Lake Michigan, sondern landeinwärts am Lake Macatawa, einer Lagune des Michigansees, in die der Black River einmündet. 1847 ließ sich hier eine Gruppe holländischer Einwanderer nieder. Weitere Einwanderer aus den Niederlanden folgten den Pionieren, so dass Holland schon zwanzig Jahre nach seiner Gründung ein ansehnliches Städtchen mit mehr als 2000 Einwohnern war. Spielte im 19. Jh. die Landwirtschaft eine herausragende Rolle, so breiteten sich im 20. Jh. immer mehr

HOLLAND ERLEBEN

AUSKUNFT

Holland Area CVB
76 8th Street, Holland, MI 49423
Tel. (616) 394-0000
www.holland.org

ESSEN

► **Erschwinglich**
City Vu Bistro
(im CityFlats Hotel)
61 E. 7th Street
Holland, MI
Tel. (616) 796-2114
Gute Fisch- und Pasta-Gerichte werden in legerem Ambiente serviert.

ÜBERNACHTEN

► **Komfortabel**
Dutch Colonial Inn B & B
560 Central Avenue
Holland, MI
Tel. (616) 396-3664
www.dutchcolonialinn.com
5 Zimmer. Nette kleine Frühstückspension mit gemütlich eingerichteten Zimmern.

Industriebetriebe aus. Trotz struktureller Veränderungen ist die Stadt ihrem holländischen Erbe bis in die Gegenwart treu geblieben, dies umso mehr, als sich herausstellte, dass sich holländische Zugbrücken und holländische Tulpen touristisch gut vermarkten lassen.

Sehenswertes in Holland und Umgebung

★ **Dutch Village**

Am Ufer des Black River hat man ein putziges holländisches Dorf mit Ziegelhäusern, Blumenrabatten und einer typisch holländischen Zugbrücke aufgebaut. Der stärkste Besuchermagnet ist eine ca. 230 Jahre alte und noch funktionstüchtige Windmühle »De Zwann«, die 1964 aus den Niederlanden hierher versetzt wurde. Auch heute noch wird in dem geflügelten Oldtimer Korn gemahlen und in handlichen Portionen an Touristen verkauft.

Holland Museum

In dem Museum erfährt man alles Wissenswerte über die ersten holländischen Siedler in diesem Teil Michigans anhand landwirtschaftlicher Geräte, Möbel, Porzellan, Modelle bekannter holländischer Gotteshäuser und anderer Exponate (Mo. u. Mi. – Sa. 10.00 – 17.00, So. 12.00 – 17.00 Uhr).

★ **Holland Harbor Lighthouse**

Zu den meistfotografierten Bauten der Gegend gehören die Leuchttürme und Stationen der Küstenwache. Ein Prachtstück ganz besonderer Art bewacht den South Channel, durch den man vom Lake Michigan in die Lagune Macatawa einfahren kann. Das kirschrot angemalte Bauwerk wurde 1907 errichtet. Recht ungewöhnlich ist sein gekreuztes Satteldach, über dem sich der eigentliche Leuchtturm mit Signallicht und Aussichtsplattform erhebt. Den besten Blick auf »Big Red« hat man vom Holland State Park (2215 Ottawa Beach Road).

★★ Indiana Dunes Nat'l Lakeshore

H 9

Bundesstaat:: Indiana **Fläche:** 6075 ha

Die Dünenlandschaft am südlichen Ende des Lake Michigan ist ein beliebtes Erholungsziel. Sie erstreckt sich eine gute Autostunde südöstlich von Chicago vom Stadtrand von Gary bis hinauf nach Michigan City. Allerdings wird sie eingekreist von Produktionsanlagen der Stahlgiganten Midwest Steel und Betlehem Steel sowie des Gas- und Stromproduzenten Northern Indiana Public Service Company. Östlich und westlich davon dehnt sich in der Uferzone des Lake Michigan das Naturschutzgebiet aus.

Naturschutz

Unter den ersten Weißen, die an die Südspitze des Lake Michigan vordrangen, war der Mineraloge **Henry Rowe Schoolcraft** (1793 bis 1864), der als Entdecker des Mississippi-Quellgebietes bekannt geworden ist. Als er sich in der ersten Hälfte des 19. Jh.s im Kanu den Indiana Dunes näherte, hielt er sie für »trostlose Haufen Sand«, die nur hin und wieder durch die Mündung eines Baches oder kleinen Flusses unterbrochen wurden. Heutige Besucher schätzen das Gebiet als stadtnahe Naturoase.
Bereits 1913 setzte sich der **Prairie Club of Chicago**, dem auch der Schriftsteller **Carl Sandburg** angehörte, für den Erhalt der Dünen-

Sandboarder können sich auf den Indinana Dunes austoben.

INDIANA DUNES N. L. ERLEBEN

AUSKUNFT

Indiana Dunes National Lakeshore
1100 N. Mineral Springs Road
Porter, IN 46304
Tel. (219) 926-7561
www.nps.gov/indu

ANREISE

Von Chicago aus folgt man am besten den Interstates 80, 90 bzw. 94 in östlicher Richtung bis Gary. Von dort führt der US 12 an dem lang gestreckten Naturschutzgebiet entlang bis Michigan City.

BESUCHERZENTREN

Im ganzjährig frei zugänglichen Naturreservat gibt es drei Besucherzentren, in denen Ausstellungen über die Landschaftsgeschichte sowie die Flora und Fauna informieren. Park Ranger bieten geologische, botanische und kulturgeschichtliche Führungen an.

West Beach Bath House
erreichbar via US 12 und County Line Road. Öffnungszeiten: Juni – Anfang Sept. 9.00 – 18.00 Uhr, Mitte Sept. bis Ende Okt. eingeschränkte Zeiten.

Bailly/Chellberg Visitor Center
Südlich vom US 12,
Nähe Park Headquarters
Öffnungszeiten: nur zu besoderen Anlässen

Indiana Dunes National Lakeshore Visitor Center
State Road 49 / Munson Road
Öffnungszeiten: tgl. 8.30 – 16.30 Uhr).

AKTIVITÄTEN

An Sommerwochenenden kommt hier Rimini-Atmosphäre auf, was angesichts der nahen städtischen Ballungszentren nicht verwundert. Zu den besten und am leichtesten erreichbaren Stränden gehören West Beach, Kemil Road Beach am Lake Front Drive, Central Avenue Beach und der Strand am Mount Baldy. Am besten ausgestattet ist der West Beach, an dem es Duschen, Toiletten und Kioske gibt.

landschaft ein. Drei Jahre später organisierten sich die Naturfreunde in der **National Dunes Park Association**, um zu verhindern, dass die Dünen als Baumaterial abtransportiert wurden. 1972 stellte der US-Kongress die Indiana Dunes samt Seeufer unter die Verwaltung des National Park Service.

★★ **Dünen**

Den Kernbereich des Naturschutzgebietes bilden einige der größten, nicht an einer Meeresküste liegenden Sanddünen der Erde. Größtenteils entstanden sie erst in den letzten 6000 Jahren. Nach dem Abklingen der letzten Eiszeit stieg der Spiegel des Lake Michigan stetig an, die Wellen schlugen über die Uferböschung und lagerten dort große Mengen Sand ab. Es entstanden Lagunen bzw. Strandseen. Vor 4500 bis 3500 Jahren sank der Seespiegel wieder um etwa vier Meter, wodurch ein breiter Streifen des südlichen Seeufers trocken fiel. Die sandigen Ablagerungen wurden vom Wind zu Dünen aufgehäuft, und die einstigen Strandseen wurden zu Marschland. Bis heute ist die Dünenlandschaft ständigen Veränderungen unterworfen. Der ca. 40 Meter hohe Mount Baldy, die größte Düne im Schutzgebiet, »wandert« – angetrieben durch den fast ständig wehenden Nordwestwind – jährlich einen guten Meter weiter landeinwärts. Aus einiger Entfernung betrachtet, erscheint der Scheitel der Düne wie in Rauchwolke gehüllt. Die vegetationslosen Sandhänge sind bei »Sandboardern« sehr beliebt. Wo allerdings Strandhafer den Sand festhält, entstehen im Laufe der Zeit große »Dünenbeulen«. Hinter den Dünen dehnt sich in Kuhlen und Senken sumpfiges Marschland aus mit einer vielfältigen Flora, darunter Fleisch fressende Orchideen. Am Rand lichter Laub- und Nadelwälder aus Schwarzeichen, Hartriegel und mehreren Ahornarten sieht man Bärentrauben zwischen Buschwerk und hie und da auch einen Feigenkaktus.

★ Indianapolis

südl. J 10

Bundesstaat: Indiana
Höhe: 216 m ü.d.M.

Einwohnerzahl: 808 000
(Metropolitan Area: ca. 1,7 Mio.)

Die geschäftige Hauptstadt und größte Siedlung des Bundesstaates Indiana liegt südöstlich vom Michigansee am White River. Hightech-Industrien, Bildungs- und Kulturinstitutionen sowie Verwaltungen bilden das Rückgrat der Wirtschaft. International bekannt wurde Indianapolis durch seine Motorsport-Rennstrecke, auf der auch der Große Preis der USA in der Formel 1 ausgetragen wird.

Motorsport-Hauptstadt der USA

Wenige Meilen nordwestlich von Downtown Indianapolis liegt jene Wallfahrtsstätte des Motorsports, die Indianapolis zu Weltruhm verholfen hat: der Motor Speedway, auf dem alljährlich am Memorial-Day-Wochenende das legendäre »Indy« ausgetragen wird. Im Herbst rasen hier die Boliden der Formel-1 um Grand Prix und Weltmeisterschaftspunkte. Ansonsten ist Indianapolis eine für den Mittleren Westen ganz typische Stadt. 1820 haben Regierungsbeamte diesen Flecken Erde als Standort für die neue Hauptstadt des Bundesstaates auserkoren. Inzwischen hat sie sich zum Zentrum eines von Ackerbau und Viehzucht geprägten Umlandes entwickelt. Die Industrie produziert Elektrogeräte, Autoteile und Arzneimittel.

Sehenswertes in Indianapolis

Monument Circle, Circle Center Mall

Die Mitte der Stadt markiert der Monument Circle mit dem 1902 enthüllten Soldiers' & Sailors' Memorial für die Gefallenen des Bürgerkrieges. Nördlich des Circle mussten ganze Häuserreihen fallen,

INDIANAPOLIS ERLEBEN

AUSKUNFT

Indianapolis CVA
30 S. Meridian Street, Suite 100
Indianapolis, IN 46225
Tel. (317) 639-4282
www.visitindy.com

ESSEN

► Erschwinglich

① *St. Elmo Steak House*
127 S. Illinois Street
Tel. (317) 635-0636
Seit über 100 Jahren werden hier beste Steaks serviert.

► Preiswert

② *Shapiro's Deli*
808 S. Meridian Street
Tel. (317) 631-4041
Hier gibt es gute Burger und Corned Beef sowie leckere Sandwiches in vielerlei Variationen.

ÜBERNACHTEN

► Luxus/Komfortabel

① *Embassy Suites Downtown*
110 W. Washington Street
Indianapolis, IN
Tel. (317) 236-1800
http://embassysuites1.hilton.com
360 Zimmer und Suiten. Das Haus liegt sehr zentral. Viele interessante Plätze erreicht man bequem zu Fuß.

► Komfortabel

② *Four Points*
251 E. Pennsylvania Parkway
Inidanapolis, IN
Tel. (317) 574-4600
www.starwoodhotels.com/fourpoints
170 Zimmer und Suiten. In einer gepflegten Parklandschaft am nördlichen Innenstadtrand findet man diese ruhige Herberge.

Indianapolis *Orientierung*

Essen
① St. Elmo Steak House
② Shapiro's Deli

Übernachten
① Embassy Suites Downtown
② Four Points

um Platz für das Mausoleum und die Gedenkhalle des War Memorials zu schaffen. Südlich des Circle breitet sich die gigantische, drei Blocks umfassende Circle Center Mall aus.

National Art Museum of Sports

Im 216 m hohen Bank One Center Turm ist eine interessante Galerie untergebracht: Die hier ausgestellten Kunstwerke haben den Sport zum Thema, wobei manche Kunstschaffende eine sehr eigenwillige Sicht der Dinge zum Ausdruck bringen (Mo. – Fr. 8.00 – 17.00 Uhr).

Children Museum

Naturgeschichte, Wissenschaften, Kulturen – spannend dargestellt und zum Mitmachen gestaltet. Dazu gibt es ein Kindertheater und ein Planetarium (1230 N. Delaware St.; Mai – Anf. Sept. tgl. 10.00 bis 17.00, übrige Zeit Di. – So. 10.00 – 17.00 Uhr).

✶ Eiteljorg Museum of American Indian & Western Art

Am State Capitol von 1888 vorbei erreicht man östlich vom Monument Circle dieses am Eingang zum White River Park gelegene Museum. Grundstock der Ausstellung sind die Westerngemälde und Skulpturen, die der aus Indianapolis stammende Geschäftsmann Harrison Eiteljorg zusammengetragen hat. Unter den Kunstwerken befinden sich berühmte Arbeiten der Landschaftsmaler **Albert Bierstadt** und **Thomas Moran** sowie Werke von den Westernkünstlern **Frederic S. Remington** und **Charles M. Russell**, die zu den Besten ihrer Zunft gehörten. Ferner sind eine umfangreiche Kollektion von Arbeiten der Taos Society of Arts sowie schönes indianisches Kunstgewerbe ausgestellt (500 Washington St.; Mo. – Sa. 11.00 – 17.00, So. 12.00 – 17.00 Uhr).

Benjamin Harrison Presidential Site

Benjamin Harrison, Senator von Indiana (1880), wurde 1888 für nur eine Amtsperiode zum US-Präsidenten gewählt. Er verstarb 1901 in Indianapolis. Sein Haus, das mit viktorianischem Mobiliar ausgestattet ist, kann besichtigt werden (1239 N. Delaware St; Mo. – Sa. 10.00 – 16.30 Uhr, im Sommer länger).

✶ Indianapolis Museum of Art

Die renommierte Kunstgalerie liegt inmitten gepflegter Parkanlagen am Nordrand von Downtown Indianapolis. Im **Krannert Pavilion** des Museums ist amerikanische Kunst zu sehen von der präkolumbischen Zeit bis zur Gegenwart. Darunter befindet sich auch eines der bekanntesten Werke von **Edward Hopper: »Hotel Lobby«**.

Im **Hulman Pavilion** wird Malerei vom Barock bis zum Impressionismus gezeigt. Außerdem sind hier Kunstwerke aus Afrika und dem südpazifischen Raum ausgestellt, die der **Kunstsammler Eiteljorg** zusammengetragen hat.

Im **Clowes Pavilion** sind mittelalterliche und Kunst der Renaissance mit englischer Malerei des 18. Jh.s sowie Turner-Aquarellen vereint. Englisches und amerikanisches Mobiliar, Porzellan aus verschiedenen Manufakturen Mitteleuropas und kostbares Silber bekommen die Besucher im **Lily Pavilion** zu Gesicht (400 Michigan Rd.; Di., Mi., Sa. 11.00 – 17.00, Do., Fr. 11.00 – 21.00, So. 12.00 – 17.00 Uhr).

Festlicher Korso anlässlich der »Indy 500«

★★ **Indianapolis Motor Speedway**

Das berühmteste Autorennen der USA, das legendäre »Indy«, wird alljährlich am Memorial Day Weekend auf dem Indianapolis Motor Speedway ausgetragen. Die ca. 7 mi/11 km nordwestlich von Downtown angelegte Rennstrecke ist ein Rechteck mit abgerundeten und überhöhten Kurven. Der Rundkurs sollte ursprünglich lediglich als Teststrecke dienen, doch dem ersten 500-Meilen-Rennen im Jahre 1911 sollten weitere folgen, seit jüngster Zeit auch Formel-1-Rennen. Die ursprünglich mit Ziegeln gepflasterte Rennstrecke – daher der Name »Brickyard« – wurde den immer schneller werdenden Autos angepasst, doch einen schmalen Streifen des alten Belags hat man im Start- und Zielbereich belassen. Heute finden auf den Tribünen 400 000 Zuschauer Platz. Wenn die Strecke nicht gerade für Trainingsfahrten genutzt bzw. für Rennen belegt ist, kann man per Bus über den Speedway fahren.

International Falls

B 2

Bundesstaat: Minnesota
Höhe: 344 m
Einwohnerzahl: 6700

Das von der Holz- und Papierindustrie geprägte Städtchen liegt an einem inzwischen gezähmten 10 m hohen Wasserfall direkt an der US-amerikanisch-kanadischen Grenze und ist ein guter Ausgangspunkt für Touren in die noch sehr ursprüngliche Seenlandschaft des Voyageurs National Park.

INTERNATIONAL FALLS ERLEBEN

AUSKUNFT

Rainy Lake – Rainy River – International Falls CVB
301 Second Avenue
International Falls, MN 56649
Tel. 1-800-325-5766
www.rainylake.org

Voyageurs National Park
Park Headquarters
3131 Highway 53
International Falls, MN 56649-8904
Tel. (218) 283-6600
www.nps.gov/voya

Rainy Lake Visitor Center
10 mi/16 km östlich von International Falls
Tel. 218/286-5258
Öffnungszeiten: Jan.–21. Mai tgl. 10.00–16.30, 22. Mai–25. Sept. tgl. 9.00–17.00, 26. Sept.–Dez. Mi.–So. 10.00–16.00 Uhr.

Kabetogama Lake Visitor Center
24 mi/39 km südlich von International Falls (Hwy. 53, Hwy. 122).
Öffnungszeiten: Ende Mai–Sept. tgl. 9.00–17.00 Uhr

Ash River Visitor Center
30 mi/48 km südlich von International Falls, (Hwy. 53, Ash River Trail)
Öffnungszeiten: Ende Mai–Sept. tgl. 9.00–17.00 Uhr

ÜBERNACHTEN

► Komfortabel

Rainy River Inn
1500 Hwy. 71
International Falls, MN 56649
Tel. (218) 283-80 00
www.hiifalls.com
126 Zimmer. Komfortabler Stützpunkt am Rainy River für eine Erkundung der reizvollen Landschaft.

Der Wasserfall, der dem Grenzort seinen Namen gab, ist längst Opfer eines Staudammes zur Wasserregulierung und Stromerzeugung geworden. Dennoch spielt die Natur hier die Hauptrolle. Der Zugang zum einzigen Nationalpark Minnesotas befindet sich in der Nähe. Jenseits vom **Rainy Lake** und vom **Rainy River** erstreckt sich bereits kanadisches Staatsgebiet. Die endlos scheinenden Wälder bilden das Rohstoffreservoir für die Holzwirtschaft.

Sehenswertes in International Falls

Boise Cascade Paper Mill Mit einer Tagesproduktion von rund 1400 Tonnen Papier gehört diese Werksanlage zu den größten ihrer Art auf der Welt. Während einer Führung erlebt man mit, wie Massen von Baumstämmen zersägt, gemahlen und zu Zellstoff bzw. Papier verarbeitet wird (Ecke 2nd St./4rd Ave.; Führungen: Juni–Aug. tgl. 8.30–13.30 Uhr n. V., Tel. 218/285-50 11).

? WUSSTEN SIE SCHON ...?

- Der Rainy Lake ist für seinen Fischreichtum bekannt. Amerikanische Zander gibt es hier besonders viele.

Vince Shute Wildlife Sanctuary

Von sicheren Beobachtungsplattformen aus können Besucher in den Sommermonaten Dutzende von wilden Schwarzbären beobachten, die sich mit großem Appetit über ausgestreutes Futter hermachen (CR 23, westl. Pelican Lake, nahe Orr; Ende Mai – Anf. Sept. Sonnenaufgang bis Sonnenuntergang).

★★ Voyageurs National Park

Ein wunderschönes Stück Natur ist der 882 km² große Voyageurs National Park mit seinen herrlichen Wäldern und seinen fast drei Dutzend Seen, die über die mehr als 900 Inselchen verstreut sind. Sein Name erinnert an die **franko-kanadischen Trapper und Pelzhändler**, die vor knapp 200 Jahren mit ihren **Kanus** von Montréal aus über Flüsse und Seen nach Westen vordrangen.

Die **zauberhafte Landschaft** erstreckt sich am Südwestrand des uralten Kanadischen Schildes, dessen älteste Gesteine über 4 Mrd. Jahre alt sind. Während der letzten Eiszeit schoben sich mächtige Gletscher über das Gebiet, hobelten die heute von Seen erfüllten Becken aus und schliffen Bergrücken bzw. Felsmassive ab. Gleichzeitig mit dem Schmelzen der Inlandeismassen – die letzten eiszeitlichen Gletscher tauten vor rund 10 000 Jahren – hob sich der Untergrund allmählich und es kam mehr oder weniger stark gewellte Hügellandschaft zum Vorschein, die seither von Wasser, Wind und Wetter erodiert wird. So entstanden neue Wasserläufe, Stromschnellen und Wasserfälle, wie man sie zuhauf im Nationalpark studieren kann.

Mit etwas Glück erspäht man im Voyageurs N. P. auch mal einen Bären.

Der Nationalpark ist ganzjährig geöffnet und bietet vielerlei Erlebnisse. Hier kann man in der warmen Jahreszeit paddeln, angeln, kampieren und wilde Tiere beobachten. Im Winter unternimmt man hier Touren mit Schneeschuhen oder Langlaufskiern durch die einsame Natur.

★ **Waters of the Dancing Sky Scenic Highway (SR 11)**

Wer noch weiter nach Westen will, sollte den »Waters of the Dancing Sky Scenic Highway« (SR 11) befahren, der imposante Natursehenswürdigkeiten, einsame Seen und alte Pioniersiedlungen miteinander verbindet. Seinen Namen hat er von den wabernden Lichtvorhängen des Nordlichts, das man hier gelegentlich am abendlichen bzw. nächtlichen Himmel beobachten kann.

★ Isle Royale National Park

F/G 2/3

Bundesstaat: Michigan **Höhe:** 188 – 353 m ü.d.M.

Die gut 72 km lange und bis zu 7 km breite Insel im Nordosten des Lake Superior ist bis auf einzelne Gebäude und Wege der Nationalparkverwaltung eine Wildnis. Wer sie betreten hat, ist sich selbst überlassen und muss mitbringen, was er benötigt. Trotzdem bleiben Besucher hier länger als in anderen Nationalparks.

ISLE ROYALE NATIONAL PARK ERLEBEN

AUSKUNFT

Isle Royale National Park
800 E. Lakeshore Drive
Houghton, MI 49931-1869
Tel. (906) 482-0984
www.nps.gov/isro

ANREISE

Die Isle Royale liegt abseits der großen Reiserouten und ist nur per Boot oder Wasserflugzeug erreichbar. Am schnellsten erreicht man die Insel von Grand Portage aus. Von Mitte Mai bis Oktober fährt bei Bedarf die »Voyager II« in 2 Std. hinüber nach Windigo am Südwestende der Isle Royale (Reservierung: Mai – Okt. Tel. 218/478-0024).
Zwischen Houghton auf der Keweenaw-Halbinsel und Rock Harbor am Ostufer der Isle Royale verkehrt von Juni bis Mitte September die »Ranger III« in 6 Std. (Reservierung: Tel. 906/482 - 09 84).
Von Copper Harbor an der Nordspitze der Keweenaw-Halbinsel kann man von Mitte Mai bis Sept. mit der »Isle Royale Queen IV« in 3 Std. übersetzen.

ÜBERNACHTEN

► **Günstig**

Rock Harbor Lodge
(nur Mitte Mai – Mitte Sept.)
P.O. Box 605
Houghton, MI 49931-0605
Tel. (906) 337-4993
Einfache Unterkunft mit 80 Zimmern und einigen rustikalen Hütten. Auch ein Restaurant gehört dazu.

Elche, Wölfe und Biber

Dieser Nationalpark umfasst die Hauptinsel und mehr als 200 winzige Eilande. Bekannt ist er vor allem als Rückzugsgebiet von Elchen und Wölfen, die offenbar erst vor wenigen Jahrzehnten über den zugefrorenen Lake Superior zugewandert sind. Und wer nicht zu laut durch die Wälder stapft, kann Rehe und Füchse sehen sowie Biber bei der Arbeit beobachten.

Geschichte

Archäologen fanden auf der Hauptinsel Kupfergegenstände, die bezeugen, dass hier schon vor rund 4500 Jahren Menschen gelebt haben. Im 19. Jh. lösten Gerüchte über Bodenschätze einen kurzfristigen Sturm auf die Insel aus. Später verwandelte sich die Isle Royale in ein Ferienparadies für Leute, die sich dort Sommerhäuschen leisten konnten. Um 1921 begann die Tageszeitung »Detroit News« mit einer Naturschutz-Kampagne. Ihr Ziel war es, einen Isle Royale National Park ins Leben zu rufen. 1940 war dieses Ziel erreicht.

Trails

Der knapp 65 km lange **Greenstone Ridge Trail** verbindet die beiden Häfen Windigo und Rock Harbor miteinander. Ein lohnender Pfad mit wunderschönen Ausblicken führt auf den etwa 170 m über dem Seespiegel aufragenden Gipfel des **Mount Ojibwa**.

★ Keweenaw Peninsula

G/H 3/4

Bundesstaat: Michigan (Upper Peninsula)
Höhe: 190 m ü.d.M.
Einwohnerzahl: 3000

Wie die Rückenflosse eines Riesenhaifisches ragt diese abgelegene Halbinsel in den Lake Superior hinein. Fast undurchdringliche Wälder, einsame Strände und versteckte Wasserfälle machen den Landzipfel zu einem Paradies für Naturliebhaber.

Ab den 1840er-Jahren stand dieser Landzipfel im Zeichen des sog. Copper Rush, der zehn Mal soviel einbrachte wie der kalifornische Goldrausch. In den besten Zeiten wurden etwa drei Viertel des US-Kupferbedarfs von den Lagerstätten der Keweenaw-Halbinsel gedeckt. Bereits im frühen 20. Jh. waren Kupfervorräte fast erschöpft.

Der Doppelort **Hancock-Houghton** ist durch den **Keweenaw Waterway** geteilt. Ein künstlicher Kanal verbindet den **Portage Lake** mit dem Oberen See. Auch das Erz der **Quincy Hoist Mine**, die von 1920 bis 1931 in Betrieb war, wurde

▶ KEWEENAW

AUSKUNFT

Keweenaw Covention & Visitors Bureau
Calumet, MI 49913
Tel. (906) 337-4579
www.keweenaw.info

Die Quincy Hoist Mine ist heute ein Bergbaumuseum.

über den Keweenaw-Kanal abtransportiert. Sie ist heute Museumsbergwerk und Bestandteil des **Keweenaw National Historic Park**. In der »Coppertown« von **Calumet** wird die Geschichte des hiesigen Kupferbergbaus in allen Facetten erzählt (Mitte Mai – Mitte Okt. tgl. 9.30 – 17.00 Uhr).

✶ Lansing

L 8

Bundesstaat: Michigan (Lower Peninsula)
Höhe: 253 m ü.d.M.
Einwohnerzahl: 114 000 (Metropolitan Area 450 000)

Der seinerzeit winzige Ort wurde 1847 von den Abgeordneten als Hauptstadt von Michigan festgelegt, da von den größeren Städten keine mehrheitsfähig war. Heute ist die Stadt Mittelpunkt eines beachtlichen Ballungsraumes, Verwaltungszentrum, Hochschulstadt und Autoindustriestandort.

Eine knappe Autostunde östlich von ►Grand Rapids liegt Michigans Hauptstadt Lansing im Tal des Grand River. Die Siedlung wurde erst in den 1840er-Jahren gegründet. Doch bereits 1847 wurde sie Hauptstadt des damals noch ganz jungen Bundesstaates Michigan anstelle der viel bedeutenderen Stadt ►Detroit, die nach Meinung vieler Politiker zu sehr Übergriffen der Engländer ausgesetzt war.
Obwohl Lansing nunmehr Hauptstadt war, blieb es weiterhin ein ziemlich unbedeutender Fleck auf der Landkarte, mitten in der waldreichen und sumpfigen Lower Michigan Peninsula. Dies sollte sich

mit der Gründung der Michigan State University (1855) und mit der Einweihung des State Capitol (1878) ändern.
Den entscheidenden Impuls für die weitere Entwicklung der Stadt gab aber erst **Ransom E. Olds**, der 1896 sein erstes Automobil mit Verbrennungsmotor vorstellte. Seither ist die Autoindustrie ein wichtiger Arbeitgeber in der Stadt. Die Firma Oldsmobile gehört zu den Vorläufern des heutigen Industrie-Giganten General Motors.

Sehenswertes in Lansing

✶ State Capitol

Wie es sich für die Hauptstadt eines US-Bundesstaates gehört, so hat auch Lansing einige Attraktionen zu bieten. Das State Capitol besticht vor allem mit seiner Innenarchitektur. Mangels Marmor oder anderer edler Baustoffe hat man hier den meisten Zierrat aus den in der Umgebung vorkommenden Hölzern gefertigt (Capitol & Michigan Ave.; Führungen: Mo. – Fr. 9.00 – 16.00 Uhr).

✶ Michigan Historical Museum

In dieser Ausstellung machen sich Interessierte mit der überaus facettenreichen Natur- und Kulturgeschichte der beiden Michigan-Halbinseln vertraut (702 W. Kalamazoo St.; Mo. – Fr. 9.00 – 16.30, Sa. 10.00 – 16.00, So. 13.00 – 17.00 Uhr).

Impression 5 Science Center

Hier kann man interaktiv naturwissenschaftlichen und technischen Phänomenen auf die Spur kommen (200 Museum Dr.; Mo. – Fr. 10.00 – 17.00, Sa. 10.00 – 19.00, So. 12.00 – 17.00 Uhr).

✶ Olds Transportation Museum

Nicht weit vom Science Center ist alles ausgestellt, was bei Oldsmobile jemals hergestellt worden ist: Fahrräder, Autos, Lastwagen, Flugzeuge, eine »Wall of Wheels« und vieles mehr. In die Geschichte von

LANSING ERLEBEN

AUSKUNFT

Greater Lansing CVB
500 E. Michigan Avenue
Suite 180
Lansing, MI 48912
(517) 487-0077
www.lansing.org

ESSEN

► Erschwinglich

Clara's Lansing Station
637 E. Michigan Avenue
Tel. (517) 372-7120
Tolle Menüs und tolle Stimmung im alten Bahnhof von Lansing.

ÜBERNACHTEN

► Luxus/Komfortabel

East Lansing Marriott at University Place
300 MAC East Lansing
MI 48823
Tel. (517) 337-4440
www.marriott.com/lanea
180 Zimmer und Suiten
Das geführte Nobelhotel mit Restaurant, Bistro, Pool, Whirlpool und Sauna steht im Zentrum von East Lansing und ist nur wenige Schritte von der Universität entfernt.

Oldsmobile kann man sich in der viktorianischen Villa des Firmengründers vertiefen (240 Museum Dr.; Di. – Sa. 10.00 – 17.00, So. 12.00 – 17.00 Uhr, Nov. – März So. geschl.).

Kresge Art Museum

Beachtung verdienen auch die Sammlungen der Michigan State University, vor allem deren in East Lansing gelegenes Kresge Art Museum (Führungen n. V., Tel. 517 / 353-9834).

Karl G. Fenner Nature Center

Hier kann man vor allem im Indian Summer herrliche Spaziergänge unternehmen. Außer Bäumen und Sträuchern sind hier auch ein Weißkopf-Seeadler und viele andere Tiere zu sehen (2020 East Mount Hope Ave; Di. – Fr. 9.00 – 16.00, Sa., So. 12.00 – 16.00 Uhr).

Ludington

J 7

Bundesstaat: Michigan (Lower Peninsula)
Höhe: 186 m ü.d.M.
Einwohnerzahl: 8 500

Die lebhafte kleine Hafen- und Industriestadt liegt am Ostufer des Lake Michigan an der Einmündung des Pere Marquette River. Freizeitboote und Frachtschiffe finden im Pere Marquette Lake einen sicheren Hafen. See und Fluss gelten als hervorragende Angelgründe, vor allem für Lachs.

Viele US-Historiker sind davon überzeugt, dass der französische Missionar und Entdecker Jacques Marquette (►Berühmte Persönlichkeiten) im Mai des Jahres 1675 hier verstorben und auch bestattet ist. Erst 200 Jahre später gründete James Ludington eine kleine Siedlung. Jahrzehntelang hörte man hier die lauten Geräusche von Axthieben und Sägemühlen. Bereits im frühen 20. Jh. wurde der Hafen von Ludington ausgebaut, der sich in der Folgezeit zu einem wichtigen **Fährhafen** entwickelte. Bis heute herrscht reger Schiffsverkehr.

Sehenswertes in Ludington

White Pine Village

Besonders stolz ist man in Ludington auf das White Pine Village, in dem sich Besucher noch wie zu Zeiten der ersten Siedler fühlen können, die als Holzfäller und Sägemüller ihr Leben meisterten (1687 S. Lakeshore Dr.; Mitte April – Mitte Okt. Di. – Sa. 10.00 – 17.00, im Sommer auch So. 13.00 – 17.00 Uhr).

Big Sable Point, Ludington State Park

Einige Autominuten nördlich der Stadt erreicht man den romantischen Mündungstrichter des Big Sable River, der von zwei schmalen und sandigen Landzungen eingefasst wird. Hier kann man angeln, Boot fahren und im Sommer baden.

LUDINGTON ERLEBEN

AUSKUNFT

Ludington Area CVB
5300 W. US 10
Ludington, MI 49431
Tel. (877) 420-6618
www.ludingtonma.com

FÄHRVERKEHR

SS Badger
Die Autofähre verkehrt von Ende Mai bis Anfang Oktober zwischen Ludington und Manitowoc am gegenüber liegenden Wisconsin-Ufer. Die Passage (ca. 4 Std.) erspart eine zeitraubende, rund 400 mi/640 km lange Umfahrung des Michigansees. Das mit Cafeteria, Kino, Souvenirshop und Kabinen ausgestattete Schiff hat Platz für 130 Fahrzeuge und 620 Passagiere. Abfahrten in Ludington: Ende Mai – Mitte Juni tgl. 9.00, Mitte Juni – Ende Aug. tgl. 9.00 und 20.30, Ende Aug. – Mitte Okt. tgl. 9.00 Uhr. Reservierungen: Tel. 1-800-841-4243, www.ssbadger.com

ESSEN / ÜBERNACHTEN

► Erschwinglich

House of Flavours
402 W. Ludington Avenue
Ludington, MI
Tel. (231) 845-5785
Das Lokal ist zwar in erster Linie für sein hausgemachtes Speiseeis in weitem Umkreis berühmt, doch man kan hier auch opulent frühstücken lecker zubereitete Salate verspeisen oder einfach nur einen Pott Kaffee genießen. Das Ambiente erinnert noch sehr an die 1950er-Jahre.

★ Mackinaw City · Mackinac Island

L 5

Bundesstaat: Michigan (Lower Peninsula)
Höhe: 180 m ü.d.M.
Einwohnerzahl: 1400

Die einzige Stadt der USA, in der man die Sonne über einem See aufgehen und in einem anderen untergehen sehen kann, war lange Wächter über die nur 8 km breite Wasserstraße zwischen dem Huron- und dem Michigansee. Nach dem Bau der Straßenbrücke über die Straits of Mackinac ist das Städtchen ein beliebtes Etappenziel von Urlaubern, die auf dem Weg zur Upper Michigan Peninsula sind oder die zauberhafte Mackinac Island besuchen wollen.

Wichtiger Brückenkopf

Schon lange vor Ankunft der ersten französischen Voyageurs und Missionare trieben an dieser Landspitze Indianer Handel; später gesellten sich europäische Pelzhändler dazu, zu deren Schutz natürlich ein Fort errichtet wurde. Im 20. Jh. verwandelte sich Mackinaw City in einen viel besuchten Urlaubsort. Für einen weiteren wirtschaftlichen Aufschwung sorgte die Eröffnung der gewaltigen Hängebrücke über die Mackinac-Wasserstraße. Heute präsentiert sich Mackinaw City als Touristenort mit zahlreichen Hotels, Motels, Lokalen und vielerlei Shopping-Möglichkeiten.

MACKINAW CITY · MACKINAC ISLAND ERLEBEN

AUSKUNFT

Mackinaw Area Visitors Bureau
10800 W. US 23
Mackinaw City, MI 49701
Tel. (231) 436-5664
www.mackinawcity.com

EVENT

Lilac Festival
In der ersten Junihälfte, wenn auf Mackinac Island der Flieder blüht und duftet, feiert man dort ein buntes Fest mit musikalischem Beiprogramm und farbenprächtiger Parade.

ESSEN

► **Fein und teuer**

Carriage House
Main Street
Mackinac Island
Tel. (906) 847-3321
In dem gemütlichen Restaurant im Hotel Iroquois sollte man unbedingt einen leckeren Whitefish probieren.

Abends wird die Mackinac Bridge festlich beleuchtet.

► **Preiswert**

Anna's Country Buffet
416 S. Huron Avenue
Mackinac City, MI
Tel. (231) 436-5195
Morgens, mittags und abends ist hier ein reichhaltiges Büffet aufgebaut; man kann aber auch à la carte speisen.

ÜBERNACHTEN

► **Luxus**

Grand Hotel
Mackinac Island
Tel. (906) 847-3331
www.grandhotel.com
383 Zimmer und Suiten. Seit 1887 leuchtet die weiß getünchte Luxusherberge mit ihrer langen Säulenveranda von einer Anhöhe. Hier haben schon mehrere US-Präsidenten erholsame Tage verbracht. Auch als Filmkulisse hat das Grand Hotel bereits mehrmals gedient.

► **Komfortabel**

The Northpointe Inn
1027 S. Huron Street
Mackinaw City, MI
Tel. (231) 436-9812
http://thenorthpointeinn.com
98 Zimmer und Suiten. Das Mittelklasse-Hotel liegt direkt im Wasser. Von den meisten Zimmern hat man einen schönen Blick auf den Hafen, die Brücke und die Insel.

Sehenswertes in Mackinaw City und Umgebung

★ **Mackinac Bridge**

»Mighty Mac« nennen die Einheimischen die rund 5 mi/8 km lange Brücke. Sie verbindet in einem mächtigen Schwung die Lower mit der Upper Michigan Peninsula. Im Jahre 1957 fertig gestellt, ist das grandiose Bauwerk eine der längsten Hängebrücken der Welt. Ihr 2,24 km langes Mittelstück halten mächtige Stahltrossen, die an zwei 168 m hohen Pylonen befestigt sind.

★ **Colonial Michilimackinac Historic State Park**

Nur ein paar Schritte vom südlichen Kopf der Mackinac Bridge entfernt, kann man das rekonstruierte Fort besichtigen, das die Franzosen 1715 hinter einem mächtigen Palisadenzaun errichtet haben. Zwischen 1761 und 1781 wurde die Festung von den Briten kontrolliert, schließlich aber aufgegeben. Sobald man das Eingangstor hinter sich gelassen hat, taucht man ein in längst vergangene Zeiten. Zwischen einzelnen Holzgebäuden liegen sorgfältig bestellte Gemüse- und Blumenbeete, Frauen in knöchellangen Rüschenkleidern sitzen mit ihren Kindern vor den Häusern und pellen Erbsen aus den Schoten, während auf dem Hauptplatz Soldaten exerzieren (Mai – Mitte Okt. 9.30 – 16.00, im Hochsommer bis 18.00 Uhr).

Mill Creek State Historic Park

Als das Industriezeitalter noch in Kinderschuhen steckte, entstand südöstlich außerhalb von Mackinaw City im Jahr 1790 eine der ersten Sägemühlen an den Großen Seen. Die vom Wasser des Mill Creek angetriebene Mühle kann besichtigt werden (Mai – Mitte Okt. tgl. 9.00 – 16.00, im Hochsommer bis 17.00 Uhr).

★★ **Mackinac Island**

Von Mackinaw City geht es per Boot auf die kleine Insel im Lake Huron. Das **autofreie Urlaubsparadies** war schon vor Jahrhunderten von Ojibwa- und Ottawa-Indianern bewohnt. Das »schwimmende Juwel« Michigans ist nur im Süden bewohnt, Hiergibt es elegante **viktorianische Villen**, Stadthäuser und Hotels. Flaggschiff ist das 1887 errichtete **Grand Hotel** mit einer über 200 m langen Säulenveranda und 11 Restaurants.

Im Jahre 1780 errichteten die Briten ein **Fort**, das wegen seiner strategischen Lage 115 Jahre lang die beherrschende Militärbastion der Region blieb. Die noch mit originalem Mobiliar und 2,50 m dicken Mauern ausgestattete Festung liegt auf einer Anhöhe und bietet einen wunderbaren Blick über die Insel. Es besteht aus mehreren Gebäu-

> ! *Baedeker* TIPP
>
> **»Fudge Capital of the World«**
>
> Nirgendwo sonst auf der Welt gibt es so viele Konditoreien an einem Ort, die sich der Produktion von Fudge widmen. In Kupferkesseln werden, Milch, Sahne, Butter, Kakao, Vanille und Zucker zu einer dickflüssigen Masse eingekocht, die anschließend so lange gerührt wird, bis sie eine zwar zähe, aber immer noch weiche Konsistenz hat. Danach wird die Masse in Formen gefüllt oder auf Marmorplatten gestrichen und nach dem Erkalten in Stücke geschnitten. Durch Zugabe von Mandeln, Haselnüssen, Pfefferminz etc. kann Fudge zu köstlichen Variationen verfeinert werden.

Lebendige Geschichte in Fort Mackinac

den, in denen heute kostümierte Freiwillige das Soldatenleben des frühen 19. Jh.s demonstrieren (Fähren Anfang Mai – Dez. täglich).

★ **St. Ignace** Die Mackinac-Brücke endet in dem nach dem Gründer des Jesuitenordens Ignatius von Loyola benannten Ort. Bekannt gemacht hat ihn aber ein anderer Geistlicher: der französische Missionar Jacques Marquette. Er legte 1671 mit dem Bau einer Missionsstation den Grundstein für das Städtchen. Heute erinnert der **Marquette Mission Park** mit dem Grab des Geistlichen – seine Gebeine sollen hierher verlegt worden sein – und einer Pater-Marquette-Skulptur an die Pioniertaten des Jesuiten. Am gleichen Ort wurde das **Museum of Ojibwa Culture** in einer aus dem 19. Jh. stammenden Kirche untergebracht. Das **Father Marquette Memorial** erinnert an die abenteuerlichen Entdeckungsreisen des Franzosen.

★ Madison

F 7

Bundesstaat: Wisconsin
Höhe: 263 m ü.d.M.
Einwohnerzahl: 236 000

Die Hauptstadt des Bundesstaates Wisconsin liegt etwa eineinhalb Autostunden westlich von ▸Milwaukee im seenreichen Hinterland des Lake Michigan. Madison ist auch Sitz der renommierten University of Wisconsin und Standort namhafter Hightech-Unternehmen.

Geschichte Die Siedlung Madison wurde 1836 gegründet und nach dem im selben Jahr verstorbenen vierten Präsidenten der Vereinigten Staaten benannt. Bereits zwei Jahre später wurde sie Hauptort des neu gebildeten Wisconsin Territory. Einen kräftigen wirtschaftlichen Impuls

brachte der Eisenbahnbau. In den 1850er-Jahren rollten die ersten Züge zwischen Milwaukee und Madison. In Wisconsins Hauptstadt blühten vor allem die Holz- und die Fleischwarenindustrie auf.
Nach dem Zweiten Weltkrieg wurden die Verwaltungs- und Bildungseinrichtungen in Madison stark ausgebaut, so dass die Stadt jetzt wirtschaftlich gesehen auf mehreren Beinen stand. Bis heute hat sich Madison außerordentlich dynamisch entwickelt, was sich auch in einem Bevölkerungszuwachs von 30 000 Einwohnern in den letzten beiden Jahrzehnten ausdrückt.

Sehenswertes in Madison

State Capitol

Das beherrschende Bauwerk auf dem Isthmus zwischen Lake Mendota und Lake Monota ist das 1917 fertig gestellte State Capitol. Der Repräsentativbau ist aus hellem Granit errichtet. Die Kuppel nach Washingtoner Vorbild thront über vier Gebäudeflügeln. Auf der Kuppelspitze leuchtet die vergoldete Bronze-Statue der »Wisconsin«.

State of Wisconsin Historical Museum

Auf dem Platz vor dem Kapitol lädt das historische Museum des Bundesstaates zum Besuch ein. Wechselausstellungen reichen thematisch von den indianischen Ureinwohnern Wisconsins bis zu sozialen Fragen der Gegenwart (Capitol Square; Di. – Sa. 9.00 – 16.00 Uhr).

University of Wisconsin

Am Ufer des Lake Mendota westlich vom Kapitol breitet sich der Campus der Universität von Wisconsin aus, die mehrere wissenschaftliche Sammlungen und Museen umfasst. Einen Besuch lohnen das **Chazen Museum of Art**, das Kunst vom 2300 v. Chr. bis heute zeigt, und das **Geology Museum** mit dem Skelett eines eiszeitlichen Riesen-Mastodon.

Recht reizvoll gelegen: Madison, die Hauptstadt von Wisconsin

MADISON ERLEBEN

AUSKUNFT

Greater Madison CVB
615 E. Washington Avenue
Madison, WI 53703
Tel. (608) 255-2537
www.visitmadison.com

ESSEN

▸ Erschwinglich

Mariner's Inn
5339 Lighthouse Bay Drive
Tel. (608) 246-3120
In dem Lokal am Nordufer des Lake Mendota gibt es gute Hausmannskost (u.a. Steaks, Fischgerichte).

Wally's House of Embers
935 Wisconsin Dells Parkway
Wisconsin Dells
Tel. (608) 253-6411
Ribs und Steaks vom Hickory-Grill sowie frischen Fisch genießt man bei schönem Wetter im herrlichen Gartenrestaurant.

ÜBERNACHTEN

▸ Komfortabel

Baker's Sunset Bay Resort
921 Canyon Road
Wisconsin Dells
Tel. (608) 254-8406
www.sunsetbayresort.com
74 Zimmer, 37 Suiten und 4 Cottages. Die schöne Ferienanlage mit eigenem Sandstrand liegt direkt am Lake Dalton. Sie ist als sehr familien- und kinderfreundlich bekannt.

Chalet Landhaus Inn
801 Highway 69
New Glarus, WI
Tel. (608) 527-5234
www.chaletlandhaus.com
66 Zimmer und Suiten. Die Herberge besticht durch ihre typisch Schweizer Landhaus-Architektur mit weitem Vordach und Blumenbalkonen. Die Zimmer sind mit viel Holz gemütlich eingerichtet.

▸ Günstig

Baymont Inn & Suites
4202 Towne Boulevard
Madison, WI
Tel. (608) 241-3861
www.baymontinns.com
100 Zimmer und Suiten. Gut geführtes ordentliches Motel im Osten der Stadt.

★ **Bauten von Frank Lloyd Wright**

Keine andere Stadt in der Region hat so viele interessante Bauten von Frank Lloyd Wright vorzuweisen wie Madison. Der Architekt ist an der hiesigen Universität ausgebildet worden und hat hier seine Prairie School of Architecture überzeugend zur Geltung gebracht. Ein Musterbeispiel von Frank Lloyd Wrights Prairie Style ist das **First Unitarian Society Meeting House** (900 University Bay Dr.; Führungen: Mai – Okt. tgl. 10.20 u. 12.20 Uhr).
Weitere herausragende Bauten, die allerdings nur von außen bewundert werden können, sind das **Lamp House** (1899; 22 N. Butler St.), das **Airplane House** (1908; Ely Place), das **»Jacobs I« House** (1937; 441 Toepfer Ave.), das **J.C. Pew House** (1939; 3650 Lake Mendota Dr.) sowie das **Dr. Arnold Jackson House** (1957; 3650 W. Beltline).

Umgebung von Madison

★★ **Wisconsin Dells**

Etwa eine Autostunde nördlich von Madison erreicht man via I-90/94 eine der imposantesten Natursehenswürdigkeiten der Great Lake Region: die Wisconsin Dells. Hier hat sich der Wisconsin River in den anstehenden Kalksandstein eingegraben und dabei bizarre Felsformen, aussichtsreiche Sandsteinklippen sowie düstere Grotten, Höhlen und Schluchten modelliert.
Die **Upper Dells** und die **Lower Dells** sowie der **Mirror Lake** und der **Devil's Lake**, die heute inmitten von stark besuchten State Parks liegen, lassen sich per Ausflugsboot erkunden. In der spekatakulären Landschaft haben sich inzwischen diverse Minigolfplätze, Streichelzoos, Horror-Shows usw. angesiedelt.

★ **H. H. Bennett Studio & History Center**

Im Ort Wisconsin Dells ist das Fotostudio der USA eine besondere Sehenswürdigkeit. Dieses hat sich der seinerzeit renommierte Natur- und **Landschaftsfotograf H. H. Bennett** im Jahre 1865 eingerichtet. Seine Bilder haben den Wisconsin Dells landesweit zu Berühmtheit verholfen (211 Broadway; Mai – Okt. tgl. 10.00 – 16.00, Juli/Aug. bis 18.00, übrige Zeit Sa./So. 10.00 – 16.00 Uhr).

Eine besondere Laune der Natur sind die ausgewaschenen Felsen der Wisconsin Dells.

★ **Circus World Museum**

Bei der westlich der Dells gelegenen Ortschaft Baraboo lädt die Circus World zu einem Besuch ein. Hier hatte der Großzirkus der Ringling Brothers vor vielen Jahren sein Winterlager aufgeschlagen. Heute kann man nicht nur Erinnerungen aus der Glanzzeit des Zirkus sehen, sondern bekommt auch Clown-Nummern und atemberaubende Artistik geboten (550 Water St.; Mai – Sept. tgl. 9.00 – 16.00, übrige Zeit Mo. – Sa. 10.00 – 16.00, So. 11.00 – 16.00 Uhr).

★★ **Taliesin**

Etwa 40 mi/64 km westlich von Madison erreicht man Spring Green mit Taliesin, dem früheren **Wohn- und Arbeitsort des Architekten Frank Lloyd Wright**. Am Südufer des Wisconsin River hat der große Baumeister von 1902 bis in die 1920er-Jahre ein aus acht Gebäuden bestehendes Ensemble geschaffen, in dem er seine »organische« Architektur zu verwirklichen suchte. Die Gebäude waren so zu gestalten, dass sie sich harmonisch in die Landschaft einfügten. Die beiden Glanzstücke des Ensembles sind sein ab 1911 entstandenes Privathaus »Taliesin« und das »Hillside Studio«, in dem Wright die Grundzüge seiner »Prairie School of Architecture« ersonnen und entworfen hat (Visitor Center: Mai – Okt. tgl. 9.00 – 17.30 Uhr).

Richland Center

In der ca. 30 mi/48 km nordwestlich von Taliesin gelegenen Ortschaft Richland Center hat Frank Lloyd Wright 1867 das Licht der Welt erblickt. Auch hier gibt es mit dem **German Warehouse** eines seiner Baudenkmäler zu sehen. Dieses Lagerhaus zeichnet sich vor allem durch strenge geometrische Formen und Dekorationen aus. (Church St.; Infos: Tel. 608/647-6205).

House on the Rock

Etwa 7 mi/11 km südlich von Taliesin gibt es eine architektonische Besonderheit zu sehen. Dieses wunderliche Gebilde mit Wasserfällen und mächtigen Kaminen hat der selbst ernannte »Architekt« Alex Jordan in den 1940er-Jahren eigenhändig errichtet. Es gehört heute zu den besonderen Attraktionen in Wisconsin (Mitte Mai – Okt. tgl. 9.00 – 18.00 Uhr, hohe Eintrittsgebühr).

★ **New Glarus**

Die Ortschaft New Glarus, im ganzen Land als »America's Little Switzerland« bekannt, liegt 28 mi/45 km südwestlich von Madison. Hier feiert man jedes Jahr im Juni ein **»Heidi Festival«** und im September ein **»Wilhelm Tell Festival«**, man kann alpenländische Architektur und schweizerische Trachten sehen und auch nach althergebrachter Manier produzierten Käse, Schweizer »Schoggi«, Bier und sonstige Delikatessen aus der alten Heimat kosten.
Am 15. August 1845 kamen die ersten 108 Emigranten aus dem Schweizer Kanton Glarus ins Tal des Little Sugar River im südlichen Wisconsin und gründeten die Siedlung New Glarus, die sich bis in die 1880er-Jahre zu einem florierenden Zentrum der Landwirtschaft und vor allem der Käseproduktion entwickelte.
In der **Hall of History** wird man mit der Geschichte und den Traditionen der »amerikanischen« Schweizer vertraut gemacht.

★ Manitowoc

H 6

Bundesstaat: Wisconsin
Höhe: 185 m ü. d. M.
Einwohnerzahl: 36 000

Der indianische Name bedeutet »Wohnort des Großen Geistes«. Heute ist die Hafenstadt ein bedeutendes Industrie-, Fracht- und Geschäftszentrum an Wisconsins »Küste«.

In der etwa 60 km südöstlich von ►Green Bay gelegenen Hafenstadt spielt heute die Lebensmittelindustrie eine wichtige Rolle. Die Autofähre »SS Badger« pendelt zwischen Manitowoc und ► Ludington drüben auf der Michigan-Halbinsel her.

Geschichte

Mitte des 19. Jh.s war Manitowoc bereits eine ansehnliche Stadt mit über 2000 Einwohnern, unter ihnen **viele Einwanderer** aus Irland, Deutschland, Norwegen und Böhmen. Einige Jahre später kamen mit einer neuen Emigrantenwelle zahlreiche Polen hinzu. Von Anfang an legten die Stadtväter Wert auf den Ausbau des Hafens, der sich neben dem Schiffsbau und der Eisenbahn über die Jahrzehnte hinweg als Motor der lokalen Wirtschaft erweisen sollte. Erst in den Sechzigerjahren des 20. Jh.s schloss die letzte Werft, weil keine Möglichkeit bestand, große Frachter und Tankschiffe zu bauen.

MANITOWOC

AUSKUNFT

Manitowoc CVB
Crossing I-43/US 151
4221 Calumet Avenue
Manitowoc, WI 54221-0966
Tel. (920) 683-4388
www.manitowoc.org

Sehenswertes in Manitowoc und Umgebung

★ Wisconsin Maritime Museum

Das größte Museum dieser Art im Mittleren Westen informiert über die Geschichte der Schifffahrt auf den Großen Seen seit 1830. Ausgestellt sind nautische Geräte, Schiffskarten, Dokumente über Schiffsunglücke und Schiffsmodelle. Dazu gibt es detailreiche Informationen über die lokalen Schiffswerften, die während des Zweiten Weltkrieges u.a. 28 Unterseeboote vom Stapel ließen. Vor dem Museum liegt das U-Boot **»USS Cobia«** vor Anker, das ebenfalls besichtigt werden kann (►Bild S. 316; Ende Mai – Anf. Sept. tgl. 9.00 – 16.00, übrige Zeit tgl. 9.00 – 17.00 Uhr).

Zunker's Antique Car Museum

Liebhaber chromblitzender Oldtimer können hier über drei Dutzend Modelle bewundern. Neben Packards und Studebakers sind sämtliche Ford-Modelle ausgestellt, die zwischen 1915 und 1937 gebaut wurden (variierende Öffnungszeiten, Infos: Tel. 262 / 684-4005).

Eng ging es zu in der »USS Cobia« (Beschreibung s. S. 315)

Rahr-West Art Museum

Ein viktorianisches Haus aus dem Jahr 1891 bildet das Ambiente für Kunstwerke aus dem 19. und 20. Jh. In Wechselausstellungen werden hier neben Gemälden vor allem dekorative Kunst, historische Puppen, Porzellan, Elfenbeinschnitzereien und prähistorische Artefakte gezeigt. Auch moderne Kunst wird präsentiert (610 N. 8th St.; Mo. – Fr. 10.00 – 16.00, Mi. bis 20.00, Sa., So. 11.00 – 16.00 Uhr).

★ **Pinecrest Historical Village**

Ca. 7 mi/11 km westlich der Stadt bilden zwei Dutzend historische Gebäude aus der Mitte des 19. Jh.s ein malerisches Ensemble. Die meisten Häuser standen ursprünglich an anderer Stelle, ehe sie hier her versetzt wurden. Ob Käserei, Räucherei, Kirche, Schulhaus, Sägerei oder Rathaus: Alle Bauten stehen den Besuchern offen (Pine Crest Lane; Mai – Okt. 9.00 – 16.00 Uhr).

★ Marquette

H 4

Bundesstaat: Michigan
Einwohnerzahl: 20 000
Höhe: 191 m ü.d.M.

Die größte Stadt und das wichtigste Handels-, Verwaltungs- und Schifffahrtszentrum auf der Upper Michigan Peninsula ist dank schneereicher Winter und guter Skiabfahrten im gebirgigen Umland auch ein beliebter Wintersportplatz.

MARQUETTE ERLEBEN

AUSKUNFT

Marquette Country CVB
337 W. Washington St.
Marquette, MI 49855
Tel. (906) 228 – 77 49
www.marquettecountry.org

ESSEN

▶ Erschwinglich

Lagniappe Cajun Creole Eatery
145 Jackson Cut Alley
Tel. (906) 226-8200
Lecker zubereitete Köstlichkeiten der Südstaaten-Küche; besonders hervorzuheben sind die Fisch- und Seafood-Spezialitäten.

ÜBERNACHTEN

▶ Komfortabel

Landmark Inn
230 N. Front Street, Marquette, MI
Tel. (906) 228 – 25 80
www.landmarkinn.com
Stadthotel in einem hübsch renovierten Gebäude von 1930.

▶ Günstig

Cedar Motor Inn
2523 U.S. 41 West, Marquette, MI
Tel. (906) 228 – 22 80
43 einfach und zweckmäßig eingerichtete Zimmer. Das Motel liegt recht verkehrsgünstig.

Wichtiger Eisenerzhafen

Vom geschützten Südufer des Lake Superior wird das in der gebirgigen Marquette Range abgebaute hochwertige Eisenerz von langen Güterzügen auf so genannte Laker (Schüttgutfrachter) umgeladen, die den Rohstoff in die Schwerindustrie-Standorte an den Großen Seen transportieren.

Sehenswertes in Marquette und Umgebung

Downtown

Ein eigenes Gesicht zeigt das Stadtzentrum am Hafen. Entlang der in Nord-Süd-Richtung verlaufenden 3rd Street und an der sie kreuzenden Washington Street stehen mitten im Geschäftsviertel ansehnliche Gebäude aus der Zeit von der Jahrhundertwende bis in die Zwanzigerjahre. Bemerkenswert sind das 1902 erbaute Marquette Country Courthouse und das 1927 erbaute Gebäude der MFC First National Bank im Beaux-Arts-Stil.

Marquette Maritime Museum

Indianische Birkenrindenkanus, Dieselmotoren von Schleppern, Utensilien der Küstenwache und der Lebensretter, Schiffsmodelle, historische Seekarten machen das Museum für Leute interessant, die sich für die Geschichte der Seefahrt auf den Großen Seen begeistern (300 Lakeshore Blvd.; Mitte Mai – Mitte Okt. tgl. 10.00 – 17.00 Uhr).

Coast Guard

Nur im Rahmen von Museumsführungen kann man die auf dem vorgelagerten Felssporn errichtete alte Station der US-Küstenwache besichtigen, die ganz bestimmt das meistfotografierte Gebäude der Stadt ist.

Presque Isle Park Am nördlichen Stadtrand ragt ein felsiger Landzipfel in den Lake Superior hinein, das wichtigste **Naherholungsgebiet** der Stadt. Hier kann man unter hohen Bäumen mit Blick auf den See picknicken, Wanderungen entlang der malerisch bunten Felsküste unternehmen oder die Landzunge mit dem Fahrrad umrunden.

Ausflug zum Iron Mountain

Marquette Iron Range Südwestlich der Stadt erhebt sich die Marquette Iron Range, in der seit dem 19. Jh. **hochwertiges Eisenerz** abgebaut wird. Mehrere, sich noch im Betrieb befindliche oder bereits aufgelassene Tagebaue kann man beispielsweise im Gebiet um **Ishpeming** (u. a. National Mine, Republic) in Augenschein nehmen. Ein weiterer wichtiger Wirtschaftszweig in der Marquette Range ist die holzverarbeitende Industrie. In riesigen »Plants« werden Pressspanplatten für das Baugewerbe, Papier und Zellulose produziert.

Ishpeming Etwa 12 mi/19 km südwestlich von Marquette kommt man via US 41 West in das 1844 gegründete Bergbaustädtchen Ishpeming, das in einer ausgesprochen reizvollen Landschaft mit Seen und Wäldern liegt. Schon in den 1880er-Jahren fanden sich hier die ersten Skiläufer ein, die Ishpemings Tradition als Wintersportplatz begründeten.

National Ski Hall of Fame ► Im östlichen Vorort Negaumee ist die National Ski Hall of Fame eingerichtet, in der die **Geschichte des Skisports in den USA** in aller Ausführlichkeit beleuchtet wird (Mo. – Sa. 10.00 – 17.00 Uhr).

Michigamme Einige Autominuten weiter östlich gelangt man in den am gleichnamigen See gelegenen Erholungsort Michigamme, von dem aus man Wanderungen in den Van Riper State Park (südöstlich) und in den Craig Lake State Park (nordwestlich) unternehmen kann.

★ Iron Mountain Zwischen Ishpeming und Michigamme zweigt der MI 95 vom US 41 in südlicher Richtung ab und führt hinauf in die rohstoffreiche Bergwelt der Upper Michigan Peninsula. Nach etwa 56 mi/90 km und noch vor der Grenze des Bundesstaates Wisconsin erreicht man knapp die Bergwerksstadt Iron Mountain. Sie wurde 1879 gegründet, als man hier auf **reiche Eisenerz-Vorkommen** stieß. Von 1880 bis 1932, als die Chapin Mine geschlossen wurde, hatte man fast 30 Mio. Tonnen Eisenerz gefördert. Einwanderer aus dem englischen Cornwall sowie aus Skandinavien und selbst aus Italien verschlug es hierher. Mittlerweile hat man die Holzwirtschaft, die Jagd und den Wintersport-Fremdenverkehr als neue Einkommensquellen entdeckt. Alljährlich im Februar treffen sich an der Großschanze am **Giant Pine Mountain** die besten Skispringer der Welt.

Cornish Pumping Engine & Mining Museum ► In der Stadt und ihrer näheren Umgebung trifft man noch auf viele Zeugnisse des Eisenerzbergbaus. An der Kent Street steht die **größte, jemals in den USA gebaute Dampfpumpe**, die Cornish Pumping Engine. Sie wiegt mehr als 150 Tonnen, und ihr Flügelrad hat einen

Durchmesser von 12 Metern. Im angeschlossenen Museum sowie im nahen **Menominee Range Historical Museum** alles Wissenswerte über die Geschichte des hiesigen Eisenerzbergbaus (Öffnungszeiten: Mitte Mai – Anf. Sept. tgl. 9.00 – 17.00, So. 12.00 – 16.00 Uhr).

◄ Iron Mountain Iron Mine

Etwa 8 mi/13 km östlich außerhalb von Iron Mountain, bei Vulcan, kann man mit einer alten Grubenbahn in ein stillgelegtes Eisenerzbergwerk einfahren und bekommt von pensionierten Kumpels erklärt, wie hart das Leben unter Tage war (US 2, Vulcan; wechselnde Öffnungszeiten, Infos: Tel. 906 / 563-8077).

Ausflug ans Pictured Rocks National Lakeshore

✶ **Hiawatha National Forest**

Etwa eine Autostunde südöstlich von Marquette (am schnellsten via US 41 South) erreicht man den westlichen Teil des Hiawatha National Forest, der sich von den Gestaden des Lake Superior quer über die Upper Michigan Pensinsula südwärts bis zum Michigansee erstreckt. In dem Waldgebiet kommen Abenteuerurlauber voll auf ihre Kosten. Es gibt etliche Camping- und Rastplätze, von denen aus man **Wanderungen und Kanutouren** unternehmen kann.

◄ Song of Hiawatha

An dieser malerischen Felsküste spielt die jedem nordamerikanischen Kind geläufige **Geschichte vom Indianerjungen Hiawatha**, der bei seiner Großmutter Nokomi, Tochter des Mondes, aufwächst. Er ist ein Sohn des Westwindes und auf die Erde gesandt, um für Frieden unter den Stämmen zu sorgen. Außerdem soll er seine Brüder und Schwestern im Gebrauch der Gaben Manitous unterweisen. **Henry Wadsworth Longfellow** (1807 – 1882), ein sehr einflussreicher Sprachwissenschaftler aus Boston, war es, der die meisten seiner wei-

Malerisch präsentiert sich das felsige Südufer des Lake Superior.

ßen Landsleute und damit natürlich auch viele Europäer erstmals mit der Mythen- und Sagenwelt der indianischen Ureinwohner Nordamerikas vertraut machte. Seine 1855 erschienene Verserzählung »Hiawatha« wurde in kürzester Zeit zum Volksepos.

✶✶ **Pictured Rocks National Lakeshore**

Folgt man dem am Südufer des Lake Superior entlang führenden Hwy. MI 28 in östlicher Richtung, gelangt man nach 45 mi/72 km in den Fischerort **Munising**. Von hier aus erkundet man am besten per Boot die wildromantische und für ihre bunten Felsformationen bekannte Steilküste des Pictured Rocks National Lakeshore. Die stellenweise **über 60 m hohen Felsklippen** leuchten vor allem bei tief stehender Sonne in allen Farben, die von hohen Kupfer-, Eisen- und Manganoxid-Anteilen des Gesteins herrühren. Landeinwärts gibt es mehrere tosende **Wasserfälle** (u. a. Munising Falls, Miners Falls), romantische Bachläufe und idyllische Seen, die über Waldpfade erreichbar sind. Ein populärer, von Munising aus mit dem Auto erreichbarer Aussichtspunkt an der malerischen Steilküste ist **Miners Castle**, von wo aus ein Weg an die sturmzerzauste Felsküste führt.

Grand Marais ▸

Nordöstlicher Eckpunkt des Naturschutzgebietes ist die an einem malerischen Naturhafen gelegene Ortschaft Grand Marais, die man am schnellsten via MI 28 East und ab Seney via MI 77 North erreicht. Die hübschen Häuschen und Katen erinnern sehr an Neuengland. Hier gibt es auch ein kleines Seefahrtmuseum.

Grand Sable Dunes ▸

Westlich von Grand Marais breitet sich der Grand Sable Lake aus. Hohe Sanddünen trennen das Gewässer vom Lake Superior. Das Ufer des Oberen Sees wird vom Au Sable Lighthouse bewacht. Der Strand in seiner Nähe ist von ausgeblichenen Schiffswrackteilen übersät, die wie urzeitliche Wesen aus dem Sand und Kies ragen.

✶ **Seney National Wildlife Refuge**

Südöstlich vom Pictured Rocks National Lakeshore und von Munising aus über den MI 28 East respektive den MI 77 South erreichbar, liegt das Wildschutzgebiet von Seney, in dem man mit etwas Glück Weißkopf-Seeadler beobachten kann. Im Visitor Center wird man über die Pflanzen- und Tierwelt der seen- und waldreichen Landschaft der Upper Michigan Peninsula informiert. Hier beginnt auch eine Rundtour (Einbahnstraße) durch das Schutzgebiet.

Michigan City

J 9

Bundesstaat: Indiana
Höhe: 183 m ü.d.M.
Einwohnerzahl: 33 000

Die 1675 vom französischen Missionar Jacques Marquette gegründete Siedlung ist heute ein beliebter Ferienort. Von 1922 bis 1973 wurden hier die berühmten Pullman-Salonwaggons gebaut.

Mühlen, Sägewerke und Waggons

Die Siedlung am Südostufer des Lake Michigan wurde 1830 zur Stadt erhoben, als sie ungefähr 1500 Einwohner hatte. Am Seeufer bzw. am Trail Creek entstanden die ersten Säge- und Kornmühlen. Bald war der Ort groß und wichtig genug, dass auch die zwischen Detroit und Chicago verkehrenden Postkutschen Station machten.
1852 dampfte die erste Lokomotive in den Bahnhof von Michigan City und kündigte eine neue Ära an. Noch im selben Jahr wurde hier eine Fabrik gegründet, in der Eisenbahnwaggons gebaut wurden. Diese wurde dann 1922 vom Chicagoer Unternehmer Pullman übernommen.

Sehenswertes in Michigan City und Umgebung

Old Lighthouse Museum

Indianas einziger »Leuchtturm« ist lediglich ein zweistöckiges Wohnhaus mit einer auf das Giebeldach aufgesetzten Beobachtungsplattform samt Leuchtfeuer. Das Gebäude ist 1858 errichtet worden. Damals wurde das Leuchtsignal noch mit Waltran »befeuert«. Die zu besichtigenden Wohn- und Schlafzimmer samt zahlreichen Werkzeugen aus dem Schiffsbau und nautischen Gegenständen stammen aus der Zeit zwischen 1861 und 1904, als Harriet Colfax Leuchtturmwärterin war. Im Alter von 80 Jahren musste sie ihren Job wiederstrebend aufgeben (April – Okt. Di. bis So. 13.00 – 16.00, im Sommer bereits ab 10.00 Uhr).

► MICHIGAN CITY

AUSKUNFT

LaPorte County CVB
Marquette Mall
4073 S. Franklin Street
Michigan City, IN 46330
Tel. (219) 872-50 55
www.michigancitylaporte.com

★ Barker Mansion

In der mehr als drei Dutzend Räume umfassenden Villa mit mehreren Badezimmern und offenen Kaminen wohnte John H. Barker mit Frau und Tochter. Der Boss der Haskell & Barker Railroad Car Company ließ sich seine viktorianische Residenz 1857 erbauen. Tochter Catherine stiftete das Anwesen der Stadt. Die Räumlichkeiten sind mit **wertvollem Mobiliar** aus dem 19. Jahrhundert, kunstvoll geschnitzten Löwen- und Engelsfiguren aus Walnussholz, Marmorarbeiten und Ölgemälden ausgestattet. Im zweiten Obergeschoss befindet sich ein **Ballsaal**, in dem die Barkers opulente Feste feierten. Der nach italienischem Vorbild gestaltete Garten dient häufig als Kulisse für Hochzeiten (100 Heisman Harbor Rd.; Führungen: Mo. – Fr. 10.00, 11.30, 13.00, Sa., So. 12.00 u. 14.00 Uhr, Fei. geschlossen).

Washington Park

In dem am Seeufer gelegenen hübschen **Park mit Badestrand**, Marina, Picknick-Areal, Tennisplätzen und Aussichtsturm verbringt die Bevölkerung von Michigan City ihre Wochenenden beim Grillen und Freizeitsport. Auf dem Gelände gibt es auch einen gern besuchten kleinen **Zoo**.

★ Milwaukee

G/H 7/8

Bundesstaat: Wisconsin
Höhe: 193 m ü.d.M.
Einwohnerzahl: 605 000
(Metropolitan Area: ca. 1,8 Mio.)

Während des 19. Jahrhunderts ließen sich Einwanderer aus über zwei Dutzend Ländern in der Hafenstadt am Westufer des Michigansees nieder. Die größte Gruppe bildeten Deutsche. So verwundert es nicht, dass es bis heute namhafte Bierbrauereien und Wurstfabriken gibt. Inzwischen mischt sich moderne Architektur mit den Gebäuden der Gründerjahre.

Industriestandort und Handelsplatz

Die bevölkerungsreichste, im äußersten Südosten des Bundesstaates Wisconsin gelegene Stadt liegt nur 150 km nördlich von ►Chicago. Lage und Verkehrsinfrastruktur machten Milwaukee in den vergangenen eineinhalb Jahrhunderten zu einem bedeutenden Industrie- und Handelszentrum, wozu auch der umtriebige Hafen beitrug. Bis weit ins 20. Jh. galt die hauptsächlich von deutschen Einwanderern geprägte Stadt am Michigansee als **Bierhauptstadt der USA**, auch wenn andere Branchen längst eine wesentlich größere Rolle spielten. Metropolitan Milwaukee umfasst mehrere Counties, erstreckt sich rund 30 mi/48 km am Ufer des Lake Michigan entlang und reicht zirka 20 mi/32 km landeinwärts.

Geschichte

Wenn sich Milwaukee angesichts seiner aus vielen Ländern der Erde stammenden Bevölkerung als »multikultureller Flickenteppich« bezeichnet, so hat dies Tradition.
Schon lange vor Ankunft der ersten Weißen lebten an diesem Uferabschnitt des Lake Michigan, an dem sich drei Flüsse vereinigen und gemeinsam in den See münden, ganz unterschiedliche indianische Gruppen, darunter vor allem Fox, Mascounten und Potowatomi. Aus diesem Grund hieß der Ort früher auch **»Millioki«**, was so viel wie »Versammlungsplatz an den Wassern« bedeutet; daraus entstand der heutige Name.
Einer der ersten Europäer, der sich hier niederließ, war 1819 Solomon Juneau, Repräsentant der **American Fur Company**, der als Stadtgründer gilt. Zunächst entwickelten sich am Seeufer zwei Siedlungen, die sich erst Ende der 1830er-Jahre zu Milwaukee vereinigten.
Um 1848 erlebte die Stadt ihren ersten Boom, als viele **Deutsche** nach Wisconsin kamen. In der zweiten Hälfte des 19. Jahrhunderts folgten **Polen, Iren** und andere Nationalitäten. Milwaukee avancierte ziemlich rasch zum Umschlagplatz für Weizen und Fleisch aus dem Hinterland. Nach und nach traten die Eisen- und Stahlverarbeitung, der Maschinenbau und die Elektroindustrie dazu, schließlich auch Banken und Finanzzentren, Hauptquartiere internationaler Unternehmen und Bildungseinrichtungen, die Milwaukees Führungsrolle in Wisconsin untermauerten.

MILWAUKEE ERLEBEN

AUSKUNFT

Visit Milwaukee
Frontier Airlines Center
Main Rotunda
400 W. Wisconsin Avenue
Milwaukee, WI 53203
Tel. (414) 273-7222
www.visitmilwaukee.org

ESSEN

► Fein & teuer

① ***Il Mito***
6913 W. North Avenue
Tel. (414) 443-1414
Feine mediterrane Küche, sehr appetitlich zubereitet; entspannte Atmosphäre.

► Erschwinglich

② ***Karl Ratzsch's***
320 E. Mason Street
Tel. (414) 276-2720
Wer in Amerika guten Gänsebraten, Tafelspitz, Wiener Schnitzel oder andere Höhepunkte der österreichischen Küche genießen will, kann dies bei Karl Ratzsch in Milwaukee tun. Natürlich beherrscht man hier auch die amerikanische Kochkunst.

► Preiswert

③ ***Water Street Brewery***
1101 N. Water Street
Tel. (414) 272-1195
Hier gibt´s leckere Sandwiches, Pasta und Fisch, dazu süffiges Bier aus der eigenen Brauerei.

ÜBERNACHTEN

► Luxus

① ***The Pfister***
424 E. Wisconsin Street
Milwaukee, WI
Tel. (414) 273-8222
www.thepfisterhotel.com
306 Zimmer. Nach wie vor eine der besten Adressen der Stadt.

► Komfortabel

② ***Iron Horse Hotel***
500 W. Florida Street
Tel. 1-888-543-4766
www.theironhorsehotel.com
100 nette Gästezimmer sind in einem alten Lagerhaus gegenüber dem Harley-Davidson-Museum eingerichtet.

③ ***Washington House Inn***
W62 N573 Washington Ave.
Cedarburg, WI,
Tel. (262) 375-3550
www.washingtonhouseinn.com
33 Zimmer. Das 1886 erbaute Haus mit seinem historischen Interieur ist die feinste Herberge der Stadt ist.

► Günstig

④ ***Best Western Inn Towne Hotel***
710 N. Old World 3rd Street
Milwaukee, WI
Tel. (414) 224-8400
www.inntownehotel
103 Zimmer. Zentral gelegen, komfortabel sowie mit Internetzugang ausgestattete Zimmer.

Bevölkerung

Um die Mitte des 19. Jh.s waren fast zwei Drittel der Einwohner von Milwaukee nicht in den USA, sondern im Ausland geboren, über 60% davon in Deutschland. In den folgenden fünf Jahrzehnten kamen weitere Einwandererwellen mit mehr als einer Million Menschen, ein Viertel davon Deutsche, nach Wisconsin. Das war kein

◄ weiter auf S. 326

AMERIKANISCHE BRAUKUNST

Wer noch vor wenigen Jahren nach Milwaukee kam, konnte glauben, hier sei das Bier erfunden worden. Überall roch man süßliche Ausdünstungen von Brauereien mit deutschen Namen wie Miller, Pabst und Schlitz.

Doch ein Blick in die Vergangenheit lehrt, dass indianische Ureinwohner schon lange vor der Ankunft der ersten Europäer auf der Grundlage von Mais »Bier« gebraut haben.

Der Anfang

Die erste von Einwanderern betriebene Brauerei nahm um 1630 in Nieuw Amsterdam (New York) ihren Berieb auf. Mit der fortschreitenden Erschließung Amerikas drang die europäische Art des Bierbrauens immer weiter nach Wesen vor. Bald griff man statt auf teuer aus Europa importierte Rohstoffe auf heimisches amerikanisches Getreide bzw. amerikanischen Mais zurück. Als Würzstoffe kamen die Rinden verschiedener Bäume, Kürbisse und etliche andere in der Neuen Welt wachsende Pflanzen zur Verwendung. Ende des 19. Jh.s zählte man in den USA über 1000 Brauereien. Allein in Milwaukee gab es im 19. Jh. über 100 Braustätten, die alle traditionellen mitteleuropäischen Sorten produzierten, vom Bockbier und Märzen über das Bier nach Pilsener Brauart und das Dunkle bis zum Weißbier.

Namhafte Braustätten

Zentrum der US-Braukunst wurden die im Mittleren Westen gelegenen Städte **Milwaukee, Detroit** und auch **St. Louis**. In letzterer wuchs die Großbrauerei **Anheuser-Busch** heran, die heute Kern des größten Brauerei-Konglomerats der Welt ist. Die **Pabst Brewing Co.** in Milwaukee und die **Stroh Brewery Co.** in Detroit nahmen Mitte des 19. Jh.s ihren Berieb auf. Beide schlossen sich zur **S & P Co.** zusammen und produzierten eine breite Palette von Bieren, darunter die Marken »Augsburger«, »Falstaff«, »Hamm's«, »Old Milwaukee«, »Schaeffer« und »Schlitz«. Die **Miller Brewing Co.** machte sich einen Namen mit »Milwaukee's Best«, »Meister Bräu« und »Löwenbräu«. Sie ist auch im Besitz der für ihr Bier hoch angesehenen Brauerei **Leinenkugel**.

Trend zur Kleinbrauerei

Die Herstellung von Bierspezialitäten hat man inzwischen den immer zahlreicher werdenden Klein- und Hausbrauereien überlassen, die in den letzten Jahren in Chicago, Cleveland, Milwaukee und an etlichen anderen

Orten wie Pilze aus dem Boden geschossen sind.
Die **Great Lakes Brewing Co.**, Clevelands erste Kleinbrauerei nach der Prohibition, wurde 1988 in Gebäuden neu gegründet, in denen schon im 19. Jh. Bier gebraut worden ist. Bekannt wurde sie duch ihr »Dortmunder Gold«, gebraut in der Tradition der Ruhrmetropole hält. Ferner wird ein malziges Lager namens »Eliot Ness« nach Wiener Tradition hergestellt. Renner sind die zu besonderen Anlässen erzeugten Biere. Dazu gehören das »Christmas Ale«, das mit Gerste und Weizen gebraut sowie mit Honig, Zimt und Ingwer gewürzt ist. Im Winter/Frühjahr gibt es »Conway's Irish Ale«, im Frühling/Frühsommer das »Rockefeller Rock« und das »Commodore Perry India Pale Ale«. Im Hochsommer bietet man das »Holy Moses« an, ein fruchtiges Witbier, sowie das »Moon Dog Ale«, ein Bitter Summer Ale. Im Herbst gibt es das nach Münchner Tradition hergestellte »Oktoberfest«-Bier.
Die im Jahr 1987 eröffnete **Frankenmuth Brewery** ist bekannt für ihr nach bayerischer Tradition erzeugtes Bier, das zudem nach dem Reinheitsgebot von 1516 gebraut wird. Spitzenerzeugnisse sind das »German-Style Pilsener«, das »German-Style Dark«, das »German-Style Bock«, das »Weisse Bier« und das »Oktoberfest«-Bier.
In Chicago hat die 1988 gegründete **Goose Island Brewery** einen guten Namen. Hier werden sowohl Ales nach englischer Manier, als auch Lagerbiere nach deutschen Rezepten gebraut. Besonders begehrt sind das »Kilgubbin Red Ale«, das »Hex Nut Brown Ale«, das »Oatmeal Stout« sowie das »German-Style Kölsch«. Spitzenprodukt ist jedoch das »Bourbon Country Stout« das in alten Whiskyfässern heranreift.
Die als höchst innovativ bekannte **Lakefront Brewery** in Milwaukee Brauerei hat ihren Betrieb 1987 aufgenommen. Sehr gefragt ist ihr »Lakefront's Riverwest Stein Bier«, das zwar kein echtes Steinbier, dafür aber ein gutes Lagerbier nach Wiener Brauart ist. Beliebt sind ferner das »Klisch Pilsener«, das mit Kirschen aus der Region verfeinerte »Cherry Beer«, das »Pumpkin Beer« (mit Kürbis-Extrakten) und vor allem das »Fuel Cafe Coffee-Flavoured Stout«.
Eine der jüngsten Brauereien in der Region ist die 1993 gegründete **New Glarus Brewing Co.**. Sie bietet wohl mundende Bierspezialitäten an. Das ganze Jahr über gibt es das »Edel Pils« und das »Uff-Da Wisconsin Bock«. Beliebte Saisonbiere sind das »Norski Maibock«, das »Soltice Weiss«, das »Snowshoe Ale« und das »Belgian Red«, ein nach belgischer Brauart hergestelltes Kriek (Kirschbier).

Zufall. Der noch wenig entwickelte Staat benötigte Arbeitskräfte und unterhielt deshalb im Hafen von New York ein Büro, das Immigranten sofort an den Lake Michigan weiterleitete. In der zweiten Hälfte des 19. Jh.s waren die Deutschen in Milwaukee so dominant, dass sieben deutsche Tageszeitungen erschienen und in Kindergärten Deutsch als Erziehungssprache eingeführt wurde. Auch der Zustrom von Iren war erheblich. Sie machten um 1850 etwa 14% der Gesamtbevölkerung aus und ließen sich vornehmlich im Südosten der heutigen Downtown nieder. Andere Gruppen wie norwegische Einwanderer siedelten sich in Walker's Point an. Bis 1906 entwickelte sich eine große polnische Gemeinde mit 70 000 Menschen. Sie ließen sich südlich, östlich und nordöstlich des Zentrums nieder. Ende des 19. Jh.s wanderten immer mehr Italiener – v. a. Sizilianer –, Osteuropäer und Griechen ein, so dass die Bevölkerung der Stadt 1910 zu drei Vierteln aus Ausländern und deren Nachfahren bestand. Im 20. Jh. gewannen Afroamerikaner und aus Lateinamerika stammende Zuwanderer (Hispanics, Latinos) an Bedeutung.

Zu beiden Seiten des Milwaukee River

Milwaukee City Hall Mitten im modernen Hochhauskern der Stadt aus Stahlbeton und Glas behauptet sich das schlanke Gebäude der Stadtverwaltung mit einem Turm, der an europäische Renaissance-Bauten erinnert. Ob-

Milwaukee Orientierung

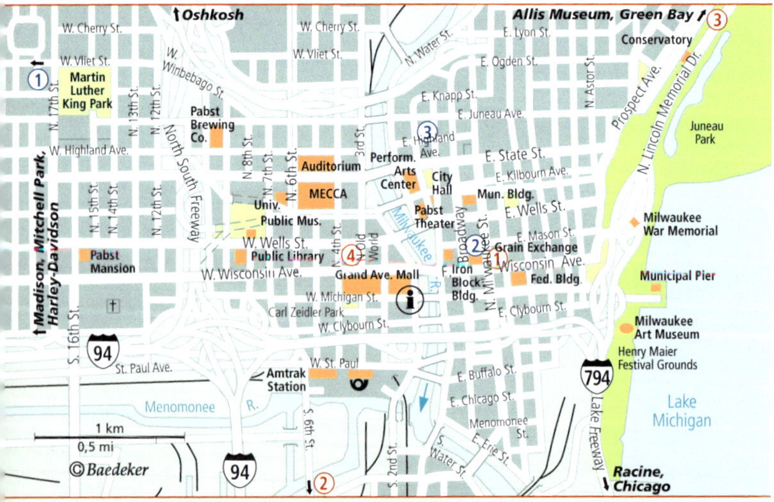

Essen
① Il Mito
② Karl Ratzsch's
③ Water Street Brewery

Übernachten
① The Pfister
② Iron Horse Hotel
③ Washington House Inn
④ Best Western Inn Towne Hotel

wohl es höhere Wolkenkratzer in Downtown gibt, ist der 107 Meter hohe Turm mit seinem patinagrünen Kupferdach nach wie vor das **Wahrzeichen der Stadt**. Im Glockengestühl hängt eine 11 Tonnen schwere Glocke, die früher häufig zu hören war. Jahrzehnte lang blieb sie stumm, weil Statiker glaubten, Vibrationen entdeckt zu haben, die das Bauwerk schwächten. Nach anders lautenden Expertisen der jüngsten Vergangenheit wird die Glocke heute wieder täglich um 8.00, 12.00 und 17.00 Uhr geläutet.

Marcus Center for the Performing Arts

Unter dem Dach des am Ufer des Milwaukee River gelegenen Kulturzentrums sind die Florentine Opera Company, die Milwaukee Ballet Company und das **Milwaukee Symphony Orchestra** versammelt. Im Pavillon an der Riverfront werden im Sommer Konzerte und andere Veranstaltungen geboten.

Pabst Theater

Mitten im Zentrum ließ Brauereikönig Frederick Pabst im ausgehenden 19. Jh. diesen Musentempel bauen, um der deutschsprachigen Bevölkerung Bühnenstücke aus Good Old Germany nahe zu bringen. Heute glänzt der Komplex mit seiner viktorianischen Sandsteinfassade und einem Interieur, das an ältere europäische Opernhäuser erinnert (144 E. Wells St.; Infos: www.papsttheater.org).

Milwaukee County Historical Society

Mit Säulen geschmückter Fassade und einem von einer dekorativen Balustrade umgebenen Dachgarten macht das nur ein paar Schritte vom westlichen Flussufer entfernte ehemalige Bankgebäude einen gediegenen Eindruck. Nach 1913 kam es in die Hände der Historical Society, die dort ein **stadtgeschichtliches Museum** (u. a. Gemälde, General Store) einrichtete (910 N. Old World 3rd St.; wegen Renovierung vorübergehend geschlossen).

Water Street

Dieser zwischen State Street und Knapp Street verlaufende Abschnitt der Water Street östlich des Flusses ist der heißeste Tipp für passionierte Kneipengänger und Nachtschwärmer. Dort reihen sich etliche Kleinbrauereien, Restaurants, Imbisse und Bierbars aneinander, die nach Geschäftsschluss Leben nach Downtown bringen.

*** Riverwalk**

Entlang dieser Innenstadt-Promenade am Milwaukee River gibt es nette Restaurants und Bierkneipen, Einkaufsmöglichkeiten und kulturelle Einrichtungen. Der Riverwalk beginnt an der Clybourn Street, führt am westlichen Flussufer nach Norden durch den **Père Marquette Park** mit wunderbarer Aussicht auf das Stadtzentrum, überquert auf der State Street Bridge den Fluss und kehrt am östlichen Ufer zum Ausgangspunkt zurück.

America's Black Holocaust Museum

Das Museum klärt seine Besucher nicht nur auf über die kulturellen Wurzeln der heutigen afroamerikanischen Bevölkerung der USA, sondern auch über das Menschen verachtende System der Sklaverei, die Rassendiskriminierung und die Gewalt gegen Schwarze. Das Mu-

MARINER

seum wurde 1988 von **James Cameron** gegründet, der 1930 als 16-Jähriger der Lynchjustiz eines rassistischen Mobs nur mit viel Glück entkommen konnte (2233 N. 4th St.; vorübergehend geschlossen).

Lakefront

★ **Milwaukee War Memorial**

Das Ehrenmal für die Gefallenen des Zweiten Weltkriegs ist eine vom finnischen Architekten **Eero Saarinen** entworfene Kombination aus Monument, Museum und Gemeindezentrum.

★★ **Milwaukee Art Museum**

Über 20 000 Werke, vom altägyptischen Mumiensarg bis zur Pop-Art-Malerei, von Drucken über Fotografien und Skulpturen bis zur dekorativen Kunst, umfassen die Bestände des Museums, das in jüngster Vergangenheit an der Lake Front für die größte Veränderung sorgte. Südlich des Municipal Pier wurde 2001 der vom spanischen **Stararchitekten Santiago Calatrava** entworfene Quadracci Paviilon eröffnet mit einem offenen Platz, auf dem ein vogelähnliches Gebilde die Blicke auf sich ziehen soll. Die Verbindung zwischen Innenstadt und Seeuferpark stellt eine von einem 60 m hohen Mast gehaltene Fußgänger-Hängebrücke her.

◄ Sammlungen

Die **Bradley Collection** zeigt Arbeiten von **Pablo Picasso, Andy Warhol, Roy Lichtenstein** und **Georgia O'Keeffe**. Die **Flagg Collection** stellt die Kunst der Antike, des Mittelalters und der Renaissance in den Mittelpunkt. Nebenan werden Bauzeichnungen von **Frank Lloyd Wright** und Industriedesign von **Brooks Stevens** präsentiert (700 N. Art Museum Drive; Di. – So. 10. – 17.00, Do. bis 20.00 Uhr).

Im Westen und Norden der Stadt

★ **Milwaukee Public Museum**

Unter den besten naturgeschichtlichen und kulturhistorischen Museen Amerikas hat das **Flaggschiff der hiesigen Museen** seit Jahren einen festen Platz, das aus einem riesigen Fundus von über 6 Millionen Exponaten schöpfen kann. Im ersten Obergeschoss führt der Rundgang in eine prähistorisch-düstere, von seltsamen Lauten untermalte, realistisch dargestellte Szenerie, in der soeben der Kampf zwischen zwei computergesteuerten Sauriern zu Ende gegangen zu sein scheint. Nebenan breitet sich ein costaricanischer Regenwald aus. Auf derselben Etage flaniert man durch das **European Village** mit Siedlungsformen unterschiedlicher europäischer Nationalitäten zwischen 1875 und 1925 und durch die Straßen des alten Milwaukee.
Indianische Gesänge und Trommeln kündigen im zweiten Obergeschoss ein Diorama mit drei Dutzend lebensgroßen, in prächtige Kostüme gekleideten Vertretern der sieben in Wisconsin lebenden Stämme an. Ferner begegnet man einer Gruppe berittener Indianer bei der **Bisonjagd** vor einer Kulisse mit dem für Wisconsin typischen

← *Die Schokoladenseite von Milwaukee lernt man bei einem Gang auf dem Riverwalk kennen.*

Waldland mitsamt den dort lebenden Säugetieren und Vögeln. Die oberste Etage ist südamerikanischen, arktischen, asiatischen, pazifischen und afrikanischen Landschaften und Kulturen gewidmet Im selben Gebäude ist auch **IMAX-Kino** mit 12 Stockwerke hoher Leinwand eingerichtet (800 W. Wells St.; tgl. 9.00 bis 17.00 Uhr).

✶ Captain Frederick Pabst Mansion

Mit Hopfen und Malz ließen sich gute Geschäfte machen. Ein Beweis dafür ist das **im Stil der flämischen Renaissance** errichtete Haus von Frederick Pabst an der Grand Avenue, die im 19. Jh. Milwaukees Millionärsmeile war. Als der damals 57-jährige, aus Deutschland stammende Hausherr einzog, hatte er es als Schiffskapitän, Grundstücksspekulant und Bierkönig zu einem riesigen Vermögen gebracht. Seine Villa besteht aus 37 Räumen, einem Dutzend Bädern und 14 offenen Kaminen. Neben dem Haupthaus steht mit dem **Pabst Pavillon** ein kleineres Gebäude, das für die Weltausstellung 1893 in Chicago gebaut und hinterher nach Milwaukee verfrachtet wurde. 1908 verkaufte die Pabst-Familie das Anwesen an die katholische Kirche, die es in den folgenden 67 Jahren als erzbischöfliche Residenz nutzte. Seit 1978 ist es Museum (2000 W. Wisconsin Ave.; Mo. – Sa. 10.00 – 16.00, So. 12.00 – 16.00 Uhr).

Tripoli Shrine Temple

Seit 1928 schmückt sich die vom Stadtzentrum nach Westen verlaufende Wisconsin Avenue mit diesem außergewöhnlichen Gebäude, das man eher in Nordafrika oder im Mittleren Osten suchen würde. Der mit einer exotischen Kuppel aus glasierten Ziegeln ausgestattete Bau gehört der Bruderschaft, die sich **Ancient Arabic Order of Nobles of the Mystic Shrine** nennt. Den Aufgang zum Hauptportal flankieren in Stein gehauene Kamele (3000 W. Wisconsin Avenue).

✶ Mitchell Park Domes & Horticultural Conservatory

Drei futuristisch anmutende Glaskuppeln sorgen in diesem »globalen« Pflanzenparadies für botanische Abenteuer. Im **Arid Dome** lernen Besucher die Wüsten Afrikas und Amerikas samt der dort heimischen Vegetation kennen. In der feuchten Schwüle des **Tropical Dome** leuchten Orchideen aus dem tiefen Grün von Regenwäldern. Der **Floral Show Dome** zeigt das ganze Jahr Ausstellungen mit Blumen, die für die jeweilige Saison typisch sind (524 S. Layton Blvd.; Mo. bis Fr. 9.00 – 17.00, Sa., So. 9.00 – 16.00 Uhr).

✶ Harley-Davidson

Die Wiege der Harley-Davidson-Motorräder steht im Norden von Milwaukee, Ecke Highland Blvd./38h Street. Hier konstruierten **William S. Harley** sowie die Brüder **Arthur, Walter und William Davidson**1901 ein Motorrad, das 1903 in Serie ging und dessen Nachfolger alsbald seinen Siegeszug um die Welt antreten sollten. Harley-Fans sollten auf jeden Fall einen Blick in das im Sommer 2008 eröffnete hypermoderne **Werksmuseum** werfen (400 Canal St.; tgl. 10.00 bis 18.00, Do. bis 20.00 Uhr).

Mit der Harley durch Milwaukee →

Milwaukee County Zoo

Publikumslieblinge des Tierparks, 6 mi/10 km westlich von Downtown, sind Löwen, Giraffen, Nashörner und Elefanten. Viel Trubel herrscht auch auf »Monkey Island«. Natürlich sieht man auch nordamerikanische Grizzlybären und Pinguine aus der Antarktis (10001 W. Blue Mound Rd.; März – Okt. tgl. 9.00 – 16.30, im Sommer bis 17.00, Nov. – Feb. Mo. – Fr. 9.30 – 14.30, Sa., So.9.00 – 16.30 Uhr).

Umgebung von Milwaukee

★ **Cedarburg**

Gute 8 mi/10 km nördlich von Milwaukee liegt das zauberhafte Städtchen Cedarburg (11 000 Einw.) im bäuerlich geprägten Hinterland des Lake Michigan. Hier stehen noch zahlreiche Gebäude aus der zweiten Hälfte des 19. Jh.s mit hübschen Geschäften, und man könnte fast glauben, das 20. Jh. sei noch nicht angebrochen. Einwanderer aus Irland und Deutschland machten das anfängliche Bauerndorf zu einem schmucken Landstädtchen.

Mitten durch die historische Altstadt verläuft die **Washington Avenue**. Cedarburg erließ als eine der ersten Städte in Wisconsin Vorschriften, die den Erhalt der historischen Bauten im Zentrum vorschrieben. Geschäfte, Restaurants, Gasthöfe und Bierkneipen präsentieren sich wie vor mehr als 100 Jahren. Der erst in den 1930er-Jahren eröffnete General Store (Ecke Washington Ave./Spring St.) ist mit seinen Heringsfässern, Kisten, Dosen und Schüsseln ein nostalgisches Relikt aus der Zeit vor der Erfindung des Supermarkts. Unter den denkmalgeschützten Bauten der Stadt hat die im Jahre 1864 erbaute **Wittenberg Woolen Mill** einen Ehrenplatz. Ursprünglich wurden in dem aus fünf Gebäuden bestehenden Komplex Wolltextilien für die Unionstruppen hergestellt, heute findet man hier Einzelhandelsgeschäfte und die **Cedar Creek Winery**.

Port Washington

Port Washington (10 000 Einw.), 15 mi/24 km nördlich von Downtown Milwaukee, wurde Ende 1862 durch einen Volksaufstand bekannt. Denn als der Bürgerkrieg ein gutes Jahr alt war, befahl der Gouverneur von Wisconsin alle für den Kriegsdienst tauglichen Männer zu den Waffen. Dies wollten sich die Siedler im Ozaukee County nicht gefallen lassen. »Aufständische« drangen in die Stadtverwaltung ein, vernichteten die Rekrutierungslisten und zogen hinterher plündernd durch das Städtchen. Ruhe und Ordnung kehrten erst wieder ein, nachdem Bundestruppen bei Nacht an Land gegangen waren und die Stadt umzingelt hatten.

Wer sich Port Washington nähert, den erschrecken zunächst einmal die beiden Riesenschlote des Kohlekraftwerks der Wisconsin Electric Power Company. Dennoch gibt es noch ein paar hübsche Straßenzeilen mit Häusern aus der Zeit vor dem amerikanischen Bürgerkrieg zu sehen.

Als Wahrzeichen thront die 1882 errichtete **St. Mary's Church** mit ihrem nadelspitzen Turm auf einer Anhöhe. Besichtigen kann man das **Eghart House** von 1872, Heim des gebürtigen Österreichers Leopold

Eghart, der 1849 nach Wisconsin gekommen war und viele Jahre als Richter wirkte (Ende Mai – Anfang Sept. So. 13.00 – 16.00 Uhr, sonst n.V., Tel. 284 - 28 75).

★ **Lake Geneva**

Ca. 56 mi/90 km südwestlich von Milwaukee erstreckt sich der Lake Geneva in einer höchst reizvollen Moränenlandschaft. Im Sommer kann man vor allem im **Big Foot State Park** am Südufer des Sees Wassersport treiben, die Angelrute auswerfen oder einfach mit dem Kanu auf den See hinausfahren.
Von Mai bis Oktober werden Dinner Cruises mit Ausflugsbooten angeboten. Im Winter tummeln sich auf den Höhen rund um den See zahllose Wintersportler, besonders im Bereich des Grand Geneva Resort sowie am wenige Meilen südöstlich des Sees aufragenden Wilmot Mount.

◄ Lake Geneva (Ortschaft)

Der 6000 Einwohner zählende Hauptort Lake Geneva liegt an der Ostspitze des Sees. Hier finden auch die beiden schönsten Feste im Jahreslauf statt, das **Venetian Festival** mit Bootsparade und Feuerwerk (3. August-Wochenende) und das Winterfest mit einer Meisterschaft im Formen von Skulpturen aus Schnee und Eis (Februar).

★ Minneapolis/St. Paul

B 5/6

Bundesstaat: Minnesota

Höhe: 215 – 248 m ü.d.M.

Einwohnerzahl: 385 000 (Minneapolis)
290 000 (St. Paul)
Metropolitan Area: 3,3 Mio.

Angeblich war Mark Twain der erste, der die beiderseits des Mississippi liegenden Städte »Twin Cities« nannte. Dem großen Erzähler sei verziehen, denn bei der Zwillingsstadt im Südosten Minnesotas kann es sich höchstens um zweieiige Zwillinge handeln. Während Minneapolis kosmopolitisch ist, wirkt St. Paul eher behäbig.

St. Paul mag man dies nachsehen, schließlich ist die Stadt auf dem Ostufer des Mississippi die Hauptstadt Minnesotas und an der Würde des Amts scheint selbst die Skyline schwer zu tragen. Während die von Minneapolis ein futuristisches Stillleben aus Glas und Chrom ist, sorgen die alte **St. Paul's Cathedral** und das **State Capitol** für die einem Regierungssitz geziemende Ernsthaftigkeit. Der Besucher registriert nach der Endlosigkeit des ländlich geprägten »Heartland of America« in den Twin Cities vor allem prickelnde Energie – kein Wunder: Viele namhafte Künstler wurden hier groß, darunter die **Coen-Brüder, Prince, Bob Dylan** und **Terry Gilliam**.

Geschichte

Im Jahre 1819 errichteten weiße Pioniere die befestigte Siedlung Fort St. Antony, die später in Fort Snelling umgetauft wurde. Aus ihr sollte die heutige Großstadt Minneapolis hervorgehen. 1822 errichtete

MINNEAPOLIS ST. PAUL ERLEBEN

AUSKUNFT

Greater Minneapolis CVB
250 Marquette Ave. S, Suite 1300
Minneapolis, MN 55401
Tel. (612) 767-8000
www.minneapolis.org

St. Paul Downtown Visitor Information Center
(im Landmark Center)
75 W. 5th Street
St. Paul, MN 55102
Tel. (651) 292-3225
www.visitstpaul.org

ANREISE

Minneapolis/St. Paul Int'l Airport
Der internationale Flughafen (MSP) liegt südlich der Doppelstadt. Er wird von Amsterdam direkt und von vielen europäischen Städten per Umsteigen angeflogen. Eine Straßenbahn verbindet den Lindbergh Terminal mit der Innenstadt.

SHOPPING

Mall of America
Bloomington, MI
60 E. Broadway
(Kreuzung I-494/SR 77)
www.mallofamerica.com
In der Mall of America erwartet Reisende das ultimative Shopping-Erlebnis. Diverse Restaurants aller Geschmacksrichtungen, eine In-Door Achterbahn und 20 weitere Attraktionen, 3000 Meerestiere in einem Wasserzoo und ein Flugsimulator schwächen die Folgen des durch das Angebot von über 500 Geschäften verursachten Kaufrausches ab.

ESSEN

▸ Fein & teuer

Meritage
410 St. Peter Street, St. Paul, MI
Tel. (651) 222-5670
In elegantem Ambiente wird exquisite französische Küche serviert.

▸ Erschwinglich

Bryan – Lake Bowl
810 W. Lake Street, Minneapolis, MI
Tel. (612) 825-3737
Hippes Restaurant in Uptown. 1930er-Bowling-Anlage, eindrucksvolle Wein- und Bierkarte.

▸ Preiswert

Solera
900 Hennepin Ave., Minneapolis, MI
Tel. (612) 338-0062
Hierg gibt es spanische und portugiesische Spezialitäten sowie eine große Tapas-Auswahl.

ÜBERNACHTEN

▸ Luxus

The Marquette
710 Marquette Ave., Minneapolis, MI
Tel. (612) 333-4545
Elegantes Cityhotel im 19-Stock Wolkenkratzer, mit Wohlfühlatmosphäre und preisreduzierten Wochenend-Arrangements.

▸ Komfortabel

Nicollet Island Inn
95 Merriam Street, Minneapolis, MI
Tel. (612) 331-1800
Charmantes Boutique-Hotel mit individuell eingerichteten Zimmern, nettes Restaurant mit amerikanischer Küche.

▸ Günstig

Holiday Inn Express
25 S. 11th Street, Minneapolis, MI
Tel. (612) 341-3300
Gut und günstig in zentraler Lage, nicht weit vom Convention Center und der Nicollet Mall.

Imposant: die Skyline von Minneapolis

man an den hiesigen (früheren) Mississippifällen ein Sägewerk, mit dem die industrielle Tradition Minnesotas begründet wurde. 1849 wurde die Nachbarsiedlung St. Paul zur Hauptstadt des Territoriums Minnesota und ab 1858 zur Kapitale des 32. Bundesstaates der USA. Erst 9 Jahre später erhielt Minneapolis die Stadtrechte.
1992 wurde im Vorort Bloomington die **Mall of America** eröffnet, das bis heute größte Einkaufszentrum der USA. 1993 trat der Mississippi über seine Ufer und verursachte enorme Schäden. Anfang August 2007 stürzte eine achtspurige Brücke über den Mississippi mitten im abendlichen Berufsverkehr ein. Mehrere Menschen kamen dabei ums Leben.

Bevölkerung

Minneapolis ist die größte, St. Paul die zweitgrößte Stadt von Minnesota. Skandinavische Einwanderer siedelten im 19. Jh. gern im Norden des Bundesstaates, Deutsche eher im Süden. In der Zwillingsstadt mischen sich beide Einflüsse. Heute setzt sich die Bevölkerung folgendermaßen zusammen: 65% Weiße, 7% Latinos, 15% Afroamerikaner, 10% Asiaten und 2% Indianer. Der Rest ist anderer oder nicht eindeutiger Herkunft. Berühmte Persönlichkeiten aus Minneapolis/St.Paul sind u. a. der Milliardär und Kunstmäzen **J. Paul Getty**, die Filmemacher **Ethan und Joel Cohen** sowie der Pop-Star **Prince**.

Wirtschaft

Grundlage der Ökonomie von Minneapolis/St.Paul ist die Landwirtschaft, denn bis hier war der Mississippi schiffbar. Erst später wurden die St. Antony Falls durch Schleusen gebändigt. Die Verarbeitung von Holz und der Umschlag von Getreide und anderen landwirtschaftlichen Produkten machten den Anfang. Heute sind viele Bereiche der verarbeitenden Industrie und des Dienstleistungsbereiches hinzugekommen. Die international bekanntesten Firmen mit Sitz in der Zwillingsstadt sind **3M** (Minnesota Mining and Manufacturing Company) und die Fluggesellschaft **Northwest Airlines**.

Sehenswertes in Minneapolis

Downtown

Die über anderthalb Kilometer lange **Nicollet Mall** (Nicollet Ave., zw. Washington u. Grant Sts.), eine der ersten Fußgängerzonen Amerikas, ist das Herz des im Schatten moderner Bürotürme liegenden Stadtzentrums. Über hundert Gebäude sind miteinander durch das **Skyway System** verbunden, ein Netz verglaster, vollklimatisierter Fußgängerwege. Über allem ragt schön blau der 236 m hohe, achteckige Turm des **IDS Center** (777 Nicollet Mall) in den Himmel.

★ **Mill City Museum**

In den restaurierten Mauern der früheren Washburn A Mill befasst sich eine Ausstellung mit der Geschichte der Verarbeitung landwirtschaftlicher Produkte in der »Twin City« (704 S. 2nd St.; Di. – Sa. 10.00 – 17.00, So. 12.00 – 17.00 Uhr, Juli/Aug. auch Mo.).

★★ **Minneapolis Society of Fine Arts Complex**

In diesem großzügig konzipierten Kulturzentrum sind untergebracht: das **Minneapolis Institute of Art** mit seiner umfangreichen Kunstsammlung, das Minneapolis College of Art & Design sowie ein Kinder-und Jugendtheater (24th/26th Sts., Stevens/3rd Ave.; Di. – Sa. 10.00 – 17.00, Do. bis 21.00, So. 11.00 – 17.00 Uhr).

Ein Blickfang: Claes Oldenburgs »Spoonbridge and Cherry« vor dem Walker Arts Center

Im Sommer 2006 wurde dieser vom Stararchitekten **Jean Nouvel** konzipierte Zweckbau am Mississippi-Ufer eröffnet. Er umfasst drei Bühnen, Probenräume, Restaurants und Bars (818 S. 2nd St.).

★ **Guthrie Theater**

Etwas ganz Besonderes ist dieser Kunstkomplex. Hier sind Ausstellungen, kunstpädagogische Einrichtungen und diverse Kunstprojekte vereint. In Sälen sind Malerei, Skulpturen, Fotografie und Installationen zu sehen. Schönstes Stück ist wohl Claes Oldenburgs **»Spoonbridge and Cherry«**.
Ein integriertes Theater wird für Ballett- und Theateraufführungen sowie für musikalische Darbietungen genutzt. Auch gibt es hier eie Bibliothek zu allen Aspekten künstlerischen Schaffens (1715 Hennepin Ave.; Di. – So. 11.00 bis 17.00, Do. bis 21.00 Uhr).

★★ **Walker Art Center**

Sehenswertes in St. Paul

Für den Bau des im Stile der italienischen Renaissance errichteten State Capitol wurden Dutzende verschiedene Steinarten verwendet, darunter natürlich auch Marmor, diverse Sand- und Kalksteine sowie Granit. Beeindruckend: die freitragende hohe Marmorkuppel (St. Paul, 75 Rev. Dr. Martin Luther King Jr. Blvd.; Führungen: Mo. – Fr. 8.30 – 17.00, Sa. 10.00 – 15.00, So. 13.00 – 16.00 Uhr).

★ **State Capitol**

Im Osten der Downtown ragt unübersehbar die **Cathedral of St. Paul** aus dem Häusermeer, eine kleinere Version der Paulskirche zu Rom (239 Selby Ave.). Hier beginnt die Summit Avenue, einst das Machtzentrum der Twin Cities, wo Eisenbahnbarone und Getreidespekulanten stilgemäß in viktorianischen Palästen residierten. Über 370 der einst 440 Villen stehen noch – eine der größten Ansammlungen viktorianischer Architektur in den USA und ein interessanter Spaziergang durch ein Stück amerikanischer Geschichte.

★ **Summit Avenue**

Diese Institution fasziniert Kinder und Jugendliche mit mehreren interaktiven Ausstellungen, die Natur und Kunst geschickt kombinieren (10 W 7th St.; Di. – So. 9.00 – 17.00, Fr bis 20.00 Uhr)

Minnesota Childrens Museum

Hier wird die Geschichte des Bundesstaates quasi »zum Anfassen« präsentiert, mit einer alten Straßenbahn und dem Modell eines Getreidehebers (345 Kellogg Blvd.; Di. – Sa. 10.00 – 17.00, Di. bis 20.00, So. 12.00 – 17.00 Uhr).

★ **Minnesota History Center**

Wissenschaft und Technik mit vielen Experimenten gibt es in einem mehrstöckigen Gebäude direkt am Mississippi zu sehen. Ein Omnimax Theater zeigt beeindruckende Filme auf einer Riesenleinwand (St. Paul, 120 W Kellogg Blvd.; tgl. 9.30 – 21.30 Uhr).

Science Museum of Minnesota

Das restaurierte Fort auf einer Anhöhe über dem Mississippi war zu Beginn des 19. Jh.s der nordwestliche Außenposten der damaligen

★ **Fort Snelling**

Vereinigten Staaten von Amerika. Im Sommer gibt es »living history« zu sehen, d. h. zeitgenössisch Kostümierte demonstrieren, wie es hier zugegangen ist (Exit Fort Snelling bei der Kreuzung von SR 5/SR 55; Mai – Sept. Di. – Sa. 10.00 – 17.00, So. 12.00 – 17.00, Rest des Jahres Di. – Fr. 9.00 – 16.30 Uhr).

Umgebung von Minneapolis/St. Paul

★ Taylor Falls, Dalles of the St. Croix

Direkt an der Grenze zu Wisconsin hat der Croix River eine tiefe Schlucht in altes Lavagestein gefräst. Auch der Interstate State Park liegt am St. Croix River mit spektakulären Felsen und von der Eiszeit ausgeschürften Steinkuhlen. Von Mai bis Oktober werden Kanus verliehen (US 8/SR 95; Tel. 651/465-6315).

★ Muskegon

J 7

Bundesstaat: Michigan
Höhe: 190 m ü.d.M.
Einwohnerzahl: 40 000

Die größte Stadt der westlichen Lower Michigan Peninsula liegt am Südufer des Muskegon Lake, der durch eine Sanddünen-Barriere vom Michigansee abgeschnitten ist. Die Siedlung wuchs um einen schon 1810 errichteten Handelsposten heran. Holzunternehmer bestimmten in der zweiten Hälfte des 19. Jh.s das Geschehen. Zu dieser Zeit nannte sich die Stadt »Lumber Queen of the World«.

Um 1890, als es in der Umgebung der Stadt immer weniger abzuholzen gab, verfiel Muskegon in eine Jahrzehnte dauernde Agonie. Erst nach dem Zweiten Weltkrieg, als Touristen auch diese Gegend entdeckten, kam wieder Leben in die Stadt.

Sehenswertes in Muskegon und Umgebung

★ Hackley & Hume Homes

Charles Hackley und Thomas Hume waren nicht nur Nachbarn, sondern auch gute Freunde und sehr erfolgreiche Partner im Holzgeschäft. Auf dem Höhepunkt des Holzbooms Ende der 1880er-Jahre ließen sie sich an der westlichen Webster Street zwei Villen erbauen, die man heute zu den schönsten viktorianischen Gebäuden in Michigan zählt. Giebel, Türmchen, Veranden mit gedrechselten Balustraden, Kamine und Erker mit Buntglasfenstern machen die beiden im Queen-Anne-Stil errichteten Villen zu wahren Märchenpalästen (472 und 484 W. Webster St.; Führungen: Mai – Okt. Mi. – So. 12.00 bis 16.00 Uhr).

Muskegon Museum of Art

Holzbaron Hackley stiftete 150 000 $, die zum Kauf von Gemälden berühmter Künstler verwendet werden sollte. Aus diesem Fundus entwickelte sich anno 1912 das Kunstmuseum, das auch Werke von Dürer, Rembrandt, Renoir und Picasso besitzt. Stark sind amerikanische Maler wie Whistler, Homer, Wyeth, Ryder und Hopper vertreten (296 W. Webster Ave.; Mi. – Sa. 10.00 – 16.30, Do. bis 20.00, So. 12.00 – 16.30 Uhr).

An der südlichen Peripherie der Stadt breitet sich eine äußerst fragile Dünenlandschaft aus, wie man sie sonst nur von den Meeresküsten kennt. Der steile **Dune Climb Stairway** führt auf den Kamm der höchsten Düne hinauf, von wo aus sich ein großartiger Rundblick bietet. Im Visitor Center des **P. J. Hoffmaster State Park** können sich Interessierte mit der Naturgeschichte der eigentümlichen Landschaft vertraut machen.

MUSKEGON

AUSKUNFT

Muskegon County CVB
610 Western Avenue
Muskegon, MI 49440
Tel. (231) 724-3100
www.visitmuskegon.org

ESSEN

► Erschwinglich

Courses
336 W. Clay
Tel. (231) 777-6619
Hier gibt es besonders einfallsreiche Gerichte und einen sehr aufmerksamen Service, denn das Restaurant wird vom Culinary Institute of Michigan geführt, das Köche und Kellner bzw. Bedienungspersonal ausbildet.

Grand Haven (11 000 Einw.), Heimathafen der größten Sportangler-Flotte am Michigansee, liegt etwa 11 mi/18 km südlich von Muskegon an der Mündung des Grand River in den Lake Michigan. Von hier aus fuhren Indianer, Trapper und Pelzhändler flussaufwärts und weiter zum Huronsee. Der aus Deutschland eingewanderte Geschäftsmann Johann Jakob Astor, berühmt geworden als Gründer der American Fur Company, errichtete hier einen Pelzhandelsposten.
Im Jahre 1834 ließen sich die ersten weißen Siedler an der Mündung des Grand River nieder. Wenig später nahmen Sägemühlen den Betrieb auf, denen nahezu die gesamten Waldbestände der Region zum Opfer fielen. Zwischen 1903 und 1930 war Grand Haven auch ein stark frequentierter Hafen für die Eisenbahnfähren aus ►Milwaukee.

◄ Tri-Cities Historical Society Museum

Am Flussufer steht der alte Bahnhof der Grand Trunk Railroad. Er beherbergt ein Museum zur Geschichte der Stadt. Ausstellungsschwerpunkte sind der Pelzhandel, der Holzboom des 19. Jh.s sowie die Arbeit der Küstenwache (Memorial Day – Labor Day Di. bis Fr. 9.00 – 19.30, Sa., So. 12.30 – 19.30 Uhr).

◄ Musical Fountain

Dieser Brunnen hat mehrere Hundert Düsen, aus denen Wasserfontänen über 30 m hoch in den Himmel schießen, begleitet von Klängen sanfter Musik (Ende Mai – Anfang Sept. tgl. ca. 21.30 Uhr).

◄ Grand Haven Lighthouses

Seit 1839 ragt im Hafen von Grand Haven eine schmale Pier in den Lake Michigan hinaus, die mit zwei Signalanlagen der Küstenwache ausgestattet ist. Während die äußere Station nur ein rot getünchtes

Haus mit Satteldach ist, handelt es sich bei der inneren Station um einen veritablen, rot angestrichenen Leuchtturm. Von der Pier aus kann man an schönen Abenden zauberhafte Sonnenuntergänge beobachten. Bei stürmischem Wetter kann ein Spaziergang hier allerdings gefährlich sein, weil häufig schwere Brecher über den Betonsteg hereinschlagen.

★★ Niagara Falls

Q/R 7

Bundesstaat: New York **Höhe:** 174 m ü.d.M.

Die Niagara-Fälle im Nordwesten des Bundesstaates New York sind wohl die berühmtesten Wasserfälle der Welt. Hier stürzen gewaltige, aus dem Eriesee fließende Wassermassen höchst spektakulär über eine knapp sechzig Meter hohe Abbruchkante und zwängen sich anschließend als Niagara River durch eine tiefe Schlucht zum Ontariosee – ein Schauspiel, das jährlich über dreizehn Millionen Besucher bestaunen.

Die berühmtesten Wasserfälle der Welt

Die Entstehung der Fälle reicht in die letzte Eiszeit zurück, als sich der Fluss auf höherem Niveau seinen Weg über ein zum lang gestreckten Niagara Escarpment gehörendes Kalksteinplateau bahnte. In der Nähe des heutigen Lewiston stürzte sich der Niagara River auf das Niveau des Ontariosees hinunter. Durch **rückschreitende Erosion**, d.h. durch die Unterschneidung und damit verbundene Rückverlegung der Abbruchkante, wanderte der Wasserfall rasch flussaufwärts; gegenwärtig legt er zwischen 6 und 30 cm pro Jahr zurück. Da man heute einen beträchtlichen Teil des Wassers in Wasserkraftwerke leitet und das Tempo der Erosion sehr stark vom Volumen der Wassermassen abhängt, kann es aber noch einige hunderttausend Jahre dauern, bis ►Buffalo an den Niagarafällen liegen wird.

? WUSSTEN SIE SCHON ...?

- Die Gewinnung von elektrischem Strom an den Niagarafällen hat der aus dem schwäbischen Städtchen Kirchheim/Teck stammende Unternehmer Jakob Friedrich Schoellkopf (1819–1899) entscheidend vorangetrieben.

Energiepotenzial

Die Wasserkraft im Bereich der Niagarafälle wird seit vielen Jahrzehnten zur Stromerzeugung genutzt, sodass lediglich die Hälfte der durchschnittlichen Wassermenge von 6 Mio. l/sec über die Fälle stürzt, während die andere Hälfte durch die Druckrohre von Turbinenkraftwerken geleitet wird. Bei Nacht und im Winter lässt man gar nur 1,4 Mio. l/sec in die Tiefe stürzen. Die Kraftwerkskapazität liegt derzeit bei 3 Mio. Kilowattstunden. Weitere, allerdings heftig umstrittene Kraftwerksausbaupläne sind im Gespräch.

NIAGARA FALLS ERLEBEN

AUSKUNFT

Niagara Tourism and Convention Corporation
345 Third St., Suite 605
Niagara Falls, NY 14303
Tel. (716) 282-8992
www.niagara-usa.com

ESSEN / ÜBERNACHTEN

► **Fein & teuer / Komfortabel**

② *Red Coach Inn*
2 Buffalo Ave.
Niagara Falls, NY 14303
Tel. 1-716-282-1459
19 Z. Altenglische Atmosphäre mit Blick auf die Upper Falls, allerdings nur von den teueren Suiten aus. Im Restaurant wiird sehr gute Ostküstenküche serviert.

ÜBERNACHTEN

► **Komfortabel**

① *Sheraton Fallsview*
6755 Fallsview Boulevard
Niagara Falls, Ontario
Canada L2G 3W7
Tel. 1-905-374-1077
www.niagarafallshotelsheraton.com
295 Z. Großes Haus knapp 300 m von den Fällen entfernt. Zumindest von jeder Etage hat man einen Blick auf die Wasserfälle. Kinder unter 6 Jahren werden gratis untergebracht und verköstigt.

Geschichte

Die Wasserfälle waren den Indianern längst bekannt, als 1678 der Priester Louis Hennepin sie erstmals dokumentierte. Der indianische Name »Niagara« bedeutet so viel wie »Engstelle, Flaschenhals«. Das Gebiet war zwischen Engländern und Franzosen lange umstritten; erst der Vertrag von Gent zur Beendigung des amerikanisch-britischen Kriegs 1814 legte endgültig den Grenzverlauf zwischen Kanada und den Vereinigten Staaten in der Mitte des Flusses fest. Die Entwicklung zur Touristenattraktion begann ziemlich zögerlich: 1795 beschloss die kanadische Regierung, einen Fußweg anzulegen, ging allerdings davon aus, dass diesen nur »kleine Jungs« benutzen würden. Einen deutlichen Auftrieb brachte in den 1830er-Jahren die Eröffnung einer Eisenbahnlinie. Immer mehr Menschen wollten nun die gigantischen Wasserfälle besuchen. Und bereits 1885 erließ die Regierung von Ontario ein Gesetz, das die planlose Bebauung des Uferstreifens verhindern sollte.

Besichtigung der Wasserfälle

American Falls
Horseshoe Falls

Goat Island teilt die Fälle in die American Falls, von denen sich der kleine, nur 12 m breite Bridal Veil Fall abgespaltet hat, und die kanadischen Horseshoe Falls. 90 % der Wassermassen fließen über den hufeisenförmigen kanadischen Fall, der an der Kante etwa 750 m lang und 52 m hoch ist; die American Falls sind ca. 330 m breit, dafür aber 55 m hoch. Am Fuß der Fälle beträgt die Wassertiefe rund 50 m; von dort durchfließt der Fluss eine bis zu 100 m tiefe und zwi-

◄ weiter auf S. 345

NACHAHMUNG NICHT EMPFEHLENSWERT!

Trotz staatlicher Verbote versuchen immer wieder Todesmutige, sich in aberwitzigster Form mit den tosenden Wassermassen der Niagarafälle zu messen. Viele »Daredevils« haben ihren Mut mit dem Leben bezahlt.

Tödliche Faszination

Seit der ersten Hälfte des 19. Jh.s übt das gewaltige, Furcht einflößende Naturspektakel der Niagarafälle auch eine magische Faszination auf Menschen aus, die in der tödlichen Gefahr einen besonderen Anreiz sehen. Die Liste derjenigen ist lang, die aus Abenteuerlust und Profilierungssucht die Wasserfälle als Bühne für waghalsige Aktionen benutzt haben – und **teils mit dem Leben bezahlten.**

Blondin gegen Farini

Am 30. Juni 1859 spannte der 35-jährige Franzose **Jean-François Gravelet**, bekannt als Charles Blondin bzw. »Der große Blondin«, ein 76 mm dickes, 335 m langes Drahtseil über die Niagarafälle. 20 Minuten lang dauerte der Balanceakt des Akrobaten in schwindelnder Höhe über den tosenden Fluten. Als Blondin wohlbehalten das andere Ufer erreichte, tobte die Zuschauermenge vor Begeisterung. In der Folgezeit überquerte der tollkühne Seilartist die Fälle noch viele Male – mit immer gewagteren Kunststücken: mit verbundenen Augen, mit Stelzen, mit einem Fahrrad, mit den Füßen in einem Sack. Einmal schob er einen Schubkarren vor sich her, auf dem ein kleiner Kocher stand. Auf halber Wegstrecke bereitete er sich ein Omelett zu, das er zur Hälfte genüsslich mit einem Glas Wein verspeiste; die andere Hälfte warf er ein Leuten in einem Boot zu, die, 50 Meter unter ihm, das Spektakel beobachteten.

Am meisten Aufsehen erregte Blondin, als er im September 1860 seinen vor Angst schlotternden Manager auf dem Rücken über die Fälle trug und

Le Petit Journal

SUPPLÉMENT ILLUSTRÉ

DIMANCHE 6 JUILLET 1913

DEUX ENFANTS EMPORTÉS PAR LES CHUTES DU NIAGARA

Auch in Europa sorgten die waghalsigen Niagara-Fahrer für Furore.

mehrmals beinahe die Balance verlor. Im Alter von 73 Jahren segnete er das Zeitliche – im Bett.

William Leonard Hunt hatte aufmerksam Blondins Gänge beobachtet und war wild entschlossen, ihn zu übertreffen. Unter dem Künstlernamen »Der große Farini« trat er am 15. August 1860 erstmals an. Dabei ließ er sich in der Mitte der Strecke an einem Seil hinab zur »Maid of the Mist«, trank ein Glas Wein an Bord, kletterte wieder hinauf und spazierte weiter. In seinem Drang, Blondin zu überbieten, vollführte er bald zweimal in der Woche immer waghalsigere Vorstellungen über den Fällen – einmal hängte er sich an den Zehen kopfüber ans Seil, ein andermal wusch er Taschentücher in einer Waschmaschine. Doch die Popularität des eleganten Artisten Blondin erreichte er nie – er war eben nur ein Abenteurer ...

Furchtlose Frauen

1876 trat eine Frau in die Fußstapfen von Blondin und Farini: **Maria Spelterina**, die, wie es heißt, »in weit unter 11 Minuten über das 305 m lange Seil hüpfte und tanzte«. Ein anderes Mal absolvierte sie den Balanceakt sogar mit Pfirsichkörben an den Füßen. Am 24. Oktober 1901 erlebten Zuschauer eine Riesensensation, als **Annie Edson Taylor** als erster Mensch versuchte, sich in einem Holzfass die Horseshoe Falls hinunterzustürzen. Ganz freiwillig tat die 43-jährige Lehrerin aus Michigan es dann doch nicht. In allerletzter Minute wollte sie ihre wagemutige Aktion abblasen, doch ihre Helfer hatten die Halteseile bereits gelöst. Binnen kurzer Zeit trieb das Fass über die Kante des Wasserfalls und verschwand in der weiß schäumenden Gischt. Sekunden später tauchte es 54 m tiefer an der Oberfläche des ruhigeren Wassers wieder auf. Das Holzfass hatte den Aufprall recht heil überstanden, Annie Taylor, im Fass angebunden und gut abgepolstert, hatte nur eine Kopfwunde erlitten,

einen Schock und Verstauchungen. Mit ihrer Höllenfahrt gelangte die Lehrerin zwar kurzzeitig zu Ruhm, doch der davon ersehnte Reichtum stellte sich nicht ein. 1921 starb sie völlig mittellos; begraben wurde sie nahe der Fälle.

Sieger und Verlierer

Bobby Leach riskierte 1911 den Höllentrip in einem Stahlfass. Er überlebte den Sturz, den eine Filmgesellschaft auf Celluloid bannte, war jedoch so schwer verletzt, dass er 23 Wochen im Krankenhaus verbringen musste. Danach reiste er in der Welt umher, um von seiner heroischen Tat zu berichten. 1926 rutschte er in Neuseeland auf einer Apfelsinenschale aus, brach sich ein Bein, holte sich eine Infektion und verstarb. Vom englischen Friseur **Charles Stephens**, der sich in einem Fass festgebunden hatte, fand man nur noch den rechten Arm. 1912 wurde das Fassfahren verboten. Man besann sich anders: 1928 schaffte Jean Lussier den Ritt in einem Gummiball. 1930 versuchte es **George Strathakis**, ein 46 Jahre alter griechischer Koch, wieder mit dem guten alten Fass. Er überstand den Sturz, doch sein Gefährt blieb in einem Strudel hinter dem Wasservorhang stecken und drehte sich 14 Stunden auf der Stelle. Als man es öffnete, war der arme Koch elendig erstickt, seine Begleiterin, eine Schildkröte, hatte überlebt.

Geldstrafen

Doch einen echten »Daredevil« konnten solche Schreckensmeldungen nicht beeindrucken, auch nicht **hohe Geldstrafen (110 000 Dollar!)**, die die kanadische Niagara Parks Commission auf die Durchführung einer publicityträchtigen Höllenfahrt legte: 1989 wollte ein US-Amerikaner aus Tennessee die Niagarafälle mit einem Kajak bezwingen (es war seine letzte Paddelfahrt), 1995 versuchte es ein anderer mit Wasserski und Fallschirm (doch leider öffnete sich der Fallschirm nicht). Viele haben das Abenteuer aber auch überlebt: In den 1980er-Jahren sprangen fünf Stuntmen erfolgreich über die Kante; einer von ihnen gab an, er habe Teenagern zeigen wollen, dass auch ohne Drogen Abenteuer zu erleben sind.

schen 80 und 300 m breite Schlucht. Nach Nordwesten verengt sich der Canyon in den Whirlpool Rapids, eine Folge von strudeldurchsetzten Stromschnellen, und bildet dann im Kessel des Whirlpools gewaltige Strudel, bevor er dem Ontario-See zuströmt.

Niagara-Perspektiven

Den besten Blick hat man auf die Fälle, die abends eindrucksvoll illuminiert werden, von den Terrassen und Aussichtstürmen auf der kanadischen Seite (s. unten).

★ ◂ Maid of the Mist

Noch eindrucksvoller ist eine ziemlich feuchte Fahrt mit der »Maid of the Mist«, die sowohl von der US- als auch von der kanadischen Seite ablegt. Die Boote steuern zunächst an den American Falls vorbei und bewegen sich dann in die Gischt der kanadischen Horseshoe Falls. Alle Passagiere erhalten Regenmäntel und -hüte.

◂ Gorge Trail

Auf beiden Seiten der Schlucht fahren Aufzüge zur Talsohle hinab. Von dort folgen atemberaubende Wanderwege der von grünlich schimmernden und heftig brausenden Fluten erfüllten Schlucht.

◂ Von oben

Sowohl von der US- als auch von der kanadischen Seite werden **Hubschrauberrundflüge** angeboten. Auf der kanadischen Seite fährt der **Whirlpool Aero Car**, eine Seilbahn, langsam über die röhrenden Strudel des Whirlpool hinweg.

US-Seite der Fälle

Niagara Falls (Stadt)

Die Stadt Niagara Falls zeigt sich abseits der Parks bei den Fällen als eher düster wirkende Industriestadt mit beträchtlichem Verkehr. Am meisten fällt das neue Casino der indianischen Seneca an der Fourth St. auf, das höchste Gebäude im nördlichen Teil des Bundesstaats.

★ ◂ Niagara Reservation State Park

Alle wichtigen Sehenswürdigkeiten auf der US-Seite versammeln sich in einer von **Frederick Law Olmsted** gestalteten Parkanlage, die sich von den Wasserfällen flussabwärts erstreckt. Im **Orin Lehman Visitor Center** erfährt man alles Wissenswerte über das Naturwunder. Vom **Prospect Point** hat man einen guten Blick auf die American Falls und Bridal Veil Fall. Noch eindrucksvoller ist die Szenerie vom 86 m hohen **Observation Tower**. Vom Prospect Point gelangt man über eine Brücke zunächst nach **Green Island** und dann nach **Goat Island**. Eine Fußgängerbrücke überspannt den **Bridal Veil Fall** und führt auf die Luna Island direkt über die American Falls. Unten erkennt man Leute in gelbem Ölzeug. Es sind Teilnehmer der **Cave of the Winds Tour**, die durch einen Tunnel und über Stege bzw. Treppen zum Hurrican Deck unter dem tosenden **Bridal Veil Fall** führt. Auf der Westseite von Goat Island erreicht man den **Terrapin Point,** von woaus man die Horseshoe Falls überblickt.

i USA oder Kanada?

- Die schöneren Aussichten auf die Fälle hat man von der kanadischen Seite aus; dort findet man auch die besseren Hotels und Restaurants. Vor Grenzübertritt auf jeden Fall bei den US-Behörden nach den Wiedereinreiseformalitäten erkundigen!

NIAGARA FALLS

★★ Ganz ohne Zweifel gehören die Niagarafälle an der Grenze der kanadischen Provinz Ontario und des US-Bundesstaates New York zu den eindrucksvollsten Naturwundern der Erde. Über 13 Millionen Besucher im Jahr bestätigen dies.

Öffnungszeiten:
Die Aussichtspromenade am Table Rock ist rund um die Uhr zugänglich.
Die einzelnen Attraktionen haben variable Öffnungszeiten.

① Canadian Horseshoe Falls
Die hufeisenförmig ausgebildeten kanadischen Hauptwasserfälle haben eine Kantenlänge von 670 Metern und eine Höhe von 57 Metern.

② American Falls
Die »Amerikanischen Fälle« haben eine ziemlich gerade Kante von 260 Metern Länge. Aufgrund der vorhandenen Felsschuttmassen fällt das Wasser »nur« 21 – 34 Meter tief.

③ Goat Island
Diese Insel diente vor der Entstehung der heutigen Stadt Niagara Falls (New York) als Ziegenweide.

④ Bridal Vail Falls, Cave of the Winds
Zwischen der kleinen Luna Island und der »Ziegeninsel« stürzen die »Brautschleierfälle« etwa 15 Meter in die Tiefe. Von hier hat man Zutritt zur »Höhle der Winde«, die von Wasser, Wind und Wetter geschaffen wurde.

Niagara Falls Geologisches Profil

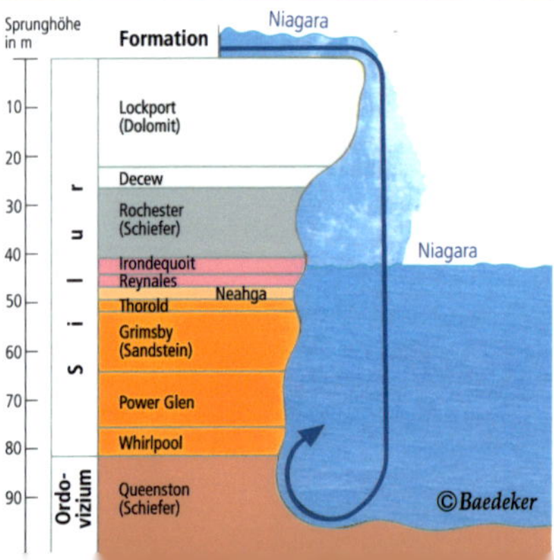

⑤ Observation Tower, »Maid of the Mist«
An der Nordkante der »Amerikanischen Fälle« gibt es einen Aussichtsturm. Per Aufzug kommt man hinunter zur Anlegestelle der US-amerikanischen »Maid of the Mist«.

⑥ Niagara Parkway, »Maid of the Mist«
Unterhalb des Niagara Parkway bzw. der Aussichtspromenade am Table Rock befindet sich die Anlegestelle der kanadischen »Maid of the Mist«.

⑦ Table Rock
Diese besonders widerständige Gesteinsschicht (Dolomit) bildet auch die Abbruchkante der Wasserfälle. Auf kanadischer Seite hat man eine wunderschöne Aussichtspromenade angelegt.

⑧ Visitor Information Center
Hier erfährt man alles über die Fälle. Außerdem befindet sich hier der Zugang zur »Journey behind the Falls«.

⑨ Rainbow Bridge
Diese Brücke überspannt die Talschlucht des Niagara River und verbindet die beiden Schwesterstädte. An beiden Brückenköpfen sind Grenzwachen und Zollstationen Kanadas bzw. der Vereinigten Staaten von Amerika eingerichtet.

⑩ Queen Victoria Park
Die schönste Parkanlage der kanadischen Stadt Niagara Falls.

⑪ Skylon Tower
Moderner 160 Meter hoher Aussichtsturm mit Drehrestaurant.

⑫ Niagara River
Der von den Wasserfällen nach Norden abfließende Niagara River ist im Kessel der Horseshoe Falls fast 57 Meter tief.

Die **Three Sisters Islands** sind über Brücken mit Goat Island verbunden. Hier steht man inmitten der **Upper Rapids**, also kurz vor der Kammlinie der Horseshoe Falls.

✶ **Whirlpool State Park**

Vom Whirlpool State Park nördlich der Statdt bietet sich ein herrlicher Blick auf den riesigen Kessel, den die Strudel ausgeräumt haben. Vom nördlich gelegenen Lewiston aus kann, wer gute Nerven hat, im Sommer mit dem Jet Boat in den Whirlpool hineinfahren.

Niagara Power Project ►

Vom Devil's Hole State Park bietet sich ein guter Blick auf die Lower Rapids. Ganz in der Nähe unterrichtet das Niagara Power Project über die Stromgewinnung durch Wasserkraft und über die Geschichte der Kraftwerkstechnik (5777 Lewiston Rd / NY 104; tgl. 9.00 bis 17.00 Uhr).

Fort Niagara State Park

Nördlich von Youngstown, wo der Niagara River in den Ontariosee mündet, liegt Old Fort Niagara. An Stelle eines 1679 errichteten Vorpostens der Franzosen wurde 1726 diese heute noch erhaltene Festung angelegt, die in allen Auseinandersetzungen zwischen Franzosen und Engländern bzw. Engländern und Amerikanern eine herausragende strategische Bedeutung innehatte. Fast das ganze Jahr über wird hier »Living History« geboten (Sommer tgl. 9.00 – 19.00, Winter bis 17.00 Uhr).

Lockport

✶ Lockport Districts ►

Das Städtchen Lockport 22 mi / 35 km östlich von Niagara Falls hat seine Entstehung dem Eriekanal zu verdanken, denn hier musste eine Schleusentreppe errichtet werden, die den Höhenzug des Niagara Escarpment überwinden half. Im Stadtzentrum können die noch betriebenen Schleusen Nr. 34 und Nr. 35 sowie die alten, 1847 fertig gestellten Five-Flight Locks besichtigen. Im Canal Museum wird die Geschichte des Kanalbaus erzählt; im Sommer legen Boote zu Fahrten durch die Schleusen und durch die 750 m lange Lockport Cave ab, einen 1858 / 1859 aus dem Gestein herausgesprengten Kanaltunnel.

Kanadische Seite der Fälle

Niagara Falls (Stadt)

Die kanadische Stadt liegt am landschaftlich reizvolleren Westufer des Niagara River in der Provinz Ontario. Dank der herrlichen Ausblicke auf die Wasserfälle ist sie in erster Linie ein Touristenzentrum, wovon allerlei Vergnügungseinrichtungen auf dem Clifton Hill nahe der Rainbow Bridge bzw. rund um den Skylon Tower profitieren.

Aussicht auf die Wasserfälle ►

Am besten beginnt man beim Visitor Centre am **Table Rock**, direkt bei den Wasserfällen. Ein Blick von der gischtbesprühten Terrasse ist beinahe obligatorisch. Wer noch näher heran möchte, begibt sich auf die **»Journey behind the Falls«**: per Fahrstuhl vom Besucherzentrum hinunter zu einem gut gesicherten Pfad, der zu den **Scenic Tunnels** führt, die hinter der Wasserwand und 38 m unter-

Niagara Falls (New York) Orientierung

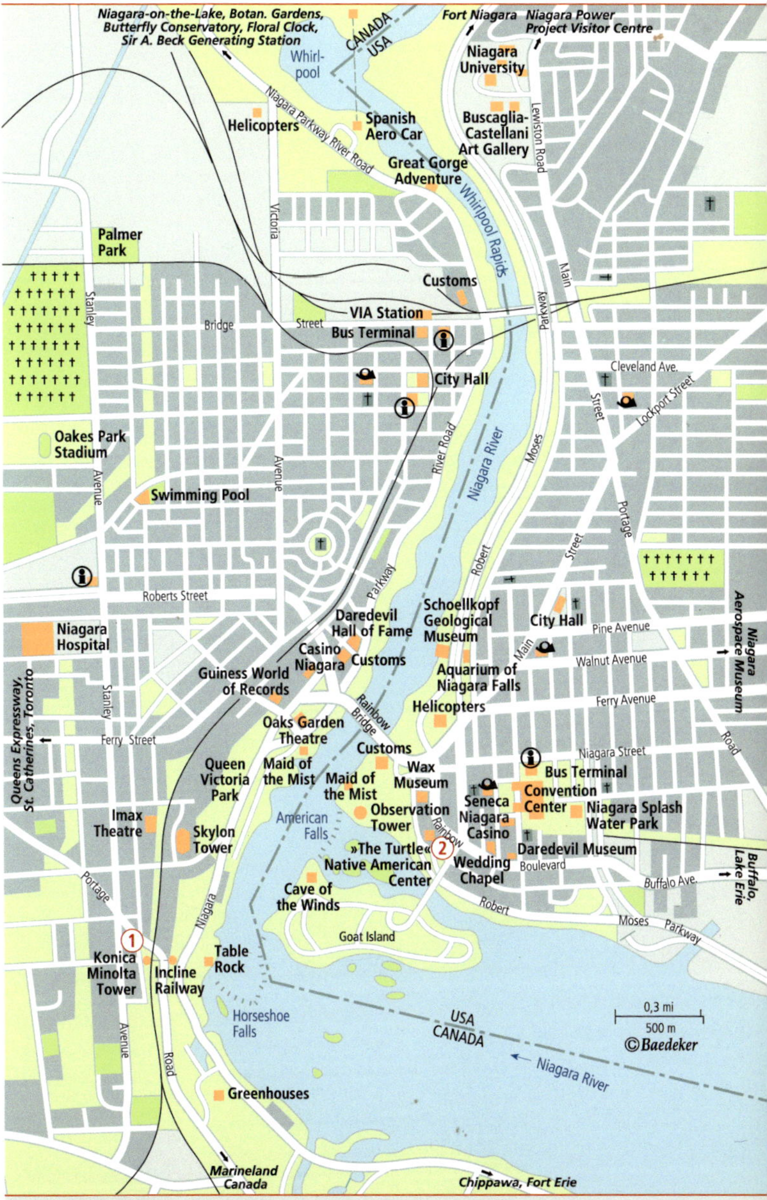

Übernachten

① Sheraton Fallsview ② Red Coach Inn

halb der Abbruchkante durch das Gestein gegraben sind. Bei schönem Wetter sollte man es keinesfalls versäumen, dem Verlauf des Niagara River zu Fuß im **Queen Victoria Park** zu folgen, von wo sich immer wieder fantastische Perspektiven ergeben.

Zwei Aussichtspunkte bieten ebenfalls phänomenale Blicke: der 99 m hohe **Konica Minolta Tower** und die in 158 m Höhe befindliche Plattform des **Skylon Tower**. Beide Türme haben Restaurants, von denen aus man bei einem Abendessen den Blick auf die illuminierten Fälle genießen kann.

✶ Niagara Falls Imax Theatre & Museum ►

Dass die Niagarafälle schon immer eine Herausforderung darstellten, erfährt man in der **Daredevil Gallery**im National Geographic Store des Imax Theatre: Viele Abenteurer versuchten, die Fälle zu überqueren bzw. mit diversen Fahrzeugen die Fälle hinabzurauschen. Im **IMAX Theatre** selbst werden nicht alltägliche Niagara-Impressionen auf eine Riesenleinwand projeziert. Eine Ausstellung zeigt Fotos, Dokumente und alle möglichen Utensilien, die zur Bezwingung der Fälle eingesetzt wurden (Mai – Okt. tgl. 9.00 – 21.00, Nov. – April tgl. 10.00 – 20.00 Uhr).

Marineland Canada ►

Vorführungen mit Orkas, weißen Walen, Robben etc., dazu etliche Fahrgeschäfte, bekommt man im Marineland Canada geboten (Ende Mai – Anfang Okt. tgl. 10.00 – 17.00, Ende Juni – Anfang Sept. bis 18.00 Uhr).

✶ **Niagara Parkway**

Der Niagara Parkway zieht flussabwärts am Whirlpool vorbei zur Sir Adam Beck Generating Plant, dem kanadischen Gegenstück zum Robert-Moses-Kraftwerk. Viel besucht wird die Blumenschau der School of Horticulture mit ihrer Floral Clock. Kurz nach den Queenston Heights erreicht man das schmucke, um 1800 errichtete McFarland House, ein nettes Plätzchen für Tee mit Gebäck. Bald darauf kommt man zum Ende des 18. Jahrhunderts angelegten **Fort George**. Es sollte die Niagara-Region vor Übergriffen der Amerikaner schützen, in deren Hände es 1813 aber fiel. Auch hier: »Living History«.

✶✶ **Niagara-on-the-Lake**

Fort George liegt bereits am südöstlichen Rand von Niagara-on-the-Lake, einem Bilderbuchstädtchen, das im 19. Jahrhundert zu verharren scheint. Die **erste Hauptstadt von Britisch-Oberkanada** wurde 1813 von den Amerikanern niedergebrannt, danach aber rasch wieder aufgebaut mit wunderhübschen viktorianischen Häuschen, umgeben von gepflegten Gärten. Flaniermeile ist die Queen Street und deren größte Attraktion wiederum die Museumsapotheke **Niagara Apothecary**.

✶ **Fort Erie**

Westlich gegenüber von ►Buffalo, nahe am Ausfluss des Niagara River aus dem Eriesee, liegt die 1748 von den Briten gegründete Stadt Fort Erie. Das 1764 angelegte Fort unweit südlich der nach Buffalo hinüberführenden Peace Bridge Brücke ist als militärisches **Freilichtmuseum** hergerichtet.

★ Park Rapids

westl. A 4

Bundesstaat: Minnesota
Höhe: 441 m ü.d.M.
Einwohnerzahl: 3500

Aus dem Camp, das einige Holzfäller 1880 hier gründeten, ist eine Kleinstadt geworden, die in ihrem alten Gerichtsgebäude sogar ein kleines Kunstmuseum besitzt. Für die meisten Besucher des Ortes ist dagegen die Quelle des Mississippi River das Ziel.

Hauptattraktion für die Einheimischen ist jedoch eine 25 mi/40 km lange ehemalige Bahntrasse, die heute von Radlern, Inline Skatern, Joggern und Wanderern benutzt wird.

Sehenswertes in Park Rapids und Umgebung

Museen

Im hübsch renovierten alten Gerichtsgebäude von Park Rapids sind das regionalgeschichtliche **Hubbard County Historical Museum** sowie das **North Country Museum of Arts** (Kunstmuseum) untergebracht (3rd St. & Court; Mai – Sept. Di. – Sa. 11.00 – 17.00 Uhr).

★ Itasca State Park (Mississippi-Ursprung)

Hauptattraktion der Gegend um Park Rapids ist der Ursprung des Mississippi im 21 mi/34 km nördlich gelegenen Itasca State Park. Eine Tafel markiert die Quelle des »Vaters aller Ströme«. Das Bächlein des jungen Mississipi mündet nach kurzem Lauf in den Lake Itasca. Nur hier kann man den Mississippi noch durchwaten oder gar trockenen Fußes auf Steinen überqueren. Im rund 130 km² großen State Park gibt es außer dem Lake Itasca noch über 100 weitere Seen. Angeln, Paddeln, Wandern, Radfahren und Tierbeobachtung sind in dieser landschaftlich reizvollen Gegend die angesagten Aktivitäten.

PARK RAPIDS ERLEBEN

AUSKUNFT

Park Rapids Lakes Area Chamber of Commerce
PO Box 249, Hwy. 71 S.
Park Rapids, MN 56470
Tel. (218) 732-41 11
www.parkrapids.com

SPIELKASINO

Northern Lights Casino & Hotel
6800 Y Frontage Rd. NW
Walker, MN 56484
Tel. 1-800-252-PLAY
www.northernlightscasino.com
Von Ojibwe-Indianern betriebenes Hotel-Kasino mit 105 Zimmern.

ESSEN

► Erschwinglich

Rapid River Logging Camp
15073 Country Road (ca. 7 mi/11 km nordöstl. von Park Rapids)
Tel. (218) 732-34 44
Rustikales Holzfälleressen zusammen mit anderen Gästen an langen Tischen. Am Fluss kann man eine alte Sägerei und diverse Holzfällerutensilien inspizieren.

★ Petoskey

L 5

Bundesstaat: Michigan (Lower Peninsula)

Einwohnerzahl: 6100
Höhe: 240 m ü.d.M.

An den Sand- und Kieselstränden der Little Traverse Bay sonnen sich im Sommer Urlauber aus den Städten der Great Lakes Region. Und Steinsammler finden hier die berühmten Petoskey-Steine, jene von Wasser und Eis glatt geschliffenen und wunderschöne Zeichnungen aufweisenden Bruchstücke versteinerter Korallen.

Traditionsreicher Touristenort

Am Nordostufer des Michigansees, unweit der Landspitze der Lower Michigan Peninsula entfernt, greift die Little Traverse Bay tief ins Land hinein. Am südlichen Ende der Bucht liegt das Städtchen Petoskey, das wegen seiner reizvollen Lage schon seit über 100 Jahren Touristen anzieht. Hier erholte sich auch Ernest Hemingway (► Berühmte Persönlichkeiten) von seinen im Ersten Weltkrieg erlittenen Verletzungen. Hotel- und Apartmentbauten, Marinas, Golfplätze etc. wurden in jüngster Zeit an der Bucht angelegt. Tourismus findet das ganze Jahr über statt, denn im bergigen Umland hat man einige Skigebiete geschaffen. Beliebt sind die Petoskey Ski Area und die Boyne Mountain Ski Area südlich der Stadt sowie die Boyne Highlands Ski Area und die Nubs Nob Ski Area nördlich von Petoskey.

PETOSKEY

AUSKUNFT

Petoskey Area Visitors Bureau
401 E. Mitchell Street
Petoskey, MI 49770
Tel. (231) 348-2755
www.petoskeyarea.com

ÜBERNACHTEN

► **Komfortabel**

Apple Tree Inn
915 Spring Street
Petoskey, MI 49770
Tel. (231) 348-2900
www.appletreeinn.com
40 Zimmer und Suiten. Nette Unterkunft in der Nähe einiger Golfplätze. Etliche Zimmer haben Seeblick.

Sehenswertes in Petoskey und Umgebung

In dem 1892 erbauten ehemaligen Bahnhof befasst sich das **Little Traverse Historical Museum** der Historical Society mit der Geschichte der Stadt und ihrer Umgebung. Neben Artefakten einst hier ansässiger Indianer sind Exponate ausgestellt, die an Hemingway und andere Persönlichkeiten erinnern (Mo. – Fr. 10.00 – 16.00, Sa. 13.00 – 16.00 Uhr).

Gaslight District

Das aus acht Häuserblocks bestehende historische Zentrum der Stadt ist herausgeputzt wie eine Puppenstube. Es gibt noch viel viktorianische Bausubstanz mit netten kleinen Geschäften.

Bayfront Park

Vom Stadtzentrum sind es nur ein paar Schritte bis zum Bayfront Park. Hier mündet der Bear River in die Little Traverse Bay. Früher standen hier die Sägemühlen der Stadt; heute kann man im Spätherbst den Anglern am Bear River beim Lachsfang zuschauen.

★ Charlevoix

Der 3500 Einwohner zählende Touristenort Charlevoix liegt knapp 17 mi/27 km südwestlich von Petoskey am Ufer des Lake Michigan, wo eine schmale Landbrücke die beiden weiter landeinwärts gelegenen Seen **Round Lake** und **Lake Charlevoix** abschnürt. Die Siedlung wurde Mitte des 19. Jh.s gegründet und nach dem französischen Jesuitenmissionar **Pierre François Xavier de Charlevoix** benannt. Schon lange vor der Ankunft der ersten weißen Trapper waren die hiesigen Gewässer den in dieser Gegend heimischen Indianern als besonders fischreich bekannt. Bis heute genießt der Ort einen ausgezeichneten Ruf bei Seglern sowie bei Lachs- und Forellenanglern. Der berühmteste Petri-Jünger hier war der junge Hemingway (►Berühmte Persönlichkeiten), der als Kind und Jugendlicher seine Sommerferien in Charlevoix verbrachte.

◄ Hemingway was here ...

Die US 31 führt über eine Klappbrücke, die den Durchstich vom Round Lake zum Lake Michigan überspannt. Wenn Segeljachten mit hohen Masten passieren wollen, kündigt intensives Gebimmel die Sperrung der Brücke an. Malerisch gibt sich der **Round Lake Harbor** mit Jachten, Fischkuttern und Ausflugsbooten. Am Kanal führt der **Pine River Channel Walkway** entlang bis zu den Molen am Lake Michigan, wo ständig Segeljachten ein- und auslaufen und zahlreiche Angler ihrer liebsten Freizeitbeschäftigung nachgehen.

! *Baedeker* TIPP

Charlevoix Venetian Festival

Was um 1930 romantische abendliche Bootsparade an einem lauen Sommerabend begann, ist heute ein ausgewachsenes Festival mit umfangreichem Rahmenprogramm (u. a. Wahl der »Miss Charlevoix«) und gigantischem Feuerwerk. Gefeiert wird eine Woche lang im Juli.

★ Horton Bay

Zwischen 1899 und 1921 verbrachte die **Familie Hemingway** fast jedes Jahr ihre Sommerferien in einem viktorianischen Häuschen am Ufer des **Walloon Lake** bei Horton Bay. Dem jungen Ernest muss die Gegend sehr ans Herz gewachsen sein, denn hier vermählte er sich mit seiner ersten Frau, und auch für seine Nick-Adams-Kurzgeschichten gab Horton Bay die Kulisse ab. Neben glitzernden Seen und quicklebendigen Flüssen gehört der **Horton Bay General Store** an der Boyne City Road zu den Relikten der Hemingway-Ära. Das 1876 erbaute Geschäft sieht heute noch so aus wie zu jenen Zeiten, als der junge Ernest hier für seinen Vater die Tageszeitung kaufte. Heute hängen Jugendbilder des Literatur-Nobelpreisträgers und Fotos aus späterer Zeit an der Wand, in den Regalen liegen die Romane und Short Stories neben T-Shirts mit dem bärtigen Konterfei des abenteuerlustigen Schriftstellers.

Ein Seglerhafen wie aus dem Bilderbuch: Round Lake Harbour

Beaver Island Von Charlevoix lohnt ein Ausflug per Kleinflugzeug oder Fähre zu der etwa 31 mi/50 km nordwestlich im Michigansee gelegenen Beaver Island. Auf dieser Insel, die zu einem aus sieben Eilanden bestehenden Archipel gehört, leben ständig etwa 450 Menschen, deren Vorfahren einstmals aus Irland in die Neue Welt gekommen waren. Heute zieht die für ihre unverfälschte Natur und ihre vielfältigen Outdoor-Möglichkeiten bekannte Insel vor allem naturbegeisterte Wanderer, Angler und Golfer an.

★ Rochester

S 7

Bundesstaat: New York
Höhe: 157 m ü.d.M.
Einwohnerzahl: 207 000

Der einstmals wegen seiner vielen Getreidemühlen »Flour City« (»Mehlstadt«) genannte Ort hieß später wegen seiner hübsch hergerichteten Gärten und Parkanlagen »Flower City« (dt. = Blumenstadt). Weltbekannt wurde Rochester als Wohn- und Arbeitsort von George Eastman, dem berühmten Foto-Pionier.

Wer gern fotografiert, kennt zumindest dem Namen nach diese an der Mündung des Genesee River in den Ontariosee gelegene Stadt. Hier gründete George Eastman 1880 die **Eastman Kodak Company**, die bis zum Siegeszug der Digitalfotografie im beginnenden dritten Jahrtausend der mit Abstand größte Hersteller von fotografischen Artikeln aller Art war.

1788 kauften Spekulanten den Seneca-Indianern unter dubiosen Umständen viele tausend Hektar Land zu einem Schleuderpreis ab und veräußerten es kurz darauf mit enormem Gewinn an weiße Siedler. So entstand bereits ab dem Jahre 1789 um eine Mühle am Genesee River eine erste Ansiedlung. 1810 kaufte Colonel Rochester das ganze Gebiet und ließ weitere Mühlen bauen. Bereits 1834 wurde Rochesterville zur Stadt erhoben. Durch die Eröffnung des Eriekanals erlebte die junge Stadt einen ungeahnten Aufschwung. Neben der Nahrungsmittel- und Textilindustrie waren es die 1853 gegründeten optischen Werke von John Jacob Bausch und Henry Lomb, die Wohlstand brachten. 1880 gründete George Eastman ein Unternehmen zur Herstellung der von ihm entwickelten fotografischen Trockenplatten und Rollfilme, 1888 stellte er die erste Kodak-Kamera vor, und schon ein Jahr später brachte er den Zelluloid-Film auf den Markt.

Sehenswertes in Rochester und Umgebung

Brown's Race Historic District

Wo der Genesee River über eine fast 30 m hohe Geländestufe dramatisch in die Tiefe stürzt, erstreckt sich das »Brown's Race« genannte historische Quartier der Stadt. Während einer halbstündigen Lasershow wird man mit der Geschichte von Rochester vertraut gemacht.

★ Strong Museum

Ein Eldorado für Kinder ist das Strong Museum am Manhattan Square, das u.a. eine der größten Puppensammlungen der Welt beherbergt. Eine Abteilung ist der TV-Serie »Sesame Street« (Sesamstraße) gewidmet (Mo. – Do. 10.00 – 17.00, Fr., Sa. 10.00 – 20.00, So. 12.00 – 17.00 Uhr).

ROCHESTER ERLEBEN

AUSKUNFT

Greater Rochester Visitors Association
45 East Avenue, Suite 400
Rochester, NY 14604-2294
Tel. (585) 279-8300
www.visitrochester.com

ESSEN

► Fein & teuer

2 Vine
24 Winthrop Street
Tel. (585) 454-6020
In diesem Restaurant gibt es feine und einfallsreiche Kreationen aus marktfrischen Produkten der Region.

ÜBERNACHTEN

► Komfortabel

428 Mount Vernon
428 Mt. Vernon Ave.
Rochester, NY 14620
Tel. (585) 271-0792
www.428mtvernon.com
Die aufwändig umgebaute Villa von 1917 liegt mit ihren wirklich gemütlichen Zimmern direkt an einem schönen Park. Hier wird ein wahrlich köstliches Frühstück serviert!

Rochester Museum & Science Center

Das Museum informiert nicht nur über stadthistorische Themen wie die sog. Underground Railroad, den Erie Canal und die Herstellung von Quilts, sondern beschäftigt sich auch mit diversen Aspekten der Natur- und Technikgeschichte (657 East Ave., Mo. – Sa. 9.00 – 17.00, Do. bis 21.00, So. 11.00 – 17.00 Uhr).

Memorial Art Gallery

Im Osten der Stadt kann man in der 1913 gegründeten Galerie Kunstwerke aus fünf Jahrtausenden bestaunen, darunter Meisterwerke von Matisse, Monet, Cézanne, Rodin und Homer (500 University Ave.; Öffnungszeiten: Mi. – So. 11.00 – 17.00, Do. bis 21.00 Uhr).

★ George Eastman House

Ebenfalls im Osten der Stadt steht die Villa von George Eastman (1854 – 1932). Das mit Marmorfußböden, Seidentapeten und teurem Mobiliar ausgestattete Eastman House ist 1905 nach Vorlagen des seinerzeit renommierten Architekten J. Foster Warner erbaut worden. Um das Haus sind zauberhafte Gärten angelegt. In einem Nebengebäude ist das Museum of Photography eingerichtet, das nicht nur die rasche technische Entwicklung von Kameras und Zubehör von den Anfängen bis zur Gegenwart aufzeigt, sondern auch Arbeiten der berühmtesten Lichtbildner der Welt präsentiert (900 East Ave.; Öffnungszeiten: Di. – Sa. 10.00 – 17.00, So. 13.00 – 17.00 Uhr)

Susan B. Anthony House

In diesem Haus im Westen von Rochester lebte die **Wegbereiterin des Frauenwahlrechts** 40 Jahre lang bis zu ihrem Tod (1906). Dokumente und Gegenstände erinnern an Susan B. Anthony und die von ihr initiierten Kampagnen. Die Frauenrechtlerin wurde 1872 hier verhaftet, weil sie unberechtigterweise ihre Stimme bei den Präsidentschaftswahlen abgegeben hatte. Das Stimmrecht für Frauen wurde übrigens erst im Jahre 1920 in den USA eingeführt! (19 Madison St.; Öffnungszeiten: Di. – So. 11.00 – 16.00 Uhr, im Sommer länger).

Genesee Country Village

Ca. 20 mi / 32 km südwestlich von Rochester, bei der Ortschaft Mumford, ist ein ländliches Freilichtmuseum aufgebaut, in dem »living history« im Stil des 19. Jh.s geboten wird. Handwerker führen u.a. vor, wie man seinerzeit Brot gebacken, Hufe beschlagen oder Kutschen gebaut hat. Auf dem Gelände steht auch das 1795 von Colonel Rochester erbaute Blockhaus, in dem viele Jahre später George Eastman seine Kindheit verbringen sollte. Im Carriage Museum kann man zahlreiche alte Pferdefuhrwerke und -schlitten inspizieren (1410 Flint Hill Road; Mitte Mai – Mitte Okt. Di. – Fr. 10.00 – 16.00, Sa., So. 10.00 – 17.00 Uhr).

★★ Letchworth State Park

Einer der landschaftlichen Höhepunkte des so genannten Empire State liegt 35 mi / 56 km südlich von Rochester: Das mit nur 5800 ha relativ kleine Naturschutzgebiet Letchworth State Park umfasst den vom Genesee River geschaffenen »Grand Canyon of the East« – der Fluss hat hier eine spektakuläre, bis zu 200 m tiefe Schlucht gegraben und stürzt sich zudem über drei hohe Wasserfälle. Von Norden nach

Die 33 m hohen Middle Falls sind die höchsten Wasserfälle im Letchworth State Park.

Süden sind dies die Lower Falls, dann die 33 m hohen **Middle Falls**, die höchsten im Naturschutzpark, und schließlich die 21 m hohen Upper Falls. In der Nähe der Middle Falls baute sich William Pryor Letchworth in den 1850er-Jahren inmitten seiner Ländereien am Genesee River ein nobles Herrenhaus im Greek Revival Style und nannte es Glen Iris. Seit 1914 ist es Gasthof, noch ausgestattet mit allerlei Gegenständen, die Letchworth gesammelt hat.

★ Sandusky

N 9

Bundesstaat: Ohio
Höhe: 183 m ü.d.M.
Einwohnerzahl: 26 000

Zwar wurde diese Bucht im Südwesten des Lake Erie bereits im Jahre 1679 vom französischen Entdecker Sieur de La Salle erkundet und 1760 vom englischen Handelsherrn George Croghan aufgesucht, doch erst 1818 von europäischen Einwanderern besiedelt. Heute ist Sandusky nicht nur der wichtigste Kohlehafen an den Großen Seen, sondern auch ein beliebter Erholungs- und Urlauberort mit einem großen Vergnügungspark und gern besuchten Weingütern in der näheren Umgebung.

SANDUSKY ERLEBEN

AUSKUNFT

Lake Erie Shores & Islands Welcome Center
4424 Milan Rd., Suite A
Sandusky, OH 44870
Tel. (419) 625-2984
www.buckeyenorth.com

ESSEN

▸ **Erschwinglich**

Bay Harbor Inn
1 Cedar Point Drive
(beim Cedar Point Park)
Tel. (419) 625-6373
Wer frischen Fisch oder Prime Ribs mit Seeblick mag, ist hier sehr gut aufgehoben.

ÜBERNACHTEN

▸ **Komfortabel**

Sandusky Inn & Suites
1530 Cleveland Road
Tel. (419) 625-9234
www.sanduskyinnandsuites.com
104 Zimmer und Suiten. Das Mittelklasse-Hotel unweit des vielbesuchten Vergnügungsparks verfügt über allerlei Annehmlichkeiten (u. a. Pool).

Lebhaftes Touristenzentrum

Die **Hafenstadt** liegt am südlichen Eingang der weit ins Land eindringenden Sandusky-Bucht, in die der gleichnamige Fluss mündet. Schon lange vor der Ankunft der ersten Europäer lebten Wyandot-Indianer am »Sandouske«, was so viel wie »am kalten Wasser« bedeutet. Sandusky ist heute einer der größten Kohlehäfen an den Großen Seen. In jüngerer Zeit hat man sich bemüht, vom Image einer tristen Hafen- und Industriestadt wegzukommen und stattdessen attraktiver für den Fremdenverkehr zu werden. Erhaltenswerte Bausubstanz an der Hafenfront und im Stadtzentrum wurde hübsch renoviert. Jetzt gibt es hier nette Geschäfte und Lokale, und in den Sommermonaten werden hier allerhand **Freiluft-Festlichkeiten** (inklusive Biker Meeting) geboten. Von den Anwohnern und Touristen gerne als »Riviera« oder »Nordküste« bezeichnet, hat sich das Ufer des Lake Erie bereits in den 1880er-Jahren zu einem populären Sommerreiseziel entwickelt. Ganz besonders trifft das auf die Region rund um die Sandusky Bay und natürlich auf die vorgelagerten Inseln zu. Hauptattraktion ist heute der riesige **Vergnügungspark** auf der Landzunge Cedar Point.

Sehenswertes in Sandusky und Umgebung

★ **Merry-Go-Round Museum**

Der U. S. Postal Service brachte 1988 eine Serie von Briefmarken heraus, auf denen historische Karussells abgebildet sind, darunter als Detail ein 1917 geschnitztes Holzpferd vom Vergnügungspark Cedar Point. In Sandusky kam man daraufhin auf die Idee, im leer stehenden ehemaligen Postamt eine Ausstellung zum Thema Karussell zusammenzutragen. Die improvisierte Show wurde ein solcher Publikumserfolg, dass man sich zur Einrichtung des heutigen Karussell-

Museums entschloss. Unter den liebevoll restaurierten Exponaten befindet sich auch eine über 100 Jahre alte hölzerne Karussell-Gondel aus Deutschland (W. Washington & Jackson Sts.; Feb. Sa. 11.00 bis 17.00, So. 12.00 – 17.00, März/April u. Labor Day – Dez. Mi. – Sa. 11.00 – 17.00, So. 12.00 – 17.00, Memorial Day – Labor Day Mo. – Sa. 10.00 – 17.00, So. 12.00 – 17.00 Uhr).

Follett House Museum

Eines der noch aus dem 19. Jahrhundert stammenden Gebäude der Stadt ist das äußerlich recht nüchtern wirkende Geschäftshaus von Oran Follett. Mobiliar, Haushaltsgeräte und Textilien zeigen, wie man im 19. Jh. in Sandusky gelebt hat (404 Wayne St.; April/Mai u. Sept. – Dez. Sa. 10.00 – 13.00, Juni/Aug. Mi. – Fr. 12.00 – 16.00, Sa. 10.00 – 13.00 Uhr).

* **Cedar Point**

Der Vergnügungspark Cedar Point wurde bereits 1870 auf einer schmalen Landzunge östlich von Sandusky eröffnet. Heute können sich Besucher an einem Badestrand vergnügen, außerdem gibt es eine Marina voller Jachten und Jollen, eine große Hotelanlage und vor allem einen riesigen Vergnügungspark mit gut fünf Dutzend Attraktionen. Dazu gehören natürlich auch atemberaubende Achterbahnen (Roller Coaster) und andere für Adrenalinschübe sorgende Fahrvergnügen. **Power Tower** nennt sich eine Maschinerie, in der die angegurteten »Delinquenten« innerhalb von drei Sekunden fast 90 m hoch katapultiert werden, um kurz darauf in nahezu freiem Fall auf den Boden der Tatsachen zurückzukehren. Wer sich etwas zahmer vergnügen will, hat dazu u.a. auf der Go-Kart-Bahn Gelegenheit (Mitte Mai – Anfang Sept. tgl. 10.00 – 20.00 bzw. 22.00, Sept./Okt. Fr., Sa., So. 12.00 – 21.00 bzw. 24.00 Uhr; www.cedarpoint.com).

* **Bootsausflüge nach Kelleys Island und zu den Bass Islands**

Wer sich im Sommer im Raum Sandusky aufhält, dem sei ein Bootsausflug zu den nördlich vorgelagerten Inseln Kelleys Island und Bass Islands empfohlen. Alle diese Eilande sind landschaftlich sehr reizvoll und haben auch einige Sehenswürdigkeiten zu bieten (Bootsfahrten ab Sandusky: Memorial Day – Labor Day).

Die größte Insel im westlichen Eriesee ist die 10,3 km² große **Kelleys Island**, ein heißer Tipp unter Geologen sowie Vor- und Frühgeschichtlern: Hier hinterließen die vor ca. 12 000 Jahren zurückweichenden Gletscher der letzten Eiszeit spektakuläre Rinnen und Furchen im Kalkstein des **Glacial Grooves State Memorial**. Spuren menschlicher Zivilisation sind im **Inscription Rock State Memorial** zu sehen. Die in Fels eingeritzten Zeichnungen stellen Menschen, Tiere und Jagdszenen dar und sind Petroglyphen der Indianer, die vor über 300 Jahren die Insel bewohnt haben.

Neben Kelleys Island gehört **South Bass Island** zu den beliebtesten Urlaubszielen an der **»Lake Erie Riviera«**. Ihre Attraktivität verdankt die Insel u. a. der Ortschaft **Put-in-Bay** mit ihren überbordenden Gärten und viktorianischen Häuschen, hübschen Geschäften und Lokalen. Liebhaber der freien Natur finden im **South Bass Island**

MARBLEHEAD
LIGHTHOUSE
OPERATED BY THE OHIO DIVISION OF PARKS AND RECREATION
THE OHIO DEPARTMENT OF NATURAL RESOURCES
1821
Bob Taft, Governor
Sam Speck, Director

State Park einen Campingplatz und vor allem einen schönen Badeplatz, und im **Oak Point State Park** kann man angeln. Der gute Boden und die gegenüber dem Festland um 26 Tage längere Wachstumsperiode macht auf South Bass Island den Weinanbau möglich. Berühmteste Sehenswürdigkeit der Insel ist **Perry's Memorial**, ein gewaltiges Denkmal, das an den legendären Sieg des Commodore Oliver Perry über die zahlenmäßig weit überlegene britische Seestreitmacht am 10. September 1813 erinnert. Zu Füßen von Perry's Victory & International Peace Memorial ist ein kleines Museum eingerichtet, das den Krieg von 1812/1813 zum Thema hat (Mai bis Okt. tgl. 9.00 – 17.00 Uhr).

Die nördlich von South Bass Island liegende **Middle Bass Island** ist unter Vogelkundlern ein Geheimtipp. Vor allem im **Kuehnle Wildlife Area** kann man im April, Mai und September eine Vielzahl von Zugvögeln beobachten. Seit 1875 gibt es die Lonz Winery auf der Insel.

✶ **Marblehead Peninsula**

Wie ein Sprungbrett ragt die Halbinsel in den Eriesee hinein. Als besonderer Farbtupfer hebt sich das weiß getünchte **Marblehead Lighthouse** mit seinem roten Dach vom Blau des Eriesees ab. Der 1821 erbaute Leuchtturm gehört zu den ältesten an den Großen Seen.

◂ Port Clinton

Jenseits der Sandusky Bay, ca. 15 mi/24 km nordwestlich von Sandusky, liegt die kleine, rund 7000 Einwohner zählende Hafenstadt Port Clinton auf der Marblehead-Halbinsel. Ihre Entstehung verdankt sie dem aus New York stammenden Politiker **DeWitt Clinton**, der sich 1824 für den Bau eines Kanals zwischen dem bei Port Clinton in den Lake Erie mündenden Portage River und dem Ohio River eingesetzt hat, der jedoch nie zustande kam. Hier kann man baden, Boot fahren, wandern, picknicken und kampieren. Bei Sportfischern ist Port Clinton als **»Walleye Capital of the World«** bekannt. »Hot Spot« der Angler ist der **Catwba Island State Park**. Einen Besuch lohnt die Ausstellung der **Lake Islands Historical Society**, das Einblicke in die Geschichte der südwestlichen Eriesee-Region gewährt. Auch die Seeschlacht von 1813 wird erläutert (South Bass Island, Put-in Bay, 25 Town Hall Place; Mitte Mai – Sept. tgl. 11.00 – 17.00, im Sommer bis 18.00, Okt. Sa., So. 11.00 – 17.00 Uhr).

Ca. 4 mi/7 km östlich von Port Clinton zieht der **African Safari Wildlife Park** vor allem Familien mit Kindern an (Mitte Mai – Labour Day tgl. 9.00 bis mindestens 17.00 Uhr).

> ! *Baedeker* TIPP
>
> **Seeadler und Co.**
>
> Etwa 17 mi/27 km nordwestlich von Port Clinton erstreckt sich die Magee Marsh Wildlife Area direkt am Ufer des Lake Erie. Hier kann man das ganze Jahr über vielerlei Vögel, darunter auch das US-Wappentier, den American Eagle, beobachten. Beim Sportsman's Migratory Bird Center ist auch ein Plankenweg angelegt.

← *Einer der ältesten seiner Art an den Großen Seen ist der Leuchtturm auf der Marblehead Peninsula bei Sandusky.*

★ Sault Ste. Marie

L 4

Bundesstaat: Michigan **Einwohnerzahl:** 22 000
Höhe: 187 m ü.d.M.

»Soo« wird die Stadt am St. Mary's River genannt, jenem Flusslauf, der den Lake Superior mit dem Lake Huron verbindet. Die Stromschnellen und Wasserfälle, die den Höhenunterschied zwischen den beiden Seen markieren, sind durch eine Schleusenanlage gebändigt. An der Nordseite des Stroms und jenseits der Grenze liegt die kanadische Schwesterstadt gleichen Namens.

Geschichte Sault Ste. Marie ist eine der ältesten Städte der Große-Seen-Region. 1855 wurde hier an der Grenze zwischen dem US-Bundesstaat Michigan und der kanadischen Provinz Ontario das erste große Schleusensystem in Betrieb genommen, das die Ausdehnung der Frachtschifffahrt bis ►Duluth am Westende des Oberen Sees ermöglichte.
Die Bedeutung des an einer wichtigen Nahtstelle gelegenen Handelsplatzes erkannten schon lange vor Ankunft der Weißen die Indianer. In der ersten Hälfte des 17. Jh.s kamen dann die ersten französischen Voyageurs, um mit den Indianern Handel zu treiben. Seine Gründung verdankt Sault Ste. Marie dem französischen Pater und Entdecker **Jacques Marquette**, der 1668 eine Missionsstation errichtete. Seinerzeit mussten die Wasserfälle und Stromschnellen (franz. »Sault«) von den Kanu fahrenden Indianern und Voyageurs umgangen werden. Wie in anderen Gebieten der Großen Seen war die Ge-

Die Soo Locks ermöglichen Schiffen die Durchfahrt vom Huronsee in den Oberen See.

SAULT STE. MARIE ERLEBEN

AUSKUNFT

Sault Ste. Marie CVB
536 Ashmun Street
Sault Ste. Marie, MI 49783
Tel. (906) 632-3366
www.saultstemarie.com

SPIELKASINOS

Um den Tourismus weiter anzukurbeln, hat man die Eröffnung von mittlerweile mehrere Spielkasinos genehmigt, z.B. das Bay Mills Casino und das Kings Club Casino am Lakeshore Drive (Infos: www.4baymills.com).

ESSEN

► Erschwinglich
Antler's
804 E. Portage Avenue
Tel. (906) 253-1128
In historischem Gemäuer kommt viel Altbewährtes auf den Tisch – auch bestens zubereiteter frischer Fisch aus den Großen Seen.

► Preiswert
Lockview Restaurant
329 W. Portage Avenue
Tel. (406) 632-2772
Dieses nahe an den Schleusen gelegene Lokal erfreut sich auch bei den Einheimischen großer Beliebtheit, denn hier gibt es schmackhafte Fischgerichte, darunter Variationen vom Whitefish aus den Großen Seen.

ÜBERNACHTEN

► Komfortabel
Best Western Sault Ste. Marie
4281 I-75 Business Spur
Tel. (906) 632-2170
www.bestwesternmichigan.com
111 Zimmer und Suiten. Familienfreundliches Motel am südlichen Stadtrand mit gutem Komfort.

schichte im Gebiet von Sault Ste. Marie im 17. und 18. Jahrhundert ein verbissener Kampf um Einflusssphären und Anteile am Pelzhandel, bis über der Stadt 1823 endgültig die US-Flagge aufgezogen wurde. Noch 1797 hatte die Northwestern Fur Company am kanadischen Ufer eine erste, nur für kleine Boote geeignete Schleuse bauen lassen, die im Amerikanisch-Britischen Krieg 1812 zerstört wurde. 1855 konnte ein aus zwei 107 m langen Kammern bestehendes System eröffnet werden. Seit der Gesamtbetrieb 1881 dem U.S. Army Corps of Engineers übertragen wurde, entstanden vier neue Schleusen, die auch von Hochseeschiffen benutzt werden können.

Sehenswertes in Sault Ste. Marie

Ein technischer Höhepunkt am 1959 feierlich eröffneten St.-Lorenz-Seeweg sind die Soo Locks, ein Schleusensystem, das Seeschiffen aus aller Welt die Durchfahrt vom Huronsee in den Oberen See und umgekehrt ermöglicht. Im **Visitor Center** des Soo Locks Park gibt eine Tafel Auskunft über ein- und ausfahrende Schiffe. Von zwei Aussichtsplattformen kann man den Betrieb aus nächster Nähe verfol-

✶✶ Soo Locks

gen. Während einer zweistündigen **Bootstour** lernt man die Schleusen- und Hafenanlagen kennen (Abfahrten: 515 u. 1157 E. Portage Ave., Tel. 906/632-6301).

Poe Lock ► 1968 wurde die Poe Lock – mit 366 m Länge und 34 m Breite größte Schleuse der Welt – in Betrieb genommen. Ein nebenan installiertes Kraftwerk produziert jährlich 150 Mio. Kilowattstunden Strom, der großenteils für den Schleusenbetrieb benötigt wird.

Tower of History ► Mit dem Aufzug erreicht man die **Aussichtsplattform** des Turms mit Blick über den St. Mary's River, auf die Schleusen und den größeren Stadtteil am kanadischen Ufer. Die Ausstellungen befassen sich mit der Entstehungsgeschichte der Großen Seen, mit der Geschichte der Stadt und mit der Baugeschichte der Schleusen (326 E. Portage Ave.; Mai – Mitte Okt. Mo. – Sa. 10.00 – 16.00, So. 11.00 – 16.00, Juli/Aug. bis 17.00 Uhr).

»SS Valley Camp« Maritime Museum

Der 1917 in Lorain (Ohio) in Dienst gestellte 11 500-BRT-Dampfer war bis 1966 als Erzfrachter im Einsatz. Besucher können sich auf der Brücke und im Maschinenraum umsehen und sich dabei ein Bild von der Arbeit an Bord machen (501 E. Water St.; Mai – Mitte Okt. Mo. – Sa. 10.00 – 16.00, So. 11.00 – 16.00, Juli/Aug. bis 17.00 Uhr).

River of History Museum

Dioramen in Lebensgröße und dazu auch die passenden Geräusche begleiten Besucher beim Gang durch die 8000-jährige Geschichte der Region um den St. Mary's River. Anschauliche Bilder interpretieren Geologie, das Leben der frühen Indianer, die Entdeckungsreisen der Voyageurs und die harte Existenz der weißen Pioniere (531 Ashmun St.; Mitte Mai – Mitte Okt. Mo. – Sa. 10.00 – 17.00 Uhr).

Ausflug zum Whitefish Point

Whitefish Bay

Westlich von Sault Ste. Marie öffnet sich die Whitefish Bay als östlichster Zipfel des Lake Superior. Sie wird von der amerikanisch-kanadischen Grenze in zwei Hälften geteilt. Ihr amerikanisches Ufer erschließt der MI 221, eine landschaftlich sehr reizvolle Küstenstraße. Nördlich von Brimley fährt man in den östlichen Teil des Hiawatha National Forest ein und erreicht alsbald den Point Iroquois mit einem Leuchtturm und einem kleinen Museum.

In nordwestlicher Richtung gelangt man in den **Tahquamenon Falls State Park**. Wanderpfade führen durch das wildromantische Tal des unteren Tahquamenon River zu zwei eindrucksvollen Wasserfällen. Auch Angler kommen hier auf ihre Kosten.

Whitefish Point

Nördlichster Punkt ist der wie eine Delphinnase in den Lake Superior hineinragende Whitefish Point. Wo heute ein kleines Seefahrtmuseum und ein alter Seemannsfriedhof ihren Platz haben, schwemmen Stürme Treibholz und gelegentlich auch Wrackteile an Land. Sie erinnern daran, dass die Gewässer vor dem Landzipfel zu den gefährlichsten der Großen Seen gehören. Allein bis 1875 gingen so viele

Schiffe verloren, dass sich der U.S. Life Savings Service entschloss, an einigen Stellen Rettungsstationen aufzubauen. Dazu gehörte auch die Station Vermilion westlich von Whitefish Point. Whitefish Point kam zum letzten Mal 1975 in die Schlagzeilen, als der Erzfrachter »Edmund Fitzgerald« mit 29 Mann an Bord während eines Sturmes sank. Im Museum, das in einer früheren Küstenwache eingerichtet ist, kann man die 1994 von einer Unterwasser-Expedition geborgene Schiffsglocke der »Fitzgerald« sehen (Mitte Mai – Mitte Okt. tgl. 10.00 – 18.00 Uhr).

◄ Great Lakes Shipwreck Museum

Sault Ste. Marie (kanadische Provinz Ontario)

Kanadische Schwesterstadt

Auf der gegenüberliegenden Seite des St. Mary's River liegt die kanadische Schwesterstadt Sault Ste. Marie, in der heute rund 75 000 Menschen leben. Sie ist heute eine wichtige, aber wenig attraktive Hafen- und Industriestadt.

Ermatinger House

Das Ermatinger House wurde im Jahre 1814 erbaut und gehörte einem Pelzhändler Schweizer Herkunft, der mit einer Indianerin vermählt war (831 Queen St. East; vorübergehend wegen Renovierung geschlossen).

**** Agawa Canyon**

Ein Erlebnis ist die eintägige Fahrt mit dem Reisezug vom kanadischen Sault Ste. Marie in den Agawa Canyon. Die 183 km lange Bahnstrecke windet sich durch die grandiose Bergwelt von Algoma; etliche Steilstrecken und Brücken aus Holz sind zu überwinden, bis der Zug schließlich am Agawa Canyon ankommt. Bernsteinfarbene Wildwasser tosen durch die tiefe Schlucht, und man hat man zwei Stunden Zeit, um die wildromantische Szenerie auf sich wirken zu lassen. Vor allem im Herbst, wenn die Bergwälder Algomas in allen Farben leuchten, sollte man sich eine Fahrt mit dem Park Train nicht entgehen lassen. Der Zug verkehrt auch an Winterwochenenden durch eine in Eis und Schnee gehüllte Märchenlandschaft.

*** Lake Superior Provincial Park**

Ein Ausflug auf dem Trans-Canada Highway (Hwy. 17) führt in den rund 130 km weiter nördlich am Ostufer des Oberen Sees gelegenen Provinzpark. Selbst im Hochsommer ist hier oben mit einem recht rauen Klima zu rechnen. Wer Wildnis und Abenteuer sucht, sollte zu einer Wanderung auf dem streckenweise atemberaubenden **Coastal Trail** aufbrechen, der rund 60 km lang dem Ufer des Lake Superior folgt. Allerdings ist häufig mit Ufernebel zu rechnen. Natürlich gibt es in dem Schutzgebiet auch viele Möglichkeiten für passionierte Kanuten und Angler. Kurz nach der südlichen Einfahrt in den Provinzpark lohnt ein Stopp bei den **Agawa Pictographs**. Ojibwa-Indianer hinterließen ockerfarbene Felszeichnungen, die mythische Überlieferungen von der Überquerung des Oberen Sees erzählen. Erkennbar sind mehr als vier Dutzend Männer, die in mehreren Kanus das Wagnis auf sich nahmen.

★ Sheboygan

H 7

Bundesstaat: Wisconsin **Einwohnerzahl:** 48 000
Höhe: 193 m ü.d.M.

Etwa 50 mi/80 km nördlich von Milwaukee liegt die Stadt Sheboygan an der Mündung des gleichnamigen Flusses in den Michigansee. Sie war einst Pelzhandelsposten. Europäische Einwanderer bauten die Siedlung zur lebhaften Hafenstadt aus, in der Fischerei, Holzwirtschaft und Schiffbau wichtige Rollen spielen sollten.

Heute ist Sheboygan Verwaltungssitz des gleichnamigen County und ein bedeutender Industriestandort (bes. Stahl, Möbel und Textilien). Mit dem 2004 eröffneten **Blue Harbor Resort** Hotel, Apartments, Konferenzzentrum, Vergnügungs- und Wasserpark) versucht man auch auf dem touristischen Sektor Fuß zu fassen.

Sehenswertes in Sheboygan und Umgebung

Sheboygan County Historical Society Museum

Das Haus des Richters, eine Käserei aus dem Jahr 1867 und eine alte Scheune mit allerhand landwirtschaftlichem Gerät zeigen das Leben in der Pionierzeit der Stadt (3110 Erie Ave.; Öffnungszeiten: April bis Okt. Di. – Sa. 10.00 – 17.00, So. 13.00 – 17.00 Uhr).

Das überrascht: Bregenzerwald-Architektur am Michigansee

Kohler-Andrae State Park

Im Süden der Stadt erstreckt sich eine reizvolle Landschaft. Sowohl für Camper als auch für Tagesbesucher sind entsprechende Einrichtungen vorhanden. Das **Sanderling Nature Center** (1520 Old Park Rd.) informiert multimedial über die Ökologie dieses Gebietes.

✶ Indian Mound Park

Indianische Nomaden, die im Zeitraum zwischen 500 und 1000 n. Chr. durch den Mittleren Westen zogen, hinterließen beispielsweise im Bereich Panther Ave. und S. 9th Street sog. **Effigy Burial Grounds**. Diese Hügel sind kunstvoll als Tiergestalten oder in geometrischen Formen aufgeschichtete Grabhügel. Archäologen fanden hier Kulturzeugnisse aus präkolumbischer Zeit. Einige sind im Open Mound Exhibit des Parks ausgestellt. Ein Lehrpfad erschließt das Gelände.

✶ Kohler Village

1898, zwei Jahre vor seinem Tod, begann der aus dem Bregenzerwald stammende Unternehmer John M. Kohler westlich von Sheboygan Grund und Land für eine neue Möbelfabrik aufzukaufen. Im Jahre 1900 trat Sohn Walter in seine Fußstapfen. Dieser beauftragte 1916 den deutschstämmigen Architekten Werner Hegemann mit dem Bau einer modellhaften Arbeitersiedlung, die von den Medien mit viel Aufmerksamkeit bedacht wurde (Führungen: Mo. – Fr. außer Fei. 8.30 Uhr n. V., Tel. 920/457-3699; Mindestalter 14 Jahre).
1929 wurde am Rande der Modellsiedlung das sog. **Waelderhaus** als Kopie des Elternhauses von John M. Kohler errichtet. Dieses Holzhaus verleiht der Siedlung einen Hauch alpenländischer Romantik (Führungen: tgl. 14.00, 15.00 und 16.00 Uhr).
Im **Kohler Arts Center** erfährt man Interessantes über das Unternehmen und die Arbeitersiedlung. Auch modernes Badezimmer- und Küchen-Design werden gezeigt. Im Bereich »Artspace« sind Arbeiten zeitgenössischer amerikanischer Künstler zu sehen (Mo., Mi., Fr. 10.00 – 17.00, Di., Do. 10.00 – 20.00, Sa., So. 10.00 – 16.00 Uhr).

▶ SHEBOYGAN

AUSKUNFT

Sheboygan County CVB
712 Riverfront Drive, Suite 101
Sheboygan, WI 53081-4665
Tel. (920) 457-9491
wwww.sheboygan.org

ÜBERNACHTEN

▶ Günstig

La Quinta Inn
2932 Kohler Memorial Drive
Tel. (920) 457-2321
www.lq.com
96 Zimmer und Suiten. Das familienfreundlich eingerichtete Motel verfügt über helle und einigermaßen geräumige Gästezimmer.

✶ Ausflug in die Kettle Moraine

Folgt man von Sheboygan aus dem WI 23 in westlicher Richtung, so erreicht man nach ca. 10 mi/16 km den hübschen Ort Plymouth. Dieser ist das nördliche Tor zur Kettle Moraine, einer dicht bewaldeten Hügellandschaft, die erst während und nach der letzten Eiszeit entstanden ist. Hier trafen einstmals zwei vom Michigansee und von der Green Bay südwärts vorstoßende Gletscherzungen zusammen, die gewaltige Schuttmassen vor sich herschoben und schließlich einen ganzen Höhenzug aus Felsblöcken, Geröll und Sand auftürmten. Nach dem allmählichen Rückzug des Eises vor etwa 10 000 bis 20 000 Jahren blieb eine Moränenlandschaft mit über 90 m hohen Hügeln übrig, die nach und nach von einer artenreichen Vegetation erobert wurde. Heute gedeihen hier Laub- und Nadelbäume, deren Unterholz Reh- und Hirschwild, Füchsen und über 200 Vogelarten Schutz bietet. Ihren Namen hat die Kettle Moraine von kesselartigen Vertiefungen und ehemaligen Toteislöchern, von denen heute noch einige von kleinen Seen erfüllt sind.

Scenic Drive ► Von Plymouth aus folgt man dem WI 67 südwestwärts und erreicht nach wenigen Meilen den gut markierten Kettle Moraine Scenic Drive, der kleinen Landstraßen zum idyllischen Long Lake und weiter südwärts bis zum Ort Kewaskum folgt.

Ice Age Nature Center ► Kurz nach dem Long Lake passiert man das Henry S. Reuss Ice Age Nature Center, ein naturkundliches Zentrum, in dem man die Vorgänge auf der Erdoberfläche während und nach der letzten Eiszeit multimedial erklärt bekommt.

★ South Bend

J 9

Bundesstaat: Indiana
Höhe: 216 m ü.d.M.
Einwohnerzahl: 104 000

Alle Football-Fans in den USA kennen die »Fighting Irish« genannte Mannschaft der katholischen Notre-Dame University von South Bend. Die Hochschulstadt liegt an einer Schleife des St. Joseph River im überwiegend flachen Norden von Indiana. Hier unterhalten auch viele Zulieferer der Automobil- sowie der Luft- und Raumfahrtindustrie Produktionsstätten.

Geschichte Im Jahre 1681 handelte der französische Landerkunder René Robert Cavalier, Sieur de La Salle, mit den hier ansässigen Indianerstämmen der Miami und Illinois einen Vertrag aus, der sie zu Verbündeten Frankreichs machte. Erste weiße Siedler ließen sich hier ab 1820 nieder, als ein Handelsposten von Johann Jakob Astors American Fur Company eröffnet wurde. Diese Station wurde wenig später vom Franzosen Alexis Coquillard übernommen, der die Siedlung St-Joseph anlegen ließ. Diese wurde im Jahre 1830 in South Bend umbenannt. Im Jahre 1842 hat man die

? WUSSTEN SIE SCHON ...?

- In den 1850er-Jahren eröffneten die Gebrüder Studebaker in South Bend eine Werkstatt, in der Kutschen, Wagen und Geräte für die Landwirtschaft gebaut wurden. Aus diesen Anfängen sollte eine Automobilfabrik erwachsen, die bis 1963 zu den bedeutendsten Firmen ihrer Art in den USA gehören sollte.

»Studebaker Champion Convertible« von 1950

Missionsstation Notre-Dame gegründet, von der aus die Potawatomi-Indianer christianisiert wurden. Diese Station ist die Keimzelle der heutigen gleichnamigen Universität.

Sehenswertes in South Bend

★ **Studebaker National Museum**

Top-Sehenswürdigkeit in der Stadt ist das Museum der ehemaligen **Automobilfabrik Studebaker**, die ihren Betrieb 1966 eingestellt hat. Die Unternehmensgeschichte wird von Beginn an dargestellt, als die Gebrüder Studebaker noch Leiterwagen und Pflüge bauten. Über sechs Dutzend Fahrzeuge, darunter Wagen, Kutschen, die ersten sowie die auf dem Markt erfolgreichsten Automobile und nicht zuletzt die Staatskarossen von vier US-Präsidenten sind hier zu sehen (201 Chapin St.; Mo. – Sa. 9.00 – 17.00, So. 12.00 – 17.00 Uhr).

★ **University of Notre Dame**

Die Notre-Dame-Universität, an der rund 10 000 Studierende eingeschrieben sind, gehört zu den führenden Ausbildungsstätten in den USA. Forschungsschwerpunkte sind Biologie, Biotechnologie, Strahlenphysik, Aerodynamik und Sozialwissenschaften. Weithin sichtbares Wahrzeichen auf dem Campus ist der **Goldene Dom** des Universitätshauptgebäudes, in dessen Innerem eindrucksvolle **Wandgemälde von Luigi Gregori** zu sehen sind. Der Künstler hatte sich in den 1860er-Jahren im Vatikan einen Namen gemacht.

★ ◄ Basilica of the Sacred Heart

Die 1871 errichtete Basilika gehört zu den eindrucksvollsten katholischen Gotteshäusern der USA. Sie beherbergt einen Barock-Altar und wertvolle Arbeiten des kroatischen Künstlers Ivan Mestrovic. Das Geläut des Glockenturms ist eines der ältesten in den Vereinigten Staaten von Amerika.

◄ Snite Museum of Art

Das ebenfalls zur Universität gehörende Museum beherbergt eine großartige Kunstsammlung, darunter auch Werke von Chagall, Picasso und Rodin (Di. – Sa. 10.00 – 16.00, So. 13.00 – 17.00 Uhr).

SOUTH BEND ERLEBEN

AUSKUNFT

South Bend/Mishawaka CVB
401 E. Colfax Avenue
South Bend, IN 46634
Tel. 1-800-519-0577
www.exploresouthbend.org

ESSEN

► Fein & teuer

Tippecanoe Place
620 W. Washington Ave.
South Bend, IN
Tel. (574) 234-9077
Feines Restaurant in der Villa, die von 1886 bis 1889 dem Automobil-Fabrikanten Studebaker gehört hat.

► Erschwinglich

Amish Acres Restaurant
1600 W. Market Street
Nappanee, IN
Tel. (574) 773-4188
Hier gibt es bodenständige Küche der Amish: gebackener Schinken, Truthahn vom Grill und zum Nachtisch einen Shoofly Pie mit Schokolade.

ÜBERNACHTEN

► Komfortabel

The Morris Inn
Notre Dame Avenue
South Bend, IN
Tel. (574) 631-2000
www.morrisinn.nd.edu
92 Zimmer und Suiten
Sehr gut geführtes und modern ausgestattetes Mittelklasse-Hotel auf dem Campus der University of Notre Dame.

College Football Hall of Fame

Hier wird der Football, wie er an den Schulen betrieben wird, in allen Einzelheiten dargestellt. Die erfolgreichsten Mannschaften sind hier ebenso verewigt wie die bedeutendsten Spieler, und was aus ihnen geworden ist (111 S. St. Joseph St.; tgl. 10.00 – 17.00 Uhr).

Northern Indiana Center for History

Das Museum informiert über die Natur- und Kulturgeschichte Nordindianas. Auf dem Gelände kann man eine 1895/1896 erbaute und noch original möblierte Industriellenvilla sowie das Haus eines Fabrikarbeiters aus den 1930er-Jahren besichtigen (808 W. Washington Ave.; Mo. – Sa. 10.00 – 17.00, So. 12.00 – 17.00 Uhr).

Umgebung von South Bend

Nappannee

Ca. 35 mi/56 km südöstlich von South Bend liegt das 6000-Einwohner-Städtchen Nappanee, das Zentrum einer von der Landwirtschaft geprägten Region, in der sich in der zweiten Hälfte des 19. Jh.s zahlreiche Mennoniten-Familien niedergelassen haben, darunter auch etliche Old Order Amish, die aus dem Raum Lancaster, Pennsylvania, via Ohio und Elkhart nach Nappanee kamen. Ende des Jahres 1874 erreichte die nach Westen vorstoßende Baltimore & Ohio Railroad Nappanee, das Bahnstation und Standort eines Eisenbahn-Depots wurde. Der Stadtkern mit der Main Street und der Market Street steht unter Denkmalschutz.

Am westlichen Stadtrand ist eine alte, im 19. Jahrhundert gegründete Amish-Farm als Freilichtmuseum zugänglich. Hier kann man miterleben, wie der **Alltag einer tief religiösen Bauernfamilie** (Old Order Amish) vor über 100 Jahren ausgesehen hat, welche Feldfrüchte angebaut wurden, welche Geräte verwendet wurden und wie man sich auf die vier Jahreszeiten eingestellt hat. Noch heute werden hier Ahorn-Sirup, Butter und Sahne, Trockenobst, Kerzenwachs und viele andere Dinge wie anno dazumal erzeugt. Bei einem Rundgang sieht man Frauen, die Amish Quilts anfertigen oder anderes Kunsthandwerk herstellen. In einer kreisrunden und rot angestrichenen Scheune aus dem Jahre 1911 werden Theaterstücke aufgeführt. Wenige Schritte weiter, in einer 1874 errichteten Scheune kann man heute Gerichte der herzhaften Amish-Küche probieren (Führungen und Buggy-Fahrten: April – Okt., Infos: www.amishacres.com).

★ **Amish Acres**

★ Split Rock Lighthouse State Park

D 3

Bundesstaat: Minnesota
Höhe: 230 m ü.d.M.
Fläche: 840 ha

Auf einer 52 m hohen Felsklippe am Nordwestufer des Oberen Sees (südwestlich von Silver Bay) steht dieser malerische Leuchtturm, der bis 1971 Seeleuten den Weg gewiesen hat.

Geschichte

Zu Beginn des 20. Jh.s lag dieser Uferabschnitt des Lake Superior noch weit jenseits der Zivilisationsgrenze mitten in der Wildnis, in die noch keine einzige Straße führte. Ein furchtbarer Novembersturm ließ 1905 nicht weniger als sieben Schiffe in einem Umkreis von 12 Meilen um den Split Rock verunglücken, wobei 215 Seeleute ihr Leben verloren. Durch diese Katastrophe sah sich die US-Regierung veranlasst, vier Jahre später den **Leuchtturm** auf dem Split Rock errichten zu lassen. Über 300 Tonnen Material wurden auf dem Seeweg herangeschafft und per Seilwinde auf den Felsen gezogen. Ab 1910 schickte die Station alle zehn Sekunden einen Leuchtstrahl aus, der noch in 60 km Entfernung zu sehen war. Für besonders schlechtes Wetter wurde außerdem ein Nebelhorn installiert.

Malerisch: Leuchtturm auf dem Split Rock

Besichtigung ▶ Im Visitor Center wird die Geschichte der Region und die Notwendigkeit des Leuchtturmbaus in Bild und Ton gezeigt. Den besten Blick auf den Leuchtturm hat man vom Seeufer südwestlich der Klippe (Mitte Mai – Mitte Okt. tgl. 10.00 – 18.00, Mitte Okt – Mitte Mai Do. – Mo. 11.00 – 16.00 Uhr).

★ **Gooseberry Falls State Park**

Ein paar Autominuten weiter südwestlich erreicht man einen State Park, der durch seine **Wasserfälle** berühmt geworden ist. Zwar bahnen sich die meisten Flüsse am North Shore ihren Weg über Wasserfälle in Richtung Lake Superior, aber kein anderer Wasserlauf in dieser Gegend legt die letzte Strecke zum See auf so spektakuläre Weise zurück wie der Gooseberry River. Der Fluss stürzt über insgesamt fünf Kaskaden, von denen zwei vom Besucherzentrum nur wenig entfernt sind. Die anderen erreicht man über markierte, aber teils beschwerliche Wanderpfade. Neben den Wasserfällen lockt auch die reizvolle Naturlandschaft des State Park jedes Jahr fast eine Million Besucher an. Das **Visitor Center** informiert über die Flora und Fauna dieser Landschaft (Mo. – Fr. 9.00 – 16.00 Uhr).

Syracuse

T 7/8

Bundesstaat: New York **Einwohner:** 138 000
Höhe: 124 m ü.d.M.

Das Wirtschaftszentrum am nordöstlichen Rand der Finger Lakes Region war schon vor der Ankunft der Europäer ein bedeutender Ort im Verbreitungsgebiet der indianischen Irokesen. Später errichteten französische Voyageurs einen Handelsposten am kleinen Onandagasee. Nach dem Niedergang der traditionellen Industrien präsentiert sich die nach der sizilianischen Stadt Syrakus benannte Siedlung als Dienstleistungs- und Ausbildungszentrum der Region.

Geschichte Die Salzgewinnung und die Waffenproduktion sorgte bereits im frühen 19. Jh. für eine wirtschaftliche Blüte. Hiesige Waffenschmieden belieferten beispielsweise die amerikanischen Streitkräfte, als diese sich 1812 mit englischen Truppen auseinandersetzten. Der 1825 erfolgte Anschluß an das Wasserstraßennetz des Eriekanals sicherte für lange Zeit die wirtschaftliche Zukunft der Stadt.

Sehenswertes in Syracuse

Downtown Im Stadtkern sind einige Bauten aus dem 19. und frühen 20. Jahrhundert erhalten, vor allem am Clinton Square, am Hanover Square und am Armory Square. Im 3000 Sitzplätze umfassenden Kinosaal des Landmark Theatre Building (1928) an der Salina Street finden heute vielerlei Veranstaltungen statt. Opern und Konzerte kann man im John H. Mulroy Civic Center an der Montgomery Street genießen.

SYRACUSE

AUSKUNFT

Syracuse CVB
572 Salina Street
Syracuse, NY 13202
Tel. (315) 470-1910
www.visitsyracuse.org

Im Jahre 1920 wurde der Eriekanal im Stadtgebiet zugeschüttet und der **Erie Boulevard** angelegt. Im Weighlock Building von 1850 ist neben dem Urban Cultural Park Visitor Center auch das Erie Canal Museum untergebracht, das sich mit der Geschichte und wirtschaftlichen Bedeutung der einstmals sehr wichtigen Wasserstraße befasst (318 E. Erie Blvd.; Mo. – Sa. 10.00 – 17.00, So. 10.00 – 15.00 Uhr).

Museum of Science & Technology

Die Welt von Wissenschaft und Technik mit interaktiven Präsentationen und vielen Experimenten ist hier aufgebaut. Im angeschlossenen IMAX-Theater kommen spektakuläre Filmproduktionen auf einer Großleinwand zur Aufführung (500 S. Franklin St.; Mi. – So. 9.30 bis 17.00, Fr. bis 21.00 Uhr).

Salt Museum

Ca. 2,5 mi / 4 km nördlich vom Stadtzentrum erstreckt sich der Onondaga Lake Park am Ostufer des Sees. Das Salt Museum informiert über das Verfahren, mit dem man hier bis 1920 Salz aus einer Solequelle gewonnen hat (106 Lake Dr.; Parkway; Anfang Mai – Mitte Okt. tgl. 13.00 – 18.00 Uhr).

St. Marie among the Iroquois

Am Onondaga Parkway liegt diese Mitte des 17. Jh.s von französischen Jesuiten errichtete Missionsstation. Sie war das erste von Weißen errichtete Bauwerk auf dem Gebiet der Irokesen-Konföderation. Hier kann man auch ein traditionelles Rundhaus der Onondaga-Indianer anschauen (Di. – So. 10.00 – 17.00 Uhr).

Umgebung von Syracuse

Chittenango

Ca. 15 mi / 24 km östlich von Syracuse ist der Ort Chittenango ein beliebtes Ausflugsziel. Hier lohnt ein Blick in das **Landing Canal Boat Museum**. In der restaurierten Bootswerft wurden seinerzeit die knapp 30 m langen Lastkähne gebaut und repariert, die auf dem Eriekanal unterwegs waren (7010 Lakeport Rd.; Juli / Aug. tgl. 10.00 – 16.00, April – Juni und Sept. / Okt. nur Sa. und So. 13.00 bis 16.00 Uhr).

◄ Chittenango Falls

6 mi / 10 km südlich außerhalb ist eine Wanderung zu den 51 m hohen Wasserfällen zu empfehlen.

Oswego

Von Syracuse gelangt man in einer knappen Stunde über die NY 481 in die Hafenstadt Oswego am südöstlichen Ufer des Ontariosees.

Hier errichteten die Briten 1722 ein Fort, die Stadt wurde erst fünf Jahrzehnte später gegründet. Beachtenswert ist das **H. Lee White Marine Museum** am Ende der Pier. Es beschäftigt sich mit der Geschichte des Schiffsverkehrs auf dem Ontariosee.

Fort Ontario ►

Am nordöstlichen Stadtrand steht das 1755 von den Engländern angelegte und 1796 von den Amerikanern übernommene Fort Ontario. Das Militär zog erst kurz nach dem Zweiten Weltkrieg aus. Danach wurde das Fort im Stil des 19. Jh.s restauriert (vorübergehend geschlossen).

Beliebte Badeplätze am Ontariosee

Zwei besonders schöne Erholungsparks mit Bademöglichkeiten im Ontariosee sind der südwestlich von Oswego gelegene **Fair Haven Beach State Park** und der einige Meilen weiter nordöstlich gelegene **Selkirk Shores State Park**.

★★ Thousand Islands

T/U 6

Bundesstaat: New York **Höhe:** 86 m ü.d.M.

Am Ausfluss des Ontariosees und mitten im St.-Lorenz-Strom erstreckt sich das Insellabyrinth der Thousand Islands. Die meisten dieser gut 1700 Eilande und teils nur größeren Felsklötze sind unbewohnt, etwa zwei Drittel liegen in kanadischem Hoheitsgebiet.

Geschichte

Der erste Europäer, der den St.-Lorenz-Strom befuhr, war **Jacques Cartier**, der 1535 stromaufwärts fuhr. Die Franzosen freundeten sich mit den Indianern an und kontrollierten das Land bis 1763, als die Briten gegen sie zu Felde zogen. Während der Auseinandersetzungen zwischen Briten und Amerikanern, vor allem im Krieg von 1812, spielten der St.-Lorenz-Strom, der Ontario- und der Eriesee als Grenzlinie und Wasserstraße eine wichtige Rolle. Auf den Thousand Islands blühte der Schmuggel. Nach der Eröffnung des Eriekanals wurde es am Ontariosee und am St.-Lorenz-Strom ruhiger. Die teuren Anwesen am Südufer des Stroms bei Alexandria Bay dienten reichen New Yorker Familien um 1900 als **Sommerresidenzen**. Ende des 19. Jh.s kamen auch einfache Sommerfrischler in diese Gegend. Beliebt waren seinerzeit Angelpartien mit anschließendem »Shore Dinner«, zu dem ein Teil des Fangs gleich zubereitet und bei einem zwanglosen Picknick verzehrt wurde. Bis heute ist das Land am St.-Lorenz-Strom ein attraktives Fremdenverkehrsgebiet. Daran hat sich auch nichts geändert, als 1959 der St.-Lorenz-Seeweg als Großschifffahrtsstraße eröffnet wurde.

? WUSSTEN SIE SCHON ...?

- Bei einem der hiesigen Picknicks wurde um die Jahrhundertwende auch das »Thousand Islands Dressing« kreiert, eine schmackhafte Salatsauce, die alsbald ihren Siegeszug um den ganzen Erdball antrat.

THOUSAND ISLANDS ERLEBEN

AUSKUNFT

Thousand Islands International Tourism Council
43373 Collins Landing
Alexandria Bay, NY 13607
Tel. (315) 482-2520
www.visit1000islands.com

St. Lawrence Islands National Park
2 County Road 5, RR 3
Mallorytown, ON
Canada, K0E 1R0
Tel. (613) 923-5261
www.pc.gc.ca/pn-np/on/lawren/visit

FREIZEITANGEBOT

Wassersport spielt eine große Rolle. Es gibt Marinas für Segler, kleine Fischerhäfen und bestens ausgestattete State Parks an schönen Badestränden. In mehreren Häfen kann man von Mitte April bis Mitte Oktober Hausboote mieten.

Sehenswertes am St. Lawrence Seaway

Watertown

Die größte Siedlung in dem zum Empire State gehörenden Teil des St.-Lorenz-Tieflandes ist Stadt Watertown (27 000 Einw.) am Black River. Das im stilvollen **Paddock Mansion** (1876) untergebrachte regionalhistorische Museum lohnt einen Besuch ((228 Washington St.; Mai.–Dez. Di.–Fr. 10.00–17.00, So. 10.00–16.00 Uhr).

★ **Sackets Harbor**

◄ Sackets Harbor Battlefield State Historic Site

Ca. 7 mi / 11 km westlich von Watertown liegt das malerische, 1802 gegründete Städtchen Sackets Harbor mit hübsch herausgeputzten Häusern an einem geradezu perfekten Naturhafen des Ontariosees . Am Seeufer kam es im Mai des Jahres 1813 zu einer Schlacht zwischen Briten und Amerikanern. Das ganze Gelände steht unter Denkmalschutz. Einige Gebäude sind erst nach den Kämpfen entstanden (vorübergehend geschlossen).

Clayton

21 mi / 34 km nördlich von Watertown liegt die Kleinstadt Clayton am St.-Lorenz-Strom. Hier gibt es einen großen **Jachthafen**. Hauptsehenswürdigkeit ist das **Antique Boat Museum**. Vom Indianerkanu bis zur High-Tech-Yacht gibt es hier alles zu sehen (750 Mary St.; Mitte Mai–Mitte Okt. tgl. 9.00–17.00 Uhr).
In der **Old Town Hall** am Riverside Drive ist das **Thousand Islands Museum** untergebracht, das sich mit regionalhistorischen Themen befasst.

★ **Alexandria Bay**

13 mi / 21 km weiter nordöstlich, jenseits der I-81, liegt der lebhafte Touristenort Alexandria Bay in einem landschaftlich besonders reizvollen Teil der Thousand Islands Region. Ursprünglich als Fischerhafen gegründet wurde der Ort mit der Zeit zur Versorgungsstation für die reichen Sommerfrischler, die auf den Inseln ihre Urlaubsdomizile

Ein Hochseefrachter passiert die als Feriendomizile geschätzten Thousand Islands.

errichtet hatten. Bei einem Rundflug (z. B. mit Thousand Islands Helicopter Tours) oder einem Bootsausflug (Uncle Sam Boat Tours) sieht man die die traumhaft gelegenen Millionärsvillen auf den einzelnen Inseln.

★ **Boldt Castle**

Einige Schiffe legen auch auf Heart Island an, wo man das Schloss besichtigen kann. Der schwerreiche **Hotelier George C. Boldt**, dem auch das »Waldorf Astoria« in New York City gehörte, erwarb Heart Island im Jahr 1895 und ließ dort für seine Frau ein Schloss erbauen. Die Bauarbeiten wurden jedoch 1904 eingestellt. In dem imposanten Gebäudekomplex gibt es 120 Räume, von denen aber nur einige wenige im Erdgeschoss fertiggestellt sind (Öffnungszeiten: Mitte Mai bis Mitte Okt. tgl. 10.00 – 17.30, Juli / Aug. 10.00 – 19.30 Uhr).

★ **Wellesley Island**

Auf dieser paradiesischen Insel erstrecken sich nicht weniger als **drei State Parks**. Das Eiland ist per Auto über die 1938 eröffnete und knapp 14 km lange Thousand Islands International Bridge erreichbar. Im Sommer kann man hier **fast alle Wassersportarten** ausüben und natürlich auch Golf spielen, im Winter werden auf der Insel Loipen für Skilangläufer und Trassen für Snow-Mobilisten markiert.

★ **Thousand Islands Skydeck**

Vom 107 m hohen Turm der benachbarten, bereits zu Kanada gehörenden Hill Island genießt man einen überwältigenden Rundblick über die einmalige Landschaft im St.-Lorenz-Strom.

Ogdensburg

36 mi / 58 km nordöstlich von Alexandria Bay, wo der Oswegatchie River in den St.-Lorenz-Strom mündet, gründeten französische Missionare im 18. Jh. das Hafenstädtchen. Weithin sichtbare Landmarke ist die über 4 km lange und 38 m hohe **Hängebrücke** über den St.-Lorenz-Strom. Während des Krieges von 1812 war Ogdensburg hef-

tig umkämpft. Eine »War of 1812 Battlefield Walking Tour« im Greenbelt Riverfront Park führt über das Schlachtfeld.

★ ◄ Frederic Remington Art Museum

Dieses Museum beherbergt die weltweit größte Sammlung von Gemälden und Skulpturen des Western-Art-Künstlers **Frederic Remington** (1861 – 1909), der seine Kindheit und auch einige Sommer als Erwachsener in Ogdensburg verbracht hat (303 Washington St.; Mitte Mai – Mitte Okt. Mo. – Sa. 10.00 – 17.00, So. 13.00 – 17.00, Mitte Okt. – Mitte Mai Mi. – Sa. 11.00 – 17.00, So. 13.00 – 17.00 Uhr).

★ Toledo

M 9

Bundesstaat: Ohio
Höhe: 179 m ü.d.M.

Einwohner: 316 000
(Metropolitan Area: ca. 670 000)

Die Hafen- und Industriestadt Toledo liegt am westlichen Ende des Eriesees an der Mündung des Maumee River. Hier werden heute Fahrzeuge, Autozubehör, chemische Erzeugnisse und vieles mehr produziert. Toledo ist weiterhin ein bedeutender Standort der Glasindustrie. Der Hafen ist einer der größten Umschlagplätze für Kohle und Getreide in Nordamerika.

Geschichte

Französische Voyageurs waren die ersten Europäer, die um 1615 die Gegend um die Mündung des Maumee River in den Eriesee erkundeten. Die ersten weißen Siedler ließen sich im ausgehenden 18. Jh. nieder. Die beiden Dörfer Port Lawrence und Vistula schlossen sich 1833 zu einem neuen Gemeinwesen zusammen, das nach dem spanischen Toledo benannt wurde. Vorausgegangen war ein jahrelanges Tauziehen zwischen dem damals schon existierenden Bundesstaat Ohio und dem Michigan-Territorium. Die junge Stadt Toledo entwickelte sich in den 1840er-Jahren rasch, als sie durch den Wabash- und den Erie-Kanal mit dem Hinterland von Indiana verbunden wurde und der Miami- bzw. der Erie-Kanal die Verbindung mit dem Ohio River und Cincinnati bewerkstelligten. Die Kanalschifffahrt lockte viele Handwerks- und Industriebetriebe an den Maumee River. Einwanderer, vor allem Deutsche und Polen, kamen in Scharen nach Toledo. Kurz vor der Jahrhundertwende entstanden die ersten Erdölraffinerien.

► TOLEDO

AUSKUNFT

Toledo CVB
401 Jefferson Avenue
Toledo, OH 43604
Tel. 1-800-243-4667
www.dotoledo.org

ESSEN

► Erschwinglich

Georgio's Café International
426 N. Superior Street
Toledo, OH
Tel. (419) 242-2424
Zu »Filet Mignon« und »Lamb Chops« gibt es ausgesuchte Weine.

Szenerie am Promenade Park in Toledo

Sehenswertes in Toledo

Promenade Park Dieser Park säumt in Downtown Toledo den Maumee River und bildet nur wenige Schritte vom Geschäftszentrum entfernt eine grüne Meile, wo man ausruhen und den Betrieb auf dem Fluss beobachten kann. Am nordöstlichen Parkende führen Treppen zur Cherry Street Bridge hinauf, auf der ein Denkmal an den Bürgerrechtler Martin Luther King (1929 – 1968) erinnert. Von hier hat man einen fabelhaften Blick über den Maumee River auf Downtown Toledo.

✶ **The Toledo Museum of Art** Hinter einer prächtigen Säulenfassade präsentiert das Toledo Museum of Art seine Kunstsammlungen. Die Bandbreite reicht von altägyptischer Kunst der Pharaonenzeit über antike griechische und römische Kunst bis zur mittelalterlichen Sakralkunst und zur Kunst der Renaissance. Gemälde von El Greco, Rembrandt, Rubens und Van Gogh fehlen ebenso wenig wie afrikanische Skulpturen. Viel Raum nimmt auch dekorative Kunst aus Südostasien ein. Nicht zu vergessen sind die zauberhaften Arbeiten von Künstlern indianischer Herkunft. Die Glassammlung des Museums gehört zu den besten ihrer Art (2445 Monroe St.; Di. – Do. u. Sa. 10.00 bis 16.00, Fr. 10.00 – 22.00, So. 12.00 – 18.00 Uhr).

COSI Toledo Hier können sich Kinder wie Erwachsene beim virtuellen Volleyballspiel, bei naturwissenschaftlichen Versuchsanordnungen oder bei Full-Motion-Filmvorführungen vergnügen (1 Discovery Way; Di. bis Sa. 10.00 – 17.00, So. 12.00 – 17.00 Uhr).

✶ **Wolcott House Museum** In dem aus sechs historischen Bauten bestehenden Museumskomplex erfährt man, wie die Menschen in der ersten Hälfte des 19. Jh.s im Tal des Maumee River gelebt haben. Mittelpunkt der Anlage ist das 1830 im Federal Style erbaute Wolcott House. Die anderen Gebäude, so etwa ein altes Blockhaus, das Clover Leaf Eisenbahn-Depot oder eine Kirche geben sich bescheidener (1031 River Rd.; April bis Dez. Do. – So. 12.00 – 16.30 Uhr).

Parkanlagen

Zwei schöne Grünanlagen sind das zur University of Toledo gehörende **R. A. Stranahan Arboretum** (4131 Tantara Drive) sowie die **Toledo Botanical Gardens** am westlichen Stadtrand, die vor allem zur Zeit der Rhododendren- und Azaleenblüte gern besucht werden. Hier gibt es auch eine Kunstgalerie und ein Glasbläser-Studio.

»SS Willis B. Boyer«

Am Ostufer des Maumee River ist ein 1911 vom Stapel gelaufenes Dampfschiff vertäut. Bei einer Besichtigung erfährt man Interessantes über die Geschichte des Gütertransports auf den Großen Seen (Mitte April – Okt. Mo. – Sa. 10.00 – 17.00, So. 12.00 – 17.00 Uhr).

Toledo Zoo

Über 700 verschiedene Tierarten, darunter seltene Schneeleoparden, und ein »Hippoquarium«, in dem man Flusspferde aus nächster Nähe beobachten kann, sowie ein »Königreich der Affen« locken Familien mit Kindern in den Zoo von Toledo, der sich 3 mi/5 km südlich von Downtown ausbreitet (2700 Broadway; tgl. 10.00 – 16.00 Uhr).

★ Traverse City · Sleeping Bear Dunes

J/K 6

Bundesstaat: Michigan (Lower Peninsula)

Einwohner: 15 000

Höhe: 183 m ü.d.M.

Die recht malerisch am Südende der Grand Traverse Bay gelegene Stadt ist Zentrum einer landschaftlich reizvollen, vom Obstanbau geprägten Region an den nordöstlichen Gestaden des Michigansees. In der Nähe erheben sich die Sleeping Bear Dunes.

An den beiden von der schmalen Mission-Halbinsel geteilten Stränden reihen sich Hotels, Ferienanlagen, Restaurants und Geschäfte aneinander, und auf dem Wasser herrscht bei schönem Wetter lebhafter Segelbetrieb wie auf der Kieler Förde.

★ Grand Traverse Bay

Welliges Farmland mit hübschen Bauernhöfen, lichte Mischwälder, die sich mit Obstgärten und Ackerflächen abwechseln, hohe Dünen aus ockerfarbenem Sand, kristallklare Seen in der Umgebung und das azurblaue Wasser des Lake Michigan haben die Grand Traverse Bay zu einem populären Urlauberziel werden lassen. Wie ein schützender Riegel schiebt sich die Leelanau-Halbinsel nordwestlich von Traverse City in den Lake Michigan hinein und trennt die Bucht samt der schmalen Old Mission Peninsula vom oftmals stürmischen offenen Michigansee ab.

Geschichte In den 1840er-Jahren ließen sich die ersten weißen Siedler an der Bucht nieder. Die Wälder der Umgebung fielen schnell den Äxten und Sägen der Holzfällertrupps zum Opfer; 1914 schloss die letzte Sägemühle. Jetzt wandte man sich dem Obstanbau zu, wobei sich Äpfel und Kirschen als besonders lukrativ erwiesen.

Sehenswertes in Traverse City und Umgebung

Clinch Park Neben den Stränden an den beiden von der Mission Peninsula getrennten Buchten ist der Clinch Park die Attraktion der Stadt. In der warmen Jahreszeit schnaubt ein **Dampfzug** durch den Park.

Music House Museum Mechanische Musikinstrumente aus vergangenen Zeiten kann man im Vorort Acme bewundern. Zu den Prachtstücken der Ausstellung gehören eine 1922 gebaute belgische **Amaryllis-Tanzorgel** und eine riesige **Regina-Corona-Musikbox** vom Ende des 19. Jh.s (Mai – Okt. Mo. – Sa. 10.00 – 16.00, So 12.00 – 16.00, Nov./Dez. Sa. 10.00 – 16.00, So. 12.00 – 16.00 Uhr).

Dennos Museum Center Inuit Gallery Das Museum auf dem Campus des Northwestern Michigan College zeigt Kunstwerke kanadischer Inuit (1701 E. Front St.; Mo. – Sa. 10.00 – 17.00, Do. bis 20.00, So. 13.00 – 17.00 Uhr).

Old Mission Peninsula Wie ein magerer Finger zeigt die schmale, landschaftlich reizvolle Halbinsel in die Traverse Bay hinein. Schon lange vor der Ankunft der ersten Weißen siedelten Ottawa- und Chippewa-Indianer auf der fruchtbaren Landzunge. 1839 ließen sich einige protestantische Missionare nieder, die der Halbinsel zu ihrem Namen verholfen haben.

Kirschbaumblüte an der Grand Traverse Bay

TRAVERSE CITY ERLEBEN

AUSKUNFT

Traverse City CVB
101 W. Grandview Parkway
Traverse City, MI 49684
Tel. (231) 947-1120
www.visittraversecity.com

Sleeping Bear Dunes NLS
9922 Front Street
Empire, MI 49630
Tel. (231) 326-5134
www.nps.gov./slbe

EVENT

National Cherry Festival
Alljährlich im Juli – und dies bereits seit 1928 – feiert die Stadt ihr beliebtes Kirschenfest.

ESSEN

▶ **Erschwinglich**

Bower's Harbor Inn
13512 Peninsula Drive
Traverse City, MI
Tel. (231) 223-4222
Von dem historischen Gasthaus hat man auch einen schönen Blick über die Bucht. Einfallsreiche Küche mit überraschenden Kombinationen.

The Cove
111 River Street, Leland, MI
Tel. (231) 256-9834
Exzellente Fischsuppe und Variationen vom heimischen Whitefish.

ÜBERNACHTEN

▶ **Luxus**

Baedeker-Empfehlung

Grand Traverse Resort & Spa
100 Grand Traverse Village Boulevard
Acme, MI 49610, Tel. 1-800-236-1577,
www.grandtraverseresort.com
660 Wohneinheiten. Die vor kurzem mit viel Aufwand renovierte größte Ferienanlage an der Traverse Bay verfügt über einen eigenen Badestrand, mehrere Golf- und Tennisplätze sowie Spa und diverse Kureinrichtungen. Im Winter locken die nahen Skihänge und Loipen

▶ **Komfortabel**

Bayshore Resort
833 E. Front Street
Traverse City, MI 49686
Tel. (231) 935-4400
www.bayshore-resort.com
120 Zimmer und Suiten. Modernes Ferienhotel, mit ein wenig an viktorianische Zeiten erinnernder Architektur direkt am Badestrand der West Grand Traverse Bay.

Seit Jahren rühmt sich die Mission Peninsula als **»Cherry Capital«** der USA. Der eiszeitliche Sandboden ermöglicht sogar die Kultivierung von Weintrauben.

◂ Old Mission Lighthouse

An der Nordspitze der Landzunge wurde 1870 eine Station der Küstenwache errichtet. Der weiß getünchte Holzbau blickt über einen Strandabschnitt, an dem bei Niedrigwasser von Eiszeitgletschern rund geschliffene Felshöcker aus den Fluten des Michigansees ragen. Eine Tafel informiert, dass die Station genau auf dem 45. Breitengrad, also exakt zwischen Nordpol und Äquator, steht.

Ca. 15 mi/24 km südwestlich von Traverse City ist das **Interlochen Music Camp** (www.interlochen.org) ein beliebtes Ausflugsziel. Hier werden im Sommer Konzerte gegeben. In der Nähe gibt es einen State Park mit zwei kleinen Seen und diversen Freizeiteinrichtungen.

Etwa 18 mi/30 km nordwestlich von Traverse City trifft man auf den »Zuckerhut« von Michigan, einen der besten Skiberge in weitem Umkreis. Im Bereich des **Sugar Loaf Ski Resort** sind sieben Lifte installiert; die Pisten gelten als leicht bis mittelschwer. Der Höhenunterschied der längsten Abfahrt beträgt rund 450 Meter.

Sleeping Bear Dunes National Lakeshore

★★ Dünenschutzgebiet

Ein landschaftlicher Höhepunkt am Nordostufer des Lake Michigan ist die Sleeping Bear Dunes National Lakeshore 22 mi/35 km westlich von Traverse City. Das großartige Naturschutzgebiet mit seinen hohen Sanddünen erstreckt sich vom Sleeping Bear Point im Norden bis zum Point Betsie Lighthouse im Süden.

Als die letzte Eiszeit im Gebiet der Großen Seen vor ca. 11 000 Jahren allmählich zu Ende ging, hatten die gewaltigen Gletscher feinst zerriebenes Gesteinsmaterial zurückgelassen, das beim Vorschub und Rückzug der Eismassen entstanden war. Diese Ablagerungen wurden ans Ufer geschwemmt, von den hier vorherrschenden Westwinden aufgenommen und landeinwärts verfrachtet. Auf diese Weise entstand nach und nach eine Dünenlandschaft, in der schon vor mehr als 3000 Jahren indianische Ureinwohner lebten. Ihre Nachfahren, die Chippewa, ernährten sich in diesem Gebiet hauptsächlich vom Fischfang und vom Ahornsaft, den sie durch das Anritzen der für diese Gegend charakteristischen Bäume gewannen.

i Die schlafende Bärin

- Einer Legende der Chippewa zufolge flüchtete eine Bärenmutter mit ihren beiden Jungen vor einem Waldbrand im heutigen Wisconsin in den Michigansee. Während sie das rettende Ostufer erreichte, ertranken die beiden Jungen. Seither »schläft« die auf ihre Kinder wartende Bärin als riesige Sanddüne am Ufer des Lake Michigan; die beiden vorgelagerten Manitou Islands sind die untergegangenen Jungbären.

Hauptattraktion im Naturschutzgebiet sind die **bis zu 145 m hohen Sanddünen**. Auf Wanderwegen können Besucher aber auch das reizvolle Hinterland mit kleinen, von der Eiszeit übrig gelassenen Seen und Bachläufen sowie von Wanderdünen erstickten Geisterwäldern erkunden. Ein Scenic Drive zwischen Empire und Glen Haven erschließt schöne Aussichtspunkte, darunter auch den 137 m hoch über dem See gelegenen **Lake Michigan Overlook**. An klaren Tagen kann man weit im Süden das Point Betsie Lighthouse erkennen.

Maritime Museum ▸ 🕑

Bei Glen Haven (nördl. Ende des Schutzgebiets) kann man eine **alte Station der Küstenwache** besichtigen (Memorial Day – Labor Day tgl. 11.00 – 17.00, Mitte Sept. – Mitte Okt. Sa., So. 12.00 – 17.00 Uhr).

Die sagenumwobenen Dünen sind Spielplatz für Jung und Alt.

North & South Manitou Islands

Die beiden Inseln vor dem Sleeping Bear Dunes National Lakeshore sind heute unbewohnt. Einige verfallene Gebäude auf der Südinsel zeigen aber, dass hier vor Jahrzehnten Menschen vom Holzeinschlag und von der Landwirtschaft gelebt haben.

◀ Manitou Passage State Underwater Preserve

Die Durchfahrt zwischen den beiden Manitou-Inseln und der Lower Michigan Peninsula ist als Unterwasser-Schutzgebiet ausgewiesen. Zwischen 1835 und 1960 sind in dieser Passage über 50 Schiffe untergegangen. Abenteuerlustige Schnorchler und Taucher können die Überreste der 1917 auf Grund gelaufenen »Rising Sun« und andere Wracks inspizieren.

★ Leelanau Peninsula

Nordöstlich vom Sleeping Bear Dunes National Lakeshore bzw. nördlich von Traverse City ragt die Leelanau-Halbinsel knapp 31 mi/ 50 km weit in den nordöstlichen Lake Michigan hinein und bildet die westliche Umrahmung der Grand Traverse Bay. Das Ufer an der Grand Traverse Bay gliedern romantische kleine Buchten und Landvorsprünge. Das Innere der Halbinsel zeigt sich als höchst abwechslungsreiches Hügelland mit weit über 120 Seen, Weihern und Flussläufen. Größtes Gewässer ist der fjordartige und lang gestreckte Lake Leelanau, der vor allem Angler und Wassersportler anzieht. An der Spitze der Halbinsel weist ein Leuchtturm den Schiffen den Weg.

Leland

An der Mündung des Carp River in den Lake Michigan errichtete Antoine Manseau 1853 eine Sägemühle, um die herum bis 1867 ein Dorf mit 200 Einwohnern heranwuchs. Wichtigste Einkommensquelle war neben der Waldwirtschaft eine Zeit lang die Eisengewinnung. Heute lebt der nette, von langen Stränden umrahmte Hafenort hauptsächlich von Sommerurlaubern.

Grand Traverse Band Indian Reservation

Zwischen den beiden Orten Suttons Bay und Omena erstreckt sich ein Reservat der Ottawa und Chippewa. Sie betreiben das rund um die Uhr zugängliche Leelanau Sands Casino mit Hotelbetrieb und mehreren Restaurants (2521 NW Bayshore Drive).

REGISTER

VERZEICHNIS DER KARTEN & GRAFISCHEN DARSTELLUNGEN

BILDNACHWEIS

akg-images: S. 40, 55, 158, 343
Art Institute of Chicago: S. 64
Associated Press: S. 41, 56, 70, 71, 237
Baedeker-Archiv: S. 26 (u.), 325
Bill Kinney: S. 7 (o.)
Braunger: S. 1, 2, 5, 14 (u.), 15, 24, 26 (o.), 35, 43, 75 (Einklinker), 137 (o.), 145 (Einklinker), 152, 170, 175 (Klappe), 177, 193, 195, 199, 207, 209, 210, 212, 227, 230, 233, 261, 262, 265, 269, 270, 285, 289, 294, 304, 319, 360, 366, 378
Burger: S. 357
Dan Pauls: S. 59
DuMont-Bildarchiv/Frischmuth: S. 6 (u.), 7 (u.), 9, 10/11, 12, 13, 20, 21, 32, 74/75, 89, 92, 106, 118,121, 130/131, 133 (li.o.; re. u.), 137 (Mi.), 149, 156, 200, 202, 220, 228, 235, 245, 255, 272, 277, 301, 316, 328, 330, 331, 335, 336, 347 (re. u.), 362, 371, 376, 380
DuMont Bildarchiv/Modrow: S. 279
fotolia.com / Sabino.Parente: S. 161
Haltner: S. 14 (o.), 143 (li.), 247
Hicker: S. 347 (Klappe)
IFA-Bilderdienst: S. 31, 311, 347 (re. o.; li. u.)
iStockphoto.com/Alex Motrenko: S. 84
Kriegsmann: S. 60
Linde: S. 6 (o.), 11 (Einklinker), 51, 133 (re. o.) 140 (li.), 143 (re.), 204, 217, 243, 288, 290, 308, 310, 352, 354, 383
Mathis: S. 8 (u.), 14 (Mi.), 16, 47, 48, 132, 133 (li. u.), 137 (u.), 144/145, 174, 175, 179, 186/187
Mauritius: S. 28
Niagara Falls CVB: S. 347 (li. o.)
Penrod/Hiawatha: S. 256
picture-alliance: S. 29, 150
picture-alliance/ASA: S. 299
picture-alliance/Ford: S. 8 (o.), 140 (re.), 236, 250, 251 (li. o.)
picture-alliance/KPA: S. 251 (Klappe)
picture-alliance/Sauer: S. 251 (u.)
picture-alliance/UPI: S. 66, 251 (re. o.)
Schapowalow/Breig: S. 313
Schapowalow/Heaton: S. 4
Studebaker Museum: S. 369
ZEFA: S. 53

Titelbild: Design Pics / Vario Images

i atmosfair

Reisen bereichert und verbindet Menschen und Kulturen. Jedoch wer reist, erzeugt auch CO_2. Dabei trägt der Flugverkehr mit bis zu 10% zur globalen Erwärmung bei. Wer das Klima schützen will, sollte sich somit nach Möglichkeit für die schonendere Reiseform entscheiden (wie z. B. die Bahn). Wenn keine Alternative zum Fliegen besteht, kann man mit atmosfair handeln und klimafördernde Projekte unterstützen.
atmosfair ist eine gemeinnützige Klimaschutzorganisation unter der Schirmherrschaft von Klaus Töpfer. Die Idee: Flugpassagiere spenden einen kilometerabhängigen Beitrag für die von ihnen verursachten

nachdenken • klimabewusst reisen
atmosfair

Emissionen und finanzieren damit Projekte in Entwicklungsländern, die dort den Ausstoß von Klimagasen verringern helfen. Dazu berechnet man mit dem Emissionsrechner auf **www.atmosfair.de** wieviel CO_2 der Flug produziert und was es kostet, eine vergleichbare Menge Klimagase einzusparen (z.B. Berlin – London – Berlin 13 Euro). atmosfair garantiert die sorgfältige Verwendung Ihres Beitrags. Auch der Karl Baedeker Verlag fliegt mit *atmosfair.* Unterstützen auch Sie unser Klima. Alle Informationen dazu auf www.atmosfair.de.

IMPRESSUM

Ausstattung:
163 Abbildungen, 33 Karten und grafische Darstellungen, eine große Reisekarte
Text:
Manfred Braunger; mit Beiträgen von Axel Pinck, Rainer Eisenschmid, Dr. Cornelia Hermanns, Helmut Linde, Anja Schliebitz, Rotraut Schönleber, Jörn Trümper, Werner Voran und Jens Wassermann.
Überarbeitung:
Axel Pinck
Bearbeitung:
Baedeker Redaktion
(Helmut Linde)
Kartografie:
Christoph Gallus, Hohberg; Franz Huber, München;
MAIRDUMONT, Ostfildern (Reisekarte)
3D-Illustrationen:
jangled nerves, Stuttgart
Gestalterisches Konzept:
independent Medien-Design, München
(Kathrin Schemel)

Sprachführer in Zusammenarbeit mit Ernst Klett Sprachen GmbH, Stuttgart, Redaktion PONS Wörterbücher

Chefredaktion:
Rainer Eisenschmid,
Baedeker Ostfildern

4. Auflage 2011

Urheberschaft:
Karl Baedeker Verlag, Ostfildern

Printed in China
Gedruckt auf 100% chlorfrei gebleichtem Papier

BAEDEKER VERLAGSPROGRAMM

- Ägypten
- Algarve
- Allgäu
- Amsterdam
- Andalusien
- Argentinien
- Athen
- Australien
- Australien • Osten
- Bali
- Baltikum
- Barcelona
- Bayerischer Wald
- Belgien
- Berlin • Potsdam
- Bodensee
- Brasilien
- Bretagne
- Brüssel
- Budapest
- Bulgarien
- Burgund
- Chicago • Große Seen
- China
- Costa Blanca
- Costa Brava
- Dänemark
- Deutsche Nordseeküste
- Deutschland
- Deutschland • Osten
- Djerba • Südtunesien
- Dominik. Republik
- Dresden
- Dubai • VAE
- Elba
- Elsass • Vogesen
- Finnland
- Florenz
- Florida
- Franken
- Frankfurt am Main
- Frankreich
- Frankreich • Norden
- Fuerteventura
- Gardasee
- Golf von Neapel
- Gomera
- Gran Canaria
- Griechenland
- Griechische Inseln
- Großbritannien
- Hamburg
- Harz
- Hongkong • Macao
- Indien
- Irland
- Island
- Israel
- Istanbul
- Istrien • Kvarner Bucht
- Italien
- Italien • Norden
- Italien • Süden
- Italienische Adria
- Italienische Riviera
- Japan
- Jordanien
- Kalifornien
- Kanada • Osten
- Kanada • Westen
- Kanalinseln
- Kapstadt • Garden Route
- Kenia
- Köln
- Kopenhagen
- Korfu • Ionische Inseln
- Korsika
- Kos
- Kreta
- Kroatische Adriaküste • Dalmatien
- Kuba
- La Palma
- Lanzarote
- Leipzig • Halle
- Lissabon
- Loire
- London
- Madeira
- Madrid
- Malediven
- Mallorca
- Malta • Gozo • Comino
- Marokko
- Mecklenburg-Vorpommern
- Menorca
- Mexiko
- Moskau
- München

- Namibia
- Neuseeland
- New York
- Niederlande
- Norwegen
- Oberbayern
- Oberital. Seen • Lombardei • Mailand
- Österreich
- Paris
- Peking
- Piemont
- Polen
- Polnische Ostseeküste • Danzig • Masuren
- Portugal
- Prag
- Provence • Côte d'Azur
- Rhodos
- Rom
- Rügen • Hiddensee
- Ruhrgebiet
- Rumänien
- Russland (Europäischer Teil)
- Sachsen
- Salzburger Land
- St. Petersburg
- Sardinien
- Schottland
- Schwäbische Alb
- Schwarzwald
- Schweden
- Schweiz
- Sizilien
- Skandinavien
- Slowenien
- Spanien
- Spanien • Norden • Jakobsweg
- Sri Lanka
- Stuttgart
- Südafrika
- Südengland
- Südschweden • Stockholm
- Südtirol
- Sylt
- Teneriffa
- Tessin
- Thailand
- Thüringen
- Toskana
- Tschechien
- Tunesien
- Türkei
- Türkische Mittelmeerküste
- Umbrien
- Ungarn
- USA
- USA • Nordosten
- USA • Nordwesten
- USA • Südwesten
- Usedom
- Venedig
- Vietnam
- Weimar
- Wien
- Zürich
- Zypern

BAEDEKER ENGLISH

- Andalusia
- Austria
- Bali
- Barcelona
- Berlin
- Brazil
- Budapest
- Cape Town • Garden Route
- China
- Cologne
- Dresden
- Dubai
- Egypt
- Florence
- Florida
- France
- Gran Canaria
- Greece
- Iceland
- India
- Ireland
- Italy
- Japan
- London
- Mexico
- Morocco
- New York
- Norway
- Paris
- Portugal
- Prague
- Rome
- South Africa
- Spain
- Thailand
- Tuscany
- Venice
- Vienna
- Vietnam

LIEBE LESERINNEN, LIEBE LESER,

ein herzliches Dankeschön, dass Sie sich für einen Baedeker Allianz Reiseführer entschieden haben. Er wird Sie zuverlässig auf Ihrer Reise begleiten und Sie nicht im Stich lassen.
Natürlich beschreibt er die wichtigen Sehenswürdigkeiten, aber er empfiehl auch die nettesten Kneipen und Bars, dazu Hotels für den großen und kleine Geldbeutel, gibt Tipps für Restaurants, Shopping und für vieles mehr, was ein Reise zum Erlebnis macht. Dafür haben unsere Autoren Sorge getragen. Sie sind für Sie regelmäßig an die Großen Seen gereist und haben all ihre Erfahrungen und Kenntnisse in diesen Reiseführer gepackt.

Trotzdem: Die Erfahrung zeigt, dass Fehler und Änderungen nach Drucklegung, für die der Verlag keine Haftung übernehmen kann, nicht ausgeschlossen werden können. Für Kritik, Berichtigungen und Verbesserungsvorschläge sind wir Ihnen außerordentlich dankbar. Schreiben Sie uns, mailen Sie uns oder rufen Sie an:

▶ **Verlag Karl Baedeker GmbH**
Redaktion
Postfach 3162
D-73751 Ostfildern
Tel. (0711) 4502-262, Fax -343
E-Mail: info@baedeker.com

Besuchen Sie uns auch im Internet unter www. baedeker.com. Hier finden Sie jeden Monat den aktuellen Reisetipp der Redaktion und das gesamte Verlagsprogramm. Hier können Sie auch lesen, wer Karl Baedeker war und wie er seinen ersten Reiseführer geschrieben hat. Mit seinen über 180 Jahren ist der Karl Baedeker Verlag der älteste Reiseführer-Verlag der Welt.

www.baedeker.com

ZU GEWINNEN: STADTREISE NACH LONDON

Unter allen Einsendungen verlost der Verlag am Jahresende – unter Ausschluss des Rechtswegs – eine Städtekurzreise für zwei Personen nach London.
Freuen Sie sich auf ein spannendes Wochenende in London. Natürlich ist ein Baedeker Allianz Reiseführer London auch dabei!